24

新世纪心理与心理健康教育文库

Xinshiji Xinli Yu Xinlijiankangjiaoyu Wenku

体育心理学

Tiyu Xinlixue

殷恒婵 ◆ 主编 陈爱国 傅雪林 马强 ◆ 副主编

Yin Hengchan Chen Aiguo Fu Xuelin Ma Qiang

开明出版社

总 序

Sequence

早在上个世纪70年代就有专家预言：21世纪是心理学的世纪。21世纪人类所面临的最大挑战，不是其他，而是心理困惑和心理问题。

进入新世纪，我国社会主义物质文明、政治文明、精神文明建设不断加强，综合国力大幅度提高，人民生活显著改善。同时，我们也要看到，我国已进入改革发展的关键时期，经济体制深刻变革，社会结构深刻变动，利益格局深刻调整，思想观念深刻变化。这种空前的社会变革，给我国发展进步带来巨大活力，也必然带来这样那样的矛盾和问题。例如，城乡、区域经济社会发展很不平衡；就业、收入分配、社会保障、教育、医疗、住房等方面关系群众切身利益的问题比较突出；一些社会成员诚信缺失、道德失范；一些领域的腐败现象比较严重等。这些矛盾和问题让人们感到心理困惑，时刻冲击着人们的心理承受能力。

2006年，中共中央《关于构建社会主义和谐社会若干重大问题的决定》明确指出：我们必须坚持以人为本。要注重促进人的心理和谐，加强人文关怀和心理疏导，引导人们正确对待自己、他人和社会，正确对待困难、挫折和荣誉。要加强心理健康教育和保健，塑造自尊自信、理性平和、积极向上的社会心态。心理和谐是构建和谐社会的心理基础和重要标志。胡锦涛同志指出："科学发展观，第一要义是发展，核心是以人为本。"以人为本就必须重视人、尊重人、关心人、爱护人，就必须重视人的心理发展。加强心理健康教育和心理保健，不断提高人们的心理素质，帮助人们形成积极心理品质，为和谐社会建设奠定和谐的心理基础已经成为举国上下的共识。

促进人的心理和谐需要有科学心理学指引，加强心理健康教育需要有合适的教材。近年来，国内虽然也陆续出版了一些心理学或心理健康教育方面的图书，但不够系统，缺乏总体规划。正因为如此，我们组织了一批心理学专家、学者，编写了这套反映我国心理学发展及心理健康教育理论成果的“新世纪心理与心理健康教育文库”。

“新世纪心理与心理健康教育文库”具有系统性。文库参照心理学学科体系和我国现实需要，分为基础理论、应用理论和技术与实践三个系列。

“新世纪心理与心理健康教育文库”具有权威性。文库是国家出版基金资助项目；文库撰稿人的选择面向全国，每一本图书都由该领域的专家学者撰稿；文库的统稿工作由国内权威心理学家和心理健康教育专家负责完成。

“新世纪心理与心理健康教育文库”具有前沿性。文库在全国范围选聘心理学和心理健康教育领域的专家学者撰稿，既可以吸收心理学与心理健康教育的权威理论和最新研究成果，也可以保证所选内容资料贴近时代、贴近生活、贴近实际。

“新世纪心理与心理健康教育文库”具有实用性。文库在强调系统性、理论性、科学性的同时，更加强调实用性。力求做到理论联系实际，给出的理论实用，给出的技术可行，给出的方法可操作。

“新世纪心理与心理健康教育文库”理论性、实用性、资料性、工具性兼备，是心理学与心理健康教育的“百科全书”。它可以作为从事心理与心理健康教育工作的管理者和研究者的参考书、工具书；可以作为心理健康教育教师继续学习、自我提高的自修图书；可以作为心理健康教育教师的培训用书；可以作为师范院校心理与心理健康教育专业的教材或参考书。

我们相信，“新世纪心理与心理健康教育文库”对于从事心理与心理健康教育工作的人士会有所帮助；对于我国的心理与心理健康教育工作会起到推动促进作用；对于促进人的心理和谐、促进社会心理和谐会发挥一定作用。

我们希望，这套文库能够得到广大心理与心理健康教育工作者的认可、接纳。

郑日昌

于京师园

前 言

Preface

近年来，随着我国经济社会的不断发展，社会竞争的日趋激烈，虽然人们的物质生活水平得到了明显提高，但同时也承受着各种各样的心理压力，心理问题也随之而来。并且这种现象在儿童青少年中也变得日益突出，儿童青少年的健康问题已引起了全社会和国家的高度关注。

相关研究和体育教育实践表明，体育运动是进行健康教育的重要载体，也是进行心理健康教育的有力工具，对促进儿童青少年的身心健康发展具有重要的作用。《国家中长期教育改革和发展规划纲要（2010—2020 年）》明确指出，要“加强体育，牢固树立健康第一的思想，确保学生体育课程和课余活动时间，提高体育教学质量，加强心理健康教育，促进学生身心健康、体魄强健、意志坚强”。教育部制定的《义务教育体育与健康课程标准》（2011 年版）也将促进学生的心理健康和社会适应作为课程的标准之一。

鉴于此，本书在编写过程中，以促进学生的心理健康和身心全面发展为宗旨，紧密结合当前教育课程改革的趋势及实施素质教育的要求，融合体育心理学最新研究进展及当前学校体育改革中的成功经验，力求突出以下特色：

1. 本书内容选择具有适用性、应用性和可操作性。为了满足从事体育工作的教师、科研人员、教育行政干部的工作需要，以及体育专业学生们的学习需要和未来工作的需要，本书主要以应用的视角，紧密围绕两个方面的内容，一方面是心理因素对个体的体育运动行为的影响，另一方面是体育运动如何影响个体的心理行为表现，进行了较为全面系统地阐述，突出体育心理学的知识、理论、方法在中小学体育教学、课余运动训练、体育比赛和心理健康促进指导中的应用。

2. 紧密结合中小学体育教育实际，突出新颖性、前瞻性和丰富性。本书在编写的过程中注意收集两方面的信息，一是近几年体育心理学发展中的新知识、新办法，二是学校体育中运用体育心理学搞好教学的新实践经验，并将两方面的内容进行有机整合，力求使本书既反映出体育心理学研究中新的、前瞻性的成果，也反映出学校体育改革的新进展。本书内容丰富，不仅有一般的知识、方法和经验介绍，还融入了目标设置、促进学生社会适应、心理拓展训练的知识、方法和手段，丰富读者的知识结构，有助于读者研究和解决问题。

3. 本书在呈现方式上主辅两条线有机结合，增强吸引力和可读性。为提高读者兴趣，促使读者既能掌握有关理论方法，又能在实践中应用这些理论方法，全书每一章前都有言简意赅的“本章提要”、“学习重点”和“重要术语”，以助读者对本章主要内容有一个初步的了解与认识。正文中在系统介绍体育活动中学生心理特征、相关理论、方法及其应用的同时，有机融入了五类拓展学习模块为辅线，以利学生对该章的内容深刻理解，并能学以致用，如“概念解析”可以加深读者对概念的理解和运用；“知识窗”对正文内容进行了有益补充，开拓了读者视野；“操作与应用”使读者了解运用心理学原理解决体育实践问题的方法；“测量与评价”使读者能够掌握在体育活动中进行心理测量的方法、意义并对学生进行合理评价，有利于有效地指导学生进行体育学习；“研究案例”以启发读者用体育心理学方法去研究和解决体育实践中的问题。各章最后进行了本章小结，并附有“建议参考资料”和“问题与思考”，便于读者学习、思考、总结与提高。

本书由殷恒婵总体设计和规划。参加编写的成员有：北京师范大学殷恒婵、宋湘勤、杜吟、殷俊益、孔毅、杨钰、李鑫楠，扬州大学陈爱国，高等教育出版社傅雪林，中央民族大学马强，曲阜师范大学刘敏，中国劳动关系学院罗锐，中国人民大学张磊，长江大学李焕玉。由殷恒婵、傅雪林、陈爱国统稿。

本书在编写过程中，参阅了大量的文献资料，在此谨向有关作者表示诚挚的谢意。也对我的研究生黄凯、郭卓和张媛媛为本书编写收集资料所做的工作表示感谢。限于编者的水平，加之时间仓促，本书难免有疏漏和不妥之处，恳请读者批评指正。最后，衷心感谢开明出版社的领导和编辑们的大力支持。

殷恒婵

目录

Contents

第一章 绪 论

【本章提要】

本章内容主要包括体育心理学的研究对象、性质和任务，学习体育心理学的意义，国内外体育心理学发展的过去、现状和未来，以及体育心理学的研究方法。

【学习重点】

1. 掌握体育心理学的概念。
2. 掌握体育心理学的研究对象、学科性质和研究任务。
3. 了解体育心理学发展的过去、现状和未来。
4. 掌握体育心理学的研究方法。

【重要术语】

体育心理学　运动心理学　锻炼心理学　观察法　实验法　心理测量法

体育活动是追求身心和谐的一种身体运动，既有助于身体健康，也可增进心理健康。通过学校体育来促进学生的心理健康，帮助学生体验身心发展的互动关系，让学生理解体育活动对提高自尊、自信的作用，培养学生积极的自我价值感，使学生学会通过体育活动和心理方法调控情绪，形成克服困难的坚强意志品质，已经成为学校体育改革与发展的重点和趋势。而要实现这些目标，需要体育心理学为之提供理论依据和操作方法。

第一节　体育心理学的研究对象与任务

一、体育心理学概述

（一）体育心理学的概念

体育心理学是一门研究体育运动情境中个体的行为与心理活动规律的学科。体育运动情境所涵盖的范围很广泛，包括学校体育活动、竞技体育活动、大众健身类体育活动以及与医疗康复相关的体育活动等。体育运动情境中的个体包括所有参与到特定体育活动项目中的个人。例如，学校体育活动中的教师和学生，竞技体育运动中的运动员、教练员、观众，康复保健体育中的运动医学专业人员和病人等。个体在体育运动情境中的心理活动是指在参与特定体育项目过程中，个体在感知觉、认知能力、情绪与动机、人格、学习与教育行为、社会行为、心理健康等各方面展现出来的心理过程、心理状态或心理特征。体育心理学的研究目的是探究个体在参与各类体育活动时的心理和行为规律，并进而应用这些知识来帮助个体更为有效地从事、开展各类体育活动或能够更多地从体育运动中受益。

（二）体育心理学的研究对象

随着竞技运动的迅猛发展、学校体育的深化改革和健身运动的推广普及，体育心理学衍生出了运动心理学（sport psychology）、体育心理学（psychology of physical education）和锻炼心理学（exercise psychology）三个分支学科。虽然它们在研究对象、研究内容的侧重点有所不同，但也存在诸多相互联系、相互交叉之处。而且，这三个分支学科无论是在国内还是国际上尚未完全独立，甚至在名词使用上也未作严格区分，互用概念的现象也比较多见。最后，考虑到目前我国体育专业学生学习和未来工作的需要、体育教师教学的需要，以及体育从业人员的工作需要，本书将主要阐述涉及体育教学、课余运动训练和竞赛、运动与心理健康促进等领域的理论、方法与实践。具体地说，就是探讨学校体育活动中提高学生体育知识、促进学生运动技能掌握、增进学生身心发展、影响体育比赛的各种心理现象与行为特点，以及这些心理现象与行为特点形成、变化和发展的规律。

知识窗

体育心理学、运动心理学和锻炼心理学的关系

	研究侧重点	研究对象	共同点
体育心理学	体育教学过程中的心理现象，特别是学生在体育学习过程中的心理特点和变化	学生、教师	三个学科都是研究个体在体育运动这一特定情境中的心理现象，而体育运动是以身体练习为主要特征的，因此，不管哪门学科都是主要研究个体在身体练习过程中的心理特点和变化规律
运动心理学	运动训练和比赛中的心理现象，特别是运动员在训练和比赛过程中的心理状态和变化	运动员、教练员	
锻炼心理学	大众在体育锻炼过程中的心理现象	大众	

在学校体育中，教育者与受教育者所产生的心理活动与行为特点是多种多样的，而且是复杂多变的。例如，在学习有一定难度的运动技能的过程中，往往有

一部分学生会产生一定的紧张、焦虑乃至恐惧感，但在老师的指导、鼓励与同伴的保护、帮助下，他们最终取得了成功，这样就会使他们增强自尊和自信；而失败时则会在心理产生强烈的反应。因此，教师和学生在学校体育教学中的动机强度、情绪状态、思维特点、意志品质、个性心理特征、交往心理，以及这些内容形成和发展的规律等，都是体育心理学所要研究的，也是体育教师合理地组织学校体育活动和指导学生行为的心理学依据。

学校体育不仅要激发学生学习体育的兴趣，学习体育与健康知识，还要使学生学会多种基本运动技能，并在此基础上形成自己的爱好，提高体育锻炼的意识和能力，这样才能更好地锻炼身体，增进身心健康。所以，伴随着运动技能的获得和发展而出现的各种心理现象以及这些心理现象对运动技能的获得和发展所产生的影响也是体育心理学需要研究的。

在学校体育中，不仅涉及学生的跑、跳、投和游戏的教学，还涉及各种各样的运动竞赛。而学生由于正处于身心发展的特殊阶段，他们参加运动竞赛的心理活动有别于专业运动员，尤其是不同年龄阶段的学生在运动反应、竞赛动机、竞赛焦虑状态、应变能力和心理调控能力等方面，都具有自己典型的心理特征，不能把研究专业运动员的运动心理学成果用来解释、说明学生参加运动竞赛的心理活动。因此，体育心理学应该对学生参加运动竞赛的心理特征进行专门研究。

体育活动不仅有助于身体健康，也能增进心理健康。学校体育十分重视通过体育教学和课余体育来提高学生的自信心、意志品质和调节情绪的能力，努力使学生在体育活动过程中既掌握基本的运动技能，又发展心理品质；注意创设一些专门的情境，采取一些特别的手段，提高学生的心理健康水平。所以，体育心理学还研究体育活动的心理健康效益。

（三）体育心理学的学科性质

体育心理学重在发挥出对学校体育实践的指导作用，追求学科的实践性价值，其性质是“实用的”体育心理学。体育心理学研究联系当代学校体育改革发展实际，目的在于为建设中国特色的现代化学校体育体系服务，为学校体育改革提供心理学的理论依据和应用技术。所以，体育心理学是一门由心理学和体育学交叉而成的应用性学科，属于应用心理学范畴。

（四）体育心理学的研究任务

一门学科的基本任务决定了该学科研究的内容，所有内容的有机结合就构成了体系。从理论方面来讲，体育心理学研究的基本任务是揭示体育活动与人的心理（包括心理过程、心理状态、个性心理特点或品质以及心理健康）之间的关系，揭示体育教学条件下运动技能的获得和发展的心理规律，以及丰富普通心理学和社会心理学有关方面的内容。实践任务是直接为体育课、课外体育活动和体育竞赛服务，即为有效地进行体育教学、锻炼和竞赛提供科学的心理学依据。

二、学习体育心理学的意义

随着学校体育课程改革的不断深化和学生身心发展出现的新特点，体育心理学在体育教学实践中的重要作用日益突出，对体育心理学的研究和学习越来越受到广大体育教育工作者的重视。体育心理学已被列为体育教育专业的主干课程之一，是体育教育专业学生必学的专业基础课程，也是广大学校体育教师抓好教学和促进学生身心全面发展的有力工具。

（一）有助于挖掘学校体育增进心理健康的功能

在以“健康第一”为指导思想的学校体育课程改革中，如何发挥体育心理学的作用，是体育教育工作者面临的一个重要课题。现代社会需要的人才不仅是高素质、复合型的，而且还要有良好的体能和健康的心理素质。

体育不仅能促进人的身体健康，还能促进人的心理健康与社会适应。《义务教育体育与健康课程标准》（2011 年版）明确指出，体育课程的心理健康与社会适应目标是培养学生坚强的意志品质，使学生学会情绪调控的方法，形成合作意识与能力，具有良好的体育道德。体育心理学研究表明，人在各种体育运动情境中会产生丰富多彩、错综复杂的心理活动，其所表现出来的心理现象与体育活动之间是一个双向影响的关系，不同的体育活动能促进个体相应心理机能的发展。例如，直接对抗性球类运动项目能使人在激烈的场合中保持冷静，遇事不会过于紧张；而非对抗性体育运动项目则能陶冶人的情操，提高人承受心理负荷的能力，克服抑郁、焦虑的心态。总体而言，体育活动具有宣泄和应对负性情绪的作用，在一定程度上能降低焦虑的产生，减轻个体的焦虑程度。运用体育心理学阐明的原理或规律，有助于实现体育课程的心理健康与社会适应目标。

（二）有助于提高体育教学、业余训练和竞赛活动的效果

体育心理学的知识是体育教学的理论基础之一，它为体育教学实践直接提供心理学依据。体育教师通过学习和掌握体育心理学知识，并在教学过程中具体运用，能够达到有效地帮助学生掌握知识和技能、培养健康的情感和顽强的意志、形成良好的个性特征、促进身心健康发展的目的，从而不断提高教学质量，顺利完成教学任务。

体育心理学的理论和方法在学校体育实践中具有非常广泛的应用性。通过这些理论和方法，教师首先可以了解和掌握学生的心理特征和需要，这有助于激发学生体育学习的兴趣，提高学生体育学习的积极性。例如，中学生的情绪具有强烈性和易感性的特点，他们可能因为一场球赛而激动得几天都睡不着觉，也可能因为一句玩笑而打成一团。总之，他们可能会因为一件小事就产生强烈的情绪反应。教师了解和掌握了学生的心理特征和需要后，据此选择适宜的教学内容，采用具有针对性的教学方法，可以有效地提高学生的学习效果。其次，可以根据学生的个性差异，因材施教，区别对待。例如，学生的性格有外向型和内向型之分，在体育活动中，对待内向型的学生可采取多表扬、多鼓励的方式，而对待外

向型的学生，适当的时候可进行批评和教育。再次，可采用一些心理技能训练方法帮助学生更好地掌握运动技能和调节情绪状态。例如，可以采用表象训练法帮助学生掌握、改进、提高运动技术，可以采用放松方法帮助学生缓解紧张情绪。最后，可以帮助学生培养坚强的意志品质，增强自尊心和自信心，培养合作能力、团队精神和竞争意识。例如，采用目标设置方法，让学生在达到一个个具体、明确的目标的同时，体验体育学习的成功感，培养学生的自尊心和自信心。

要想有效提高学校的业余运动训练水平和竞赛成绩，需要有体育心理学的指导。例如，运动竞赛往往会使学生产生心理压力，造成紧张情绪。体育教师掌握了体育心理学的知识和方法，就能恰当地激发学生参加运动竞赛的动机、调节学生的情绪、调整学生的心理负荷，以利于学生以良好的竞技状态投入到比赛中。

（三）有助于提高体育教师自身的业务能力

体育教师首先是教师，然后才是具有专业要求的体育教师。他们同其他学科教师一样，都是人类灵魂的工程师，担负着教书育人的重任。了解学生的心理发展特点及其形成规律，有助于教师从学生的实际出发，因材施教，因势利导，采取积极的措施，做好育人工作。体育教师掌握体育心理学知识和方法，对自我提高、自我教育、不断完善自我的心理品质同样具有重要的意义。

与此同时，体育教师不仅是一名教学者，也应该是一名研究者。作为一名体育教师，“研究者”的角色主要不是定位在纯学术性的研究方面，而是定位在应用研究方面，并且主要集中研究自己实践工作中发生的问题，这对自己提高实践工作效果，促进自己专业成长和发展具有重要意义。尤其是我国当前开展的新一轮体育课程改革，倡导先进的教育教学思想和理念、教学方式和评价方法，教师在实施新体育课程的过程中很可能会碰到一些新问题和新困难，这就需要通过研究去解决这些新问题和新困难。

学生在体育学习过程中会产生许多复杂的心理活动，这些复杂的心理活动有些是体育心理学教科书上的一般理论和方法所不能解决的，有些是涉及不到的内容，这就需要体育教师运用体育心理学的理论和方法去思考、探讨一些具体的心理学问题。

第二节 体育心理学的发展

一、国外体育心理学的发展

现代体育心理学作为一门独立学科，它的形成和发展与以下两门学科领域内的研究进展密切相关，即体育科学和心理科学。这两门学科对于体育心理学领域中的理论概念建构、实验研究方法的应用以及相关科学伦理标准的设立都有重要的贡献和影响。体育心理学的研究内容是围绕着个体在体育运动和体育锻炼背景下的行为与心理活动规律展开的，研究者一方面要探究心理因素对个体的体育运动行为的影响，另一方面要探究体育运动和锻炼如何影响个体的心理行为表现。

体育心理学需要借助体育科学和心理科学各分支领域内已有的知识与技术手段来帮助达成这些研究目标。与此同时，体育心理学领域内所取得的研究成果也能够进一步充实或深化体育学和心理学领域中的相关知识结构。

（一）20 世纪 50 年代前的体育心理学

体育心理学学科的最初起源可以回溯到 19 世纪末期。1897 年，美国印第安那大学的心理学家特里普利特（Triplett）在《美国心理学杂志》（*American Journal of Psychology*）发表了一项关于体育运动情境中社会促进效应现象的研究报告。特里普利特的实验研究探讨了旁观者（竞赛伙伴、合作伙伴、其他人等）对个体的运动技能表现的积极影响。他观察到自行车运动员在竞争比赛条件下的骑行速度要快于非竞赛条件下的个人骑行速度。尽管特里普利特的初衷和研究重心均集中于社会促进效应这一社会心理学专题上，该研究仍被看做第一项与体育心理学研究直接相关的实验。

1899 年，美国耶鲁大学的心理学家斯克里普丘（Scripture）在《大众科学月刊》（*Popular Science Monthly*）上发表的研究结论中指出，参与体育运动有助于发展良好的人格特质，而这些人格特质也能够泛化迁移到个体的其他生活领域。现代体育心理学中涉及体育运动与人格、个性之间互动关系的研究方向，就是基于斯克里普丘的这一研究观点逐步发展起来的。1903 年，美国爱荷华大学的心理学家帕特里克（Patrick）在《美国心理学杂志》上发表了《足球心理学》一文，首次探讨了体育运动情境中的观众群体的心理现象（如动机、情绪等）。研究者的兴趣之一在于了解众多的观众热衷到现场观看足球比赛的原因或动机是什么，对此所提出的一个相应解释是个体在观看体育比赛过程中能够释放压抑的情绪。

在体育心理学发展史中，格里菲斯（Griffith）被称为美国体育心理学之父，他是第一位长期、系统地开展体育心理学实验研究的心理学家。格里菲斯自 1918 年即开始探索影响个体体育运动成绩的相关心理学因素，他的研究兴趣主要集中于运动技能的学习、体育运动成绩、体育情境中的人格特质等方面。1925 年，格里菲斯在伊利诺伊大学成立了北美第一个体育运动心理学实验室，开展的实验研究涉及对技术动作的意识和稳定性、对视听刺激和压力的反应时间、肌肉协调性、肌肉紧张和放松等的测量。他的两本代表性著作《教练心理学》（*Psychology of Coaching*，1926）和《运动心理学》（*Psychology of Athletics*，1928）是体育心理学领域最初的专业教材。格里菲斯在进行体育心理学实验室研究的同时，也与专业运动员和运动队展开了应用领域内的广泛合作。

1938 年，体育教育学家亨利（Henry）在美国加利福尼亚大学设立了体育运动心理学方向的研究生培训项目。作为早期体育心理学领域内的重要研究者，亨利的相关专业贡献集中体现在对体育运动和运动技能学习的心理学方面展开全面的学术性研究。

20 世纪初至 30 年代，在欧洲也出现了一些运动心理学方面的研究，影响最大的要数奥林匹克运动的创始人、法国教育家顾拜旦（Coubertin）。他在 1913 年所著的《运动心理学试论》指出，运动是一种美的表达和使人能情绪平衡的更好的教育手段。德国学者舒尔特（Schulte）在 1921 年所著的《在练习、比赛和运动活动中提高成绩》一书是最早阐述优秀运动员心理准备问题的著作之一。

20 世纪 20 年代至 30 年代，苏联的体育心理学处于萌芽时期。被称为苏联“运动心理学之父”的鲁吉克教授撰写了《肌肉工作对反射过程的影响》、《对反射的研究在体育主要问题上的应用》和《在体育教育工作中提示和模仿的意义》等著作。然而，最重要的是莫斯科体育学院所做的一系列研究引起了人们对体育心理学问题的兴趣。例如，普尼所做的关于乒乓球、滑雪及其他运动对运动员心理的影响，以及丘奇马疗夫关于学校体育课对学生智力以及自我控制能力的影响等研究。

（二）20 世纪 50 年代后的体育心理学

体育心理学的研究在 20 世纪 40 年代至 50 年代期间，除了几篇博士论文之外，基本上处于停滞状态。但也有不少的动作学习实验室相继建立，使得研究人员在研究体育领域中的运动行为时有了更为复杂和更为科学的方法，如在研究设计、仪器设备、统计方法等方面都有了进步和提高，发表的论文涉及基于学习和运动技能操作的心理动作过程。

直到 20 世纪 60 年代中期，体育心理学领域内的研究和发展才有了突破性进展，进而为体育心理学作为一门科学学科的确立做好了充分的准备。如同在《运动心理学》（*Sport Psychology*）一书中提到的，以下几个因素对推动当时体育心理学的发展有重要影响：相比以前有更多的体育心理学相关教材供选择，如劳瑟（Lawther，1951）的《教练心理学》（*Psychology of Coaching*）、克拉蒂（Cratty，1964）的《运动行为与运动学习》（*Movement Behavior and Motor Learning*）等；众多大学与研究机构里涌现的体育运动科学方面的课程或项目；代表性体育运动科学、体育心理学专业学会的成立（Anshel，1990）。1965 年，国际运动心理学学会（International Society of Sport Psychology，ISSP）成立，并在罗马召开了第一届国际体育心理学大会，标志着体育心理学作为一门独立学科的正式建立。

自 20 世纪 60 年代中期开始，体育心理学从体育科学的大背景下独立出来，并且不再被简单等同于体育运动学领域的运动学习（motor learning）这一研究方向。比较而言，从事运动学习研究的体育运动学者更为关注的是个体运动技能的发展过程和运动锻炼的条件、反馈、时效对运动技能的影响等，而体育心理学研究人员则侧重于探索各项心理学因素（如人格、自尊、恐惧感等）对运动技能表现的影响，以及体育活动锻炼如何影响到个体各方面的心理发展。在这一时期，很多应用体育心理学者开始同运动员和运动队合作进行实验研究，其中的代表人物是被称为美国应用体育心理学之父的奥格尔维（Ogilvie）。1966 年，圣荷西州立大学的临床心理学家奥格尔维与同事图特科（Tutko）合作出版了《问题运动员及如何与他们相处》（*Problem Athletes and How to Handle Them*）一书，并正式展开对运动员和运动队的心理咨询工作。该时期的体育心理学领域内，一方面涉及各类专题的实验研究蓬勃开展，充实了本学科的知识基础，另一方面若干有重要影响的体育心理学专业学会的创立及其官方专业学术期刊的发行，对推动体育心理学的研究进步有很大贡献。例如，国际运动心理学学会（ISSP）于1965年在罗马创立后，并于1970年开始出版《国际运动心理学杂志》（*International Journal of Sport Psychology*）；1966年，北美运动与身体活动心理学学会（North American Society for the Psychology of Sport and Physical Activity，NASPSPA）在芝加哥成立，并于1967年举行了第一届专业年会，从1974年开始出版发行会议论文集；1969年，加拿大心理技能学习和运动心理学学会（Canadian Society of Psychomotor Learning and Sport Psychology，CSPLSP）成立。

20世纪60年代至70年代，苏联的体育心理学开始兴起。例如，1963年，苏联体育科学研究所组建了运动心理学实验室，这个实验室的研究人员做了大量的高水平的运动心理学理论和应用研究。研究内容较为广泛，包括意志的培养、心理调整方法、个人项目的思维特定、个性特征、心理状态与活动有效性的关系、运动的感知觉特点等。20世纪70年代，苏联运动心理学研究部开始重点研究运动员的心理诊断问题，并于1978年在调查和研究的基础上确定了判断优秀运动员的心理指标，如成就动机、个人意志表现力、情绪稳定性、心理机能—意识运动、注意力、随机应变的思维能力、自我监督和自我调整等。在此基础上，还研究了不同项目优秀运动员的心理模式指标。除此之外，苏联的学者们还对运动能力的概念和发展、运动员的心理调节和个性等问题进行了不少的研究。

20世纪60年代至70年代，德国对运动心理学的研究给予了高度重视。例如，1961年，民主德国学者库纳特（Kunath）在德国体育学院中领导成立了运动心理学研究所，主要研究三个方面的问题，即运动对个性发展的影响；运动群体对运动员心理发展的作用；运动心理学的研究方法。相比较而言，联邦德国当时运动心理学的研究较少，只是对运动员的个性进行了一些研究。其中，纽曼（Newman）在1952年撰写了《运动与个性》。20世纪70年代，民主德国主要研究主体体验对运动成绩的影响、体育教学心理学以及运用测验方法揭示在运动中起作用的心理学因素。联邦德国的工作重点包括运动与个性、方法学与心理诊断学、体育运动中的学习、运动中的社会心理学因素、运动员的心理咨询等。

20世纪60年代至70年代，日本也开始研究体育心理学的有关问题。1960年，在日本体育基础学会中成立了体育心理学分会。同时，日本开始对优秀运动员进行赛前心理准备的系统研究，如运动员参加比赛的态度、情绪激动状态、对自己心理和思想的估计等。20世纪70年代，日本体育心理学的研究重点分为两类，一类是研究体育教学中的心理学问题，另一类是研究运动员的心理学问题。

日本在前一类问题的研究中较有特色，如研究了身体技能活动感知觉的发展、体育活动对学生学习或心理品质发展的影响、学生的运动动机等。

20 世纪 70 年代末以来，体育心理学进入了一个全速发展时期。在体育心理学的各个子领域，特别是应用领域内，理论知识建构与实验研究方面都有了很大程度的进步和发展。1986 年，应用运动心理学促进协会（Association for the Advancement of Applied Sport Psychology，AAASP）在美国成立。该协会的最初目标之一是通过促进来自不同学科背景的科研人员间的合作，推动与提高体育心理学领域内的心理学基础理论、实验研究和干预策略等的发展。例如，该协会分别与健康心理学、心理咨询干预学、社会心理学等领域展开合作，深入研究探讨体育活动对个体心理健康状态的影响、心理与行为干预技术在改善运动成绩方面的效能、环境因素对运动员和教练员的情绪与行为的影响等课题。1986 年，另一个重要的体育心理学专业学会，即美国心理学协会第 47 分会（锻炼和运动心理学）（American Psychological Association Division 47：Exercise and Sport Psychology）宣告成立。该分会创立的目的也是将来自不同专业方向（如心理学、体育科学、医学、教育学）的专业人员联合起来，通过共同的协作交流来促进体育心理学在教学、研究、应用等各方面的发展与进步。

伴随着大量体育心理学实验研究的开展，若干代表性的专业体育心理学杂志创刊发行，为体育心理学领域的教学、科研以及其他从业人员提供了获取专业知识、交流专业思想和研究成果的重要平台。1979 年，北美体育与身体活动心理学学会（North American Society for the Psychology of Sport and Physical Activity，NASPSPA）开始出版发行《运动心理学杂志》（*Journal of Sport Psychology*，JSP），主要发表有关心理学与锻炼和体育运动的交互关系方面的研究文章。1988 年，该杂志更名为《运动与锻炼心理学杂志》（*Journal of Sport and Exercise Psychology*）。1986 年，第一份应用性的体育心理学学术杂志《运动心理学家》（*The Sport Psychologist*）创刊，该杂志关注的是体育心理学领域内的应用性研究，以及这些研究成果如何应用到为教练员和运动员提供专业心理学服务方面。1989 年，应用运动心理学促进协会（AAASP）开始出版发行《应用运动心理学杂志》（*Journal of Applied Sport Psychology*），该杂志的主旨是推动体育与锻炼心理学的应用领域中的思想、理论与研究的发展，因而重在发表关于应用体育心理学专题的理论和实验研究。

作为一门独立的科学学科，体育心理学也逐步得到了社会大众的了解、接受和尊重。例如，美国奥林匹克委员会于 1980 年设立了专门的体育心理学顾问委员会，并于 1985 年首次雇用了一位全职体育心理学家来为运动员和教练员提供指导服务。1991 年，应用运动心理学促进协会（AAASP）颁布了一套关于注册体育心理咨询师的认证标准，对在体育心理学应用领域从事咨询顾问服务的专业人员提出了具体的资格要求。

进入21世纪后，有更多的专业人员投入到体育心理学的研究和应用中。体育心理学领域内创立了更多的专业学会，出版了更多的专业期刊杂志和书籍，同时也展开了更为广泛、深入的国际间学术交流与合作。2000年，欧洲运动心理学联合会（European Federation of Sport Psychology）开始出版发行《运动和锻炼心理学》（*Psychology of Sport and Exercise*）杂志。2005年，国际运动心理学学会在悉尼举办了第11届世界体育心理学大会，参加该会议的体育心理学专业人员多达700余人。

二、中国体育心理学的发展

（一）20世纪80年代前的体育心理学

早在1919年，毛泽东同志就在《体育之研究》中指出：勤体育则强筋骨；又足以增知识，又足以调感情，又足以强意志。这阐明了体育活动的心理功能。1926年著名的体育教育家马约翰先生撰写的《体育的迁移价值》一文是我国体育心理学最早的专论。他认为运动场"是培养学生品格的极好场所，可以批评错误，鼓励高尚，陶冶性情，激励品质"，"而且，这种运动场上表现出来的道德品质能够迁移"。1942年，国立武术体育专科学校的吴文忠、萧忠国编译了我国历史上的第一本《体育心理学》，该书大部分内容是译自当时日本国立体育研究所心理学部部长松井三雄的《体育心理学》，同时也搜集了一些有关材料与体会，加以补充。

20世纪50年代，受苏联心理学的影响，我国的体育心理学开始起步。1958年，车尼科娃（Chernikowa）编写的《运动心理学问题》被译成中文；60年代，国内学者发表了《上肢关节动觉感受性与体育训练的关系》、《语言指示对动作效果的影响》等我国建国以后最早的一批体育心理学研究论文；1964年，武汉体育学院和上海体育学院合编了我国第一部体育院系专用的《运动心理学》教材。1966年至1976年我国的体育心理学发展陷入停顿状态。

（二）20世纪80年代后的体育心理学

20世纪70年代末和80年代初，我国体育心理学进入了一个新的发展阶段。1979年成立了中国心理学学会体育运动心理学专业委员会，1980年成立了中国体育科学学会体育运动心理学专业委员会。这两个专业委员会共同领导和协调了我国体育心理学和运动心理学的科学研究、国内外的学术交流以及青年教师的培训等工作。迄今为止，中国运动心理学会已召开了九次全国性学术会议，大大促进了我国体育心理学的蓬勃发展。

此后，随着心理科学的快速发展和体育科学水平的提高，学科发展出现了高度分化、高度综合的趋势。1982年，由当时的教育部体育与卫生司组织编写了我国体育教育专业第一本《体育心理学》试用教材，经部分院校试用后，于1987年正式出版，标志着体育心理学学科的初步建成。

近十年来，中国体育心理学的研究，主要包括：竞技运动领域的心理学问题，涉及心理训练方法，心理训练评价，心理选材，运动员、教练员和裁判员的心理特征，心理疲劳的评定和预防，伤病的心理预防和心理康复，兴奋剂的心理学问题等；大众的体育锻炼心理学问题，涉及锻炼的参与动机和锻炼的心理效应等；体育教育教学领域的心理学问题，涉及学生体育学习心理动力的研究，运动技能学习心理的研究，心理技能训练在体育教学中的应用研究，学校体育增进心理健康效益的研究，体育教学模式应用的心理效应研究，体育教师的心理特点等；体育心理学的研究方法问题，涉及量表研制、仪器开发、实验设计等。

（三）体育心理学的发展取向

经过20多年的建设，体育心理学科发展已经有了良好的基础，而且有了较好的外在环境和发展动力。随着学校体育改革的深化，广大体育教育工作者不仅迫切需要从体育心理学中汲取营养，而且体育心理学必将成为体育教育工作者的基础素养。学校体育改革实践需要体育心理学，这就为体育心理学的发展提供了坚实的教育实践环境。体育心理学的发展任重道远，将朝着完善、系统、科学的方向迈进，具体体现在以下六个方面。

1. 重视研究对象的整体化

体育心理学的主要对象是有思想感情、有个性的学生，是活生生的整体的人，不是局部的人或由局部凑成的人。因此，体育心理学研究活动全过程，都必须考虑是在研究“学生这个人”。所谓的研究对象整体化，是指为了符合“要教育学生必先了解学生”的原则，在学校教育的情境中，以全体学生为范围，以每个学生的身心全部为对象所采取的研究取向。虽然整体化研究的范围包括学生全部，但研究对象却是以个别学生为基础的，是在了解学生心理需求与主观价值的基本教育目的的理念之下，对每个学生身心全部的研究。

就体育心理学的性质及其研究目的看，学生的身心发展、运动技能学习心理以及个别差异都是学校体育中的重要问题。例如，针对学生的个别差异进行因材施教，才会使所有不同条件的学生各自获得体育教育的效益。因此在因材施教之前，必须研究学生的个别差异，否则在施教时就缺乏“因材”的根据。以全体学生为对象研究个别差异，了解每个学生身心各方面的特征，正符合体育心理学研究对象整体化的本意。从一定意义上说，体育心理学就是一种“身心”教育和全面发展教育。以“整体”作为现代体育心理学研究的切入点，审视体育心理学研究的主要问题及其成因，据此加强和改进体育心理学研究过程，是当代体育心理学研究不可忽视的新的生长点。可以说，研究整体的身心统一的学生主体是未来体育心理学的艰巨任务。

2. 强化研究范式的本土化

所谓“范式”是指某个时期内，为某一科学领域所共同认可的一套概念体系，包括构筑这一研究领域理论体系的一系列基本假设、通用的术语、研究方法、对研究结果解释的基本思路。体育心理学研究的基本“范式”，是制约体育心理学研究具体方法的根本性方法。在体育心理学中采取何种研究范式，将直接影响整个研究过程的性质、特征和研究结果。“本土化”一词在含义上既不同于“本土法”，也不代表体育心理学研究上任何一种具体方法。针对本土性的体育心理学问题，选择适当的研究方法谋求解决，以实现学校教育目的的一切构想与实际运作，就是研究范式的本土化取向。研究有法，但无定法，贵在得法。在具体的体育心理学研究中应选择哪些方法，要根据研究课题的具体任务、内容和科研对象的性质、特点而定。体育心理学的各种研究方法无所谓优劣之分，每一种研究方法都有其优点和缺点。在具体的体育心理学研究方法上，可以从有机层次的角度尝试构思一些复合方法、有机方法或整体方法。这样，体育心理学研究就有可能打破“二元对立、非此即彼”的困惑，而跃升到“层次贯通、虚实相应”的新境界。本土化既是体育心理学研究的生命力所在，也是一项极其艰苦而且必须为之奋斗的发展目标。

体育心理学的本土化不仅意味着要有民族特色，也应具备人类共有的基本特征，反映出国际研究的发展趋势。还要汲取过去全盘西化和全盘苏化的经验教训，保持“扬弃”的辩证思想，即取其精华，在消化吸收国外科学理论和方法的同时，考虑本国的特点，对引进、移植的理论和方法进行适合我国国情的改造。

3. 拓展研究理念的融合化

所谓融合就是科学整合，是将不同的理论进行更高层次的融汇和综合。这是国际化、信息化时代科学发展的重要前提之一，也是现代科学发展的一种现实的必然选择。体育心理学的形成和发展历程一直都与其他科学存在着难以分割的联系。体育心理学的蓬勃发展本身就是各种科学研究成果（包括自然层面、生理层面、教育层面和社会层面的研究成果）有机融合的现实产物。今后体育心理学的绝大部分研究也将通过“科学综合”来完成。融合研究在体育心理学的发展中将会获得更重要的地位。

开展多学科整合研究是现代科学研究的一个共同趋势。从多学科整合的角度来探索体育教育这一复杂现象，努力从多学科的视野（如从哲学、心理学、教育学、社会学、文化学等）综合建构自己的理论。体育心理学的研究方法论应建立在认知观与人本观统一、分析观与整体观结合的基础之上，研究理念将是认知心理学与人本主义心理学的兼容并包与有机结合，定性研究与定量研究互相结合，强调经验分析与心理实验相结合，科学判断与价值判断相结合，历史研究与现实研究相结合，个体性研究与整体性研究相结合，理论性研究与应用性研究相结合等。体育心理学的这些研究理念是相互联系、不可分割的，它们共同左右着体育心理学研究的发展方向。

总而言之，体育心理学的融合是一种创造性的综合，是在更高层次和更高理论水平上的综合创新。要做到这一点，就必须关注人类思想文化发展的主导取向，关注这一时期引领各学科发展的前沿学科。例如，生命科学对人脑与感官系统信息接受、加工和贮存的认识，必然会对“人脑”这一人类最重要的器官以新的技术手段开辟体育心理学的研究。同时，可以融合认知科学（如信息加工理论）领域的深层次研究成果。美国著名认知心理学家西蒙（H. A. Simon，1984）指出，认知心理学应用研究之一是如何把认知心理学用于教育方面。学校体育是学校教育的重要组成部分，因此，从认知心理学的角度研究和解决学校体育中的心理问题具有指导性意义，也可能成为体育心理学研究的新突破点。

4. 提高研究成果的实用化

体育心理学研究的首要任务是揭示体育心理学实践过程中的基本心理规律，更好地为学校体育发展和深化改革服务。体育心理学的研究应以学校体育对心理学的基本要求为出发点，以解决体育教育实践中的心理问题为目的。体育心理学的研究主要不是为探讨一般的心理学理论在体育教育、教学过程中搜集事实材料，而是根据学校体育实践的实际情况确定自己的研究课题和工作范围，从而满足学校体育实践与改革的基本需要。

多年来，我国体育界的心理学者对学校体育中心理学问题关注不够，缺乏主动参与学校体育发展中重大心理问题的研究，偏重于研究竞技运动领域中的心理学问题。马启伟指出：“尽管体育教育没有竞技运动那么轰轰烈烈，那么引人注目，但它作为教育的重要组成部分，是和整个社会的发展密切相关的。体育心理学应当对体育教育有所贡献。”在以“健康第一”作为教育指导思想的今天，虽然我国体育心理学研究不可能在短时期内就立竿见影地取得解决实际问题的效果，但我国体育心理学发展的整体方向应尽可能与学校体育目标相一致，加快理论成果的应用，开展广泛而深入的研究，理应是我国体育心理学研究者“想做”并“能做”的一项主要工作任务。

5. 加强研究方法的合理化

就研究成果而言，研究方法是决定和表现其成果价值和水平的重要因素。实验与心理测量作为实证研究，是体育心理学理论综合的基础。目前的体育心理学研究集中于定性研究，对实证的研究重视不够，今后的研究可将定量研究与定性研究很好地结合起来，从定量研究中发现总体的特征与规律，从定性研究中探讨个体特征和发现个体差异。例如，在大规模调查后，对代表性较强及较为特殊的样本通过访谈等方式进行个案研究。

体育心理学的实证研究以人为对象，研究过程中变量多、周期长，实际运作可能有各种各样的困难。例如，有时经辛苦劳作和精心设计的实验，可能会得到令人失望的结果。但实验研究毕竟是揭示因果关系的最直接方法，因而加强体育心理学的科学理论研究绝不能中断实验研究，而要对实证研究进行延续与超越。

还应加强行为观察法、访谈法、口语报告法等“质”的研究方法在体育心理学研究中的应用，丰富对学校体育中心理和行为反应的观测方法，以提高这些方法的有效性和可靠性。

此外，根据研究目的选择合适的测量工作，组织科学的施测程序，对国外引入的量表进行认真修订，对自行研制的量表进行严格的信度和效度等检验，也可以提高研究方法的合理性与科学性。

6. 倡导研究队伍的多元化

体育心理学研究一方面必须有机地运用有关学科的基本理论和方法，以保证其科学性；另一方面，还需要结合学校体育实践的实际需要与现实可能，使之具有可操作性。这就对研究人员的素养和研究队伍提出了更高的要求。由于体育心理学研究的逐步完善和深入，复杂性日益增加，体育心理学的许多课题研究仅凭个人的努力是难以胜任的，需要集体的智慧和力量协作完成。越来越多的相关学科和其他学科的心理学工作者、体育教育工作者、体育教育行政管理人员等共同合作进行体育心理学研究，必将成为未来我国体育心理学研究的发展取向。

体育心理学的科学研究始终是其学科发展与兴衰的关键。不可能永远指望教育学、体育学、心理学及其分支的研究成果完全被体育心理学所利用，而应当理性分析体育心理学研究的困境与问题，积极引导体育心理学研究全方位的根本变革，把握体育心理学研究科学化的发展取向。只有这样，体育心理学才能获得健康的发展，真正走向规范，走向成熟，走向科学。

第三节　体育心理学的研究方法

一、观察法

观察法是指收集资料数据的方法和措施，属于技术范畴。具体而言，观察法是指人们有目的、有计划、系统地在一定时间内，通过感官或借助于科学仪器收集在一定条件下被试言行的变化，并做好详细的记录，然后进行分析处理，从而判断被试心理活动的一种方法。例如，体育课上观察学生在练习过程中的面部表情和行为等情况，以了解学生的心理状态及其变化。

（一）观察法的特点

一般而言，科学研究中的观察分为两种情况：一种情况是在保持观察对象处于自然状态的情况下进行观察，即自然观察；另一种是在人为的情况下进行观察，即现场观察与实验室观察。无论在哪一种情况下进行观察，观察法都发挥着特殊的作用。

观察研究涉及的行为多发生或出现在自然情境中，观察者能直接观察所要研究的行为。因此，比较真实、典型，并具有一定的代表性。例如，通过在正常的体育课上观察学生的运动行为，可以得到他们在不被打扰的情况下最自然的体育学习情况，由此得到的观察资料的自然性是其他方法无法达到的。

观察法可以单独使用，也可与其他方法（如测验法、问卷法等）配合使用，尤其是在实验法、访谈法无法取得研究对象配合时，观察法可以起到补充作用。

但观察法有其局限性。在很多情况下，观察者不能控制或改变环境变量以引发所要研究的行为，只能被动等待，缺乏自主性；观察结果不易量化；每次观察的人数也非常有限。

（二）观察法的种类

由于观察的目的不同，观察法可以分为各种不同的类型。体育心理学研究中较为常用的有以下两种。

1. 自然观察法

自然观察法是指当被观察行为或活动处在自然发生的状态下时所进行的一种观察。也就是说，在观察之前、之中，观察者都没有干预或控制观察对象的行为或活动内容，只是将其自然发生的行为活动如实地记录下来，以供事后研究分析之用。例如，观察学生运动学习行为，可以随机选取某一练习时段，记录学生主动、积极、自觉的学习行为，同时记录学生的非正常行为，如躲避练习、胆怯、追逐、打架等。

自然观察法的主要优点是获得的资料具有很强的客观性和真实性。但也有其局限性，所要观察的行为内容或现象只能等待它们出现；观察到的行为都是外在的，如不了解更为深层的、内在的过程与原因，容易导致错误推断；由于观察对象的行为活动复杂多变，所以记录工作的难度大。

2. 实验观察法

实验观察法是指根据研究需要创设特定情境，选取样本，较严格地控制无关变量，操纵或改变自变量，准确测量、记录被试的反应。实验观察活动可以按预先设计的程序进行，并且可以重复。

实验观察法与自然观察法的显著区别是：采用实验观察法时，研究者需要改变和控制被观察对象，而采用自然观察法时则不需。因此，使用实验观察法可以把各种偶然、次要的因素加以排除，使被观察对象的本来面目显露得更加清楚，还可重复进行，能多次再现被研究对象的各种心理现象，以便对其进行反复观察；可以有各种变换和组合，以便分别深入考察被研究对象各方面的心理特性，使观察者获得更全面、更精确的事实和资料。但实验观察法所得结果的人为性直接影响到研究结果的外在效度。

（三）观察法的基本程序

1. 观察法的设计

（1）明确观察目的。在体育心理学研究中，要有效地运用观察法，事先必须明确“为何而观察”，即通过观察收集而来的资料是用于解答什么问题或检验何种研究假设。

明确观察目的，也就是要理解和把握研究问题的性质与内容。只有针对问题的性质与内容选取的观察方式和方法，才可能是最适宜、最有效的。因此，观察者应通过阅读有关文献，或请教有关专家，召开座谈研讨会等方式，了解研究问题的背景，以期对所要研究的问题有更全面、更深入的认识和把握。

（2）确定观察内容。在明确了观察目的之后，紧接着就是确定观察内容，即从哪些方面进行观察记录。这是观察研究能否成功的根本保证。为此，要依次列出观察细目。罗列观察细目的基本参照就是待答问题或研究假设中涉及的各种变量，既能准确地反映或体现研究目的，又可以被观察到。例如，体育课堂学习的心理学评价是以促进学生更有效的学习为标准。体育课堂学习目标是在“过程”中完成的，因此，学生的学习态度、情意表现、交往能力与合作精神就是心理学评价所确定的观察内容。具体内容包括：思考学习内容的自觉性、练习动作的主动性、对学习内容的喜欢程度、对学习内容的自信程度、在学习过程中的成功体验程度、在学习过程中表现出的意志品质、在学习过程中的情绪稳定程度、在学习过程中遵守活动规则的表现、与同伴一起完成学习任务的合作表现、在学习过程中爱护体育器材的表现等。

（3）绘制观察记录表。观察记录表是获取观察行为不可缺少的技术手段。记录表应该尽可能简单易行，可靠有效。例如，将学生在练习动作过程中的态度、兴趣、情绪、意志、交往能力与合作精神等心理特征所表现出来的学习行为进行记录（如表 1－1）。

表 1－1　动作练习的行为观察记录表

授课内容：　　　　　　　　　　　　　　　　时间：

行为表现 / 姓名	练习时的投入状态	练习时的自信程度	练习时的情绪稳定性	练习时的意志表现	练习时的合作表现	遵守规则的表现	其他

（4）培训观察者。为保证观察结果的准确性与一致性，观察之前必须对观察者进行培训。培训的内容与方式主要包括：为观察者提供研究的基本材料，使

其了解观察的目的、内容、方式、对象、场地等情况，提高观察者的心理准备水平；采用类似有待观察情境的录像进行观察练习；选择类似有待观察的情境进行实地练习。

（5）制订实施计划。实施计划包括观察的日程、观察人员、工具、观察场地、观察对象及人数、观察与记录的方式、应特别注意的问题等。这些内容均应以书面形式呈现给参与观察工作的各位成员。

2. 观察法的实施策略

（1）位置的选择。位置的选择包括两个因素：方位和距离。方位是指观察者如何面对被观察者；距离是指观察者和被观察者之间的远近。

一般来说，体育教学中的观察，观察者应站在被观察者的正面或侧面，距离要合适，以保证被观察的现象能够清晰地呈现在观察者的视野内，并且保证被观察者保持常态。因为距离太近，会对被观察者产生心理压力与干扰；太远，又看不清楚。同时为了减少对被观察者的干扰，观察者可早些出现在现场，不要站在特别引人注目的位置，不要穿奇装异服。

在观察的过程中，观察者还应当适当地调节自己的观察位置。因为在体育教学中，无论是教师还是学生，大多数时间是在运动的，所以观察者也要随之变化。

（2）运用感官进行观察。观察时，要充分运用各种感官，获得尽可能多的信息。同时，还应注意避免个人偏见，善于识别“假象”；全面系统地观察，把握教师或学生在教学中的各个方面及其相关联系；对发展过程进行动态的观察，不要只抓一两次或个别学生的行为就作分析。

（3）观察的记录。观察记录是观察活动中的一项重要内容，对观察研究具有重要意义。体育教学中的观察记录要及时、详细、明确和宜多不宜少。

3. 观察资料的整理分析

首先对观察记录进行整理。包括对现场观察记录进行通读、调整，把当时记录得不太清楚的或者没有来得及记录下来的信息填补完全，以确保资料的准确性和完整性。

在对资料进行分析和整理之后，就自然获得了从系统的资料中归纳推论出的研究结论。研究结论可以研究报告或论文的形式呈现。

二、实验法

实验法是指有目的地控制一定的条件或创设一定的情境，以引起被试的某些心理活动而进行研究的一种方法。它是揭示心理和行为规律的重要手段，在体育心理学的研究中占有相当重要的地位，并已得到广泛运用。研究者通过实验法已获得了人在运动时的反应时间、动作控制、动作记忆、操作思维等方面的研究成果，以及体育活动与心理健康之间的关系、体育活动中有关社会心理学方面（如归因、团体心理、人际关系）的研究成果。

（一）实验法的特点

与其他方法相比，实验法的优点在于能够有效地控制实验条件，实验结果的量化、记录非常客观、准确，使研究者获得所需解决问题的答案；可以在任意时间内进行周密的观察，而且可以被其他人加以重复和验证，具有科学研究所要求的高度公认的客观性。当然，由于实验是在人为的条件下进行的，其结果也会因被试的情绪、态度等心理因素而受到影响，或因不合实际情况而难以运用。

概念解析

实验法

实验法是指有目的地控制一定的条件或创设一定的情境，以引起被试的某些心理活动而进行研究的一种方法。是在控制的条件下观察、测量和记录个体心理和行为的一种研究方法，是科学研究中因果研究的最主要方法。实验法可分为实验室实验法和自然实验法。

一般的实验方法都使用两组被试作比较。一组是实验组，另一组是控制组，也称为“对照组”或“比较组”。前者是接受实验处理之下的被试群；后者则是不施加实验处理的被试群。如果实验结果表明两组在行为上有显著性差异，便显示出实验起到了作用。

（二）实验步骤

1. 第一阶段是寻求相等的两个组，即实验组和控制组。这两个组应该在各个方面的条件保持一致，这样，实验结果的差异就不是其他额外因素造成的，而是实验因素引起的。为了保证两个组在各方面的条件大体保持一致，通常采用随机分配的原则，使两个组有均等的机会获得相同比例的各种被试个体。只要样本的数量足够，这两组即可视为等质的两个组。

2. 第二阶段是对实验组进行实验处理，而对控制组不施加实验处理，让其与平常一样。在这期间，研究者要保持除有无实验处理之别外，两组所发生的事态应该完全相同，以确保两组所出现的差异是实验造成的。

3. 第三阶段是结果整理。目的是确定自变量是否引起因变量的变化，以及引起何种程度的变化，从而判断自变量与因变量之间存在什么关系。如果实验组的变化在统计学上显著地大于（或小于）控制组，则可以认为实验组的因变量的变化是由自变量所引起的。

（三）实验法类型

1. 实验室实验法

实验室实验法是指在特设的实验室内，借助各种仪器设备，严格控制各种条件而进行的实验研究。例如，测定反应时的实验，操纵的变量是某种声音或颜色的光，借助的是反应时测定仪器。该方法的优点是实验者可以使用精密仪器设备，对各种条件进行严格控制，并能精确地记录心理行为反应，有利于自变量与因变量之间关系的处理；缺点是人为的痕迹过多，需要大量的时间、人力和昂贵的实验仪器。

2. 自然实验法

自然实验法是指由实验者在自然条件下创设一定的实验情境，操纵一个或一个以上的变量而进行的实验。例如，在自然班级的条件下，对实验组被试采用一种新的体育教学方法，对照组被试则采用常规的体育教学方法，以便证明哪一种教学方法更为优越。该方法的优点是把实验研究与日常生活密切结合，比较真实自然，结果较切合实际。因此，研究结果具有较高的外在效度，能推论到实验以外的情境；缺点在于条件控制不如实验室那么严格，有的情况下额外变量和偶然因素不易排除。

研究案例

运动干预对小学生身心健康影响的实验研究

1. 研究目的

旨在以学校课外活动已经开展的运动项目为基础，以集体参与、易操作、有推广价值为原则选择运动项目，同时对运动频率、运动强度、每次运动持续时间加以科学控制，确定了5套运动干预方案，并进行10周的实验，探讨5套运动干预方案对小学生身心健康的影响，揭示不同方案对小学生身心健康影响的特点，为学校更好地开展课外体育活动，针对性促进学生的身心健康发展提供可选择的有效运动方案。

2. 研究方法

（1）研究对象：北京市2 463名小学生。

（2）运动干预方案确定与实施：根据相关理论和研究结果确定5套运动干预方案（表1－2），5套运动干预方案均在课外体育活动时间进行，干预周期均为10周。

表1－2 运动干预方案一览表

干预方案	运动频率	运动强度	每次运动时间	运动项目
方案一	5次/周	（220－年龄）×（40%—80%）	30分钟	跑步
方案二	3次/周	（220－年龄）×（40%—80%）	30分钟	趣味田径游戏
方案三	3次/周	（220－年龄）×（40%—80%）	30分钟	小手球＋素质练习
方案四	3次/周	（220－年龄）×（40%—80%）	30分钟	踢毽＋游戏
方案五	3次/周	（220－年龄）×（40%—80%）	30分钟	武术＋跳绳＋8字跑

（3）身心健康测试指标：在运动干预前后进行身心健康指标的测试，身体健康包括身体形态（身高标准体重、上臂皮脂厚度、肩胛皮脂厚度、腹部皮脂厚度）、体机能（台阶试验指数、肺活量）和身体素质身［握力、斜身引体（男）、1分钟仰卧起坐（女）、立定跳远、坐位体前屈、50米×8往返跑、闭眼单脚站立、选择反应时］3个维度共14项指标，心理健康包括主观体验、情绪活力、身体价值、人际感知、困境应对5个维度。

3. 研究结果

（1）方案一有助改善身体形态，提高心肺功能，且对提高肌肉耐力有积极作用，但对提高上肢力量、腰腹力量、身体柔韧性作用不明显。另外，该方案对心理健康的促进作用不明显。

（2）方案二对发展身体形态有一定的帮助，对上肢力量、平衡能力有积极的作用，但对提高身体机能，提高下肢爆发力、肌肉耐力的作用不明显。另外，该方案对心理健康困境应对维度的促进作用更加明显。

（3）方案三有助改善身体形态，提高心肺功能，且对上肢力量、腰腹力量、下肢爆发力、身体柔韧性、耐力素质、平衡能力均有积极的作用。另外，该方案对心理健康的主观体验、身体价值维度的促进作用更加明显。

（4）方案四有助提高心肺功能，对下肢爆发力、腰腹力量、反应灵敏性等身体素质提高作用较大，但对改善身体形态，提高上肢力量、平衡能力作用不明显。另外，该方案对心理健康的情绪活力、人际感知维度的促进作用更加明显。

（5）方案五有助提高心肺功能，对上肢力量、下肢爆发力、肌肉耐力的提高有较好的作用，但对提高握力、平衡能力、反应灵敏性等指标的作用不明显。另外，相比其他方案而言，该方案对心理健康的促进作用不明显。

4. 研究结论

5 套运动干预方案对小学生身心健康发展均具有积极的促进作用，不同方案对小学生身心健康的影响存在差异，学校开展课外体育活动可根据实际情况有针对性地选择使用。

资料来源：殷恒婵，陈雁飞，张磊，等. 运动干预对小学生身心健康影响的实验研究［J］. 体育科学，2012，32（2）：14－27.

三、心理测量法

心理测量法是指借助于一定的测量工具，对心理和行为进行数量分析的研究方法。通过问卷调查、心理测验、仪器测试和操作测试等间接手段，对心理和行为进行定量分析，不仅有效可行，而且也是收集研究对象有关心理与行为数据资料的最基本的方法。根据测量工具的特点，又可分为纸笔和非纸笔测量两类。

（一）纸笔测量法

纸笔测量法是指用书面调查或试卷的形式呈现问题，由研究对象用笔来回答问题，研究人员根据答案对其心理活动进行定量分析的方法。当然，有时也可由研究者根据研究对象的口头回答来填写答案，特别是在研究对象由于视力或文化水平等方面原因书面回答确有困难时常常如此。根据测量工具的标准化程度，可分为问卷调查法和心理测验法两类。

1. 问卷调查法

体育心理学中的问卷调查法是指研究者以按照一定要求和程序编制的问卷为

工具，收集研究对象有关的心理特征和行为数据资料的一种方法。多用于对研究对象的心理特征、行为和态度等的研究。

概念解析

心理测量法

心理测量法是以问卷调查、心理测验、仪器测试和操作测试等为工具收集数据资料，进行定量研究的一种研究方法。包括纸笔测验和非纸笔测验。

（1）问卷调查法的特点

内容客观统一，数据处理方便；节省资源，便于大规模研究；匿名，回答真实。但是，使用的灵活性和研究的深入性不强，结果与实际情况之间可能存在一定的差距。

（2）问卷的一般结构

①标题和指导语

标题是对问卷目的和内容的最简洁的反映，它不但要与调查目的相符，而且还不能对研究对象造成不良影响。指导语部分通常包括三方面的内容：一是称谓，如“亲爱的同学”、“尊敬的老师”等。二是简要说明问卷的性质、目的及填写问卷的要求，如“可以不填写姓名”、“答案没有对错之分，结果仅为研究之用”、“谢谢合作”等字样。三是回答问题的方式，如“请在您认为适合自己情况的答案上打‘√’”。

②问题和答案

这一部分是问卷的主体，设计成功与否直接决定着调查研究的成败。这一问题稍后介绍。

③结束语

结束语通常是对答卷者表示感谢，如“谢谢您的合作”。在有些情况下，提出一个或几个开放性问题，让答卷者补充说明有关情况，或对问题本身提出意见和建议。

（3）问卷的设计

问卷设计的过程是研究者根据研究目的精心设计问题、答案和问卷评价方式，以求尽可能准确了解答卷者的心理特点和行为规律的过程。问卷和答案的设计是其核心环节。

为保证问卷的科学性和有效性，问卷的设计应贯彻目的性原则、全面性原则和计划性原则，语言应尽量通俗，题目应尽量具体，答案设计应处处为答卷者着想。问卷设计一般要经过准备、初步设计、试用和修改，最后形成正式问卷等步骤。

设计的问题和答案类型应当与问题类型相统一。对于开放式问题，只提出问题，不列出答案，由答卷者根据自己的情况自由回答，如“你为什么喜欢足球”、“体育教师的教学能力由哪些成分构成”等。对于封闭式问题，首先是提出问题，然后提供可选择的答案。答案常选用是否式、多项选择式、排序式和等级式等。例如：

①是否式

我担心在比赛中受伤。…………………………是□　　否□

②多项选择式

下列运动项目中您最喜爱的是：（请在您选择的项目的序号上打“√”，可选三项）

1. 足球；2. 篮球；3. 排球；4. 田径；

5. 体操；6. 乒乓球；7. 游泳；8. 游戏。

③排序式

请按顺序标明您最喜欢的运动项目，最喜欢的项目填1，其次是2，依次类推。

（　　）足球；（　　）篮球；（　　）排球；（　　）田径；

（　　）体操；（　　）乒乓球；（　　）游泳；（　　）游戏。

④等级式

体育老师在课堂上对待学生的态度是：

冷漠　　　　　　　　温和

1　　2　　3　　4　　5

（4）问卷调查举例

测量与评价

锻炼诱导情绪量表（EFI）

一、量表正文

本问卷测量您现在的情绪状态，请根据自己的真实感受在每个词的后面数字中选择并且只选一个画“○”。谢谢合作！

在身体锻炼中（或身体锻炼后），我完全没有感到	⟷				非常强烈地感到
1. 精神振奋	0	1	2	3	4	5
2. 平静	0	1	2	3	4	5
3. 疲乏	0	1	2	3	4	5
4. 充满激情	0	1	2	3	4	5
…						
10. 安宁	0	1	2	3	4	5
11. 筋疲力尽	0	1	2	3	4	5
12. 愉快	0	1	2	3	4	5

二、评分方法

《锻炼诱导情绪量表》包括4个分量表，得分范围和意义如下：

1. 活力激发分量表：第1、6、9题。得分范围是0—15分，得分越高，活力或精力就越得到恢复和激发。

2. 身心平静分量表：第2、5、10题。得分范围是0—15分，得分越高，身心就越平和、放松。

3. 生理疲惫分量表：第3、8、11题。得分范围是0—15分，得分越高，生理上就越疲劳。

4. 积极投入分量表：第4、7、12题。得分范围是0—15分，得分越高，对锻炼活动就越投入。

资料来源：张力为，毛志雄. 体育科学常用心理量表评定手册［M］. 北京：北京体育大学出版社，2004：50－52.

2. 心理测验法

心理测验法是采用标准化的心理测试量表，通过对少数有代表性的研究对象行为的观察，推论和量化分析心理活动总体规律的科学手段。

（1）心理测验的特点

概念解析

心理测验法

心理测验法是经过标准化处理的研究工具，由一组可以引起典型性行为的题目构成。以心理测验为工具的测量具有间接性、相对性和客观性，既可用于甄选、诊断、咨询，也可用于收集数据资料和实验分组等。

测验的编制过程、施测过程和对测验分数的解释遵循一定的标准和程序。测量手段以纸笔测量为主，但不局限于纸笔测量。心理测验的量表虽是更加标准化的问卷形式，但它不拘泥于文字形式，还采用非文字形式如操作等。例如，韦氏儿童智力量表中既有文字测验，也有图画补缺、图片排列、积木图案、迷津等操作测验。使用心理测验的方法要求研究者具有一定的专业知识，了解测验的有关情况，熟悉有关的测验技能。但是，心理测验的研究结果虽适于定量分析，由于难以进行定性分析，且题目固定，限制较多，研究者不能根据研究目的增减题目，因而使研究结果大多停留在静止的表面水平上进行描述和解释，难以得出因果关系结论。

值得注意的是，心理测验的使用应慎重。心理测验多采用固定的题目，使用次数多甚至“滥发测验”，会改变测验的性质，降低测验的可信性、有效性和精确性，因此应严格控制测验的发行和使用。

（2）心理测验的作用

心理测验的基本作用有两个，一是预测，即通过测验了解个体间的某些差异，并预测不同的人在将来的活动中可能出现的心理和行为差异；二是诊断，即了解同一个人的不同心理特征间的差异，如测量一个人到底是特质焦虑高还是状态焦虑高。在体育实践中，可从学生心理和行为的诊断、运动心理咨询和运动员心理选材等方面为教学、训练和管理提供参考和指导依据。

（3）心理测验的使用

心理测验过程是根据测验目的和需要，选择测验用的量表，让测验对象根据量表的每个问题进行回答，测验者在事后对测量结果进行分析、评定。心理测验可以对单个人测量，也可以对多个人进行测验。测验者要对每一个测验对象使用相同的指导语，测量环境要求安静、整洁、宽敞、明亮，避免眼花缭乱、照明太暗、噪声太大而影响被试的心理状态。此外，测验时的座位应舒适，要求每个测验对象独立完成，不影响别人。心理测验就像“考试”一样，既简单易行，又严格要求。

测验者在测验前应该做好以下准备：熟悉测验手册；选择适宜的测验环境，排除外来干扰；与测验对象建立良好的信任关系并取得积极的合作。

（二）非纸笔测量

非纸笔测量主要指除纸笔测量之外的心理和行为特点的测量手段。这些手段主要是指仪器测试或使用图片、积木、游戏等测试工具进行的测量。

1. 非纸笔测量方法的共同特点

这类测量主要是研究者借助仪器或其他操作工具提出各种任务，通过分析研究对象在完成这些任务时的行为反应，定量研究其心理活动特点的方法。非纸笔测量方法从仪器、量具的设计，测量过程的实施以及功能等方面与纸笔测量方法具有类似的特点，并遵循共同的规律。与纸笔测量相比，非纸笔测量虽然不太适于大规模研究，且保密性不够强，但它不需要研究对象直接回答一些敏感的问题，研究目的更加隐蔽，而且研究的数量化程度更高，因而研究的数据之间具有更大的可比性。例如，通过仪器测试，一个人的手简单反应时为185毫秒，而另一个人的为250毫秒，则显然前者比后者快65毫秒。

目前，体育心理学的非纸笔测量方法仍有待进一步的丰富、统一和规范，但这是暂时的，随着研究实践的不断深入，测量工具会不断优化，误差会不断缩小，精确性将大大提高。

2. 简易非纸笔测量方法举例

测量与评价

动作稳定性测量

一、目的

学习使用测定手部动作稳定的方法，检验情绪对动作稳定的影响。

二、仪器与材料

9 洞动作稳定仪、秒表、记录纸张。

三、程序

（一）测定动作稳定的程度

1. 动作稳定仪的边缘与实验台边缘齐平。被试坐下，面对动作稳定仪，右手拿铁笔，手臂悬空。

2. 主试发出“开始”口令，并记时。被试听到口令后，用笔端金属棒垂直插入最大洞孔内，当笔尖触底白色指示灯亮时，即为通过，抽出金属棒。如果棒碰到洞的外周发出响声，则需要重做。然后，依洞的大小顺序用同样的方法进行。每个洞孔可做三次，第三次失败后，右手实验结束。记下被试在 15 秒内通过的洞的直径（表 1－3）。

表 1－3 手部动作稳定性记录表

次数 手别	1	2	3	4	5	6	7	8	9	10	平均数	标准差
右 手												
左 手												

3. 左手按照上述要求进行。

4. 右手和左手各试验 10 次。在每次左右手轮换之间，休息 15 秒钟。

5. 查表计算手动稳定性系数。计算方法是被试通过的洞的直径的倒数乘以 2（表 1－4），通过的孔径越小，稳定性越好。

表 1－4 手部动作稳定值

洞号	1	2	3	4	5	6	7	8	9
直径/mm	13	8	6.5	5	4	3.5	3	2.5	2
1/直径	0.08	0.13	0.15	0.20	0.25	0.29	0.33	0.40	0.50
稳定性系数	0.16	0.26	0.30	0.40	0.50	0.58	0.66	0.80	1.00

（二）测定比赛时紧张情绪对动作稳定的影响

将被试分为两组进行比赛。按照上述要求，每对比三次，三战两胜。比赛进行时，主试大声报告进展情况，并鼓动同学为本组参赛选手加油，以造成比赛时的紧张气氛。

四、结果

1. 将测量动作稳定性的成绩列表，并计算出平均数和标准差。
2. 比较右手和左手的动作稳定性。
3. 比较各被试在安静时和比赛时动作稳定情况的变化。

五、讨论

1. 根据实验结果分析影响右手和左手动作稳定性的因素。
2. 根据实验结果分析安静状态和比赛状态下动作稳定性所发生的变化。
3. 根据实验结果分析被试间是否存在个体差异及其原因。

资料来源：马启伟．体育心理学［M］．北京：高等教育出版社，1996：348－439.

体育心理学研究主要是为学校体育服务的，其研究成果要能够经受得起实践的检验。为此，体育心理学研究常常要先进行预备性的实验、观察和调查，或设置各种对照组，或参考体育教师的意见进行比较分析。在整理研究结果时，常用的统计方法是相关分析、方差分析，有时候要进一步做因素分析或聚类分析。

具体进行体育心理学研究时，究竟采用什么方法应根据研究的目的、任务和课题内容来确定。由于影响学生体育学习和体育锻炼的心理活动十分复杂，为使研究成果更接近实际，体育心理学研究常常以一种方法为主，同时选用其他几种方法为辅来进行研究。

【本章小结】

1. 体育心理学是一门研究体育运动情境中个体的行为与心理活动规律的学科。体育运动情境所涵盖的范围很广泛，包括学校体育活动、竞技体育活动、大众健身类体育活动以及与医疗康复相关的体育活动等。体育运动情境中的个体包括所有参与到特定体育活动项目中的个人，个体在体育运动情境中的心理活动是指在参与特定体育项目过程中，个体在感知觉、认知能力、情绪与动机、人格、学习与教育行为、社会行为、心理健康等各方面所展现的心理过程、心理状态或心理特征。

2. 体育心理学研究目的旨在探究个体在参与各类体育活动时的心理与行为规律，并进而应用这些知识来帮助个体更为有效地从事、开展各类体育活动或能够更多地从体育运动中受益。

3. 学习体育心理学有助于挖掘学校体育的心理教育功能；有助于提高体育教学、训练和竞赛活动的质量；有助于提高体育教师自身的业务能力和水平。

4. 体育心理学是随着心理科学和体育科学的发展而发展起来的一门比较年轻的学科。它随着体育活动实践需要和心理科学发展的要求而产生和发展。马约翰先生于 1926 年撰写了《体育的迁移价值》一文，是我国体育心理学最早的专论。

5. 体育心理学的基本研究方法，通常有观察法、实验法和心理测量法。

6. 观察法是指人们有目的、有计划、有系统地在一定时间内，通过感官或借助于科学仪器收集在一定条件下言行的变化，做出详细的记录，然后进行分析处理，从而判断被试心理活动的一种方法。

7. 实验法是指有目的地控制一定的条件或创设一定的情境，以引起被试的某些心理活动而进行研究的一种方法。包括实验室实验法和自然实验法。

8. 心理测量法是指借助于一定的测量工具，对心理和行为进行数量分析的研究方法。包括问卷调查、心理测验、仪器测试和操作测试等。

9. 问卷调查法是指研究者以按照一定要求和程序编制的问卷为工具，收集研究对象有关的心理特征和行为数据资料的一种方法。多用于对研究对象的心理特征、行为和态度等的研究。

10. 心理测验法是采用标准化的心理测试量表，通过对少数有代表性的研究对象行为的观察，推论和量化分析心理活动总体规律的科学手段。

【建议参考资料】

1. 殷恒婵．体育心理学［M］．北京：人民教育出版社，2008.

2. 殷恒婵，陈雁飞，张磊，等．运动干预对小学生身心健康影响的实验研究［J］．体育科学，2012，32（2）．

3. 季浏，殷恒婵，颜军．体育心理学［M］．2 版．北京：高等教育出版社，2010.

4. 中华人民共和国教育部．义务教育体育与健康课程标准（2011 年版）［M］．北京：北京师范大学出版社，2012.

5. 张力为，毛志雄．体育科学常用心理量表评定手册［M］．北京：北京体育大学出版社，2004.

6. 颜军，翟芳，尹剑春，等．我国体育心理学研究近 10 年的回顾与反思［J］．体育与科学，2001，22（5）：1－4.

7. 颜军．论我国体育心理学的发展取向［J］．体育科学，2001，21（3）：81－84.

8. 董奇，申继亮．心理与教育研究法［M］．杭州：浙江教育出版社，2005.

9. 索尔索，麦克伦．实验心理学——通过实例入门［M］．张奇，译．北京：中国轻工业出版社，2004.

【问题与思考】

1. 体育心理学、运动心理学和锻炼心理学的异同是什么？
2. 何谓体育心理学？其基本研究任务是什么？
3. 学习体育心理学的意义是什么？
4. 国内外体育心理学发展过程中的重要事件有哪些？
5. 体育心理学的研究方法有哪些？
6. 自然观察法有哪些优点和局限性？怎样运用自然观察法？

第二章　体育活动中的目标设置

【本章提要】

本章主要介绍目标设置理论及其对体育教学活动的意义，目标设置的作用，合理目标设置的策略，以及目标设置的程序和具体方法。

【学习重点】

1. 了解目标设置理论。
2. 了解目标设置的作用。
3. 熟知成功目标设置的策略。
4. 掌握目标设置的程序和具体方法。

【重要术语】

目标设置　目标设置策略　短期目标效应　阶段性目标设置模式　目标达成　目标评估

尽管许多人认为目标设置如同竞赛心理一样，仅仅适用于高水平运动员。但事实上在中小学体育教学中，教师和学生都能从目标设置中获益。体育教师通过运用目标设置会发现，它不仅能够维持自己教授学生新知识的动机，同时还能提升体育教学的自信心和责任感。

第一节　体育活动中目标设置的作用和策略

一、目标设置理论概述

目标设置理论最早起源于工业或组织领域，该理论认为，人们的行为普遍地受到有意识的目标和目的的引导。人们对于一项任务的目标会影响他们做什么以及表现如何。

依据目标设置理论，目标能够引导个体将注意指向学习任务的关键部分，促进努力和坚持，并培养和发展新的学习策略。目标主要通过影响个体重要心理因素（如自信心、焦虑、承诺和满意度等）来影响行为。一般而言，个体的自信水平、满意度、对目标的承诺越高，个人目标达成的程度也会越高。在体育活动和锻炼领域，大量的研究结果表明，运动领域的目标设置能够提升参与者的运动表现；目标设置在多种体能和技能测试中都表现出很好的有效性，如仰卧起坐、跑步、游泳、篮球罚篮和运球、网球技能、高尔夫推杆等。其中，中等难度的、明确的、长短期相结合的目标能够获得最大收益。

二、目标设置的作用

在体育教学中，合理的目标设置能够在以下四个方面影响学生参与体育活动的行为表现和参与效果：能够将学生的注意和行为指向体育活动的任务上；能够激发学生的学习动机并动员其能量，提高学生的运动表现；能够让学生长时间地坚持参与体育活动；能够使学生为完成体育活动目标而主动地设计、执行最适合的实现目标的策略和手段。

> **概念解析**
>
> **目标设置**
>
> 目标设置是指确定一定时限内个体活动应完成的成就标准以及如何达到该标准的过程。它与动机、操作成绩及人格的培养有重要关系，设置合理的目标能使运动参与者激发努力，动员能量，带着明确的期望全身心地投入活动，降低单调感和枯燥感，提高挑战性与坚持性。

三、合理目标设置的策略

为了确保目标设置的有效性，体育教师首先应了解成功目标设置的策略，运用下述策略帮助学生制订目标，有助于保证目标的合理性、科学性和有效性。

（一）正确评价学生的能力水平

对学生能力的正确认知评价是设置成功目标的第一步，也是设置成功目标的重要依据。如果不能正确分析和评价学生的实际能力，设置的目标不符合学生能力而导致目标设置得过高或过低，都不利于学生学习目标的实现和能力的发展。对学生能力的分析应从学生现实的身体生理机能水平、技能水平和学生心理素质等方面如实地进行分析与评价。教师应在长期的教学活动中，注意认真观察和总结积累学生在身体运动、心理发展等方面的资料，以便对学生的评价依据充分，真实有效。

（二）长期目标与短期目标的结合使用

在体育教学活动中，如果在单元、学期教学开始时，体育教师就向学生提出单元或学期目标，其结果是学生往往感到难以接受和无法实现，很容易导致学生产生畏惧心理，为避免这种不良心理的产生就要求体育教师运用有效的策略，帮助学生一步一步地趋近目标，直至最终实现目标。将长期目标和短期目标结合起来使用是更合理而有效的。其原因有四：一是短期目标更易于形成积极期望；二是学生认为短期目标是可实现的，并且短期目标的实现作为成绩和奖励可提高学生对学习的满意度；三是单独设置长期目标，会损害学生对体育活动的乐趣；四是有助于学生对自己的能力有一个准确的评价。

知识窗

短期目标效应

名不见经传的日本马拉松选手，矮个子山田本一分别在1984年日本东京和1986年意大利米兰国际马拉松邀请赛上两次夺冠，令人大惑不解。10年后，他在自传中解开了这个谜：每次比赛之前，他都要乘车把比赛路线细细地看一遍，并把沿途较醒目的标志画下来。例如，第一个标志是一栋高楼，第二个标志是一棵大树，第三个……这样一直画到赛程的终点。开始比赛时，他就以很快的速度奋力向第一个目标冲击，等到达第一目标后，他又以同样的速度奋力向第二个目标冲去……42.195千米的路程被他分解成一个个小目标，他便轻松地跑完了全程。起初，他把马拉松终点的那面旗帜作为目标，结果他跑了十几千米时就疲惫不堪。山田本一的这一目标分解法被命名为“短期目标效应”。

短期目标效应还说明，目标不仅要分解，而且要具体。有人做过这样的实验：把人随机分成两组，让他们去跳高。两组个子都差不多，先是一起跳了1.2米，然后把他们分成两组。对一组说：“你们能跳过1.35米”，而对另一组说：“你们能跳得更高”。然后让他们分别去跳。结果，第一组由于有1.35米这样一个具体要求，他们每个人都跳得比较高，而第二组没有具体的目标，所以他们大多数人只跳1.2米多一点，不是所有的人都跳过了1.35米。由此可以看出有没有具体目标的差别。

“短期目标效应”之所以能够产生如此神奇的效果，就在于它把大目标分解成小目标，把远目标变成近目标，把模糊的目标变成具体的目标，使人产生看得见、追得着的感觉。人生好比马拉松比赛，学会分解目标的人和将目标具体化的人，将会更容易到达光辉的终点。

资料来源：林华民．世界经典教育案例启示录［M］．北京：农村读物出版社，2003：82.

在体育教学中，体育教师可以引导学生将长期的奋斗目标分解为一个个的子目标，通过一系列子目标的实现，积小胜为大胜，从量的不断积累而实现质的变化，最终实现长期目标。一般来说，长期目标与短期目标的结合常使用“阶梯型”目标分解法。其具体步骤为：首先确定学生经过努力奋斗所能达到的终极目标；其次再确定实现这个具体任务的基础水平或一般水平表现；再次是确定几个指向于实现最终目标并且难度逐步加大的目标。在目标实现的过程中，体育教师要时刻注意观察学生目标实现的过程和行为表现，若发现学生达到下一个目标有较大的困难，体育教师应从两个方面来分析，一种可能是子目标间的阶梯设置过高，超出学生现实的能力水平，这就要求教师把子目标进一步分解成两个或更多的阶梯；另一种可能是学生缺少一个恰当的指导，学生不清楚如何去完成或克服阻碍实现下一个阶梯目标所需要的那种技能，这就需要体育教师帮助学生掌握这个技能。例如，在篮球教学过程中，一个学生定位投篮的命中率是30%，体育教师向该生提出在期末达到80%命中率的终极目标。刚开始，学生认为这一目标很难实现，有知难而退的心理。这时，体育教师要帮助学生将这一终极目标分解成阶段性、分级的子目标，最低一级的目标依据学生当前个人能力而定。该学生的当前水平是30%的命中率，那么，子目标一是提高15%，达到45%的命中率；子目标二是提高25%，达到55%的命中率；子目标三是提高35%，达到65%的命中率；子目标四是提高45%，达到75%的命中率；子目标五是提高50%，从而达到终极的目标——80%的命中率（如图2－1）。

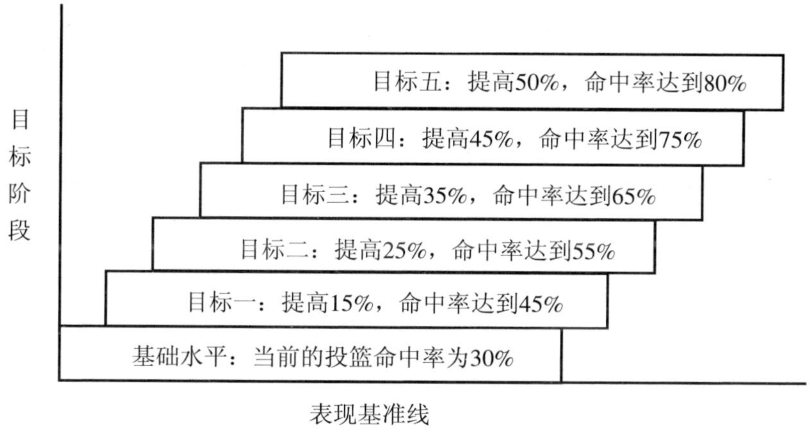

图2－1　定位投篮“阶梯型”目标的方法

（三）设置的目标既要有挑战性又要有可实施性

一个好的目标应该是既有挑战性，又是可实现的。设置的目标最好处在通过努力可以实现，但不通过自己的最大努力又难以达到的位置。具有这样特性的目标才有极大的吸引力和挑战性，才能激发出学生的体育活动动机（见图2－2）。

如果目标太容易完成，学生体验不到挑战性，就无法激起运动学习与锻炼动机；相反，目标太难，学生会产生挫折感，就会怀疑自己的能力，导致学习与锻炼动机水平降低，甚至放弃努力。这就要求体育教师既要掌握学生身体生长发育的规律和各个项目的运动特点，同

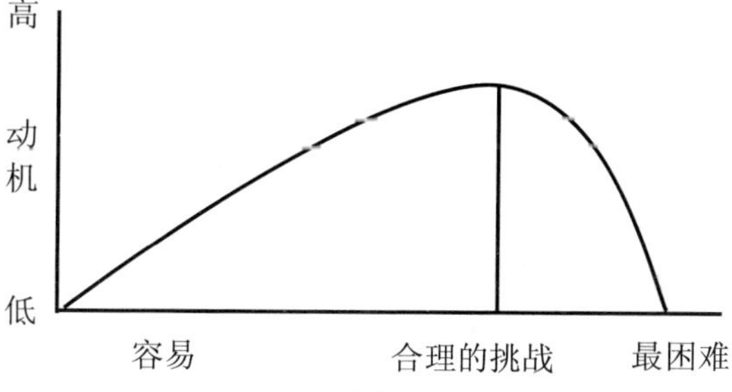

图2–2

时还要了解每个学生的实际能力和其对自己能力的自我知觉，只有这样才能制订出适宜的目标。为了保证目标既有挑战性又不太难，可将学生最近的能力水平作为参考，并在必要时修正目标以适应情况的变化。

（四）设置具体的目标而不是模糊的目标

门托（Mento）等人于 1992 年的研究发现，“尽最大努力去做”这种目标具有很大的弹性。人们没有标准来确定自己到底怎样做就算是尽了最大的努力。这种目标的内在模糊性让人们在评价自己的绩效时也有很大的弹性，就是说有可能对低等的或中等的绩效感到满意，这样他就可能没有足够的动力去追求最好的绩效。由此，在体育教学和身体锻炼中，体育教师指导学生设置的目标应该是明确的目标。明确的目标就是具体的、可测量的、可用语言加以描述和记录的目标，即可以用次数、米数、秒数等可测定的量来确定的数字目标。二者相比，设置具体明确的目标有助于导致指向明确而有效的追求成功的行为，而且还有助于对目标进行评价，有助于定量化地检验是否达到了目标，特别是对于体育活动动机和技能水平低的学生，设置具体明确的目标尤为重要。

（五）教师和学生携手共同制订目标

在体育教学或身体锻炼过程中，教师与学生一道制订目标有助于提高学生责任感和积极性，有利于发挥学生的积极性和创造性。例如，在中学足球教学课上进行头顶球练习，每个学生可以依据自己的情况，说出自己能顶几个，而后教师将水平接近的分在一组，并与学生协商制订下一步头顶球的个数。这样做，既体现了学生的个人意愿，使学生感受到自己的责任感，又充分考虑到了学生的个体差异，有利于激发学生的动机。此外，这一过程还提供给学生与教师之间相互交流的机会，便于学生理解教师的计划和意图，有利于目标实施。

（六）引导学生制订自我比较目标

在体育教学中，应引导学生制订自我比较目标（即以个人表现的提高为关注重点的目标）。以 100 米跑为例，“我要排到全班的前十名”即是典型的与他人比较目标。教师应引导学生以自己目前成绩作为基础来设定 100 米跑的目标，例如：“要比原来的成绩提高 1 秒”，这种自我比较目标给学生提供了更多的成功机会，使学生较少受到同学和其他因素的影响，更有利于引导学生将注意力集中到当前活动上，并获得实现目标的成功体验，有助于增强学生的自信心、提高学生参与体育活动的动机水平。相反，若总是和水平较高的学生比较来制订能力较差学生的目标，不但难以实现，甚至会严重伤害学生的自尊心，使他们对体育活动产生厌倦和反感的情绪。同样，对于运动能力较强的学生，也不宜按照全班的平均水平来设定目标，这样会限制其水平的提高，出现“吃不饱”的现象。

操作与应用

阶段性目标设置模式

为了帮助运动员建立更加现实合理的目标，弗兰克（Frank）和弗雷德里克（Frederick）提出了“阶段性目标设置模式”。该模式认为，为了准确预测未来的目标成绩，就必须认真考虑最近的成绩。下面介绍“阶段性目标设置模式”在体育教学、训练中的应用。

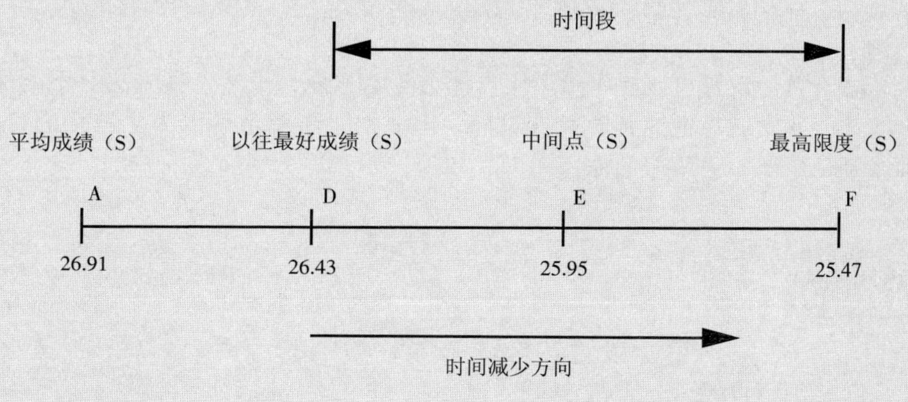

A = 最近 5 次的平均值，B = 最近 5 次的最好成绩，C = 平均值与最好成绩之间差的绝对值｜A - B｜，D = 阶段性目标下限（D = B），E = 阶段性目标中点（D - C），F = 阶段性目标上限（E - C）。

例如，一名 13 岁的少年运动员参加 50 米自由泳最近 5 次的测验成绩分别是 26.48 秒、26.43 秒、27.12 秒、27.82 秒、26.69 秒。

计算过程如下：

A = （26.48 + 26.43 + 27.12 + 27.82 + 26.69）÷ 5 = 26.91（秒）

B = 26.43（秒）

C = ｜A - B｜ = ｜26.91 - 26.43｜ = 0.48（秒）

D = B = 26.43（秒）

E = D - C = 26.43 - 0.48 = 25.95（秒）

F = E - C = 25.95 - 0.48 = 25.47（秒）

在进行完第 6 次成绩记录后，就要设定一个新的阶段性目标了。在设定第 7 个目标成绩时，要去掉第 1 次的成绩，添加上第 6 次成绩，并按照上例加以计算和实施。如果实际成绩没有达到所预期的目标，也要将该成绩纳入到运算中，以便求出下一次的目标成绩（即总是用最近 5 次的成绩）。

另外，阶段目标设置模式经改编也可以应用于远度、高度等项目。但要改变其计算内容（E = D + C，F = E + C）。

从图中看出，阶段性目标的中点（E）是较现实的，且比以往的最好成绩（D）稍高，其上限（F）也允许有超水平的余地。这种目标设置既有上限，又有下限，并不定于一点，允许学生的测评成绩在一定的范围内浮动，这样做有利于鼓励学生在该时间段内来实现目标。无论这段时间内比赛结果是胜还是负，只要成绩达到目标的设置范围，就算是成功。阶段性目标有助于帮助学生设定短期目标，同时又有助于长期目标的实现，并最终实现结果目标。

资料来源：殷恒婵，李卫东，龚河华．激发与维持青少年运动员运动动机的手段：目标设置的策略与模式［J］．中国体育科技，2002，38（7）：10－12.

总之，目标设置可以提供给学生具体奋斗的方向，虽然这种方法并不能保证每一次都能非常成功地达到阶段性目标，但能提供给学生可以为之奋斗的目标，起到激励学生努力去争取的作用。

研究案例

目标设置在排球垫球教学中的运用

1. 研究对象与方法

某学校排球选修班有女生 51 人。随机分为实验组（25 人）和对照组（26 人）两组。全体学生无任何排球基础。

2. 研究方法

2.1 实验任务：排球双手正面垫球。方法：对墙垫球，将球连续垫到指定的直径为 3m 的圆圈内，排球必须垫过头顶高度。

2.2 实验步骤：目标的制订要根据学生的实际水平和该项练习的特点，目标设置应非常明确、具体、可控、可测。首先，实验前设计技术规格（技评）和效果（个数）两种目标及其评价方法。（1）技术规格的考核方法：必须采用双手正面垫球，采用教师打分和学生打分相结合的方式，共包括手型和击球部位、移动范围、垫球高度、协调用力四个方面的内容。按照教师要求规范得 10 分，较规范得 8 分，基本规范得 6 分，不规范得 0 分，满分为 40 分。（2）效果的考核办法：将球连续垫到指定的圆圈内，出圈的不算，每个 2 分，30 个为及格，40 个以上为优秀，50 个为满分。实验组实施明确目标设置教学，包括教学进度和教学目标设置内容等，并告诉他们每周的目标以及最终的目标为 50 个，垫球部位、击球点和击球动作是垫球好坏关键的三个环节，在教学中要予以强化；对照组仍按常规方法教学，不设阶段目标，只告诉他们尽力即可，最终目标为 50 个。教学时数为 6 周，12 学时。

2.3 实验条件：两组学生教学为同一名教师担任，除教学方法不同外，其他（如教材内容、场地器材、课外辅导时间等）均相同，两组学生情况基本保持一致。

2.4 数理统计：对所有数据使用 SPSS11.5 统计软件进行统计和数据处理。

3. 研究结果与分析（略）

4. 研究结论

目标设置能够提升学生的学习效果；短期目标与长期目标相结合，能够使学生目标明确；目标设置调动了学生学习的积极性和努力程度。

资料来源：陈光辉．目标设置在排球垫球教学中的运用［J］．体育科技，2010，31（4）：92－94.

第二节 体育活动中目标设置的程序和方法

一、体育教学中目标设置的程序

温伯格（Weinberg）和古尔德（Gould）（2003）强调说，"目标设置是一种用以提升运动表现极其有效的技术，但它必须被正确地应用"，并对目标设置系统（goal-setting system）的三个阶段进行了描述：计划和准备阶段、教学和习得阶段、运用和监督阶段。

（一）计划和准备阶段

理论上讲，体育教师每天至少应该花一个小时的时间来备课。然而在教学实践中可能不是这样，在教师职业生涯的开始阶段，大多数教师每天都会投入足够的时间去准备和组织第二天的体育课，但准备的时间会随着他们经验的增加而逐渐减少。尽管如此，由于学校教育中体育教学的时间非常有限，每个班学生人数较多，体育器材和设施缺乏，体育课依赖天气的变化，教师可能缺乏多种多样的运动技能，学生的体能水平或体育知识都存在较大的个体差异等诸多原因，对教学工作进行计划和充分的准备仍是非常必要的。

花足够多的时间根据目标设置程序设计体育课能够帮助体育教师节约工作时间，并提高教学质量。此外，这样一个程序能够使教学变得更简单有效。每一位体育教师都可以基于自己的教学风格，同时参考本书提供的建议及地方或学校的指导方针来计划和组织体育课。一堂成功的体育课应在充分利用现有设施和器材的基础上尽可能满足学生的需要和喜好。因为每一所学校的硬件设施和每一位教师的知识技能都存在差异，所以一堂成功的体育课最实际的出发点应是教师的个人教学风格和知识技能。体育课中目标设置系统的计划和准备阶段应包括如下步骤。

1. 对学生的需要和能力进行评估。计划和准备阶段的第一步是对学生的需要和能力进行评估，从而根据他们的技能和体能水平来确定需要提升的范围。完全由教师制订的目标往往不会得到学生的认可和采纳。温伯格（Weinberg）和古尔德（Gould）（2003）建议，体育教师可以提供给学生一份需要提升技能的清单来让学生自己进行选择。

2. 设置不同的领域目标。由于学生会被不同的体育活动吸引并激发出动机，所以计划和准备阶段的第二步是设置不同的领域目标（如个人和团体技能、体能、休闲体育、比赛、健康习惯和行为）。一些体育教师关注的焦点是学生的体能水平，而另一些教师则更强调提升学生的运动技能和教会学生新的技能或团队合作。只要是在良好规划和组织的体育课中设置这些目标，它们对学生的成长和发展都能够起到重要的作用。当体育教师计划教授学生运动技能时，教学设计过程会相对简单一些。而当他们试图在教学中强调学习过程时，设计会变得相对复杂。因此，当进行课程设计时，体育教师应首先明确他们的教学目标。

3. 明确各种影响因素。计划和准备阶段的第三步是明确目标设置程序的影响因素。影响因素既能够促进也能够阻碍目标的达成。例如，必须考虑学生对目标的承诺以及练习的机会。如果学生被要求在体育课外进行练习，那么他们的个人和家庭习惯也应予以考虑。

4. 设计目标达成策略。最后，体育教师应教会学生如何去达成目标的策略，也就是提供给学生达到自己能力范围内更高水平的具体方法。这些策略应简单明了并包含具体的时间表。目标达成策略为每天的进步和学习提供了一步一步的指导方针，直到学生最终达成目标。例如，在篮球罚球教学中，为了获得进步的目标达成策略就可能包括：每节课结束前（10 分钟）尝试 20 次篮球罚篮，并设定具体的成功标准（根据学生的个人能力而定）；在每次罚篮练习的开始和结束都表现一次成功的罚篮。

（二）教学和习得阶段

在教学和习得阶段，体育教师应花充足的时间教授学生有关目标和目标设置的知识。具体的动作示范和有目的的讨论能够促进学生运动技能的提升，并且应避免他们与技能优异的同学或无法达到的标准进行不切实际的比较。

在一节课的开始阶段，体育教师可以用 10－15 分钟组织讨论，期间给学生提供有关目标设置策略的相关知识，并鼓励学生思考自己在体育课中想要达成的目标。学生可能不能立刻列出他们想要实现的目标。但在讨论过程中，教师应针对一些学生的目标和目标达成策略从重要性、特殊性、现实性的角度进行讨论。

在新学年伊始，给全班学生制订一些共同的目标是一种好的策略。接下来，随着学生对目标设置程序逐渐熟悉和掌握，教师可以在课上与学生单独进行短时间的讨论（2－3 分钟），以帮助他们设置个人目标。当教授学生进行目标设置时，教师应将年龄因素考虑进来。小学生在设置目标时需要教师更多的指导。当他们的年龄逐渐增长，经验和自信心随之增加，这时他们在设置目标时就不需要教师过多的指导了。

（三）运用和监督阶段

在一些情况下，体育教师在新学年开始会给学生设置一些目标，而之后却没有对学生完成目标的情况进行任何监督和反馈，这对学生的目标实现会产生消极的影响。教师们忘记了最初设置的目标，通常会以没有时间和工作繁忙为借口。尽管如此，一些学生还是会坚持系统地去实现他们的目标，这时他们就希望教师能给自己一些评价和反馈。对设置的目标缺乏监督，会使学生失望并对体育教师失去信任。

因此，首先最重要的是教师应计划如何对学生的进步进行评估，以及什么时间以何种方式给学生提供反馈。一些教师使用评价表，一张表发给学生，另一张由教师保管。表 2 – 1 就是一个两项体能测试短期目标监督表的范例。

表 2 – 1　对 12 岁学生两项体能测试的短期目标监督表

体能测试	目标设置前测	我的结果目标	我的过程目标（策略）	第 4 周评价	第 6 周评价	第 8 周评价
1 600 米测试	10 分钟	9 分钟	每周慢跑 3 次，每次 1 000 米	9 分 30 秒	9 分 15 秒	9 分钟
一分钟仰卧起坐测试	30 个仰卧起坐	50 个仰卧起坐	每周 5 次仰卧起坐，每次 20 个	38 个仰卧起坐	45 个仰卧起坐	50 个仰卧起坐

许多体育运动技能和技术都难以进行精确的测量。在这种情况下，对目标的完成情况进行评估可能会较为困难。有时目标可以通过绩效评估，或通过距离、时间和重复次数的测量来评价。为了避免主观性评价，获得学生的信任感，体育教师应和学生共同制订目标并帮助学生认识到自己每天的进步。表 2 – 2 是帮助体育教师改进和评估他们的目标设置的方案，以及对如何使他们的体育课更有趣、更充满挑战、更富有意义提供了一些建议。

表 2 – 2　体育教师的目标设置

目标	实现目标的技能	评价
不论学生体能和技能水平如何，给予所有学生参与运动的机会。	1. 运用想象力。 2. 了解学生参与运动的动机。 3. 询问学生喜欢学习、参与的活动。 4. 选择并整理出活动内容。	参与学生的数量； 每项活动进行的时间。
准备 6 节理论课，以防雨天或是雪天。	1. 确定 6 个主题（例如：体育运动中的侵略和暴力行为、锻炼身体的方法、夏日健身方法、健康饮食运动的规则）。 2. 查阅相关资料。 3. 查找或设计相关活动。 4. 备课。	8 月 1 日之前准备好 3 节课； 9 月 1 日之前准备好另外 3 节课。

（续表）

目标	实现目标的技能	评价
计划、准备下个月的体育课。	1. 阅读有关目标设置的文献。 2. 选择、整理适合学生的体育活动或游戏。	在这个月的最后一周准备好上课用的器材和设备等。
为学生提供培养责任感和自信心的机会。	1. 阅读相关主题的文献。 2. 确定责任感和自信心的来源。 3. 选择能增加责任感和自信心来源的活动。	观察学生在课堂上的活动和行为； 询问他们的感受； 询问他们学到了什么以及他们如何将其应用于日常生活。

体育教师应基于目标设置策略来设计体育课。目标设置能够帮助教师和学生完成教学和学习任务。适宜的目标能够提升学生锻炼的质量，明确学生的期望，通过提供挑战性的任务确保他们坚持参与，并提升学生的学习满意度和自信心。这些目标设置的优势都能使学生更喜欢体育课。相反，如果目标设置不当，目标达成的策略不合适，设置过多的目标，学生没有参与目标制订的过程，都有可能使学生半途而废，放弃最初设置的目标。

操作与应用

如何引导学生进行合理的目标设置

思考下面这段学校午餐时间体育教师与一位17岁超重学生之间的谈话：

教师：你吃得很少。是为了减肥吗？

学生：××老师，这是我今年的目标之一。

教师：你今年都有哪些目标啊？

学生：成绩得到A、减肥、成为一名强壮的网球运动员。

教师：那这周有什么计划吗？打网球怎么让你变强壮？

学生；我准备这周练3次

教师：你计划怎样得到A？

学生：从这一学年开始，我打算每天学4个小时。

教师：那减肥呢？你有什么计划？

学生：我打算通过节食减掉10公斤。

教师：为实现这三个长达一年的目标，你每周有没有设置一些具体的目标？

学生：没有，这些是我今年所有的目标。

教师：你觉得自己有没有朝目标迈进一点儿？

学生：我也不知道，只有等到年底才知道。问题是每当我考试没考好时，回到家我都会暴饮暴食一顿垃圾食品。那几天我也很厌恶网球运动。我会待在家里看电视，甚至都不想学习。

教师：那你感觉怎么样？

学生：我很生气。这样很难实现我的目标。过去三年里我也设置过相同的目标，但我的体重非但没下降，反而增加了。我的网球技术也没得到任何提升，我的分数也不是最好的。我最好的朋友每天只学两个小时，却得到了最高的分数。真不公平！我妈妈说我不如他聪明。

教师：你为什么想成为一名强壮的网球运动员呢？

学生：那样我就能入选校队，然后闻名全校。女生也会注意到我。

教师：那接下来呢？在那糟糕的几天后，你还会继续自己的目标吗？

学生：我猛吃猛喝几天，也不学习，这时，妈妈就很生气。对我进行一通教训后，她会把电视锁上。这样，我就只能学习或打网球了。几天运动之后，我感觉很好，然后会再一次节食。我讨厌设置目标，这简直像是在坐过山车！

在上面这个例子中，这个学生三年来设置了相同的目标，而且目标过多，难度偏大并且模糊。虽然目标之间表面上是没有联系的，但事实上一个目标的失败会引发在其他目标上的糟糕表现。青少年往往在理想化的期望和不现实的渴望上浪费了很多的时间和精力。所以教师应指导学生，教会他们如何把愿望转化为清晰的、现实的、具体的、可操作的子目标，将短期目标和长期目标结合，并给予他们实现该目标的方法指导，让其梦想成真！

一、体育教学活动中目标设置的方法

体育教学和体育活动不仅能够促进学生身体素质的发展，更能够在学生的社会生活技能发展上发挥作用。例如，通过体育活动教会学生基本保健知识和方法，促进学生形成健康的生活习惯；又如，体育活动对学生的道德发展也能够起到积极的作用。比赛是一种绝佳的社会化情境，其能够为学生道德观和价值观的发展提供机会。此外，在体育教学情境中，还能形成很多有用的心理生活技能，如积极思维。因此，我们从体育教学和体育活动的多个教育维度考虑，利用目标设置的三阶段程序，提供了多个能够促进学生全面发展的日标设置范例。

（一）体能测试的目标设置

1. 第一阶段：测试和设置目标。首先说明体能测试如何施测，然后将学生两两分组，每人一张目标设置卡片（图2－3）、一张承诺卡片（图2－4）。一名学生接受测试，另一名学生监督施测的过程并记录分数。教师要告知学生，在几次训练后，还会用这些测试项目进行一次再测，并要求他们对下次测试设置一个具体的目标。目标应强调个人进步。要求学生填写图 2－3 中“今日得分”和“下月目标”两栏，并提醒学生将目标设置卡片保存到下次测试，教师保留一张备份。

姓名：________		日期：________	
任务	今日得分	下月目标	再测得分
仰卧起坐			
俯卧撑			

图 2－3　目标设置卡片：体能测试

2. 第二阶段：承诺。在这个部分，要先用几分钟时间向学生解释承诺对目标的重要性。然后要求学生填写“承诺卡片”（图 2－4），并提醒他们记住再测日期。

为了实现我的目标，我将做到以下几点：		
在下次测试之前，我会参加所有的课	____不是	____是
我会完成老师布置的练习	____不是	____是
我会注意听教师的指导	____不是	____是
我会每天在家额外练习 10 分钟	____不是	____是

图 2－4　承诺卡片

3. 第三阶段：目标达成评估。体育教师需在图 2－3 中规定的具体时间实施一次再测，以对学生的目标达成情况进行评估。提醒学生记住自己的目标，并重复一次初测时的程序。这个部分结束后，要求学生设置下个月的新目标或是选择新的体能任务。

（二）个人技能——篮球罚球的目标设置

1. 第一阶段：测试和设置目标。为了不使学生失去信心，适当调整罚球的距离以确保学生能投进适当的数目，但也要留有进步的空间（如平均 10 投 4 中）。将学生两两分组，一名学生接受测试，另一名负责给球和记分，每名学生可投两轮，每轮 10 次。完成测试后，要求学生填写目标设置卡片中的“今日得分”和“两周后的目标”两栏（图 2－5），并让他们将卡片保存到下一次测试。

2. 第二阶段：目标评估。在这个部分，先用几分钟的时间和学生一起讨论有效目标的特征。然后要求学生填写目标评估表（图 2－6），如果有必要的话，可以对图 2－5 中的目标进行调整。

今日得分	两周后的目标	再测得分
第一轮：		第一轮：
第二轮：	总分：	第二轮：
总分：		总分：

图 2－5　目标设置卡片

我的目标是	一点儿也不				很，非常
现实的	1	2	3	4	5
有挑战性的	1	2	3	4	5
可控的	1	2	3	4	5
具体的	1	2	3	4	5
可测量的	1	2	3	4	5

图 2－6　目标评估表

3. 第三阶段：目标达成评估。组织学生再测，完成再测后，填写目标设置卡片上的“再测得分”一栏，并设置下一个目标。

（三）团体技能——排球接球目标设置

1. 第一阶段：技能测试和设置目标。组织两组队员，每组 6 人。一组发球，另一组接球。每一轮要有 6 次接发球，这样发球组的每名队员都有一次发球机会（若出现错误，应重发一次）。接球的一组中，5 名队员准备接球，另外一名靠近球网接球（担任二传：指接对方来球后专门担任第二次传球组织进攻的队员）。5 名队员在场上分别负责特定的范围。每次接发球后队员要轮换一下位置，直到每人都练习过所有的位置。一轮结束后，两组交换角色。教师应监督学生接球是否正确和是否进行有效的组内交流，并强调正确的接球动作而不是得分。教师和学生可根据目标设置卡片（如 6 个接中 3 个）设置成功接球数量的目标。相应地，发球组的成员也可以根据上述方法设置目标。

2. 第二阶段：设置团队交流目标。在这一部分教师应花几分钟讲解团队交流的重要性，并约定团队交流语。团队交流语主要包括团队激励、团队交流、团队赞美三方面。

（1）团队激励。在每次接球之前，接球组的目标球员给大家激励暗示，如“上”。

（2）团队交流。在接球过程中，负责来球方向区域的队员应喊出他/她要去接这个球，如“我的”。

（3）团队赞美。接球后，接球组的所有队员要赞美接球的队员，如“好球”。

选择学生喜欢的团队交流语，并对他们在执行过程中是否使用过，使用过多少次进行评估。学生在每次练习的过程中都应尽量使用团队交流语。一轮结束后，让学生填写团队交流评估卡（图2－7）。

3. 第三阶段：目标达成评估。再测时，教师可以对团队交流的频率和质量进行评估。团队在接球中的表现也可以使用目标设置卡片进行评估，参照范例1和范例2。

频率	从不				一直
经常使用团队激励吗?	1	2	3	4	5
经常使用团队交流吗?	1	2	3	4	5
经常使用团队赞美吗?	1	2	3	4	5
质量	一点儿也不				很，非常
激励热情吗?	1	2	3	4	5
交流清晰吗?	1	2	3	4	5
赞美热情吗?	1	2	3	4	5

图2－7　团队交流评估卡片

（四）健康习惯（心理健康）目标设置

1. 第一阶段：评估。图2－8列举出了许多健康和不健康的习惯。要求学生判断自己是否有这些习惯并填写表格。如果他们回答“有”，则应进一步确定每周出现这些行为的频率或数量（如每周跑步3次，每次20分钟；每天喝一瓶可乐）。

			频率或数量/每天（周）
1. 我在课间休息时参加活动	不是	是	
2. 我参加学校运动队	不是	是	
3. 我爬楼而不是乘电梯	不是	是	
4. 我在空余时间进行户外活动	不是	是	
5. 我骑自行车	不是	是	
6. 我跑步	不是	是	
7. 我散步	不是	是	
8. 我骑车进行短距离活动（上学，购物）	不是	是	
9. 我吃水果	不是	是	
10. 我吃蔬菜	不是	是	
11. 我喝新鲜果汁	不是	是	

（续表）

			频率或数量/每天（周）
12. 我玩电脑游戏	不是	是	
13. 我看电视	不是	是	
14. 我吃垃圾食品（薯条、糖果等）	不是	是	
15. 我喝软饮料（可乐等）	不是	是	
16. 我喝酒	不是	是	
17. 我抽烟	不是	是	

图 2－8　健康习惯评估卡片

2. 第二阶段：设置目标。根据图 2－8，学生应针对选定的行为制订具体的目标（图 2－9 的 1—3 栏）。在第 1 栏中，学生应写出他们目前没有的健康习惯，但要从今天开始逐渐养成；同时也要写出他们现在具有的不健康习惯，并从今天开始减少或杜绝。在第 2 栏和第 3 栏中，学生应写出下周他们要进行选定行为的频率和时间（如每天骑 20 分钟自行车；每天吃水果；骑自行车去购物）。

我确定要做的事情	每周的次数	每周的时间	目标是否达成？	为什么（不）这样做？	对未达成目标的计划

图 2－9　健康目标卡片

3. 第三阶段：目标达成评估。要求学生每周根据他们的目标对自己的进步进行评估（图 2－9 的 4—6 栏）。在第 4 栏中，记录一周后是否完成了自己的目标。在第 5 栏中，写出自己实现或未完成目标的原因。在第 6 栏中，描述如何实现未完成的目标。

（五）道德发展（社会适应）目标设置

1. 第一阶段：明确适合的和不适合的行为。和学生一起讨论公平竞争的重要性，并列出学生尊重裁判和对手的行为表现。相应地，也列出一些不公平竞争的行为表现。

公平竞争的表现：在比赛开始前，和对手握手；祝贺对手有良好表现；对手受伤时，停止比赛；承认自己犯规以妨碍对手；不论结果如何，比赛结束后都与对手握手。

不公平竞争的表现：反对裁判的决定；假装被侵犯以获得裁判对对手的判罚；对手先攻击自己时，也还击；为获胜不择手段；假装受伤，让对手受到惩罚；我试图故意扰乱对手。

2. 第二阶段：策略应用。在团队比赛开始前，每个学生在左手口袋里都放10张小纸片。在比赛过程中，每表现一次公平竞争的行为，就把一张纸片从左口袋移到右口袋。相反地，如果表现了非公平竞争行为，就把纸片从右口袋移回左边。比赛结束后，团队中右口袋中纸片最多的成员将获得“今日公平竞争特别奖”。每位学生都在目标卡片上记录下自己右边口袋中的纸片数目。月底，得到最高分数的学生将获得“本月公平竞争奖”。

3. 第三阶段：设置目标。在比赛开始之前，每名队员设定一个今天要达到的右口袋纸片数的目标（图2－10）。比赛结束后，每名队员都记录下自己右口袋中的纸片数并设定下次比赛要达到纸片数的目标。

姓名：　　　　　　　　　　　　　　　　　　　　　　日期：

	今天的目标	今天的分数	下次比赛的目标
右口袋中的纸片数目			

图2－10　公平竞争目标卡片

（六）积极思维形成的目标设置

1. 第一阶段：测试和设置目标。这个过程的第一步是明确学生出现消极思维的频率。为此，在测试或考试结束后紧接着让学生填写消极思维表（图2－11）。然后，学生应为下次测试设定一个目标，并完成消极思维目标卡片（图2－12）。

在测试中我想到	从来没有				经常
1. 我做得不好	1	2	3	4	5
2. 我应该更仔细点	1	2	3	4	5
3. 其他人比我强	1	2	3	4	5
4. 测试好难	1	2	3	4	5
5. 我感到迷惑	1	2	3	4	5
总分					

图2－11　消极思维表

姓名：　　　　　　　　　　　　　　　　　　　　　　　　　　日期：

	今天的得分	下次测试目标
消极思维		

图 2－12　消极思维目标卡片

2. 第二阶段：转变消极思维。在这个部分应向学生阐明消极思维的负作用以及如何将消极思维转化为积极思维。例如，将“我不能”替换为“如果……我就能够”，或者“这很难”可以替换为“这是个挑战”，“我觉得很困惑”可以替换为“如果……我就能准备好”。

接下来，要求学生明确他们有过的一些具体的消极思维。这样做完后，学生就可以完成改变消极思维卡片（图 2－13）的“消极思维”一栏。然后，要求学生将每一个消极思维转化为积极思维并填写“积极思维”一栏。最后，让学生设置每天或每周的练习目标（如每天练习 10 分钟）。

消极思维		积极思维
1.	→	
2.	→	
3.	→	
4.	→	
5.	→	

图 2－13　改变消极思维卡片

3. 第三阶段：目标达成评估在初测的两周后，对学生进行一次再测，并用消极思维表评估他们消极思维出现的频率（图 2－11）。

【本章小结】

1. 在体育教学中，合理的目标设置具有以下积极作用：将学生的注意和行为指向体育活动的任务上；激发学生的学习动机并动员其能量，提高学生的运动表现；能够让学生长时间地坚持参与体育活动；使学生为完成体育活动目标而主动地设计、执行最适合的实现目标的策略和手段。

2. 成功目标设置策略包括：正确评价学生的能力水平；长期目标与短期目标的结合使用；设置的目标既要有挑战性又要有可实施性；设置具体的目标而不是模糊的目标；教师和学生携手共同制订目标；引导学生制订自我比较目标。

3. 目标设置程序分为：计划和准备、教学和习得、运用和监督三个阶段。

4. 体育教学和体育活动中目标设置的应用范围十分广泛，涉及体能测试、个人技能、团队交流、健康习惯、道德发展、积极思维的形成等多个方面。

【建议参考资料】

1. 殷恒婵，李卫东，龚河华．激发与维持青少年运动员运动动机的手段——目标设置的策略与模式［J］．中国体育科技，2002，38（7）：10－12.

2. 季浏，殷恒婵，颜军．体育心理学［M］．2 版．北京：高等教育出版社，2010.

3. WEINBERG R S，GOULD D. Foundations of sport and exercise psychology［M］. 3rd ed. Champaign，I. L.：Human Kinetics，2003.

4. BURTON D，NAYLOR S，HOLLIDAY B. Goal setting in sport：investigating the goal effectiveness paradox［M］//SINGER R N，HANSENBLAS H A，JANELLE C. Handbook of sport psychology. New York：Wiley，2001：497－528.

5. LERNER B，LOCKE E. The effects of goal setting，competition，and personal traits on the performance of an endurance［J］. Journal of Sport and Exercise Psychology，1995，17（2）：138－152.

6. WEINBERG R S，BUTT J. Goal setting in sport and exercise domains：the theory and practice of effective goal setting［M］//HACKFORT D，DUDA J，LIDOR R. Handbook of research in applied sport psychology：international perspectives. Morgantown，W. V.：Fitness Information Technology，2005.

7. KYLLO B，LANDERS D. Goal setting in sport and exercise：a research synthesis to resolve the controversy［J］. Journal of Sport and Exercise Psychology，1995，17（2）：117－137.

【问题与思考】

1. 简述体育活动中目标设置的定义和作用。

2. 试述合理目标设置的策略。

3. 有效目标设置包括哪几个阶段？每一阶段包含哪些内容？

4. 设想你的一名学生，他/她想要通过目标设置来提升自己的某项运动技能，你将如何根据他/她的具体需要为其进行目标设置？

第三章　参与体育活动的心理动力

【本章提要】

本章主要介绍体育动机的概念、种类、产生条件及作用，成就动机理论和目标定向理论及其在体育活动中的应用，培养和激发体育动机的策略，体育兴趣的概念、种类、作用以及特点，培养体育兴趣的策略，体育态度的概念、特点以及形成良好体育态度的策略。

【学习重点】

1. 理解体育动机的概念。
2. 了解成就动机理论和目标定向理论的基本内容。
3. 了解动机气氛的概念和 TARGET 模型。
4. 了解体育兴趣的概念、种类和特点。
5. 了解体育态度的概念和特点。

【重要术语】

心理动力　体育动机　成就动机理论　目标定向理论　动机气氛　TARGET 模型　体育兴趣　体育态度

有的学生参加体育活动，有的学生不参加体育活动；有的学生在参加体育活动时积极努力，有的学生在参加体育活动时消极懈怠。这些现象都和学生参与体育活动的需要、动机、兴趣、态度、习惯等动力因素有关。体育活动的动力因素不仅能够保证学生参与体育活动，提高学生参与体育活动的效率和质量，还能促进学生身心健康的和谐发展。

第一节　学生体育活动动机

一、体育动机及其产生的条件

（一）体育活动动机的定义及分类

学生的体育动机是影响学生参与体育活动的自觉性和积极性的重要因素。在体育教学过程中，要想获得理想的教学效果，就必须依据不同学生的心理特点，合理地引导学生树立正确的体育学习动机，激发学生浓厚的学习兴趣，从而提高学生掌握体育知识、技能和方法，以及形成体育锻炼习惯的积极性和自觉性。

动机一词来源于拉丁语 mover，其中含有"动"（to move）的意思。动机是推动一个人进行活动的心理动因或内部动力，动机的基本含义是能够引起并维持个体的活动，并将该活动导向一定的目标，以满足个体需要、愿望、理想等的心理过程。动机是个体的内在过程，行为是这种内在过程的结果。

体育活动动机是推动学生参与体育活动的内部动力，是一种内部心理活动，体育活动行为则是这种内部心理活动的表现结果。在体育教学中，培养学生体育动机的过程就是激发、转化、维持学生体育动机的过程。

体育活动动机有不同的种类，一般来讲，主要有以下几种分类方法：

概念解析

动机是指激励人们去行动的内部动力，它在人的一切心理活动中有着最为重要的功能，是引起活动的直接机制。当人的行为与其动机相一致时，行为总是在动机的指引下向既定目标前进，克服困难的动机越强烈，人的行动目标越明确。

体育活动动机是指推动学生参与体育学习与身体锻炼活动的内部心理动因，它是在学生体育学习和锻炼活动需要以及参与体育活动的环境诱因的相互影响下产生的，在学生的内部心理活动中常常以意愿、愿望等形式出现。

1. 内部动机和外部动机

根据学生参加体育学习和身体锻炼的心理动因是来自于自身生理和心理上的需要，还是来自于对外界条件（如对奖品、奖状或金钱）的渴望或屈服于外界的压力、避免惩罚等不同因素的差别，可以将体育动机分为内部动机和外部动机。前者是指学生来自于自身好动、好奇或好胜的心理，渴望从体育活动中获得身体上的快感和心理上的乐趣、刺激或个性的发展等的动机，后者是指来自于学生自身之外的体育活动动机。

内部动机和外部动机的划分不是绝对的，动机是推动人活动的内部心理过程，外部的条件、要求都必须转化成个体内部的需要，才能成为个体参与体育活动的推动力量。

2. 直接动机和间接动机

根据学生参加体育学习和身体锻炼的心理动因指向于体育活动本身，还是指向于体育活动的结果，可以将体育活动动机分为直接动机和间接动机。前者是指向于体育学习和身体锻炼的内容、方法或组织形式等直接特征的体育动机，如对某一体育活动的内容或方法直接感兴趣。后者是指向于体育活动可能给生理、心理和社会带来的间接结果的体育动机，如参加体育活动是为了得到教师和同学的赞扬，为了与他人交往，为了成为一名三好学生，为了集体的荣誉或增强体质等的动机。

3. 社会性动机和个体性动机

根据学生参加体育学习和身体锻炼的心理动因是以满足社会需要，还是以满足个体需要为目的，可将体育动机分为社会性动机和个体性动机。前者是指以社会需要为基础的，与社会、学校、家庭等需要相一致的体育动机；后者是指以个体需要为基础的，与满足个人的精神和物质等需要相一致的动机，如为了提高个体的身体素质、运动能力、意志品质或满足个人名誉、地位的需要而引起的动机。

（二）体育活动动机产生的条件

动机是在内在需要和外部诱因的相互作用下产生的，体育活动动机的产生也离不开个体内在的需要和外部的诱因。

1. 体育活动的内在需要

需要是个体内部的一种不平衡状态，它是个体因感到某种缺乏而力求获得满足的心理倾向，它是有机体自身和外部生活条件的要求在头脑中的反映，是个体心理活动和行为的基本动力。体育活动需要也是对一种"缺乏感"的体验，主要以参加体育活动的意向、愿望等形式表现出来，并最终使学生产生参与体育活动的动力。体育活动动机是在体育活动需要的基础上产生的，当被个体所意识到的体育活动需要达到一定程度时，才能产生参加体育活动的内在原因。

体育活动需要在个体的生理、心理和社会方面都有表现，概括起来有以下几个方面：增强身体健康的需要；追求愉悦、振奋、放松感等运动体验的需要；增进同学之间友谊、扩大与同学交往的需要；消除学习带来的疲劳，恢复心理能量的需要；展示个人能力与技巧，以及追求成就、自我实现的需要。

2. 参与体育活动的诱因

参与体育活动的诱因是指激起学生参与体育活动的外部原因。它是引发个体由体育活动需求转变成体育活动动机的外在刺激。这些刺激包括物质因素，也包括精神因素，统称为环境因素。例如，天气状况、体育活动的器材与场馆、体育游戏的趣味性和新异性、灵活多变的教学与组织方法，以及同伴的鼓励、支持与帮助等因素都可诱使学生参与到体育活动中去。

体育活动动机的产生既可以由体育活动需要诱发，也可以由环境诱因因素引起，但往往是两种因素交互作用的结果。体育活动的需要是学生参与体育活动的根本条件，环境诱因是学生参与体育活动的外在条件，两者相互作用才能使学生形成参与体育活动的动机，从而更加积极地参与到体育活动中去。

二、动机理论及其在体育活动中的应用

（一）成就动机在体育活动中的应用

成就动机是指个体在完成自认为重要或有价值的活动任务时尽力去做，并力争取得优异成绩的心理倾向。成就动机的强弱不仅会对个体潜在的能力与知识经验的发挥产生相应的作用，还会对个体的成就行为产生明显的影响。成就动机强

的人在面临学习任务或工作时的主要行为表现为积极向往成功、充满自信、较少忧虑、乐于接受困难等；而成就动机弱的人则会消极地对待学习和工作，害怕失败的体验，对可能造成失败的情境敏感担忧，易产生焦虑。

美国学者默里（Murray）最早提出了“成就需要”一词，后由麦克兰德（McClelland）和阿特金森（Atkinson）定义为成就动机。他们的理论被称为“需要—成就理论”。根据麦克兰德和阿特金森的理论，成就需要主要是由追求成功的动机和害怕失败的动机决定的。追求成功的动机强于害怕失败的动机的人被称为高成就动机的人，他们更喜欢接受挑战和别人对他们作出评价；而若一个人害怕失败的动机强于追求成功的动机，则被称为低成就动机的人，他们的焦虑水平（尤其是特质焦虑）水平较高，易退出评价或竞争情境。一个人参加成就活动时动机力量的大小由二者之差决定，即：

成就需要 = 追求成功的动机 - 害怕失败的动机

在体育活动中，具有高成就动机的学生表现出积极参加体育活动，倾向于选择具有挑战性的活动任务，并敢于与其他同学展开竞争，自信心强，焦虑水平低，敢于表现自我，不害怕失败和困难，全力以赴地投入到成就情境当中等特征。与此相反，低成就动机的学生往往出于保护自尊的心理，常常选择困难极小或极大的活动任务，并表现出回避竞争与挑战，自信心低，焦虑水平高，害怕失败和规避困难，甚至退出竞争等特征。

成就动机与学生的年龄、性别、能力、成败经验、努力程度等主观因素及家庭、学校和社会环境的客观影响相联系。就体育活动而言，体育活动成就动机又与学生在体育活动参与过程中获得的体育运动能力的认知水平有直接关系。在体育教学活动中，教师应注意将体育知识渗透到教学的各个环节中，丰富学生的体育知识和经验，激励学生去学习和掌握更多的运动技能，提高学生对体育运动的认知水平，让学生获得丰富的成就体验。体育教

概念解析

目标定向

对于目标定向的概念，不同的研究者站在不同的角度对它进行了不同的定义。例如，德韦克（Dweck）等人（1988）认为目标定向是一种有计划的认知过程，它具有认知、情感和行为的特征；也有人认为，目标定向是个体从事各种成就活动的理由和知觉（Urdan & Maehr，1995）；还有人认为，目标定向是个体努力展示自己的能力，并使自己的行为更为有效的内在特质（Wandewalle，1999）；也有研究者指出，目标定向是关于个体追求成功任务的理由及对目标任务的表征，它反应了个体对成就任务的一种内在认知取向，是一个关于目标、胜任、成功、能力、努力、错误和标准的有组织的结构系统（Pintrich，2000）。

目标定向具有以下特点：目标定向本质上是一种社会认知表征；目标定向表征的内容涉及学习活动的原因，意义和目的，又涉及个人评判自己成功与否的参照系；区别不同目标定向的关键是个体定义胜任力的评价标准或参照系；目标定向表现在对胜任力具有挑战性的成就情境中。

师要客观分析评价学生现实的身体素质、运动能力，了解学生的体育兴趣，指导学生提出适宜的目标，并采用获胜机会均等、降低难度等教学方法让更多的学生体验到成就感。

（二）目标定向在体育活动中的应用

目标定向是指个体参与某一活动时所依据的成就取向。它不是具体所要达到的行为数量标准，而是学生内心所追求的成功取向。目标定向理论认为，不同的个体对自己的能力有不同的看法，这种对能力的潜在认知直接影响到个体对成就目标的选择。该理论主要研究哪些因素和行为影响个体的能力以及如何影响个体的后续行为及效果。在成就情境中有两种主要的目标定向，即任务定向和自我定向。

在体育教学活动中，有些学生表现为全身心地投入到当前的体育活动任务之中，无论成功与失败，均能体验到体育活动内在的运动乐趣，他们追求个人能力的发展和体能的提高，并以身体素质的提高和学习任务的完成来定义成功，这种目标取向称为任务定向。而有些同学将竞争、超过其他人和赢得威信与地位作为体育活动的终极目标，常常是以比赛胜负结果、他人的评价来定义成功，关注自己与他人成绩的比较以及他人对自己的评价，这样的学生对能力的知觉受客观因素影响，这种目标取向称为自我定向。

研究表明，学生在参加体育活动时，两种目标定向与学生的体育能力和信念一起对他们参与体育活动的动机和行为类型产生不同的影响（表3－1）。

表3－1　目标定向与动机类型的关系

目标类型	能力概念	对自我能力的信心	动机和行为类型
掌握任务定向	认为能力与努力不可分，它们共同决定着活动的效果	无论自我能力高或低	具有适应性动机类型：寻求挑战，高坚持性，“自我参照”比较，关注自我提高的信息
表现自我定向	认为能力与努力可分，只有能力决定着活动的效果	自我能力高	具有适应性动机类型
		自我能力低	具有非适应性动机类型：回避挑战，坚持性差，“常模参照”比较，关注与他人比较的信息

在体育教学活动中，往往并不是存在单一的目标定向，而是两种目标定向同时存在。这两种目标定向又可进一步划分，即将目标定向分为四个层面：高任务定向/高自我定向、高任务定向/低自我定向、低任务定向/高自我定向和低任务定向/低自我定向。有研究表明，持高任务定向/低自我定向的动机比持低任务定向/高自我定向的动机更有利于学生在体育教学活动中积极的运动表现，学生的

努力程度较高、持续时间较长，运动效果也会更好。

因此，在体育教学活动中，体育教师应采取积极有效的策略，创设并维持一种以掌握任务为主导的课堂动机气氛。这就要求体育教师要引导学生去体验体育活动所带来的愉悦感；要引导学生将学习目标指向体育任务活动，关注自己学到了什么，以及技能掌握的程度和提高的幅度等；要引导学生将掌握动作技术、发展体能、磨炼意志作为体育教学活动的终极取向，不应过多地鼓励学生超过同伴、打败对手，也不能过多地强调体育运动名次；要帮助学生建立高任务定向，保持持久进行体育运动的习惯。

研究案例

体育学习中成就目标定向与多维学习动机的关系研究

1. 研究目的

探究初中生体育学习成就目标定向与多维学习动机的关系。

2. 研究方法

（1）研究对象：被试选取采用分层随机抽样的方法，选取某市3所中学（市区、县城及乡镇各一所），每所中学8个班级，共24个班级，每个班级随机抽取10人，共240名初中生作为研究对象，剔除无效问卷后，有效被试209名（男生96名，女生113名），年龄为12—16岁。

（2）研究工具：运动中的任务和目标定向量表、体育学习动机心理量表、SPSS13.0统计软件。

3. 研究结果

（1）任务定向与高自我决定的体育学习动机显著相关，而自我定向与低自我决定的体育学习动机显著相关。

（2）初中生体育学习中存在3类复合目标定向类型：高任务/高自我型、中任务/中自我型和高任务/低自我型。

（3）3类复合目标定向型学生在多维体育学习动机方面有显著差异；高任务结合适宜自我目标定向与高自我决定体育学习动机水平显著相关。

4. 研究结论

初中生体育学习高任务目标定向单独或结合适宜自我目标定向与高自我决定学习动机显著相关。

资料来源：陈爱国，许克云，殷恒婵，等．体育学习中成就目标定向与多维学习动机的关系研究[J]．天津体育学院学报，2010，25（3）：214－217.

三、激发与维持学生体育活动动机的策略

学生是否愿意参加体育活动并保持持久性体育行为，主要源于学生参与体育活动的动机。有研究表明，在体育活动中提高学生的心理健康水平，让学生体验到体

育运动中的乐趣，参与体育活动的内部动机是极为重要的变量和最根本的因素。

（一）合理的目标设置

目标设置是指根据学生的体育运动能力和技能水平，确定在一定的时间期限内所要达到的体育学习和身体锻炼的具体目标，以及所采用的步骤、策略和时间安排。在体育教学活动中，学生是否喜爱或能够坚持体育活动与许多因素有关，其中，体育活动动机是一个极其重要的影响因素，而目标设置不仅直接关系到体育活动动机的方向和强度以及操作成绩的好坏，还能引导学生充分认识自身潜力，并形成对成就水平感到满意的心理机制。正确有效的目标可以集中学生的能量，激发、维持和强化学生的行为，是体育活动行为的重要推动力量。

体育教学活动中的目标设置从四个方面影响学生体育活动的心理：可将学生的注意力和行为指向活动任务的重要方面；解除学生练习的枯燥感，增强学生的挑战欲和强化成就动机；引导学生为完成目标而主动设计并执行最合适的行为策略；有助于调动学生练习的积极性和努力程度，提高技能练习质量。

但值得注意的是，在体育教学活动中目标是否设置得合理，会直接影响到学生自信心的培养和焦虑水平的高低。合理的目标有助于增强学生的自信心，提高学生参与体育运动的积极性，促进学生终身体育观念的形成；相反，不合理的目标设置会降低学生的自信水平，增强学生的认知焦虑，并由此降低学生的努力程度。那么，在体育教学活动中，怎样才能与学生共同研究制订出合理有效、切实可行的目标呢？有研究者指出，培养和激发体育活动动机的方法主要有运用合理的目标设置、建立积极愉快的学习环境、合理地利用反馈、建立正确的归因、适当地利用竞争和合作以及恰当地利用外部奖励等。

> **概念解析**
>
> **动机气氛**
>
> 动机气氛是由教师对学生目标的评价和奖励过程，以及所要完成的任务结构和参加者彼此的关系所决定的。动机气氛分成两类，即任务投入和自我投入。在任务投入气氛的体育课中，要求学生关注自己技能的掌握，为掌握技术而努力练习，与自己相比较有没有进步，只要学生有进步就能得到表扬。在自我投入气氛的体育课中，教师只对成绩超过他人的学生给予表扬，强调相互比较、相互竞争。

（二）营造积极的动机气氛

1. 动机气氛与 TARGET 模型

动机气氛是指一种能够对成就情境中的行动目标起指导作用的诱导性环境。根据人们对成就情境结构的认知和解释，动机气氛可以分任务投入（task involving）和自我投入（ego involving）两种类型。

TARGET 模型是在成就目标理论的基础上，根据大量的研究成果提出的。埃姆斯（Carol Ames，1990，1992）提出了六种影响学生成就目标定向的课堂结构因素：任务设计（task design，T）、权利分配（authority distribution，A）、认可方式（recognition practices，R）、小组安排（grouping arrangement，G）、评价方式（evaluation practices，E）和时间分配（time allocation，T）。简称，TARGET（Brophy，1998）（表3－2）。埃姆斯认为，教师可以通过调节上述六种课堂结构创造一种有利于任务投入（掌握目标定向）的课堂气氛。

表3－2　体育教学中的TARGET原则

TARGET原则	对原则的描述	如何创设以任务为中心的动机气氛	需避免的问题
任务设计	·设计学习活动和任务	·每项活动的类型、挑战和目的 ·提供多种活动内容供学生选择 ·鼓励学生设置自己的目标	·根据谁将获得第一或谁将获得最高分等来设置任务目标
权利分配	·给学生提供发展自我控制感、独立感及参与教学过程的机会	·培养学生积极参与的意识和自主性 ·合理运用提问技巧 ·给学生提供选择的机会（在指定的任务内容框架内） ·让学生参与教学决策的制订（如如何完成任务、运用什么材料等）	·让教师承担全部责任 ·给学生下命令，且不提供其他选择
认可方式	·合理使用正式或非正式的激励和表扬；认可学生完成任务的动机	·关注个体的进步幅度 ·对学生完成任务的认可方式有保护学生隐私、根据学生的进步幅度给予奖励	·对学生成绩进行公开评价，或根据与他人的比较给予奖励
小组安排	·学生在一起学习的方式和频率 ·合理安排班级，以便学生掌握课程内容	·应用单人学习和合作学习 ·学生单人学习、两人一组学习或小组合作学习 ·灵活分组和异质分组	·根据能力进行分组
评价方式	·评定和监督学习的方法 ·成绩和反馈的标准 ·评价以自我为参照和非公开的方式 ·给学生自我提升的机会 ·对学生进步的评判主要基于个体目标、参与程度、努力程度和进步幅度 ·鼓励学生对自己的表现进行评价	·根据常模或者与他人的比较进行评价	
时间分配	·包括工作负荷和教与学的进度的安排	·允许学生参与时间安排的指定 ·完成任务的最后期限要灵活 ·让学生协助制订进步的时间表	·时间安排不灵活

在体育课中，教师在营造动机气氛方面扮演着重要角色。教师所采用的教学方法或教学方法的替代方式（如给学生反馈或跟学生讨论）都会对一个班级的动机气氛产生影响。班级成员是影响动机气氛的另一重要因素。例如，如果班级中的大多数学生或班级中的好学生采取任务定向，那么班级的动机气氛也会倾向于以任务为中心。相反，如果大多数学生都采取自我定向，那么班级的气氛也会倾向于以自我卷入为中心。

更重要的是，每一个学生都是以自己的方式来感知动机气氛的。例如，目标定向、知觉能力、内部动机都会影响学生对动机气氛的知觉。教师在调节动机气氛中起着重要的作用，因为由教师的引导而产生的动机气氛和以学生为主导而产生的动机气氛有可能是不同的。即使学生是以自我定向为中心的，教师也可以创设一个更加明确的任务卷入动机气氛。

2. 创设积极动机气氛的方法

（1）增强自主性。自主性是人类动机的基础。它对增强学生在教学情境中的自我决定能力和自律性具有重要作用，同时也对学生的学习过程起着至关重要的作用。因此，提高学生的自主性在创设以任务为中心的动机气氛中具有重要意义。增强自主性的方法是通过使学生成为教学过程的一部分而使教学过程个性化。教师可以通过给学生提供选择学习内容和动作的机会，或让学生自己设计训练和比赛方式来实现上述目的。此外，教师可以让学生参与体育课各方面的决策制订过程。如前所述，以学生为中心的教学方式可以提高学生的自主性和增强学生的自我决定能力。与此同时，教师也应强调伴随自主性增强而产生的责任感。表 3 –3 总结了以学生为中心的教学方式和以教师为中心的教学方式的主要特征。

表 3 –3　以教师为中心的教学方式和以学生为中心的教学方式的主要特征

以教师为中心的教学方式（低自主性）	以学生为中心的教学方式（高自主性）
学生服从教师的命令	学生有选择的机会
学生没有参与教学过程	学生在教学过程中承担角色和责任
教师控制比赛和活动	学生控制比赛和活动
学生对比赛规则或训练内容的改变没有选择的余地	学生可以根据自己的需要和能力改变比赛规则或训练内容

但是，教师在给学生提供选择时应遵循一些先决条件。体育教师在组织一堂提高学生自主性的体育课时，至少应该考虑三个问题，即：这个选择对学生而言是否安全？学生是否有对这个选择作出适当反应的义务？应该如何在课堂上组织这种选择？

体育教师可以通过给学生提供两种或两种以上的热身方法来提高学生的自主

性（如跳绳或跑步），并让学生从中选择自己喜欢的方式进行热身。或者，在准备一场比赛之前，教师可以让学生自主组队、选择自己在团队中的角色和选择如何在团队中变换自己的角色（如谁来做守门员或一个人防守多少分钟）。

为了确保这些教学方法的有效性，教师应逐步应用上述变化手段（如每一次只提供一种选择）。否则，如果教师同时给予学生多种选择，就可能会导致教学灾难。教学方法的选择应该由教师来决定，并考虑到不同的选择可能会影响教师组织教学的方式。例如，如果教师想让学生自己选择先做什么练习，就必须首先确保上课时所有体育器材都可用。

（2）个性化。学生对自身能力的认知对激发他们的内部动机具有重要的作用。一个具有较高运动能力知觉的学生更有可能保持他们的努力。相反，如果一个学生觉得在他人面前表现自己可能会被羞辱，就很可能会放弃尝试的机会。此时，教师可以利用个性化的教学方法有效地提高学生的知觉能力。应用个性化教学方法的首要条件是应该由学生负责将一项任务个性化，而不是由教师负责。这样，教师才能避免出现自我实现预言的现象。其次，教师还应该创设一个所有学生都能够接受的学习气氛。

在环境允许的情况下，教师应允许学生在保证任务难度的基础上自主改变训练内容（如距离、目标大小、练习技巧）。安全问题也是决定是否使用个性化教学方法的因素之一（如设置一个学生能够踢到球的最小距离或最大距离）。

（3）采用积极的评价方法。当教师把评价和评估的焦点放在学生个人的改进、提高和对所学内容的理解上时，最有可能使学生掌握学习任务目标。评价方法与目标设置方案紧密相连，这通常意味着教师要作出最终的评判。教师在创设一个以任务为中心的动机气氛时，需要使用多种多样的评价方法（如传统技能测试、笔试、成长档案袋、家庭作业），而学生则有责任进行自我评价。教师要避免根据常模评价学生。

评价与评分不同，评分是评价的功能之一。评价应告诉学生什么是应该了解的或应该掌握的，但最主要的问题是如何与学生就评价结果进行交流，与低分对应的应该是努力不够。下面介绍几种有助于体育教师对体育教学进行评价的技巧：

①评价的内容要明确。无论评价的是什么都要有利于促进学习，要让学生明白他们的成绩包含了哪些信息。

②让学生参与评价过程。例如，学生可以运用教师提供的评价标准评价自己、同伴或他人；教师可以给学生提供可供选择的自我评价方式。

③与学生分享各种信息。

由于评分对学生的目标定向和学习动机会产生重要影响，所以体育教师在给学生评分时，应遵循以下技巧：

①分数应尽可能多地综合学生各方面的表现。

②分数应与目标完成情况相联系，尤其是学生的努力程度。

③分数应为学生的进一步提高提供有用的信息

在运动技能的学习过程中，学生都会不可避免地犯一些错。但只要不断付出努力，错误就会逐渐减少，直到最终完全掌握运动技能。那么，犯错又有什么价值呢？是说明学生很笨，还是学习能力差？当然不是！每个人学习运动技能都需要时间，也就是说，如果给每个人足够的时间，他们都可以学会。那么，评价的目的是什么呢？如果仅仅是对学生的运动技能和一学年的努力程度进行评价，评价是有用的；但如果目的是想要对一个人的余生进行评价，它的帮助就不大。

（4）学习时间最大化。时间对于学习运动技能和教师进行教学都是十分重要的。不管学生学习的是一项简单的运动技能还是一项复杂的运动技能，时间都是很重要的。而且，如果学生刻意地去练习某项运动技能、对自己的学习过程进行监控并设置个人提升目标，学习效率将会变高。

学生学习时间最大化是创设一个以任务为中心的动机气氛的关键问题之一，因为它本身就与运动技能的学习有关。以往的研究表明，以任务为中心的动机气氛与较高的理论学习时间有关。例如，研究表明，任务投入动机气氛得分高的班级具有更长的理论学习时间和练习时间，而在得分低的班级中，有更多的学生中途退出和进行没有监控的活动（Papaioannou，1993）。尽管运动技能学习与时间之间是否存在直接相关还没有得到证实，但显而易见的是，学生较高的活动水平和参与水平与运动技能的学习和以任务为中心的动机气氛有关。如果教师想要将学生的学习时间最大化，可以采用分组教学组织形式，避免采用排长队进行练习的教学组织方式。其他的建议如表 3－4 所示。

表 3－4　使学生学习时间最大化的无效策略和有效策略

无效策略	有效策略
运动器材运用不当（如本应用 20 个球进行教学，却只用了 2 个球）	使用所有可用的运动器材；尝试同一类运动器材的相互替代（如使用排球代替足球）
空间运用不当（如学校操场很大，却将学生限制在一个狭窄的空间进行练习）	采用练习教学法（如练习站点、任务卡片）
分组策略不当（如小组人数太多）	将学生分成小组，至少大部分上课时间是这样
信号使用不一致（如为了让学生停止练习，教师第一次喊的口令是“停”，而接着又用吹哨的形式）	为了与学生有效沟通应采用一致的信号

（续表）

无效策略	有效策略
场地和器材准备不充分（如课前准备不充分，上课铃响后，又忙着布置体育馆或去拿球）	在上课之前做好教学准备
让学生排长队进行练习	将学生分成小组；利用所有可利用的器材和场地；组织学生分站点进行练习
在课堂上采用不同的组织形式（如先两人一组，接着三人一组，然后又两人一组，再分成若干小组）	采用一致的组织方式依次进行练习；所需器材和场地相同的练习可以依次进行

（5）班级管理。许多教师，尤其是刚刚开始教师职业生涯的年轻教师，常常为如何让学生遵守纪律而苦恼。有时，纪律是一个很让人头疼的问题，一些教师也为如何管理班级而感到困扰。遗憾的是，严格的纪律很有可能降低学生的自主性、学习乐趣和个性化水平。

在体育课中，内部动机强的学生往往会因为其内在原因而产生良好的行为表现，这些内在原因包括：学生喜欢这堂课、学生之间互相关心、相信自己所做的对自己是重要的、相信自己能够完成任务。外部动机强的学生的行为则往往会受外部原因的影响，这些外在原因包括：教师有规则、学生害怕受老师批评而当众出丑、犯错后会受到惩罚。由于这一问题比较复杂，所以体育教师在组织教学时应该做到以下两个基本要求：设定规则和方法，对于外部动机强的学生来说，这一点尤为重要；通过创设以任务为中心的动机气氛来提高学生的内部动机水平。

（三）合理利用反馈

1. 有利于学生建立自信心的反馈

在体育教学活动中，及时地将学生知识、技能掌握状况等方面的信息反馈给学生，有利于激发学生的体育活动动机，培养学生学习的自信心。因为学生知道自己在学习上取得的进步，可作为其进一步努力学习的动力。看到自己的不足，同样也可以激起其努力赶超的勇气。

对于学生取得的进步，教师要及时给予一般性的表扬，如“做得漂亮”或“继续保持”以及一些具体的积极反馈（如“我喜欢你的跑姿”）。当要纠正一个错误动作时，教师也应先要给予学生一个积极的肯定性评价，然后再引导学生发现并纠正错误动作。例如，说“我看到你的跑姿已经趋于完美，如果你能试着将摆臂幅度再大一些，就会更好！”教师通过合理地利用反馈信息，努力为学生创造一个愉快的学习环境。

2. 有利于学生掌握技能的反馈

实践证明，在体育教学过程中，教师利用多种形式的反馈，可以有效地纠正学生的错误动作，有利于提高体育教学质量和维持学生强烈的学习动机。在体育教学中，有利于学生技能学习的反馈概括起来有如下几项。

（1）即刻性反馈。体育教师在学生练习动作的过程中即刻进行的反馈，既包括同时发生的反馈，又包括建设性的反馈。教师给学生提供的反馈，在完成动作过程中提供的信息反馈，称为同时发生的反馈。例如，学生在做前滚翻动作时，教师立即发出"低头、"团身"、"并足"、"抱腿"等指令信息，使学生按照教师的正确指令进行练习，属于同时发生的反馈。建设性的反馈是指所提供的信息是特殊的、限制在一定范围内、有利于提高动作技能的反馈。非建设性的反馈是指所提供的信息是重复的、非特定的、对于动作技能的改进没有任何用处的反馈。例如，学习脚背正面踢球时，教师看到学生支撑脚落点位置不对，教师对学生说："你的支撑脚再往前一点，落在球的侧方就好了，这样踢出的球力量大、速度快。"这样的信息对于初学者来说是有效的、特定的，属于建设性反馈。如果教师只对他说："你将球踢到哪里去了！"这样的信息对于初学者来说是无效的、非特定的，它属于非建设性反馈。如果教师经常对学生作出的类似于"这个动作做得不好"、"再好一点"、"差一点"的反馈，久而久之就容易引起学生的反感，降低学生学习的动机，属于无效的反馈。

教师在采用即刻性反馈的方式时，所发出的指令性信息应当简明扼要、果断，讲一些关键词，不要过于复杂，以免学生分心。

（2）阶段性反馈。教师在进行某一阶段的教学之后，结合课后小结或阶段性教学小结及成绩考核提供的信息反馈，既包括延缓性（定期发生的）反馈，又包括建设性反馈。阶段性进行反馈所提供的信息不仅能指出学生所做动作的正误之处，而且能分析产生错误的原因；提供的信息量大，而且全面、针对性强。它是对学生错误动作进行即刻性反馈的一种补充。

（3）学生对自我动作的反馈。指导学生经常对自己所做的动作进行分析、评价，并加以校正，可提高学生对自我动作的反馈能力，对于改进和提高学生的动作技能具有十分重要的意义。例如，先让学生以最大用力的 85%—90% 放松地进行 30 米跑，记下成绩，但不告诉学生。然后，再要求学生用最大力，即最高速度跑完这段距离。结束后告诉学生两次测试的成绩，通常是第一次比第二次的成绩好。引导学生运用比较的方式获得反馈信息，使学生学会在短跑时用最大的力量而不过分紧张，其中既包含着内在的反馈，又包含附加的反馈。

如果信息是由运动本身所提供的，就是内在反馈；如果信息是由教师所提供的，就是外在（或附加的）反馈。

发展学生的内在反馈能力，首先应当指导学生形成正确的运动表象和动作概念，以便使他们能够用规范的动作标准来对照自己所完成的动作。其次，要向学生提供正确的身体感知觉信息，以提高学生感知觉的精确度，发展学生的感知能力。给学生提供有关动作技能录像、图片等是发展学生内在反馈的辅助手段，可使其完整地形成正确的动作系统。最后，教师可采用课堂提问的形式，启发学生对自己所做的动作进行分析和评定，明确地找出所做动作与标准动作之间的误差，并设法纠正错误动作。只有做到以上三点，才能聚集学生的内部力量来促进动作技能的学习与掌握。

在体育教学中，教师给予学生及时、正确、有效的学习反馈，有助于提高学生的体育成绩和体育教学质量，有利于维持学生的学习兴趣和学习动机。

（四）建立正确的归因

1. 强调个人努力

正确的归因是教育的结果。体育活动频繁的竞争性和结果的即刻性是体育活动的显著特点，因此体育教师指导学生对体育活动结果的正确归因显得尤为重要。心理学研究表明，在归因的诸要素中，个体如果将成败归因于内部、不稳定和可控的原因，即努力程度，就会保持甚至强化成就动机。研究表明，要使学生保持较高的成就动机，就应该不断地使他们感到自己的努力是有效的，并不断给予他们成功的反馈。因此，激发学生的成就动机，一方面要使学生感到自己的努力尚不够，要不断地加强努力；另一方面，又要使学生不断地感到自己的努力是有效的。这样才能使他们的体育学习或身体锻炼行为坚持不懈，直到最终取得成功。

2. 明确各种影响因素的可控性

教师在引导学生区分各种因素的可控性时，应提醒学生将注意力集中在那些可控性较大的因素上，忽略那些不可控或可控性很小的因素。对那些不可控的因素，应努力加以适应或调整。

3. 实事求是

如果通过教师的观察和学生自己的评价与分析，某同学的确已经尽了最大努力，但结果却未成功，这时不易继续进行努力归因指导。如果不实事求是，一味地提出与实际情况不符的要求，会使学生产生对老师的不信任或抵触情绪。

（五）适当利用竞争和合作

竞争可以成为行为的动力。体育活动中的激烈竞争使它充满乐趣与魅力，吸引学生喜爱体育活动，这也是学生们乐于付出较大努力的主要原因。在体育教学或指导学生进行身体锻炼的过程中，教师应根据不同年龄阶段学生的能力水平，结合教学内容设计不同的体育比赛形式，组织实力相当的竞赛对他们的体育学习和身体锻炼具有促进作用。

为了使每位学生都能参加到体育比赛活动中来，达到促进体育教学和提高学生身体健康水平的目的，体育教师在组织体育比赛时应努力做到以下几点。

1. 教育学生形成正确的体育比赛观念。体育比赛的主要目的是为了激发学生的体育兴趣和提高学生的运动能力，因此重点要引导学生关注与自己过去相比较有没有进步，而不是与他人比高低。

2. 要考虑到学生的体育兴趣、运动能力有所差别，设计多种形式的竞赛活动，使每个学生都有参加竞赛的机会，体验体育比赛带给他们的运动乐趣。

3. 要创设一定的体育比赛氛围，激励每个学生都努力参与体育比赛。

另外，为达到某一个目标，应积极倡导同一团体的成员加强合作。也就是说，通过彼此协作，调动学生参与体育活动的热情，在活动中建立良好的人际关系、体验合作的喜悦等。综上所述，为激发学生体育学习动机，应适当地利用竞争与合作。

（六）恰当地利用外部奖励

好动、好奇是儿童和青少年的天性。体育活动所具有的活动性、刺激性、趣味性、竞争性和技巧性等特点，恰好可满足他们的这种需要。大量研究表明，兴趣是他们参加体育活动和身体锻炼的主要内部动机。满足学生好奇、好动的需要，往往能够激发学生从事体育运动的兴趣和动力，促使他们长期坚持参加体育活动。

在实践过程中，体育学习和身体锻炼并不总是能够满足学生需要，学生在面临挑战和各种内、外部困难时，体育学习的内部动机可能会变弱。这时体育教师常利用表扬或批评、奖励或惩罚的手段来激发学生的外部动机。然而，不正确地激发外部动机会削弱学生的内部动机，使参与体育活动的动机转变为获得教师的奖励或避免惩罚。学生对奖励不感兴趣，学生参与体育活动的动机就会减弱或消失，这也就是奖励的“德西效应”。

知识窗

德西效应

美国心理学家德西（E. I. Deci）做过一系列的实验来研究外部动机与内部动机的关系。他将被试分成三组，让他们去完成一些有意思的题目。甲组被试在开始解题之前就被告知每解出一道题就付给多少酬金，乙组被试是在完成规定的解题任务之后宣布解出一道题的酬金，丙组被试不给任何报酬。实验表明，在实验结束后，丙组和乙组要比甲组有更多的人在自由活动时间利用更多的时间去继续解题。因此，德西得出这样的结论：外部奖励会产生使内在动机削弱的效应。这种效应被称为德西效应。另有研究表明，积极反馈可以使被试的内部动机更强。

资料来源：张力为，毛志雄．运动心理学［M］．上海：华东师范大学出版社，2003：33.

因此，在培养和激发学生的体育动机时，教师首先要考虑挖掘教材内容的直观性、趣味性、新颖性，运用多种多样的教学方法，以满足学生的好奇和好动心理。同时还要合理地运用奖励和惩罚手段，以达到激励作用。在合理运用奖励手段时要注意以下几个问题。

1. 明确规定奖励的行为。例如，在体育教学或比赛中，体育教师要清楚地向学生讲明哪些行为将受到奖励，受到什么奖励，以鼓励学生积极争取。

2. 奖励要及时。学生有了突出表现，要给予及时的表扬，强化体育活动动机。延迟性奖励将会削弱学习积极性。

3. 让学生懂得奖励不是最终目的。奖励是为了激发学生学习的积极性，激发学生体育活动动机，培养持久性的体育锻炼行为才是最终的目的。

4. 要倡导学生之间的相互鼓励。学生之间的相互鼓励对培养学生体育学习的积极性很有帮助，应积极提倡和引导。

操作与应用

提高学生参与体育活动的内部动机的策略

1. 适当安排游戏、竞赛，增加体育活动的趣味性

娱乐和有趣是学生参与体育学习和锻炼活动的主要原因，失去了娱乐性，学生就失去了参与体育活动的主要动力。因此，迎合学生好玩心理的各种游戏、竞赛活动，往往能够激发学生的活动兴趣和乐趣，使他们高高兴兴、欢欢喜喜地参与体育活动。

2. 创设新颖的练习内容与方法，启发学生的好奇心

在先前体育学习基础上安排较新颖的练习内容与方法，可将学生引入到新的认知矛盾之中，诱发他们对体育学习的好奇心与求知欲，使他们对新技能、新方法产生好奇与疑问，想要尝试与探索。

3. 经常组织集体性体育活动，满足学生的归属需要

在以小组或班级的形式开展体育活动时，可将体育学习和锻炼活动与集体荣誉联系起来，激发学生的归属需要，促使他们为自身所在的集体而努力，加强自己的体育学习与锻炼。

4. 给学生选择体育活动的机会，满足他们的自主要求

允许学生根据自己的技能和体能状况去选择自己的体育活动内容和标准，可满足学生自我选择和决策的需要，使他们的自主感和责任心提高，激发他们的体育学习成就动机，更自觉和主动地设计与实现学练标准，完成更具有挑战性的成就目标。

资料来源：季浏，殷恒婵，颜军. 体育心理学［M］. 北京：高等教育出版社，2010.

第二节 学生的体育兴趣

一、体育兴趣及其作用

（一）体育兴趣概述

体育兴趣是指学生力求积极认识和优先从事体育活动的一种心理倾向。作为参与体育活动的动力因素之一，体育兴趣影响着学生参与体育活动的行为指向、强度及时间或次数。

体育兴趣是在体育活动需要基础上产生的，并在体育实践中不断得到培养和发展。它既能把学生积极愉快的情感和注意与具体的体育活动紧密地联系起来，促使他们对体育活动倾注时间和精力，也是学生乐于参加体育活动的主观意向的表现，参与体育活动的主动性、积极性和自觉性是体育兴趣的标志。

体育兴趣多种多样，按不同的标准可以划分出不同的种类。根据学生体育兴趣的倾向不同，可将其分为直接兴趣和间接兴趣。直接兴趣是由体育活动本身引起的兴趣，如有的学生是因为体育教师的示范动作做得漂亮就喜欢上体育课，这就是直接兴趣。间接兴趣是由体育活动的目的、任务或活动的结果而引起的兴趣，如有的同学为了学好某个动作要领聚精会神地听教师讲解而表现出对体育的兴趣，即为间接兴趣。学生在体育教学活动时，如果缺乏直接兴趣，会对活动内容感到枯燥无味；如果缺乏间接兴趣，就会失去持续参加体育活动的动力。所以，在体育教学过程中，这两种兴趣都是必须拥有的。学生对体育活动的直接兴趣和间接兴趣是密切联系并可以相互转化的。

概念解析

体育兴趣

体育兴趣是以学生对体育活动探究需要为基础，推动他们优先认识和积极从事体育学习或身体锻炼活动的心理倾向，它是学生体育活动参与的基本动力之一，影响着学生体育活动的方向、强度和持续时间。它把学生的注意和积极愉快的情感体验与具体的体育活动紧密联系起来，促使他们对体育活动倾注时间和精力。另外，它还是学生乐于参与体育活动的主观意向表现，是学生未来长期从事体育活动的心理准备条件之一。学生从众多的生活和学习活动中主动关注和参与体育活动，并从中获得愉快情绪心理倾向，就是他们的体育兴趣。

根据维持时间的长短分类，体育兴趣又可分为短暂兴趣和稳定兴趣。短暂兴趣是指参与体育活动的持续时间较短，并随着体育活动的结束而消失的兴趣。稳定兴趣是指参与体育活动的持续时间较长的兴趣，并已发展成为学生的个性倾向性。

（二）中小学生体育兴趣的特点

1. 小学生体育兴趣的特点

体育兴趣是在体育实践过程中逐渐形成和发展起来的，小学生的体育兴趣变化较大。研究表明，一般说来，在体育兴趣形成的最初时期，小学生的体育兴趣表现为自发的、直接的、广泛的特点，对形象化、情境化、趣味化、有新异性和竞争性的体育活动感兴趣，体育兴趣的显现以直接兴趣为主。以后随着年级的升高，以及对体育活动体验和认知的丰富，小学生的体育兴趣会逐渐显现出分化，选择趋于集中，并逐步过渡到自觉、间接、稳定的体育兴趣上。还有研究表明，小学生的体育兴趣与他们同体育教师的情感密切相关，小学生总是自觉不自觉地把与任课教师的情感“迁移”到该教师所教的学科上。在小学阶段，男女生体育兴趣的性别差异不大。

2. 中学生体育兴趣的特点

到中学阶段，学生的体育兴趣体现出选择性，由于身体素质、运动能力发展的个体差异，学生对各种运动项目会出现不同的兴趣和选择。也会体现出一定的性别差异，男生比较喜欢活动量大、竞赛性强的运动项目，如篮球、足球、武术等，女生则喜欢活动量相对较小、姿势优美、节奏韵律感强的运动项目，如艺术体操、球类、跳绳等。此外，随着年龄的增长，以及知识水平和认识能力的提高，中学生对一些动作较为复杂，且具有一定技巧性的教材内容产生兴趣，在学习技术动作时，他们不再满足于掌握动作要领，而且希望了解动作原理，随着教学环境和教学条件的改善，学生的兴趣变得更加深刻而稳定。

（三）体育兴趣的作用

体育兴趣是学生体育学习积极性中很现实、最活跃的因素，一旦学生的体育兴趣被培养和激发出来，体育活动就会成为学生注意力和认知优先选择的对象，从而吸引学生全身心投入到体育活动中。体育兴趣的作用具体表现如下。

1. 指向作用

体育兴趣是个体的一种心理倾向性，不同的学生其体育兴趣会有所不同。面对众多的体育活动形式，体育兴趣往往会引导学生从中选出自己喜爱的体育项目。随着年级的升高，学生的体育兴趣会不断得到培养和强化，并趋于集中和稳定。随着体育兴趣逐步走向学生生活兴趣的主导位置，它将促进学生形成终身体育意识和运动习惯。

2. 积极的推动作用

在体育活动中，引起学生积极参与体育活动的直接因素往往是最初的体育兴趣。在体育兴趣的作用下，学生会优先注意和选择自己喜爱的体育项目，并产生强烈的锻炼欲望，以高昂的热情参与到体育活动之中；学生的注意力会持久保持，感知觉清晰敏锐，思维灵活，情绪振奋，不易感到疲劳，并努力去取得良好的身体锻炼效果。运动中获得的满足体验使学生的体育兴趣得以巩固和强化，并进而形成更高层次的较为稳定的兴趣，从而进一步发展体育兴趣。

3. 促进学生创造性地进行体育活动

兴趣作为个体积极性的动力，是学生创造性地从事体育活动的重要因素。因为学生创造性地进行体育活动与情绪的关系密切，适宜的情绪状态有利于保持注意力和激发思维活动。同样，对体育活动产生了强烈兴趣的人也会对体育产生无限的热情，被吸引着去思考有关问题，促进思维的发展，并产生创造性的灵感。

二、培养学生体育兴趣的策略

（一）建立融洽的师生情感，引发兴趣

在体育教学中建立融洽、新颖的师生情感是培养学生体育兴趣的先决条件。有研究表明，良好的师生情感是影响学生体育学习兴趣的重要因素。“亲其师才能信其道”，平等、融洽的师生关系有助于提高学生学习的主动性和积极性，反之学生学习的主动性和积极性就要受到压抑。建立平等的师生关系，首先要求教师具有平等的角色意识。在体育教学中，教师要经常深入到学生当中，以满腔的热情、平等的态度面对每一位学生，做学生的良师益友。这样，学生才会乐于与教师交往，主动参与学习活动。其次，教师要始终保持童心，乐于接触学生。教师时时保持一颗童心，多接触学生，主动了解学生，善于从学生的角度思考教学，教学才能生动活泼，才能符合学生的心理特点，才能满足学生的心理需要，才能取得好的教学效果。最后，要尊重、理解、宽容每一位学生，尊重他们的个性和选择。教师要善于发现学生学习上取得的成绩和学生身上的闪光点，并给予及时鼓励。对于学生学习上的不足，教师要先给予肯定，再指出不足。要常用“好极了”、“你真棒”这些鼓励、赞美之语鼓励学生。教师对学生抱有期望，并且通过态度、表情与行为等方式将期望传递给学生，学生就会受到鼓舞，从而更加信赖教师，并给予积极的回应。因此，教师要不断调控自己的情感，做到热爱每一位学生，建立起平等和谐的师生关系。

（二）合理选择教材，激发兴趣

体育教学是身心活动的过程，教师对教材的选择必须精心研究，要善于针对学生的年龄特点，特别是性别差异、心理状况等方面安排好教学内容。例如，在体育教学中，教师可适当穿插一些既生动有趣、又惊险刺激，且具有一定难度的体育游戏。对中学生进行的调查表明，男生最喜欢的项目是篮球，其次是足球，第三是乒乓球。女生最喜欢的运动项目是羽毛球，其次是篮球，第三是乒乓球。九成以上的学生喜欢在教学中安排游戏。由此可见，应在充分了解学生的基础上，合理安排教材内容以激发学生的体育兴趣。例如，在中学阶段，学生的体育兴趣发展得更为丰富，由直接兴趣逐渐过渡到间接兴趣，缺乏直接兴趣使体育锻炼成为枯燥的负担，没有间接兴趣则将使学生丧失锻炼的毅力和恒心，因此，良好的体育兴趣必须是二者的统一。比如在篮球教学中运用成功兴趣关系原理提高教学质量，在学习篮球攻守对抗练习中，针对性地有意识地让学生运用自己已经掌握的新技术、新战术来战胜对手，发挥各自的优点和长处。通过在实践中的检验，学生初步领略到成功的甜头。他们在学习过程中尝到成功的快乐，从而取得

进一步学习的动力。

（三）利用新颖多样的教学方法和手段，引发兴趣

在体育教学中不断创新性地运用新颖灵活的教学方法和富有变化的教学组织形式与手段，可使教学气氛变得轻松、愉快，有利于引发学生体育兴趣。例如，耐久跑这个教材比较单调、乏味，学生练习比较辛苦。因此，可能会使学生产生恐惧和厌烦感。这时教师可以将绕田径场耐久跑采用自然地形跑、障碍跑、追逐跑、领先跑等形式，运用蛇形、螺旋形、花瓣形、对角形等线路，选用游戏法、竞赛法、测验法等手段，学生练习时自然就会积极参与、兴趣十足，把身体上的苦转变为情感上的乐，把短暂的、直接的体育兴趣逐渐转变为持久的体育兴趣。另外，也可运用竞赛法、游戏法来激发学生的体育兴趣。

操作与应用

改变田径课程教学方式，提高高中生学习兴趣

田径运动是一项传统的竞技项目，而且比赛和训练都是通过个体行为来完成的，因此缺乏趣味性。在高中田径教学中，运动训练是很多教师常用的教学方法，而此方法直接导致了学生对单调的体育课的厌烦。所以，教师要彻底改变田径教学中固定的教学形式、方法和手段，优化教学方式，培养学生的创新意识，增强学生的实践能力和自我调节能力，最终达到田径教学的目的。教师可以改变练习环境，如要增强下肢力量和弹跳力可以利用楼梯、台阶或各种地形进行形式多样的上下跑、跳跃和下蹲站起练习；弯道技术的学习与练习不一定都要在跑道上，为了让学生体会弯道的不同而对倾斜度调节的不同，教师可以采用让学生在操场某个螺旋形的线进行练习。教师也可改变练习方法，将单个的练习行为改为集体练习行为，以活跃教学氛围，如在接力中可采用两人手拉手的双人跑或者多人跑，以增强同学间的默契。教师还可借助其他器材，采用障碍刺激法，如采用绕杆跑开展接力游戏活动，以跳板、跳箱练习开展跳远教学。

资料来源：鲍嬴萍．高中体育田径课程教学现状及策略［J］．教育技术研究，2012，6.

（四）利用风趣幽默的语言，调动兴趣

风趣幽默的语言和个性化的口令具有强烈的号召力和感染力。教师要善于利用准确鲜明、生动形象、风趣幽默的课堂语言，调动和激发学生的体育兴趣。例如，在篮球教学中，教师用“动如脱兔静如象，跃如猫窜展似鹏”作比喻，要求学生起要快、停要稳、跃要远、舒展要开；又如，在教弯道跑时，可把弯道跑的要领编成顺口溜“弯道跑，跑弯道，身体微微向左倒，蹬地外里里外脚掌地，摆臂外面大来里面小”，这样不仅有助于提高学生对动作的理解，更有助于学生对技术的掌握，学生边念边练兴趣盎然。

操作与应用

四国演义

目标：培养学生的协调配合、机智灵活及判断力，发展体能。

方法：将游戏者分成人数相等（或相差不多）的四个队。每名同学搂住前面同学的腰部，成一条长龙。各队同学分别站在教师规定的四角。教师发令后，各队的排头追其他三队的排尾，在追逐的过程中，还要预防被其他三队拍到。排尾被追上或长龙断裂的队被判负，全队同学做俯卧撑若干。

点评：本游戏活泼而激烈，可提高同学协调配合能力。是体育课热身活动的最佳游戏。

与时间赛跑

目标：发展学生的弹跳力和反应能力。

方法：游戏者围成一个圆圈，圆圈内和圆圈外两人一根长绳。共三根长绳作为时钟的时针、分针、秒针。游戏开始时，圆圈外的同学拉紧长绳沿圆圈顺时针跑动，绳子所过之处，圈上同学立即跳过绳子。没跳过的同学做俯卧撑若干，换下圈外或圈内的同学，游戏继续进行。

点评：通过游戏，使学生明白时间一去不复返，应该充实过好每一天。

资料来源：苏宝明，刘青，蔡振辉，等. 高中体育教学少不了游戏［J］. 体育教学，2012（6）：78－80.

（五）利用课外体育活动，培养兴趣

体育课外活动是体育课的延伸，是充分发挥学生主观能动性，活化和运用所学知识与技能的重要环境，是培养和提高学生体育兴趣的重要因素。课外活动时学生选择性较大，学生有更多的精力和时间去从事他自己所喜爱的运动项目，而且由于组织形式多样，学生容易形成自己的运动爱好和专长，满足个性化学习和发展的需要，在良好的氛围里培养持久的体育兴趣，为终身体育打下基础。

操作与应用

以大课间体育活动为特色的体育校本课程模式

依据中学生的身心特点，结合学校的具体实际，确定了“三课二操一活动”的体育课程结构和“A＋X＋A”的体育课结构，并紧紧抓住“X”进行辐射和拓展。“三课二操一活动”体育课程结构是：每周上三节各40分钟的体育课；每天一次40分钟的大课间操和一次5分钟的眼保健操；每周一节40分钟的课外体育活动。“A＋X＋A”的体育课结构是每周三节体育课堂教学，其中两节是正常的按课程标准进行的体育课堂教学，另一节为体育特长课。体育大课间活动是该校体育课程的特色，在40分钟的大课间活动中，活动内容丰富多彩，包括广播操、自编操、韵律操和自己设计的24种体育活动内容。24个教学班由学校统一安排，科学轮换，并根据季节的变化，不断地调整形式和内容，使学生的身心得以调节，以便有充沛的精力走进课堂。课外活动也是校本课程的一个重要组成部分，课外活动的内容安排，以教授一些基本知识为基础，突出快乐为重点，根据学生的兴趣和爱好，成立9个体育兴趣小组，学生可根据自己的兴趣自愿报名参加，各兴趣小组都有专门的教师对学生进行组织和管理，并和学生一起进行活动。

资料来源：董翠香．以大课间体育活动为特色的体育校本课程模式案例研究［J］．西安体育学院学报，2008，25（1）：103－105.

（六）让学生体验成功的喜悦，迸发兴趣

体育兴趣的产生实际上是学生内在动力的体现，是伴随着学生自身参加体育活动，获得成功的内心体验而逐渐产生。苏霍姆林斯基指出：“只有在学习中获得成功而产生鼓励的地方，才会出现学习兴趣。”因此，想要使学生产生体育兴趣，就必须使他们获得成功。学生往往希望拥有与自己能力相当的学习情境，如果教师制订的学习目标与其能力相符，学生通过自己的努力能够达到，学生就会享受到由自己努力而得到的喜悦，这种内心形成的成功体验的积累就会逐渐形成体育运动的兴趣。

（七）利用体育社会化的影响，诱发兴趣

利用传播媒体手段来欣赏体育竞赛和传递体育信息，使学生及时了解体育新闻和观赏高水平体育比赛，以此熏陶学生的体育意识，使学生对学习体育和参与体育活动的兴趣倍增，这也将对学生加深体育意识形成体育观念产生重要影响。现代的青少年对年轻的明星偶像往往有崇拜的心理。例如，乔丹、贝克汉姆、刘玉栋、刘翔等，凡是与这些人物的有关报道他们都比较感兴趣，教师可利用这样的偶像效应，积极引导学生对体育兴趣的培养。

（八）利用校园体育文化，激发兴趣

校园体育文化作为一种有一定内涵和指向的客观精神，对学生产生的影响是全面而深远的，它促进着学校体育运动的发展。首先，可以加强体育宣传，充分利用黑板报、广播、海报等宣传媒介，加强渲染、烘托气氛，发动全校师生都来关心和参加体育活动，尤其要对学校的运动会、篮球赛、排球赛等重要的体育活动进行重点宣传和报道。其次，可以开展多项目、多形式的体育比赛，如校运动会、篮球赛、排球赛、拔河赛、趣味性游戏比赛等，促使学生参加体育活动，形成良好的校园体育锻炼氛围。最后，可以在班级与班级之间、年级与年级之间开展友谊赛和对抗赛，也可以组织开展教师与学生之间、学校与学校之间的各类体育竞赛活动。

（九）合理利用评价，激发兴趣

在体育教学中，教师对学生予以及时、公正、客观、鼓励性的评价，能积极影响学生的心理活动，对学生即使微小的进步，用积极的语言加以鼓励和表扬，也能使学生体验到成功的喜悦，从而加深对体育的感情，激发学生的体育兴趣。恰当的评价方法有利于培养学生的体育兴趣。教学评价是对学生体育行为的总结与肯定。评价的合理程度会直接影响到学生以后参与体育活动的积极性。因此，在评价方式上，既注重终结性评价，也注重形成性评价。在评价内容上既对学生体能和技能进行评价，也要对学生的态度、心理和行为进行评价，而且在对其体能、技能实施考核时，应注意评价体系的区分度，要适合学生的心理发展水平和身体素质现状，以利于激励学生。在对学生进行评价时，教师要注意肯定与指出不足相结合，以利于培养学生成就感和增强自信心，使学生以愉悦的心情主动地投入到体育活动中。

操作与应用

体育教师评价学生的常用语举例

1	激励肯定性评语	好，你真棒！真精彩！
		你瞧，通过努力，你成功了，祝贺你！
2	引导理解式评价	这个方法可行吗？为什么？
		你能像王洋同学动作那样，学做一次吗？
3	指导分析式评价	你是否再向人家表演一下你刚才做的动作？
		你做得这样好，请你给同学们讲一下体验，好吗？
4	拓展延伸示评价	做得再好一点，就更好了！
		再试试，怎样还能做得更好？
5	引领互动式评价	对刚才同学们的各种练习方法你还有补充的吗？
		你能再说一下，你为什么这样做吗？
6	启迪反思式评价	今天我们学习了什么动作，大家回忆一下？
		你总结一下，这节课你有什么收获吗？

资料来源：殷恒婵．体育心理学［M］．北京：人民教育出版社，2008：61.

测量与评价

小学生体育学习兴趣水平评价量表

以下列出一些与你进行体育活动有关的陈述，请逐条阅读并确定你是否同意这些说法以及同意的程度如何：如果你完全同意，选5；如果完全不同意，选1；如果你觉得介乎两者之间，请在1至5之间选择（适合你的）任一数字。

此问卷的调查结果仅作为科学研究所用，与你的体育学习成绩无关，请你务必按照自己的想法如实填写，谢谢合作！

年级：__________ 班级：__________ 性别：__________

	完全不同意				完全同意
1. 常常在家附近寻找场地进行体育活动。	1	2	3	4	5
2. 即使没有好的体育场地和器材，我也会想办法进行体育锻炼。	1	2	3	4	5
3. 我很希望上体育课。	1	2	3	4	5
4. 我平时喜欢收听电台或收看电视与报纸上的体育报道。	1	2	3	4	5
5. 我喜欢参加体育游戏或比赛。	1	2	3	4	5
……					
22. 体育课让我感到枯燥无味。	1	2	3	4	5
23. 我平时喜欢参与体育活动。	1	2	3	4	5
24. 我觉得每周开设的体育课太少。	1	2	3	4	5
25. 上体育课时，我经常希望快些下课。	1	2	3	4	5
26. 我平时经常与同伴谈论体育。	1	2	3	4	5
27. 在我们学习的所有课中，我最喜欢体育课。	1	2	3	4	5

本量表分为运动参与程度、体育学习积极兴趣、体育学习消极兴趣和自主学习程度四个维度。

运动参与程度：第1、2、5、7、9、11、13、18、23题

体育学习积极兴趣：第3、12、15、17、19、24、27题

体育学习消极兴趣：第6、8、16、20、22、25题

自主学习程度：第4、10、14、21、26题

本量表中第6、8、13、16、20、22、25题为反向计分，即选1得5分，选2得4分，选4得2分，选5得1分。其余各题均为正向计分，即选1得1分，依此类推。其中，第11题和第16题、第12题和第20题、第18题和第13题、第15题和第22题，互为相反含义，可用于测谎，即回答时在每一对题目中，如果前一题选1或2，在后一题上就应选4或5。

资料来源：汪晓赞．我国中小学体育学习评价改革的研究［D］．上海：华东师范大学体育系，2005：367－369.

第三节　学生的体育态度

一、体育态度的含义

体育态度是个体对体育活动所持的认知评也是个体在长期的社会环境影响下，从一定的直接经验和间接经验中习得的。它指向于具体的体育活动项目、内容和方法。一旦体育态度形成就会对个体的体育参与行为及其效果产生重要的影响。体育态度调节着学生诸如是否参与体育、参与什么样的体育活动、如何参与体育活动等问题的选择，影响着体育学习和锻炼行为以及对学生所产生的身心效果。

概念解析

体育态度是学生对体育学习和身体锻炼活动所持有的认知评价、情感体验和行为意向的综合表现，它不是学生实际的体育行为反应，而是学生头脑中存在的一种“内部状态”，是运动行为反应的倾向性或准备状态，它可以增大学生体育参与行为出现的可能性。体育的态度涉及的范围很广，它既包括对学校体育的态度，也包括对竞技体育及社区体育的态度，以及不同的个体和群体，如学生、运动员、群众、领导等对体育活动中各种事和物的不同反应倾向。人们对体育的态度，一方面反映人们的体育价值观，同时对人们参与体育活动也会产生巨大的影响。

体育态度包括认知成分、情感成分与行为意向三个基本成分。认知成分是指对态度对象的知觉、理解、信念和评价，如“体育活动可以强健体魄，愉悦身心”则是在认知上所持的对体育的赞同态度；而“身体没病、参加体育活动太费时间和精力，划不来”则是在认知上所持的对体育的否定态度。情感成分是对态度对象在评价基础上产生的情绪情感体验，如喜欢与厌恶、热爱与冷淡、愉快与不满等。有些人对参与体育态度是喜爱到迷恋的程度，有的人可能对体育活动缺乏热情，这都是态度的情感反映。由于感情的作用，使态度扎根于情感之中且变得很持久。行为意向是个体对态度对象意欲表现的行为，是由认知和情感成分所决定的。它是行为的直接准备状态，是态度与行为联系的部分，如在体育活动中愿意采取积极主动行为，还是被动消极地做做动作了事都是体育态度的意向成分。

通常情况下，体育态度中的认知、情感和行为意向之间互为条件，相互制约，协调一致，构成统一的体育态度，共同对体育活动效果产生影响。例如，学生认为“锻炼使我保持健康”，就会喜欢锻炼，并产生挤时间锻炼的意向。但三者之间也存在着差异性或矛盾性，情感在态度中占有重要的地位。研究发现，三种成分之间的相互关联程度是不同的。情感成分与行为倾向的相关程度高于认知与行为意向或认知与情感的相关程度，情感与认知不一致时，情感成分往往决定着行为意向。例如，学生虽然认识到“锻炼可使我保持健康”，对体育活动的重要性有清楚的理解，但却由于懒惰而厌倦不喜欢体育活动，或没有挤时间锻炼的意向，表现为消极的体育态度。这表明对学生进行体育态度辅导要从多方面入手，既要重视提高学生对体育活动的认知，又要重视在体育活动的过程中多方面地丰富学生学习的情感体验，强化其体育意向，指导其体育行为，从而形成正确有效的体育态度。

二、学生体育态度的特点

中小学阶段是体育态度形成的重要时期。小学中低年级的学生，处于体育态度形成的初期，这一阶段的学生对体育价值的认识还比较模糊，他们喜欢体育活动是因为体育活动能带给他们愉悦和运动体验，尚未对体育活动形成稳定的态度和认识。小学高年级和初中阶段是形成体育态度的关键阶段，并且随着年龄的增长以及体能、运动技能、对体育活动认知水平的提高，学生会初步形成较为稳定的体育兴趣和积极的体育态度。到了高中阶段，体能、运动技能和认知水平明显提高，体育态度形成了一定的个性色彩。此外，学生体育态度的形成受到家长的体育态度、老师的体育素养和同伴的体育行为等诸多因素的影响。

因此，在体育教学中，体育教师应根据中小学生体育态度形成的学段特征，在低年级阶段就开始积极引导学生参加体育活动，使学生在运动活动中获得更多积极的情感体验，获得更多、更丰富的运动乐趣；同时保证学生有充足的运动时间，引导学生积极投入到体育活动之中，教育学生珍惜每一次体育锻炼机会，取得积极的锻炼效果，以期培养学生强烈的运动倾向，形成良好的体育态度。

三、学生体育态度的形成与转变

（一）体育态度的形成机制

体育态度的形成是一个连续的、渐进的、由量变到质变的过程。它受到多种因素的影响和制约（如社会环境、学校环境、家庭环境、教师、家长、同学等），更重要的是受到自己所从事的体育活动、课外体育锻炼等影响。影响体育态度形成的因素可归纳为以下三个方面：

1. 有关的体育知识与信息

体育态度的形成与学生所掌握的体育知识和经验有密切的关系。具有更多体育知识和体验的学生更容易形成积极的体育态度。

2. 体育参与需要

体育态度是在满足体育参与需要的基础上产生的。当学生出现该种需要时，就会对与之有关的事物产生态度。对能满足需要或能帮助自己实现目标的对象产生肯定态度；对不能满足需要或不能帮助自己实现目标的对象则产生否定态度。体育态度的情感，大部分是与体育活动需要的满足有关。

3. 群体期望与规范

作为群体的一名成员，群体所接受的观念、认同的规范和所形成的态度会作为一种压力，影响个体态度的形成。同样，个体的体育态度也受到群体体育态度的影响。因此，作为体育教师，应积极引导学生加深对体育的认识，丰富学生对体育活动的情感体验，以学生群体积极的体育态度来影响学生个体的体育态度。

（二）不良体育态度的转变

体育态度的转变包括方向和强度两个方面。使学生从消极的态度转向积极的体育态度，这是方向上的转变；使学生的体育态度从较积极转向很积极，这是强度上的转变。方向上的转变与强度上的转变密切相关。从一个极端转变到另一个极端，既是方向上的转变，又是强度上的转变，而且说明强度上的变化很大。

根据凯尔曼提出的态度转变的三阶段理论，不良体育态度的转变过程应包括以下三个阶段：

1. 服从阶段

服从阶段是指学生为得到奖励或避免惩罚，而从表面上接受社会、学校关于体育的规定和要求，体育行为表现上与其他学生保持一致。它是体育态度转变的第一阶段。服从阶段的特点是学生的体育行为较多地受到外界诱因的影响，一旦外因控制消失，服从行为就会停止。

2. 认同阶段

这一阶段表现为不是被迫而是自愿地接受他人的观点、信念、态度与行为，并使自己的体育态度与社会、学校和体育教师的要求逐渐接近。显然，认同阶段已不同于服从阶段，它不是在外界压力下转变态度，而是自愿进行的。认同能否顺利实现有赖于个体对体育活动情感上的转变和体育活动内容对学生的吸引力。

3. 内化阶段

在这一阶段中，学生真正从内心深处相信并接受他人的观点、信念，真正相信了新的观点和新的思想，从而把这些新的思想和观点纳入了自己的价值体系，成为自己体育态度体系中一个有机的组成部分。这种内化的过程是学生对体育活动价值的认识提高的过程，也是学生体育态度的认知、情感和行为意向成分协调一致的过程。

（三）转变学生体育态度的条件

转变学生的体育态度主要依赖于以下四个条件。

1. 原先的体育态度与要求改变的态度之间的距离

如果原先的体育态度与要求改变的态度之间的差距大，体育态度转变的难度就大；如果两者之间的差距小，则容易转变。例如，通常情况下，女学生不喜欢激烈对抗性强的足球运动，因此要转变他们对足球的消极态度，使她们喜欢并且具有从事足球运动的积极态度是很难的，因为两者的态度相距很大，不易转变。

操作与应用

不良体育态度转变的策略

1. 校园里设立体育知识专刊宣传窗，宣传体育健身知识，跟踪报道国内外重大体育赛事。

2. 作为体育课家庭作业，观看中央电视台5频道体育节目，或阅读有关报纸及体育明星传记了解体育明星的成长与奋斗经历。

3. 组织趣味性、娱乐性、竞争性强，丰富多彩的体育活动，吸引每一位学生积极主动参加活动。

4. 针对每一位学生的运动能力，为学生设置合理目标，让学生体验运动乐趣，获得成就感。

5. 采取灵活多样的方法，调动学生学习的积极性，培养学生体育行为。诸如：降低动作难度，消除学生恐惧心理；运用多媒体技术，展现体育运动的独特魅力，吸引学生参与活动之中。

资料来源：殷恒婵．体育心理学［M］．北京：人民教育出版社，2008：68.

2. 学生参加体育活动的实践

体育实践活动的增加可影响体育态度的转变。这是因为在体育实践活动中，学生能够获得他们原先没有认识到的体育活动价值，能够体验到过去没有感受到的情感，运动乐趣的增加和参与机会与个人投入的增多都会增强学生的运动倾向性，进而转变学生的体育态度。

3. 必要的体育活动规章制度和严格的要求

在体育态度转变的初期，让学生了解并遵守体育活动的规章制度，对于提高学生的行为规范观念是有益的。

4. 劝说者的态度

在宣传体育活动的价值、意义，使学生的体育态度发生转变时，劝说者的态度是否友好、诚恳、坚定，会影响学生体育态度转变的效果。在体育教学中应以表扬、鼓励为主，慎重使用批评。当需要批评时，尽量采取“温言劝导”、“严中有爱”、“以理服人”等的批评方式，批评中多一些“爱”的成分，“温言劝导”和“严中有爱”是较好的批评方式。

测量与评价

想知道学生对你的体育课的态度吗？

1. 多数体育课使人感到愉快

非常赞同（+2）赞同（+1）一般（0）不同意（-1）非常不同意（-2）

2. 只要有可能，我就不上体育课

非常赞同（-2）赞同（-1）一般（0）不同意（+1）非常不同意（+2）

3. 我想在体育课上取得一个好成绩

非常赞同（+2）赞同（+1）一般（0）不同意（-1）非常不同意（-2）

4. 体育课不能教给我任何重要的东西

非常赞同（-2）赞同（-1）一般（0）不同意（+1）非常不同意（+2）

方法：获准收集学生的资料。学生包括不同学校、不同年级、不同年龄的男女学生。采用上面的量表或你自己编制的问卷。

计分：学生得分越高，其对体育课的态度越积极。计算每一个学生的总分，然后计算（1）整个团体的平均数；（2）男孩的平均分数；（3）女孩的平均分数。

资料来源：唐征宇．体育运动态度对体育运动的影响［J］．湖北体育科技，1999（4）．

【本章小结】

1. 体育活动动机、体育兴趣和体育态度作为参与体育活动的动力影响着学生体育行为的产生，影响着学生体育能力系统的发展和活动效果。

2. 体育活动动机产生的条件是内在需要和外部诱因，体育活动动机的产生是二者交互作用的结果。内在需要表现在生理、心理和社会方面，外部诱因是外部的环境刺激，包括物质因素和精神因素。

3. 依据不同的划分标准，体育活动动机分为内部动机和外部动机；直接动机和间接动机；个体性动机和社会性动机。内部动机和外部动机对培养和激发学生体育行为都具有影响作用。内部动机对维持持久性的体育活动行为具有重要的作用。

4. 培养和激发学生体育活动动机可通过合理设置目标、营造积极的动机气氛、合理地利用反馈、建立正确的归因、适当地利用竞争和合作、恰当地运用外部奖励等策略。

5. 体育兴趣是影响儿童青少年热衷体育活动的重要因素，体育兴趣又可分为直接兴趣和间接兴趣；短暂的兴趣和稳定的兴趣。

6. 兴趣对未来具有准备的作用；对正在进行的活动具有推动作用；对人的创造性活动有推动作用。

7. 体育兴趣的培养可通过建立融洽的师生情感、合理选择教材、利用新颖多样的教学方法和手段、利用风趣幽默的语言等策略来培养。

8. 体育态度包括认知、情感和行为意向三种成分。

9. 体育态度是后天获得的，并指向一定对象，具有相对稳定的内在结构。

10. 不良体育态度的转变经历服从、认同和内化的过程。

11. 原有的体育态度与要求改变的态度之间距离的大小、学生参加体育活动的实践、必要的体育活动规章制度和严格的要求和劝说者的态度是体育态度转变的影响因素。

【建议参考资料】

1. 殷恒婵．体育心理学［M］．北京：人民教育出版社，2008：68.

2. 陈爱国，许克云，殷恒婵，等．体育学习中成就目标定向与多维学习动机的关系研究［J］．天津体育学院学报，2010，25（3）：214－217.

3. 季浏，殷恒婵，颜军．体育心理学［M］．2 版．北京：高等教育出版社，2010.

4. 任安良．培养体育兴趣　树立终身体育观念［J］．宁波教育学院学报，2007（S1）：100－102.

5. 鲍英萍．高中体育田径课程教学现状及策略［J］．动动画世界：教育技术研究，2012（6）：16.

6. 苏宝明，刘青，蔡振辉，等．高中体育教学少不了游戏［J］．体育教学，2012（6）．

7. 董翠香．以大课间体育活动为特色的体育校本课程模式案例研究［J］．西安体育学院学报，2008，25（1）：103－105.

8. 汪晓赞．我国中小学体育学习评价改革的研究［D］．上海：华东师范大学体育系，2005.

9. 唐征宇．体育运动态度对体育运动的影响［J］．湖北体育科技，1999（4）：29－32.

10. 袁军．教育科学研究的工具：量表与量化（上）［M］．北京：学苑出版社，2005.

11. 张德，赫文彦．关于成就动机的几个问题［J］．心理科学，2001（1）：94－95.

12. PAPAIOANNOU A，GOUDAS M. Motivational climate in physical education［M］// AUWEELE Y V，BAKKER F，BIDDLE S，et al. Textbook：psychology for physical educators. Champaign，I. L.：Human Kinetics，1999：51－68.

【问题与思考】

1. 何谓体育活动动机？简述体育活动动机的种类和产生条件。
2. 试述培养和激发体育活动动机的策略。
3. 试述体育兴趣的作用以及培养学生体育兴趣的策略。
3. 何谓体育态度？简述体育态度特点以及转变不良体育态度的策略。
4. 设计一节体育课，说明运用了哪些体育心理学知识去思考教学设计。

第四章　体育活动与思维

【本章提要】

本章主要介绍体育活动中学生思维活动的特点、体育教学中发展学生思维能力的方法、体育教学活动中培养学生创造性思维的方式，以及创造性思维的训练方法。

【学习要点】

1. 了解学生思维活动的特点。
2. 认识体育活动中操作思维的特点。
3. 认识体育活动中预测思维和战术思维的特点。
4. 掌握培养创造性思维的策略。
5. 掌握创造性思维的训练方法。

【重要术语】

思维　操作思维　预测思维　战术思维　创造性思维

思维实现着从现象到本质、从感性到理性的转化，使人达到对客观事物的理性认识。人们通过思维可以更深刻地把握事物，预见事物的发展进程和结果。学生的思维是智力发展的核心部分，也是学生智力发展的标志。因此，发展学生的智力主要应培养和训练他们的思维能力。然而，了解学生体育运动中思维发展的特点、掌握体育教学活动中发展学生思维能力的方法和评价手段，对于更好地提高学生创造性思维能力具有十分重要的作用。

第一节　体育活动中的思维

思维是客观事物在人脑中的概括和间接的反映，它是借助语言、表象或动作实现的，对客观事物的概括和间接的认识是认识的高级形式。思维具有概括性，它能够反映同一类事物共同的、本质的属性，反映事物运动的内在规律；思维具有间接性，人们借助一定的媒介和知识经验对客观事物进行间接的认识。

一、学生思维发展的一般特点

（一）小学生思维发展的一般特点

1. 从具体形象思维向抽象思维过渡

小学低年级学生的思维虽然有了抽象的成分，但仍然是以具体形象思维为主。例如，他们所掌握的动作概念大部分是具体的、可以直接感知的，他们难以区分概念的本质和非本质属性，而中高年级的小学生则能区分动作概念的本质和非本质属性，能掌握一些抽象的动作概念，能运用概念、判断、推理进行思考。小学生的思维由具体形象思维向抽象逻辑思维的过渡存在着一个转折期，一般出现在四年级。如果教育得当、训练得法，这一转折期可以提前到三年级。

2. 抽象逻辑思维发展不平衡

在整个小学时期，儿童的抽象逻辑思维水平不断提高，思维中抽象的成分日渐增多，但在不同性质的学科、不同的教学内容中表现出不平衡性。例如，对于儿童熟悉的学科或难度小的任务，儿童思维中抽象的成分较多；而对于儿童不熟悉的学科或难度大的任务，儿童思维中的具体成分则较多。

3. 抽象逻辑思维从不自觉到自觉

小学低年级学生虽然已掌握一些动作概念，并能进行简单的判断、推理，但他们尚不能自觉地调节和控制自己的思维过程。而中高年级的小学生在教师的指导下，对自己的思维过程进行反省和监控的能力有所提高，能说出自己思考时的想法，能弄清自己为何出错，这表明他们思维的自觉性有了发展。

4. 辩证逻辑思维初步发展

抽象逻辑思维的发展要经历初步逻辑思维、经验逻辑思维、理论逻辑思维（包括辩证逻辑思维）三个阶段。小学生的思维主要属于初步逻辑思维，但却具备了逻辑思维的各种形式，并具有了辩证逻辑思维的萌芽。研究表明，小学儿童辩证逻辑思维发展水平随着年龄的增长而提高。小学一、二、三年级是辩证逻辑思维的萌芽期，四年级是辩证逻辑思维发展的转折期。整个小学阶段辩证逻辑思维发展水平尚不高，属于初级阶段。

（二）中学生思维发展的一般特点

1. 抽象逻辑思维逐步占优势

中学生一般能摆脱具体事物的限制，能运用概念和提出假设，并能通过检验假设来进行抽象逻辑思维。他们的思维具有更强的预见性。中学生在思维过程中已有预见性特征，即能在复杂活动或问题解决之前有计划、有策略。此外，中学生对思维的自我意识和监控能力显著增强。中学生在思维活动中具有一定的自我意识或自我监控能力，即表现为不但能考虑如何解决问题，还能对自己的思维进行自我反省和自我调控，确保思维的正确性和高效率。

2. 辩证逻辑思维基本形成

辩证逻辑思维是思维发展的高级阶段。在中学生的思维活动中，形式逻辑思维和辩证思维是密不可分地联系在一起的。前者是后者的基础，后者是前者的发展。

全国青少年心理研究协作组的研究结果表明，中学生辩证思维发展的速度是较迅速的（初一得分为 37.94 分，初三为 45.28 分，高二为 53.38 分）。有关统计数据还显示了他们掌握辩证逻辑思维的概念、判断和推理这三种形式的不平衡性；在每一个年级中，辩证概念和辩证判断的发展几乎处于同一发展水平，而辩证推理的发展，则远远落后于前两者，高二时，其得分也只有 37.10 分。可见，中学阶段只是辩证思维出现、形成和较快发展并逐渐占优势的阶段，而不是其成熟阶段。

二、体育教学中思维活动的作用

（一）积极的思维活动有利于掌握和改进动作技能

在体育教学活动过程中，学生动作技能的获得是通过教师的示范、讲解，对所学的动作进行细致的感知，在头脑中进行分析、综合动作外部特征的基础上，形成技术的完整形象，再通过比较、抽象和概括等思维过程掌握动作的实质要领和规律，形成科学的动作概念。在这一系列过程中，学生在学习动作技能时所体现出的感知能力、模仿能力、动作记忆等都是其思维能力的反映。采用各种形式的训练，能引导学生积极思考，挖掘潜能，培养自我控制能力，保证身体练习的质量和效果，促进动作技能的掌握和提高。例如，在投篮游戏教学过程中，教师通过对游戏规则讲解与示范，先使学生在头脑中形成一个投准的用力顺序，同时让学生在练习过程中有意识地体会这一顺序，并且对正确的发力顺序进行判断和强化，对错误的发力顺序进行有意识的控制，这样可以减少泛化过程，缩短教学时间，提高教学效果。教师通过对比正确与错误的动作示范，来启发和调动学生的积极思维，引导学生加强对正确动作的认识，从而在练习过程中有意识地避免类似错误动作，同时注意培养学生的本体感觉，建立正确的动作表象，然后对这些表象按照动作的要求进行操作，模拟完成动作的全过程。

（二）思维具有调节和控制动作的作用

人体具备多种反馈机制。每一个动作的执行都会有相应的反馈信息传回到神经中枢，经大脑加工后再传出，以实现对动作的控制。思维在反馈系统中起到控制枢纽的作用。在体育活动中，外周神经将肌肉传递回来的信息反馈到大脑，经思维的识别与整合，判断动作是否正确。如果正确，大脑就发出指令维持动作进行；如果错误，大脑就发出调整动作的指令，肌肉接受到命令后改变收缩力量的大小、调整动作幅度、控制动作速度，从而实现对动作的控制。

人脑通过思维不仅能够处理肌肉传回的反馈信息，还能对通过视觉与听觉获取的环境中的信息作出反馈。脑在接收到由外周神经传来的情境中的反馈信息之后，通过思维来判断哪些是有利于动作进行的，哪些是不利于动作进行的，并且指导身体利用情境中有利于自己的条件，避开不利于自己的条件，高效地完成动作。例如，在进行乒乓球游戏教学中，让学生根据对方回球的角度判断球的方位和落点，在回击的瞬间调整击球方向，把球攻击到对方接不到的地方。这些动作的完成均离不开思维活动。

知识窗

动作技能的控制系统模型

蔡斯（R. A. Chase）运用信息加工的观点分析动作技能的结构，提出了动作技能的控制系统模型：

1. 动作技能是由感受器系统、中枢加工机能和效应器系统构成的一个完整的信息加工系统。

2. 该模型强调中枢加工机能的作用。它通过感觉—运动程序对输入过滤偏向操作的信息进行检查和校正，进而支配效应系统的活动。

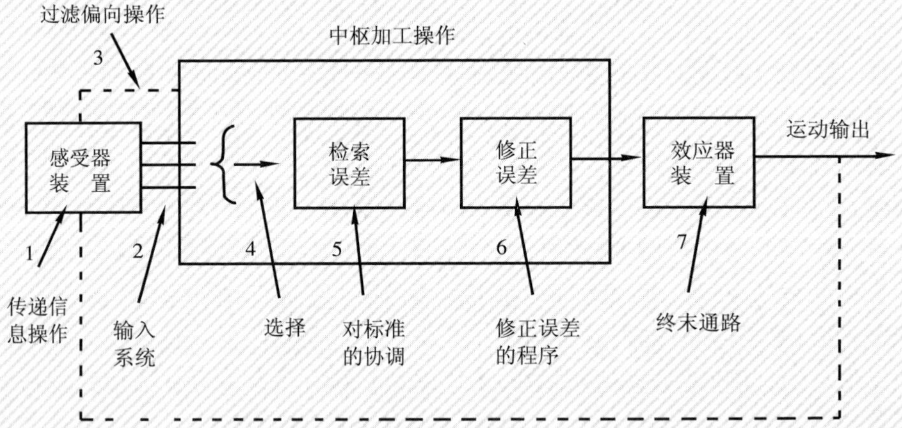

资料来源：郭享杰．心理学——学习与应用［M］．上海：上海教育出版社，2001：227－228.

（三）创造性思维有助于形成新的动作技能

在体育教学中运用思维训练，易于诱发和促进学生进行想象和创造的灵感。因为身体活动时，大脑右半球对认识和发现运动的事物比认识和发现静止的事物更快、更鲜明、更具体，容易产生兴奋，增加条件联系，从而促进认知过程的开拓和发展。同时，在运动过程中排除了纷杂的思绪，心理和生理机能处于最佳状态，会使人头脑清晰、思维活跃、想象丰富、创造意识清晰，有利于进行创造想象。

在体育活动中，当原有的动作技术不能满足体育活动的需要时，就需要产生新的动作技术。这种新的动作技术可以从体育教师或同伴那里学得，但在条件有限或没有现成的知识可以利用时，就需要学习者自己开动脑筋，创造性地思考并学会新的动作技术。

众所周知，动作技术总是不断向前发展的。每当一项动作技术发展成熟，并居于统治地位之后，常常会有新的动作技术产生，并突破原有动作技术的局限与不足，带来新的突破。历史上各种运动项目的发展都有力地证明了这一点。例如，我国的乒乓球运动在 20 世纪 60 年代已进入世界高水平行列，当时采用的是快、准、狠、变的直板快攻打法；70 年代，欧洲运动员创造性地发展了弧圈球技术，以旋转制约快攻并取得了很好的成绩，从而使人们认识到了“旋转”在乒乓球比赛中的重大威力；80 年代，我国通过总结，又提出了快、转、准、狠、变的直板快攻技术。这个“转”字的增加反映了该项目的发展和人们对该项目特征认识的深化。正是因为体育运动中动作技术是不断发展变化的，所以才要求教师在教学训练中注意引导学生积极观察、善于总结、勇于探索、不断创新，以推动学生动作技术水平的不断提高。

三、体育教学活动中思维的特点

体育教学中的思维活动与一般的思维活动特点有所不同，它在解决具体问题时总是与实际操作相联系，具有操作思维、预测思维和战术思维的特点。

（一）体育活动中操作思维的特点

在体育活动中，学生的思维过程是以操作思维为主要形式的。操作思维是指反映肌肉动作和操作对象的规律，以及它们之间相互关系的思维过程。它的主要特点在于行动性，即学生在动作练习过程中通过思维所采取的决定不仅迅速地在相应的行动中加以实现，而且也是在行动的过程中形成的。这种思维过程主要不是与抽象概念相联系，而是直接借助于动作操作来实现。这种动作操作大多以预测对手或同伴最可能采取的行动为基础。一旦预测到对手或同伴最可能的“一步”，就想出了自己的行动步骤，并及时、迅速地做出相应的应答动作。因此，可以说预测思维是操作思维

> **概念解析**
>
> 操作思维又称为动作思维，是凭借直接感知，以实际动作为支柱去解决问题的思维。这种思维活动往往是在实际操作中，借助触摸、摆弄物体而产生和进行的。
>
> 预测思维是指参与体育活动者在完成动作技能之前，头脑中对体育活动中的客体和对自身动作的未来发生事件的预见或推算的过程。

的基础。在一对一球类游戏中，任务条件是不稳定的，任务是在活动过程中得以完成的。学生必须把对手的各种信息、球的移动和同伴的站位（或动作）等方面信息综合在一起作出决策。也就是说，学生必须考虑到对手或同伴每一步可能的行动。学生的操作思维能力是在从事这些运动项目的过程中得到相应发展的。我国学者对学生操作思维的研究表明，不同项目操作思维存在差异。例如，篮球班学生的操作思维能力优于非篮球班学生，尤其是在思维的速度方面，前者明显快于后者；武术专业的学生在操作步数（思维步骤的准确性）上仅次于篮球专业的学生，在时数上与篮球专业学生无差异。此外，研究还发现操作思维与年龄因素有关，在12—21岁年龄段内，操作思维的时数和步数有随年龄增长而缩短（时数）或减少（步数）的趋势。

测量与评价

操作思维测量与评定方法

在运动心理学研究中曾经广为采用的操作思维测验方法有三个筹码测验和18块模板测验。三个筹码测验十分简单，实验程序如下：

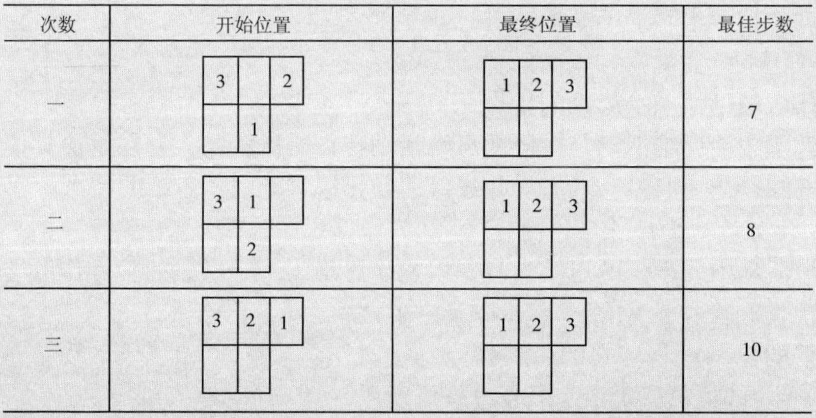

图4－1　三个筹码实验的开始位置、最终位置和最佳步数

第一步：给被试呈现第一次实验的5格盘和筹码。

第二步：这里有三个筹码，开始的摆法不一，每次你都要以最短时间、最少的步数，按照最终位置的形式把三个筹码对号摆在5格盘中1、2、3的位置上。每次必须上下或左右移动筹码一格，不能斜向移动或跳格多动（是否去掉），每一个格子只能放置一个筹码，共做3次。

第三步：按照测试规定的三个筹码三种不同的起始摆法，要求被试者各做一次。每次记下所走的步数和所用的时间。

资料来源：殷恒婵．体育心理学［M］．北京：人民教育出版社，2008：100.

（二）体育活动中预测思维的特点

预测思维的有效性依赖于对事件本身发展规律性的认识，以及预测时间的长短。体育活动中的预测思维包括对体育活动中的客体预测和对主体自身的预测两种。前者的主要表现是人脑对外界客观事物运动状态的反映，而学生动作技能水平的发挥与对运动客体的预测思维水平有着密切关系。在体育活动中，学生如果不能对运动客体作出正确、及时的预测，就无法成功地完成所掌握的动作技能。例如，在足球游戏活动教学中，如果接球的学生不能正确、及时地预测来球的飞行方向、旋转速度、落点和力量，就不能接好球。

在体育活动中，对主体自身动作的预测是指参与体育活动者在未做完动作之前的一瞬间，就能预知自己动作的结果，这就是对自身动作的预测。例如，学生在体育教学活动中进行各种游戏活动时，要想在游戏活动中战胜对手，就得预测对手的各种变化，并根据对手的情况来调整自己的行为。有的学生在游戏活动中总是处于被动局面，就是因为缺乏预测思维。体育教师尤其应对这些学生的思维活动加以指导。

直觉思维是预测思维效果的具体表现形式之一。它是指省略了完整的传统逻辑过程，迅速对问题的答案作出合理的猜测、设想或突然领悟的思维活动。在体育教学活动中，学生做出动作的瞬间决策往往不完全是依据准确的知觉和严密的思维作出的，而是依据直觉思维来完成对体育活动中各种现象的判断和预测。例如，游戏中判断对手的意图和可能采取的行动，以及与同伴的战术配合等，都是直觉思维的具体表现；又如，在球类游戏教学课中，学生传球和接球时，考虑和判断球的落点是很重要的，同时还要考虑同伴和对方球员可能的位置关系，以及球在空中飞行的这段时间里，这种位置可能出现的变化等。对球的第一落点、反弹的方向和第二落点的判断，都需要在原有的基础上，在当时情境的刺激下，及时快速地作出预测，这就是一种直觉思维。

在体育教学活动中，我们会经常谈到某个学生的活动“意识”比较好，这里所谈到的“意识”是在体育运动领域中多年来形成的一种习惯说法。它是指在瞬间的某一运动情境中能“意识到”做什么，即应采取的最佳应答反应是什么，就表现在他所选择的应答活动在当前情境中是否是最合理、最有效的。有较好意识的学生能主动把握最佳时机，做出最合理的动作，这是将所掌握的技能正常发挥的基础。换句话说，体育活动能促进学生直觉思维的发展。

（三）体育活动中战术思维的特点

1. 实效性

实效性是指参与体育活动者的思维决断要与活动具体情境相结合，思维的内容来自于当时体育活动的各种信息。例如，学生在完成游戏活动过程时要思考对方可能采用的方式，进而决定自己应采取的对策。在体育活动过程中，学生必须不断地正确预见和判断对方的战术意图，分析双方的实力，并使所采取的决定能迅速地得以实现，而且还要在行动中不断地对其加以校正。

2. 敏捷性

敏捷性是指在体育活动前制订战术方案时，可以有较充足的时间进行思考，但在体育活动对抗过程中，就不允许有较多的时间进行思考，往往是要求在几秒钟内或更短的时间内就要作出决定。这就要求学生的思维过程既敏锐又快捷，特别是在应激的情境下，更需要迅速地搜索情境中的相关信息，并作出综合判断，选择最有效、最合理的行动方式，抓住战机，创造战机，控制局面。如果思维方式单一刻板、迟疑或犹豫，则可能会导致活动的失败。

3. 灵活性

灵活性是指在制订体育活动的方案时，应将各种可能发生的情况都充分地考虑进去，在执行体育活动计划时，又必须依活动形势变化而变化，灵活而机动地运用战术，不能刻板地被活动前所制订的战术困死；当条件变化时，要敢于大胆地采取新战术。体育活动中的游戏胜负往往与学生的思维灵活性或随机应变的能力有关。

4. 预见性

预见性是指体育活动方案的制订要建立在广泛搜集各种信息情报的基础上，并通过对信息情报的分析、综合、判断、推理，最终达到对战术运用结果的预见。

5. 创造性

创造性是指在战术方案的制订、战术手段的选择上要有自己独特的见解，不囿于人们惯常的方法和手段，能够出奇制胜。出奇制胜既能使对方难以发现我方的战术意图，又能在我方使用新战术时使对方措手不及，从而使我方牢牢地掌握主动权。

体育活动中的战术思维过程是在紧张激烈的条件下进行的，它与情绪和意志的联系极为紧密。坚强的意志和积极的情绪能提高思维的积极性、创造性；反之，软弱的意志和消极的情绪则会降低思维活动的效果。加强理智对消极思维的控制，对在思维过程中成功地形成各种战术方案、预测和确立战术意图，以及设计实现战术方案和战术意图的手段都具有十分重要的意义。

战术思维的培养是一个长期积累的过程。教师应在平时的教学活动过程中，有意识地让学生注意合理战术的运用。体育活动中的竞赛是形成和检验战术思维的最好时机，引导学生在激烈的对抗中勤于思考、善于总结、及时调整并敢于采用新的战术，有利于提高和培养他们的战术思维能力。

四、在体育教学中发展学生思维能力的方法

动作技能学习过程不仅是身体活动过程，也是积极开展思维活动的过程。动作技能学习的内容种类繁多，动作千变万化，学生在学习中如果不善于运用思维，就不能很好地掌握动作要领、理解学习内容、解决各种问题，只能是机械地

模仿和重复，这样不仅既费时又费力，还会直接影响学习效果。所以，合理的组织教学对于提高学生的思维能力有着重要的作用。而学生的思维能力提高得越快，学习效果就越明显。在体育教学过程中，教师应掌握和善于运用多种思维训练方法，促进学生思维的发展。

（一）采用多种形式启发和诱导学生的积极思维

在体育教学过程中，结合动作的每一个进程，运用恰当的、启发性的提示或针对性的提问，引导学生把动作学习与思维紧密地结合起来，能够使学生不是单纯地模仿动作，而是在思维活动的指导下，更有效、更合理地完成动作。为了使学生有效地进行思维活动，教师可以运用语言诱发、示范启发、练习开发等多种形式来开阔学生的思路。在整个教学过程中，教师应指导并培养学生独立思考的能力和自己发现问题、解决问题的能力与习惯。例如，在前滚翻动作的教学中，可向学生提出前滚翻为什么要团身的问题。在学生积极思考的基础上，教师再进一步讲授“团身”的技术要领。这种连续的启发诱导可以形成一个由浅入深的问题链，可以构成发展学生思维的阶梯，有助于充分调动学生思维活动的积极性。又如，在教授足球的过人动作时，教师可把学习过程分成三个阶段。一是热身阶段，在这一阶段里，每名学生都有一个球，要求学生把球反复地踢到墙壁上。教师要特别提醒学生注意体会踢球的力量对球速的影响，以及踢球的不同部位对球的运行方向的影响。二是绕过障碍阶段，在场地上设置障碍，要求学生控球绕障碍一圈回到原地。教师要特别提醒学生注意踢球脚如何与球之间接触、支撑脚与踢球脚如何协调、障碍在哪个位置、从哪个方位绕过障碍等。三是两人对练阶段，两个学生使用一个足球，一个人控球，另一个充当拦截者，当拦截到对方的球之后，两人的角色互换。教师要反复提醒学生注意对方的当前位置、对方可能的运动方向、最佳的过人路线、如何用假动作骗过对方等。这种教学方法不仅可以使学生在学习动作的过程中不断地思考教师所讲授的知识，还能使学生不断地把自己思考的结果贯彻到自己的动作中去，使自己的动作变得更有目的性。这样做不仅能发展学生的思维能力，而且能使学生明确动作的难点和重点，较快地掌握动作要领，提高动作质量。

（二）设置活动情境，提高学生思维预测能力

在体育教学中，教师要根据教学任务有意识地设置教学情境，让学生积极讨论可能发生的各种情况，并提出解决问题的方案和策略。例如，在组织球类游戏的教学过程中，教师可以选择这样一个教学情境：对方学生已经采用协同防守的阵容，假如你是进攻一方，应采取何种方法突破对方的防守呢？讨论中要求学生各抒己见，尽可能依据已有的知识经验提出自己认为合理的方案。例如，游戏中的个人突破；将球传交给同伴，由同伴完成进攻，可两个人或三个人之间进行配合等。教师还要鼓励学生指出每一种方案的优缺点以及实施的可能性。在讨论结束之

后，教师应立刻组织学生进行实际的演练，用实战练习来检验学生讨论的结果。在以上教学过程中，学生首先对游戏活动的各种战术可能性或各种情况的发生提出一定的假设，然后让他们在实战练习过程中检验自己的假设，这样就能把思维活动与动作练习有效地结合起来，从而促进学生动作思维的发展和运动水平的提高。

（三）采用语言强化手段，激发学生的积极思维

语言是思维的直接表现，是思维的载体。语言对动作表象的形成及动作概念的完善起着重要的完形和再现作用。巴甫洛夫曾经指出："由于人们过去整个生活的缘故，语词与进入大脑两半球的一切外来刺激及内部刺激互相联系，成为所有这些刺激的信号，变成所有这些刺激物的代替物。因此，语词也能引起这些刺激物所能引起的活动和机体反应。"这意味着学生一旦将运动表象与一定的语词联系起来之后，表象的回忆、加工、理解、修正与重现就能在语词指令的制约下进行。同样，当学生在练习中出现错误动作及异常表现时，教师立即发出简明、果断、准确、关键突出的指令性信息，将有助于指导学生按照指令正确练习，及时纠正偏差。在体育教学中经常采用让学生讲述自己对动作要领的理解、身体练习的感受、产生错误动作的原因等教学方式，也有助于通过强化学生正确的语言表述来培养他们独立思考的能力和激发学生的积极思维。

（四）运用讨论的方式，提高学生的发散思维能力

教师应组织学生对体育活动中的各种情况进行讨论，并提出应对策略，以提高学生的想象能力。例如，在游戏教学过程中，要求学生结合对方特点、场地等因素提出最佳的游戏方案和策略。这样可以使学生在讨论的过程中对动作的结构关系及影响因素有一个全面、正确的认识，从而促进动作技能水平的提高。一般来说，学生在积累了一定的体育活动经验与知识，对某项体育活动有相当程度的认识之后，就可以采用综合讨论的教学模式来提高学生的思维能力。

概念解析

发散思维

发散思维又称求异思维，是指从一个目标出发，沿着各种不同途径去思考，探求多种答案的思维。其特点主要是求异与创新。

总之，动作思维训练的关键在于，教师要善于把体育教学中动作技能学习的内容与发展思维能力有机结合起来，充分发挥学生的主观能动作用，才能收到较好的教学效果。

第二节　体育活动中培养创造性思维的策略

一、体育活动中创造性思维的特征

每一个正常的人都可以进行创造性思维活动，这种活动既可表现在科学的重大发明中，也可存在于对日常具体问题的处理过程中。因此，创造性思维可以理解为能产生新颖思维结果的思维。它主要强调的是新颖性，其新颖性程度越高，

那么思维的创造性就越强。所以说，创造性思维是相对传统思维而言的一种思维方式，这种思维方式的具体体现是鲜明的创造性。这种创造性在思维活动中的体现是广泛的、多方面的，既可表现在论证方式上，又可表现在思考角度、运用材料的方法和思维成果等方面。另一方面，从其思维运行的过程来看，创造性思维是一个由各种思维要素、思维能力相互作用、协同进行的系统化思维过程，它具有思维的整体性。所以说，创造性思维是人脑的各种思维活动形式和思维活动的各个要素之间有机结合、相互协同进行的高级整体思维活动。

由于人们对自身创造性思维的认识和理解的不同，对创造性思维的特征也就产生了很多不同的看法。但相对一般思维方式而言，创造性思维具有否定性、自变性、独立性和超越性的基本特征。所谓创造性思维的否定性是指对旧有思维方式持否定态度，从反面或对立面来思考一个事物，把事物中落后的、过时的、没有价值的东西排除，对其中进步的、先进的、有价值的东西加以肯定，并在此基础上创造出新的事物或新的观念。主要表现在对现存事物的否定以及对反映过去的或现存的事物的思想的否定。创造性思维的自变性是指这种思维具有与时俱进的敏锐性，承认思维产生于社会变革的要求，发展于社会变革之中，又消亡于社会变革之后。创造性思维的独立性是指任何一种新的思想、新的理论、新的观念最初都不是以群体形式产生的，而创造性思维是个人通过独立的观察和思考之后，对现实提出自己的见解，而且这种见解要符合客观事物的发展规律，要迎合现实的需要，这样才能被社会所接受。创造性思维的超越性是指对表象现实的超越，即从现实的发展过程的反映出发，可以指明前进的方向，预见未来。

> **概念解析**
>
> **创造性思维**
>
> 创造性思维是指以新颖独创的方法解决问题的思维过程。其特点是新颖性、发散思维与聚合思维相结合、创造性想象的积极参与、灵感状态的出现等。

二、体育教学活动中培养学生创造性思维的策略

托兰斯的研究表明，学生的创造性思维是能够在良好的学校教育教学中得到培养和提高的。在体育教学中激发和培养学生的创造性思维主要有以下几种策略。

（一）树立先进的教育理念，创新教学模式

要培养学生的创造性思维，首先要转变教育思想，树立先进的教育理念，必须改变传统教育思想中的人才观、质量观、价值观、教师观和学生观等。教学模式的转变可以通过以下几方面来实现。

1. 设疑质难，调动学生思考问题的主动性和积极性

按照目标教学要求，教师应在吃透教学内容的基础上，抓住教学重点，设疑

质难，引导学生在学习过程中发现问题，并设法解决问题，激发其求知欲和思考问题的主动性、积极性；充分实现教学由教师“一言堂”、学生做“观众”的模式向学生提问题、教师作解释的方向转化，实现由教向学的转化，从而培养学生独立思考问题的能力。

操作与应用

培养学生敏锐的信息意识

创造性思维的基本特征是流畅性、变通性和独创性，这些特征都与信息量有关。在科学高速发展的信息时代，面对随时可接触到的大量资料，如何引导学生形成敏锐的信息意识，获取有效信息，其中最重要、最关键的是培养学生发现、捕捉有价值资料的思维敏感性。在教学活动中，可采取以下训练方法：

1. 要求学生把课堂上讲的概念、动作难点、新动作要领等，记成笔记或做成卡片，最好能同时记下自己的想法。开始训练时，教师可为之划出一些内容，以做示范。但要要求学生一定不怕麻烦，不嫌琐碎，有多少记多少。其目的主要不在于积累资料，而是要通过这个初始阶段的训练，培养学生的信息意识和捕捉能力。

2. 每讲完一个知识点或一个动作，都留给学生一些时间，让他们想一想有什么疑点，有什么想不明白，对教师所讲的内容自己是否闪出不同的想法，哪怕是一句话、一个词、一种意念、一点点潜意识活动，都一一记下来。最好能将自己的想法和理由细细地予以追记。目的仍然不在于发现什么，而是通过训练使学生的思维日益敏锐。

3. 启发学生尽力回忆，在听课、自学、思考或练习时，有没有突然出现的闪念，即使与所学内容无关，但却是由所学内容引发出来的。若有，则及时记下是由什么引发出来的，引发出来的又是什么，迫使自己把两种完全不同的事物联系起来。这不仅有益于学生的信息积累，有益于学生增强敏感性，而且这个训练本身就已经进入了创造性联想能力的培养。

4. 指导学生对零散资料进行整理，去粗取精，归纳综合，形成新的笔记和卡片，追寻其间的相互联系，发现各种哪怕是毫不相干的资料之间的衔接点。例如，动作与动作之间的迁移、技能要点的相似之处等。进而去指导他们根据这些提炼升华的材料规范成个人的既定思维走势。

资料来源： 李俊峰．利用课堂训练学生创造性思维［J］．吕梁教育学院学报，2006，23（4）：67－68.

2. 改进教学方法，培养学生的创新意识

教师应注重不断改进教学方法，加强启发、引导式教学，使课堂教学由过去的灌输性教学向形式多样、内容丰富的讨论式、体验式、发现式、研究式方法转化，促使学生主动掌握知识；鼓励学生的首创性、独立性以及大胆幻想的行为，保护学生的自尊心和好奇心，培养学生的创新意识，以利于学生创新性思维的养成。

创造性思维教学应采取集体教学与小组教学相结合的形式。在操作上，有以下两个要点：一是集体教学，即以教师讲授为主，可以采用学生广泛参与思维活动的启发式教学方法，或全班讨论、交流、师生共同参与的教学方法等。二是小组活动，即教师创设问题情境，学生独立思考、操作或探究发现，在做好准备的基础上，开展小组讨论或其他活动，进行小组合作学习。小组学习方式可以提高学生在教学活动中的参与率。其实，许多教师在传授知识、实施教学的过程中已渗透着对学生创造性思维培养的因素。但问题的关键是，教师更应形成以创造性思维能力培养带动知识传授的教学体系，真正体现为创造性而教。

3. 组织兴趣小组，培养学生的创新能力

以“百家争鸣、百花齐放”为前提，以个人主张、兴趣爱好为基础，体育教师可以鼓励学生组成不同的项目学习小组，小组成员互相交流学习经验和互帮互学，并广泛开展创造性活动，如健美操学习小组可以自编动作，相互比较和比赛。这为培养学生的创造性思维提供了有力保障。

（二）优化创造环境，鼓励学生自由创造

学生的创造性活动和创造性思维的发展一定会受到环境的影响和制约，体育教师应该营造民主、平等、和谐的创造环境，给学生提供自由开阔的思维空间，这是培养学生创造性思维的重要方面。

1. 营造自由、安全的主观心理环境

美国心理学家罗杰斯提出“心理安全”和“心理自由”是创造性活动的两个心理条件，心理安全是指个体感到自己在被人承认、信任、理解、尊重时的一种心理感受；心理自由则是个体意识到自己是自我的主人，可以自由地决定自己的行为的一种心理状态。因此，体育教师在教学中应结合教学的实际情况注重运用合理的教育和管理方式，给学生充分的自由度和独立思维的空间。在班级中创造一种尊重别人、自由表达、自由交流、相互鼓励的气氛。

2. 鼓励学生积极参加各种创造性活动

开展创造性活动是培养学生创造性思维和创造力的必要手段。体育教师应尽可能地创造条件让学生参加各种创造性活动，如在教学中让学生设计不同的热身、放松练习，讨论和创编不同的游戏和比赛规则等，从而使学生的创造性思维得到激发和培养。

（三）注重独立性和创造性人格特性的培养

1. 培养学生人格的独立性

创造性的思维应强调独立人格特性的培养，没有独立的人格，也就失去了作为个体的人而存在的基本特征，更谈不上自主创新能力的培养。教育只有在尊重、培养学生的独立人格的基础上，激发和唤醒学生的自主性，致力于培养学生的主体能力和主体人格，才会使学生从自在的主体转变为自主的主体，从而以积极的态度参与到自身的发展与建构中来，其创造性潜能的充分挖掘和发挥才会成为可能。也就是说，在体育教学过程中要充分发挥学生的主体性，打破原来整齐划一的教学模式，给予学生一定的自由空间，调动学生的学习积极性，让学生主动地、探究地进行学习。

2. 培养学生人格的创造性

创造性思维还应注重创造性人格的培养。美国创造性思维教育家斯滕伯格认为，创造性人格特征主要表现为忍受模糊的能力，克服障碍的意愿和成长的意愿，敢冒风险和自信。创造性人格的形成需要长期的努力，这就要求体育教师把对学生创造性人格的培养贯穿到教学活动中。首先，培养学生在困难面前主动进攻的品质。在教学活动中要鼓励学生敢于面对困难、战胜困难，并相信自己有战胜困难的能力和方法。其次，培养学生对任何事情都问个为什么的怀疑探究精神。在教学中，教师要用既尊重知识又不迷信权威，独立思考、锐意创新的学风去感染学生。例如，在以往的教学过程中，只要学生一出现“非正规动作”就会马上进行纠正，不管学生学得是否投入或感兴趣，这样做很容易把学生的创新思维扼杀掉。因此，教师要转变观念，尊重和鼓励学生的创意。因为可能被认为是错误的“非正规动作”就是新动作的雏型！

（四）注重引导学生从多角度思考问题

在体育教学过程中，教师可以引导学生从不同的角度对同一问题进行思考，从而使学生产生不同的方法，教师再进一步判断，对好的方法加以肯定。这种方式在器材的功能转变和一些游戏小型活动的设计上运用得较多。例如，让学生以玩篮球为例从多角度设计一些基本活动，以便在下一次课上进行展示。从人体部位活动角度出发，可分为上肢创想、下肢创想、上下肢合作创想等；从动静态的角度出发，可分为动态创想（投、踢、抛、传等）、静态（相对小范围）创想（绕体、胯下抛接、胯下绕“8”字、前抛后接、后抛前接等一系列练习）；从组织形式角度出发，可分为个人创想、双人创想、小组创想等。结果使学生在体育活动中养成动脑的习惯，养成了从多角度思维的习惯，分析和解决问题的能力也得到了不断提高，并有很多创意的见解，促进了学生创新能力的发展。也可让学生充分利用现有的器材并尝试改变器材的功能来设计一些活动，这样不仅促进了学生的思维活动，同时大大提高了器材的利用率，使有些原本少用甚至不用的器材能够充分利用起来，从而开拓了学生的思路，同时也加强了师生之间的交流。当然这其中也要考虑到一些安全性问题，针对这些不安全因素，教师要善于正确引导和处理，不能打击学生的积极性，并且要营造一种适合于学生创新的氛围。

操作与应用

体育教学训练中的创新思维方法

1. 移植创新法

由于体育项目之间普遍存在着一定的内部联系，所以移植创新法是一种最常见的方法。例如，日本大松博文教练在女子排球训练中采用“多球训练法”以后，该方法迅速被移植到乒乓球、羽毛球等项目训练中，成功地解决了击球密度的问题；中国传统气功中的许多方法也渐渐移植到竞技运动训练中，如“意念杠铃训练法”、“超觉静坐训练法”等；中国乒乓球队创新出一种“男帮女训练法”，利用男女生理、心理及技术等方面的差异，采用男运动员给女运动员当陪练的形式，增加训练的难度和强度，使女运动员也更快地提高技战术水平，这种男帮女的训练方法也很快被移植到其他运动项目的女子训练中。

2. 逆向创新法

体育教学训练均存在着一定的程序和步骤，将这些步骤和方法进行反向处理与探索，即形成了逆向创新。例如，排球扣球教学的传统教学步骤为：第一步，建立正确的扣球动作技术概念；第二步，学习准备姿势与判断内容；第三步，学习助跑与助跑衔接起跳技术；第四步，学习起跳与起跳衔接空中击球技术；第五步，学习空中击球与落地技术；第六步，学习完整扣球技术。而我国在实际教学过程中一反常规的扣球教学步骤，提出了“扣球逆反教学步骤模式”，经过实验证明效果不错。其方法是除第一步和第六步与正常教学步骤同样外，其他各步按正常步骤反过来进行。又如，游泳训练中“逆水游训练法”的创新也是采用了逆向创新的思路，来强制性地加强运动员有效动作的速度，达到提高臂、腿动作频率的目的。

3. 组合创新法

在体育教学训练中，几种方法结合起来运用是非常常见的。组合创新法分为两种，一种是各种训练方法的组合运用，如重复训练法与变换训练法或间歇训练法的结合等。另一种是各种练习形式的结合。例如，在运用循环训练法时，就可以根据训练的具体任务、对象、训练条件，有选择地进行科学组合与运用。由中国乒乓球男队创新的“直拍横打法”就是组合创新的典型案例。他们认真分析了我国传统直拍打法的优点（如凶狠的近台快攻、争取主动的前三板等），也分析了直拍打法的弱点（如左手反手位缺乏攻击能力、右方空当大、防守能力差等），然后反复研究欧洲横拍打法的特点，找到了两者的融汇点，产生了结合中国运动员的身体特点，以直拍打法为基础，大胆融入横拍打法的新设想，之后挑选了一些地方体校的少年运动员进行实验性训练，获得了成功。

4. 难度增减创新法

在创新体育教学训练方法时，最为普遍的是在原有方法的基础上增大或减少训练和教学的难度，从而形成新的教学训练方法。例如，在跨栏训练中采用降低栏架高度和缩短栏间距的方法来帮助运动员掌握技术和提高速度节奏感。

资料来源：杨通平，黄世龙．论创新思维在体育运动训练中的应用［J］．中国学校体育，2005（5）：40－41.

三、创造性思维的训练方法

（一）创造型教师教学艺术的训练方法

在创造性教育中，教师是不是一个创造型教师，以及是否恰当地运用教学技巧使创造性教育成为充满艺术性的教学，对于强化学生创造意识及提高创造能力，将会产生重要的影响。霍尔曼（R. Hallman）总结了创造型教师的教学艺术，列举了其中有利于培养学生创造性的几种方法：培养学生主动地学习，鼓励他们亲自实践；放弃权威态度，在班上倡导学生相互合作、相互支持，使集体创造力得以发挥；鼓励学生广泛涉猎，开拓视野，使学生对知识加深理解，灵活运用；对学生进行专门的创造性思维训练；延迟判断，给他们足够的时间去创造；发展学生思维的灵活性；鼓励学生独立评价，即用自己的标准评价别人的想法，不要受其他人的影响或暗示；训练学生感觉的敏锐性；重视提问，既对学生的提问表现出浓厚的兴趣，并认真对待，也向学生提一些不拘泥于课本的问题，以刺激学生的思维；尽可能创造多种条件，让学生接触不同的概念、观点以及材料、工具等；注重对学生挫折忍受力的培养；注重整体结构，把知识系统地教给学生。

（二）创造技法的训练

创造技法是指人们在创造活动过程中运用的创造的具体思维方法和创造技能，创造技法的训练可以诱发个体的潜在创造性。目前人们常用的创造技法有检查提问法、类比模拟法、分析借鉴法、移植发明法、聚焦发明法、缺点列举法、希望点列举法、头脑风暴法、集中发明法和卡片乱配法等。以下简要介绍其中几种创造技法的培养与训练。

1. 类比模拟法的训练

类比模拟法的训练可以按照拟人类比模拟、因果类比模拟、仿生类比模拟、综合类比模拟等思路或途径进行。例如，仿生类比模拟是根据自然界生物在某些方面具有的特殊构造或功能与之类比而创造新事物（如鱼——潜水艇、蒲公英——降落伞、蝙蝠——雷达、狗鼻——电子鼻等）。2. 聚焦发明法的训练

聚焦发明法是指以某一事物或问题为中心焦点，然后分析这一事物或问题的周围环境，由此得到启发，进行强制联想——尽可能将周围的事物与所要解决的问题联系起来，创造出新事物。聚焦发明法训练的关键是让参与者先确定一个中心焦点（既可以是一个具体的事物，也可以是一个待解决的问题），然后要求参与者充分发挥联想的作用，要敢于进行各种联想，以接近目标。

操作与应用

创造性思维发问技巧十字诀

思维常由问题引发。创造性思维可由创造性的发问技巧得以激发。所谓创造性发问技巧，是指教师提出一些没有固定标准答案的问题，让学生运用发散思维的能力，产生多样的、新奇的、独特的反应。我国台湾心理学家陈龙安概括了一种颇为实用的十字诀，即“假列比替除，可想组六类”。具体解析及举例如下。

1. “假如”的问题

要求学生对一个假设的情境加以思考。可用人、地、事、物、时（现在、过去、未来）等假设发问。

例一：假如你在体育比赛中受伤了，你会怎样调整自己的情绪?

例二：假如体育课中学习新的体育项目，别的同学都比你做得好，你会怎么办?

2. “列举”的问题

举出符合某一条件或特性的事物或资料，越多越好。

例一：试举出能锻炼学生柔韧素质的典型运动项目。

例二：请列举你所知道的奥运会比赛项目。

3. “比较”的问题

就两项或多项资料的特征或关系比较其异同。

例一：跨越式跳高和背越式跳高有什么不同?

例二：网球运动和乒乓球运动有什么相似之处?

4. “替代”的问题

用其他的字词、事物、含义或观念取代原来的资料。

例一：跨栏时，“栏”太高，可以改用什么来替代?

例二：下雨时不能外出锻炼身体，可以用什么运动来替代?

5. “除了”的问题

针对原来的资料或答案，鼓励学生突破成规，寻找不同的观念。

例一：足球除了可以踢以外，还可以干什么?

例二：跳高运动除了可以使用背越式和跨越式外，还可以使用什么样的姿势?

6. “可能”的问题

要求学生利用联想推测事物的可能发展，或作回顾与前瞻的了解。

例一：上课带着手表、项链或者其他首饰可能会带来哪些安全隐患?

例二：学生穿牛仔裤上体育课的现象，可能的原因是什么?

7. “想象”的问题

鼓励学生充分运用想象力于未来的事物。

例一：想象二十年后的奥运会是怎样的?

例二：想象以后的奥运会可能会有什么样的新技术来帮助裁判判罚？

8. “组合”的问题

提供给学生一些资料（字词、事物、图形等），要求学生将其加以排列组合，形成新的、另外有意义的资料。

例一：请用跨栏栏架、足球、跳绳组合出不同的体育游戏。

例二：请用不同的手势组合成不同排球战术的暗语。

9. “六W”的问题

利用英文中之Who（谁）、What（什么）、Why（为什么）、When（什么时候）、Where（哪里）、How（如何）作为发问的题目。

例一：为什么要上篮球课？篮球课上什么内容？在哪里上篮球课？什么时候上篮球课？谁来上篮球课？怎么上篮球课？

例二：为什么要进行体育锻炼？做什么运动能够起到锻炼效果？谁来指导我做体育锻炼？我要在一天的什么时候锻炼？选择什么地点锻炼？如何进行锻炼？

10. “类推”的问题

将两项事物、观念或人物作直接比拟，以产生新观念。

例一：跳高与跳远有什么异同？

例二：体育课和其他课程有什么明显的不同？

上述创造性思维问题的编制策略综合了各种有效的发问技巧，用通俗易懂的名词叙述。为求记忆方便，可转换为下述十字口诀：“假泪鼻涕除（假列比替除），可想组六类。”这些问题可在编制作业或教学时使用。

除了创造性教育可以培养一个人的创新意识之外，一个人敢不敢“标新立异”，以及有没有“不怕做不到，就怕想不到”的胆识，也影响到创新意识的发展。

测量与评价

学生创造力测量与评定

（一）测试说明

这是一个帮助你了解自己创造力的练习。在下列句子中，如果你发现某些句子描述的情形很适合于你，则请你在答题卡上“完全符合”的圆圈内打“√”；若有些句子仅是在部分时候适合于你，则在“部分符合”的圆圈内打“√”；如果有些句子对你来说，根本是不可能的，则在“完全不符合”的圆圈内打“√”。（答题卡可由读者自己制作）

（二）测试注意问题

1. 每一题都要做，不要花太多时间去想。
2. 所有题目都没有“正确与错误之分”，凭你读完每一句后的第一印象填答。
3. 虽然没有时间限制，但应尽可能地争取以较快的速度完成，越快越好。
4. 切记：凭你自己真实的感觉作答，在最符合自己情境的圆圈内打“√”。

5. 每一题只能打一个"√"。

（三）测试题目样例

1. 在学校里，我喜欢试着对事物或问题作猜测，即使猜得不对，也无所谓。

2. 我喜欢仔细观察我没有看过的东西，以了解详细的情形。

3. 我喜欢听变化多端和富有想象力的故事。

4. 画图时，我喜欢临摹别人的作品。

5. 我喜欢利用旧报纸、旧日历及旧罐头等废物来做成各种好玩的东西。

……

43. 我喜欢尝试新的事情，目的只是为了想知道会有什么。

44. 玩游戏时，我通常是有兴趣参加，而不在乎输赢。

45. 我喜欢想一些别人常常谈过的事情。

46. 当我看到一张陌生人的照片时，我喜欢去猜测他是怎么样的一个人。

47. 我喜欢翻阅书籍及杂志，但只想知道它的内容是什么。

48. 我不喜欢探寻事情发生的各种原因。

49. 我喜欢问一些别人没有想到的问题。

50. 无论在家里或在学校，我总是喜欢做许多有趣的事。

（四）评分方法

本量表为台湾省王木荣所修订，共50题，包括冒险性、好奇性、想象力、挑战性四项。测验后可得四种分数，加上总分，可得五项分数。

冒险性：包含1、5、21、24、25、28、29、35、36、43、44等11道题。其中25、35为反向题目。得分顺序分别为：正向题目，完全符合3分；部分符合2分，完全不符合1分；反向题目，完全符合1分；部分符合2分，完全不符合3分。

好奇性：包含2、8、11、12、19、27、33、34、37、38、39、47、48、49等14道题。其中12、48为反向题目，其余为正向题目。计分方法同前。

想象力：包含6、13、14、16、20、22、23、30、31、32、40、45、46等13道题。其中，45为反向题目，其余为正向题目。计分方法同前。

挑战性：包含3、4、7、9、10、15、17、18、26、41、42、50等12道题，其中4、9、17为反向题目，其余为正向题目。计分方法同前。

资料来源：殷恒婵. 体育心理学［M］. 北京：人民教育出版社，2008：101－103.

【本章小结】

1. 思维活动的特征及其在体育教学活动中的作用，表现为：积极的思维活动有利于掌握和改进动作技能；思维具有调节和控制动作的作用；创造性思维有助于形成新的动作技能。

2. 体育教学活动中思维的主要特点涉及以下几方面：体育活动中操作思维的特点；体育活动中预测思维的特点；体育活动中战术思维的特点。

3. 体育教学活动中发展学生思维能力的方法有：采用多种形式启发、诱导学生的积极思维；设置活动情境，提高学生思维预测能力；采用语言强化手段，激发学生的积极思维；运

用讨论的方式，提高学生发散思维的能力

4. 体育教学活动中培养学生创造思维的策略：树立先进的教育理念，创新教学模式；优化创造环境，鼓励自由创造；注重独立性和创造性人格特性的培养；注重引导学生从多角度思考问题。

5. 创造性思维的训练方法：创造型教师的教学艺术的训练方法；创造技法的训练。

【建议参考资料】

1. 殷恒婵．体育心理学［M］．北京：人民教育出版社，2008.
2. 张力为．体育运动心理学研究进展［M］．北京：高等教育出版社，2002.
3. 沈德立．非智力因素的理论和实践［M］．北京：教育科学出版社，1997.
4. 陈录生，马剑侠．新编心理学［M］．北京：北京师范大学出版社，1995.
5. 邵伟德．体育教学心理学［M］．北京：北京体育大学出版社，2004.
6. 周绍忠，岑汉康．体育心理学［M］．桂林：广西师范大学出版社，1995.
7. 杨通平，黄世龙．论创新思维在体育运动训练中的应用［J］．中国学校体育，2005（5）：40－41.
8. 李俊峰．利用课堂训练学生创造性思维［J］．吕梁教育学院学报，2006，23（4）：67－68.

【问题与思考】

1. 什么是思维？简述学生思维活动的特点及其在体育教学活动中的作用。
2. 简述体育教学活动中思维的主要特点。
3. 体育教学活动中发展学生思维能力的方法有哪些？
4. 在体育教学活动中如何培养学生的创造性思维？
5. 创造性思维的训练方法有哪些？

第五章　体育活动与情绪

【本章提要】

本章主要介绍情绪的概念及其在体育活动中的作用、学生在体育活动中情绪状态的特点，以及学生在体育活动中情绪状态的调控方法和策略。

【学习重点】

1. 了解情绪的概念。
2. 理解情绪在体育活动中的作用。
3. 认识体育活动中情绪状态的特点。
4. 掌握体育活动中情绪状态的调控方法和策略。

【重要术语】

情绪　表情调节　呼吸调节　暗示调节　表象调节　宣泄调节　活动调节　状态焦虑

我们的生活充满着情绪，有时满心欢喜，有时郁郁寡欢，有时兴高采烈，有时焦虑不安，有时懊恼不已……正是情绪填涂了每个人心理世界的色彩，影响着人们的一言一行和心理状态。对于学生而言，情绪对他们学习活动的质量和效果有重要的影响。在运动场上，丰富多彩的环境刺激会引起学生更多的情绪体验，良好的情绪状态有助于学生提高学习技术动作的效率、确保技战术的良好发挥和体验体育运动的魅力。而良好的情绪状态不是天生就有和一成不变的，学生需要学习一定的方法和策略去调控。

第一节　体育活动中的情绪状态

一、情绪概述

情绪（emotion）是人对客观世界的一种特殊性反映形式，是人对客观事物是否符合自己要求的态度和体验。它与认识活动不同，具有独特的主观体验形式（如喜、怒、悲、惧等感情色彩）、外部表现形式（如面部表情），以及独特的生理基础（如皮层下等部位的特定活动）。情绪是环境影响、人的生理状况和认识过程等因素相互作用的产物，它可以迅速产生、转化和消失，也可以在较高强度水平上维持较长时间。情绪一旦产生，就使人有明显的生理变化和外部表现，这对体育教学有很大的影响。情绪可以是体育活动的启动状态，也可以是体育活动的背景状态。

情绪具有两极性，它是指情绪在动力性、激动性、强度、紧张度上存在着的对立状态。情绪两极性的具体表现是多方面的，但主要的表现有以下四种。

（一）肯定和否定的情绪

凡是能满足人的需要或符合人的愿望、观点的客观事物，就能使人产生愉快、喜爱、满意、高兴等肯定的情绪。例如，学生的动作做得正确、漂亮，得到了老师的表扬会感到自豪。凡不符合需要或妨碍需要满足的客观事物就会引起怨恨、悲伤、紧张、烦恼等否定的情绪。例如，比赛失利引起的悲伤，比赛和学习中出现失误产生的不满和苦恼等。

（二）积极与消极的情绪

积极的情绪可以提高大脑皮层的兴奋性，有利于保持人体内外环境的平衡与协调。例如，快乐、热爱、欣喜等可以使学生精神焕发，干劲倍增，促使他们积极行动；消极的情绪则会干扰心理活动的内部稳定，导致认知机能障碍与行为失调。例如，忧郁、悲伤、颓废等会削弱学生的活动能力，使他们意志消沉，精神萎靡，自暴自弃。在体育活动过程中，教师应根据活动内容和学生的个性特点，激励他们积极的增力性情绪，克制他们消极的减力性情绪。

（三）紧张与轻松的情绪

紧张往往在人活动的紧要关头或对人有重要意义的关键时刻表现出来。例如，在比赛之前或面临危险情境时，学生都会产生紧张情绪。这种紧张情绪会使他们作出必要的应激反应，以保证机体与环境的平衡，紧张解除时会随之产生轻松的情绪体验。

（四）激动与平静的情绪

激动往往是在人遇到具有重大意义的事件，以及违反人的意愿或出乎意料的事情发生时所表现出来的情绪状态，如狂喜、暴怒、恐惧、绝望等。与此相对立的是平静的情绪。人在多数情境下是处在平静的情绪状态中，平静的情绪会使人头脑清醒，有助于提高活动效率。

二、体育活动中情绪的作用

（一）情绪的激活作用

情绪的激活包括生理激活与心理激活。生理激活是指情绪通过影响个体的生理机能状态，对体育活动产生直接或间接的影响；心理激活是对个体选用适当的认知策略，调用认知模式同化或顺应客体的影响。学生欢乐、愉快的正性情绪可以导致良好的操作效果，对体育活动的发挥有积极作用。

知识窗

积极情绪的作用：拓展—建构理论

积极情绪是积极心理学的重要研究内容。弗雷德里克森（Fredrickson）的拓展—建构理论解释了积极情绪体验不但能反映个体的幸福，而且有利于个体的成长和发展，具有长期的适应价值。该理论认为积极情绪的功能主要包括以下几方面。

1. 拓展功能

积极情绪能拓展个体即时的思维—行动范畴，包括拓展个体注意、认知、行动等的范围。

2. 建构功能

积极情绪能建构个体持久的资源。积极情绪能给个体带来间接的、长远的收益，它能够帮助个体建构持久的身体、智力、心理和社会资源，这种建构的功能是在“拓展”的基础上实现的。

3. 缓释功能

此功能并不是拓展—建构理论的主体部分，该部分由拓展功能衍生而来。积极情绪能拓展个体即时的思维—行动范畴，因而积极情绪可消解消极情绪的滞存影响，弗雷德里克森等称这种消解功能为积极情绪对消极情绪的纠正、修复和缓释效应。

4. 螺旋式上升

积极情绪同思维拓展、资源建构的关系并不是单向的，它们是相互影响、相互引发的。早期的积极情绪体验拓宽了个体的注意和认知，这有利于个体对逆境的应对和资源的建构，而良好的应对又预示着未来的积极情绪的产生。这是一个循环的过程，对个体发展而言，是朝着螺旋式上升的方向（图5－1）。通过不断的螺旋式上升过程，个体的心理幸福感不断提升，并实现个人的成长。

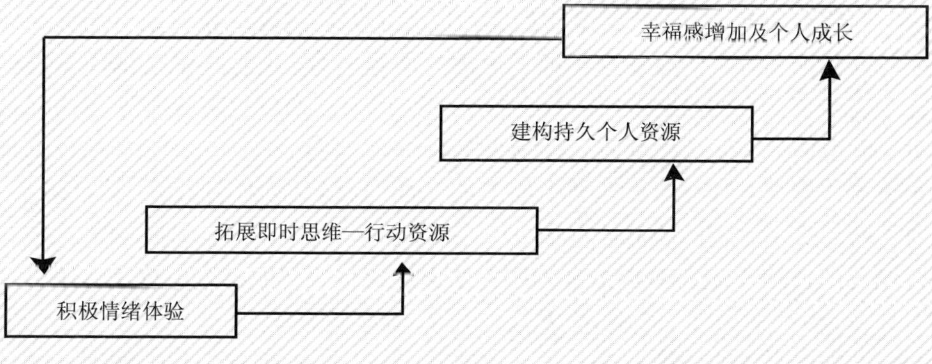

图5－1

资料来源：高正亮，董辉杰．积极情绪的作用：拓展—建构理论［J］．中国健康心理学杂志，2010，18（2）：246－248.

（二）情绪的动力作用

情绪具有增力或减力的效能，心理学家们把凡是能提高运动机能、增强人工作能力的情绪叫做“增力性情绪”；而把那些降低机体机能和工作能力的情绪称为“减力性情绪”。一般情况下，愉快、兴奋的积极情绪能增强人的活力，驱使人积极地活动。例如，学生在学习技术动作时，由于教师的提示或帮助使他有了初步体会，从而使他对学习充满了信心；在艺术体操或舞蹈中优美的音乐伴奏，教师热情的鼓励和表扬，富有美感的场地布置，教师准确优美的示范和富有感情的讲解等都能使学生产生愉快的情绪。这些情绪具有动力性质，有提高教学质量的效果；消极的情绪则会降低人的活动能力，心情不愉快引起的郁闷会削弱人的活动能力。例如，过多的批评或指责会使学生产生不愉快，影响学习情绪，甚至产生厌烦或抵触情绪。这种消极情绪是减力的，不利于课堂教学，会直接影响课的效果。

情绪在人类的动机系统中居于核心地位，具有动力作用。经典（或古典）情绪理论认为情绪实际上就是一种能量或动机。情绪的动机作用可概括为四个方面：激活和诱发行为；维持并结束行为；调整行为并决定行为是否继续发展；组织行为并决定神经活动的形式。

（三）情绪的转化作用

情绪的转化作用是指情绪能把体育活动的结果转化为情绪的强化状态。许多研究表明，人在体育活动中若取得成功，就会增强信心，提高学习兴趣，产生更大的学习动力。

另外，在体育学习中，学生表现出来的肯定与否定的对立情绪，如满意和不满意、快乐与忧愁、兴奋与烦闷等情绪，在一定条件下可以互相转化。例如，在教学、训练中如果练习内容为学生所喜欢时，他们往往表现为满意、兴奋；相反在练习内容枯燥时，则表现为烦闷、懒散。但当体育教师运用灵活新颖的教学、训练方法，对某些枯燥的练习进行调整、修改或将其变成有趣味的竞赛性游戏形式时，学生的情绪便会由烦闷转化为兴奋和积极。

总之，体育教师在体育教学中如果能充分而有效地运用情绪所具有的激活、动力、转化作用，就能唤起学生积极健康的情绪，使学生将“理智的思考”寓于“情感的体验”中，对学生掌握体育知识、技术、技能具有很重要的作用。

三、中小学生的情绪特点

（一）小学生的情绪特点

小学阶段是个体的心理水平还处在发展之中的特定时期，这一时期小学生的情绪常常表现出强烈的激动、兴奋或是泄气、消沉，而且非常不稳定，往往从一个极端走向另一个极端。小学生的情绪具有很大的冲动性，他们不善于掩饰，不善于控制自己的情绪。具体来说，小学生的情绪有以下特点。

1. 冲动性

体育活动较一般的文化课具有更多的情境性、紧张性和竞争性。小学生神经系统兴奋中枢占优势，抑制能力相对较弱，情绪的自我控制不稳定，容易爆发迅速强烈而且时间短暂的兴奋情绪反应，如体育活动中好成绩的取得或某些激励，往往会使他们欣喜不已。而在自我需要得不到满足或遇到不适合自我心境的刺激时，他们极易出现急躁、烦恼、暴怒、失望等情绪反应，甚至出现盲目的冲动。例如，在篮球比赛中，连续出现几次撞人犯规，被撞队员会出现明显的愤怒情绪，如不注意调节，甚至可能动起手来。因此，教师既是严厉的法官，应及时控制运动过程中的不利局面；又应是学生的朋友，努力营造愉快、平等、轻松的活动氛围。

2. 情境性

小学生的思维具有儿童特有的形象性、具体性、模仿性等多重特征，他们的情绪极易受到周围情境的影响。体育活动一般都在室外进行，教师与学生、学生与学生之间的直接接触比一般文化课更多一些。教师的保护与帮助、教师对待学生的态度、学生之间的小组活动等方面，都存在情绪的相互感染性；运动规则的要求、竞赛优劣、正误比较等多种手段创造的氛围能维持和发展共同的目标定势，产生共同的积极性情绪。在团结认真的活动气氛感染下，小学生的个体差异会统一于集体共同的情境之中。因此，在小学生的体育活动中，可以安排情境性比较强的活动。例如，让低年级学生把自己扮演成青蛙或小白兔练习跳跃，比一比看谁跳得高、跳得远。

3. 多变性

小学生的情绪可控性比较差。在体育活动过程中，由于活动的组织形式、运动量的大小、场地器材的布置和学生当时的生理状况、意志品质、人格特征及对体育的态度等不同，可能产生不同的情绪体验和复杂的情绪变化。有的表现出兴奋与愉快，而有的则表现出恐慌、紧张等情绪，因此情绪的体验是多样的。随着活动的条件与结果不断变化，小学生的身体、态度也不断变化。例如，活动之初，由于动作不熟练，学生往往表现出紧张、焦虑的情绪，动作掌握后，运动过程中则表现出愉快的情绪，所以情绪体验又有易变的特点。

4. 外露性

小学生的情感很容易表现出来。在体育活动过程中，小学生的情绪通常都与活动的内容、教师的态度等连在一块儿。通过小学生在运动过程中的动作表现、面部表情、言语表情及对待活动的态度，很容易发现他们的内心世界。例如，面对跳箱不敢跳跃时，他们会紧锁眉头；成功跳过跳箱后，他们又会喜形于色。小学生的情绪较直接、外露。因此，教师应细心观察，及时发现小学生不同的情绪表现，循循善诱，以使教学活动获得良好的效果。

（二）中学生的情绪特点

霍尔（G. S. Hall）将青年期形容为不可避免的“疾风怒涛”时期。处于这个时期的学生，在情绪表现上出现明显的两极性和矛盾性等特点。

1. 稳定性和波动性

随着年龄的递增，知识的积累与经验的丰富，此阶段青少年的情绪将渐趋稳定。虽然此时青少年已有了驾驭自己的能力，但情绪的不稳定性和波动性仍旧很大，从一个极端向另一个极端的转化是经常发生的。例如，取得好成绩时，欣喜若狂，沾沾自喜；一旦失败，又陷入苦恼悲观的情绪状态。这是由于需要层次的提升、自我意识的觉醒，以及思维方式的片面性造成的，因此中学生常陷于主观愿望和客观现实的矛盾冲突中，情绪忽高忽低、忽冷忽热，易走极端。

2. 强烈性和易感性

在这一阶段，青少年以积极的情绪体验为主，情绪热情饱满，富有朝气。他们的情绪往往高亢强烈，充满激情，开始更多地考虑未来并充满美好的憧憬和幻想。研究表明，11—13 岁女孩和 13—15 岁男孩的情绪最容易受到外界影响，且反应强烈。他们可能因为一场球赛而激动得几天都睡不着觉，也可能因为一句玩笑而几个人打成一团。总之，他们会因为一件小事就产生强烈的情绪反应。

3. 外显性和内隐性

中学生处于向成年期的过渡阶段，虽然已经能比较理智地看问题，不再像小学生那样冲动。但仍对外界刺激反应迅速敏感，喜怒哀乐常可从面部表情进行判断，具有外显性的特点。但与此同时，中学生情绪的自我调节方法和情绪的表达方式已得到了发展，他们的情感表露越来越带有文饰、内隐和曲折的性质。在特定的场合下，会考虑到自己的形象和价值观，从而支配和控制自我的情感，出现外部表情与内心体验的不一致。

第二节 体育活动中情绪状态的调控方法

一、情绪调节的常用方法

情绪调节是个体管理和改变自己或他人情绪的过程，在这个过程中，通过一定的策略和机制，可以使情绪在生理活动、主观体验、表情行为等方面发生一定的变化。具体的情绪调节的方法和手段如下。

（一）表情调节

表情调节是有意识地诱导学生改变其面部和姿态表情以调节情绪的方法。由于情绪状态与外部表情存在着密切有机的联系，因此有“情动于衷而形于外”的说法。瑞典有位医生在对心情忧郁的患者进行治疗时，患者们每周来一次医院，由一位医生和三位护士组成的医疗小组讲笑话，治疗室中陈列了喜剧读物，各种装饰也使治疗室充满着欢快的气氛。除笑话之外，还放映喜剧电影。整个治疗时间是一个半小时。医生指导患者如何在生活中培养幽默感。就这样，患者们经常开怀大笑，病情很快就康复了。研究人员对此作了这样的说明：人们由于笑，脸部乃至全身的肌肉放松了，减轻了紧张状态；与此同时，神经系统和血脉都得到活络，病情恢复的速度也就加快了。

情绪的产生会伴随一系列生理过程的变化，并因此引起面部、姿态等外部表情。例如，愉快时兴高采烈，手舞足蹈；愤怒时咬牙切齿，双拳紧握；沮丧时垂头丧气，萎靡无力等。既然情绪状态与外部表情存在着密切而有机的联系，我们就可能通过改变外部表情的方法而相应地改变情绪状态。具体方法是：情绪过度紧张、焦虑时，诱导学生有意识地放松面部肌肉，或用双手手掌按着脸部，顺鼻两侧、眼眶、前额做洗脸动作，搓擦面部；情绪低沉时，诱导学生回忆自己最高兴的某件事、某个时刻，以唤起其笑容。

注意点：当学生自己无法显露笑容时，教师可通过幽默诙谐的语言和恰当的体态诱发学生产生会意的笑容；擦搓的动作要均匀，以中速进行，次数按实际情况灵活把握。

知识窗

笑——静态的慢跑

马利兰大学医疗中心的一项研究结果表明，有心脏病的人较同年龄未患此病的人在不同场合的笑声少40%；笑，并怀着一种积极的幽默感，能帮助你预防心脏病。

最新的医学研究发现，笑口常开可以预防传染病、头痛、高血压，可以减轻过度的精神压力，因为笑可以增加血液中的氧分，并刺激体内免疫物质的分泌，对抵御病菌的侵袭大有帮助，而不笑的人，患病的几率较高，且一旦生病，也常是重病。

美国医学界将笑称为“静态的慢跑”。笑能使肌肉松弛，对心脏和肝脏都有好处。如果生活中没有时间慢跑，也可以每天多笑一笑，甚至哈哈大笑多次，以调节身体状态，增进健康。哈哈大笑犹如一场“腹内快步运动”，笑能使心脏处于良好的状态。

（二）呼吸调节

调节呼吸频率和深度是改善情绪的有效方法，它能促进神经系统迅速恢复平衡，保持血液中氧气和二氧化碳浓度的平稳，使得呼吸平静而有节奏，起到稳定情绪状态的作用。紧张时，可以采用缓慢的呼气和吸气练习使情绪的兴奋性下降。情绪低沉时，可采用长吸气与有力的呼气练习来提高情绪的兴奋水平。

呼吸调节的具体方法是：逆势呼吸练习，也称腹式呼吸，舌轻舔上腭，鼻吸气，同时腹部收缩、胸部鼓起，呼气时腹部鼓起，胸部放松，反复进行；顺势呼吸练习，鼻子呼气时，舌舔上腭，呼气时，腹部收缩，反复进行。

注意点：对过度紧张、焦虑的学生进行调节时，呼吸缓慢，自然通畅，做到深、长、细、匀；对情绪低沉的学生进行调节时，要长吸气和强有力呼气，并配合手臂的上下振动来提高兴奋性。

操作与应用

学会运用呼吸调节的方法稳定自己的情绪状态

1. 教学对象

初中生。

2. 教学内容

篮球投篮比赛。

3. 教学步骤

（1）教师首先按投篮技术水平将学生分成实力相当的若干教学组，然后宣布比赛规则（如每人定点投篮3次，小组之间互派代表统计投中数，并按成绩排出小组名次）。

（2）提醒学生在投篮前运用腹式呼吸来稳定自己的情绪波动。

（3）组织学生分组讨论呼吸调节与提高比赛成绩之间的关系。

（4）教师进行总结，并要求学生能在其他类似的情境中举一反三地运用呼吸调节的方法。

4. 评析

本案例主要通过创设紧张的情境帮助学生学习调节情绪的方法，提高对调节情绪重要性的认识，逐步形成自我调节情绪的能力。

资源来源：人民教育出版社网站．http：//www. pep. com. cn

（三）暗示调节

暗示调节即以不明显的方式（如语调、休息、面部表情等）对个体施加心理影响的方法。它是调节情绪状态的一种行之有效的方法，它通过大脑的思维活动对来自外界的多种信息进行科学的处理，运用代表体内外环境的一切事物或现象的词语对心理过程施加影响，使学生产生积极的内心想象和增力性情绪，增加信心，达到调节情绪状态的目的。

暗示调节的具体方法是：消除和缓和过度紧张、焦虑时诱导学生反复默念“我的心情很平静”、“我完全相信自己”、“完成这个动作特别有信心”等暗语，教师的暗示语为“我相信你”、“你能发挥得比平时好”等；教师可采用点头示意、竖大拇指等表情和动作。

注意点：教师或教练员对学生宜多鼓励、多表扬、少批评。

知识窗

体育运动中自我暗示的类型

针对使用目的的不同，在体育运动中使用的自我暗示主要有以下几种类型。

1. 与技术动作或战术有关的自我暗示：这种自我暗示能够强化技术动作的巩固，提醒学生战术的使用。例如，乒乓球练习正手击球时的“大臂带小臂”。

2. 激励性的暗示：这种自我暗示的目的是坚定意志。例如，长跑极疲劳时，暗示自己“顶住”。

3. 情绪性暗示：这种自我暗示具有情绪调节的作用。例如，暗示自己“冷静”、“兴奋起来”。

资料来源：季浏，殷恒婵，颜军．体育心理学［M］．2 版．北京：高等教育出版社，2010.

（四）表象调节

表象调节是指在体育活动过程中，头脑中重现自己过去获得成功时的最佳表现，体验当时的身体感觉和情绪状态，俗称“过电影”。表象重现是一种积极的意念，它可以间接地使植物性神经系统活跃起来，进而促进心跳加快，呼吸加强，使新陈代谢过程的血流量加大，糖分解加速，热能供应充足，使全身增力感觉和增力情绪加强。

表象调节并不像人们想象的那样神秘。在体育教学过程中，教师可以利用简洁、通俗的语言引导学生回忆过去美好的运动经历和体验，增强学生的信心，激发其良好的运动情绪。当学生感到精神过度紧张、胆怯或被某种消极想法困扰时，教师应引导学生有意识地想象，如想象森林中小溪潺潺的流水声的感觉或者听轻松音乐的感觉，来缓解和转移消极情绪。

动作表象的具体方法是：教学中针对复杂的技术动作难点，让学生微闭上眼睛，稍做沉思，使正确的动作表象在脑中重现，并想象成功完成动作时的肌肉感受；使意识处于高度集中状态，提高动作技术的表象思维质量，消除过度紧张的情绪，从而有助于动作技术的掌握与提高。

注意点：动作表象是一种较难掌握的心理训练方法，教师应注意在平时培养学生具有一定的心理训练的基础。

（五）活动调节

大脑与肌肉的信息是双向传导的，神经兴奋可以从大脑传至肌肉，也可以从肌肉传至大脑。肌肉活动积极，从肌肉向大脑传递的冲动就多，大脑的兴奋水平就高，情绪就会高涨。反之，肌肉越放松，从肌肉向大脑传递的冲动就越少，大脑的兴奋性就会降低，情绪就不会高涨。

活动调节是指利用不同速度、强度、幅度、方向和节奏的动作练习来控制学生的情绪状态。例如，情绪过分紧张时，可采用一些强度小、幅度大、速度和节奏慢的动作练习（如扩胸运动等）来降低情绪的兴奋性，消除过度紧张状态；情绪低落时，可采用幅度小、强度大、速度和节奏快的动作练习（如原地快速小步跑等）来提高情绪的兴奋性。

（六）音乐调节

音乐是人类最古老的情绪调节形式之一。音乐调节主要是通过情绪色彩鲜明的音乐来调节情绪的方法。研究证明，音乐对大脑边缘系统和脑干网状结构的神经结构有直接影响。优美动听的音乐给予人的“声波信息”不仅可以消除和缓解紧张状态，恢复人的生理、心理的平衡和内部稳定状态，还可以帮助学生内在地集中注意力，提高神经系统的灵敏性，促使大脑的冥想状态井然有序。不同旋律、节奏、速度、音调的音乐可以分别起到镇静、兴奋、情绪调整、降压等不同作用。一曲舒缓优美的乐曲能使人心情舒畅、心跳平稳、呼吸均匀，身心得到充分的休息；一曲欢快的乐曲则可使人心跳加快、兴奋性提高。在体育活动过程中，根据不同的活动性质和紧张程度选择播放不同旋律的音乐或歌曲，往往能起到调节情绪的良好效果。

体育活动中播放适合的音乐，能够帮助学生建立较好的音乐韵律感，促进学生身心健康，激发学生进行体育活动的愿望，使身体能更加放松、协调、准确地完成动作。

知识窗

调节不同心情的可选音乐

心情和需要	可选音乐	主要作用
情绪急躁	韩德尔的组曲《焰火音乐》、中国古典名曲《春江花月夜》等	稳定情绪
忧郁、精神压力大	贝多芬的《欢乐颂》、格什文的《蓝色狂想曲》、莫扎特的《第二交响曲 D 小调》等	消除忧郁 放松精神
注意力难以集中	柴可夫斯基的《四季》、贝多芬的《月光奏鸣曲》、舒曼的《幻想曲》等	集中注意
自卑、厌世	贝多芬的《命运交响曲》、《第五钢琴协奏曲（皇帝）》等	唤起生命、力量、信心
睡眠障碍	莫扎特的《摇篮曲》、门德尔松的《仲夏夜之梦》	催人入睡
不安、疲劳	《春江花月夜》、巴赫的《幻想曲与赋格》、《彩云追月》、德彪西的《大海》等	调节心情、消除疲劳

（七）颜色调节

颜色是视觉刺激物，可以同时引起其他感觉，使人感到冷暖、重量、味道等的不同，这被称为联觉。例如，有一家工厂因生产需要，车间的室内温度保持在22摄氏度不变，工人们都说觉得冷。后来把青绿色的墙壁改成珊瑚色，就再也没有人喊冷了；又如，一家工厂装载货物的木箱是黑色的，搬运工人都说很累，工作效率很低，后来把木箱改漆成淡绿色，工作效率便有了很大提高。有人还做过这样的实验：把黄色的西瓜汁分成两份，一份是原来的黄色，另一份染成食用红色，让几位味觉正常的人来品尝，结果大部分人都说红色的西瓜汁好喝，但实际上色素并没有改变西瓜汁的味道。

在教学中也可以利用联觉现象通过颜色调节学生的心理状态，即为颜色调节。不同的颜色会引起人们不同的情绪变化。一般而言，红色容易使人奋进和充满豪情；灰色容易使人沉闷、忧郁；黄色容易使人欢快、喜悦；绿色容易使人冷静、稳定；蓝色容易使人安逸、宽心；黑色容易使人肃穆、烦闷和丧气；粉红色则有制怒作用。在体育教学中，学生过分紧张时，看些绿、蓝、紫色彩，具有镇静作用，可建议学生用绿毛巾擦汗；在选择活动的地点时，教师可以选择绿化环境较好的地点；课上，可用红色或黄色等颜色鲜艳的学习器材或教具来激发学生的学习兴趣，也可以课前在操场上根据上课的需求画上雪白的各种图形，以激发学生学习的好奇心。

（八）气味调节

气味能影响情绪。美国的气味疗法专家采用某些香味的油剂按摩，或者让病人嗅一嗅装有香料的瓶子，来治疗由精神紧张引起的疾病。例如，苹果能产生一种黄昏时刻的安静效果，因为苹果的香味对肾上腺有调节作用，能使激动、焦虑和发怒等情绪得到控制。耶鲁大学心理生理学研究中心的科学家发现，嗅一嗅或者只要简单地想象一下食物的香味就能引起脑电波的改变。苹果与香料的混合物有很好的镇静作用，甚至能使某些人避免产生恐惧心理。英国的科学家发现，在模拟海滨实验室内加入海洋特有的气味时，病人的精神更为松弛。日本一名研制香味空气装置的工程师声称，计算机操作人员在呼吸茉莉和柠檬香味的空气后，计算错误减少了33%—54%。

根据这样的原理，体育教师上课时一定要选择干净清洁、空气清新的环境。如果是室内的形体课等，也可以在教室里喷洒一点空气清新剂，这样就能通过淡淡的香味在一定程度上调节学生的情绪状态，此即为气味调节。

（九）宣泄调节

培根曾经说："如果你把快乐告诉一个朋友，你将得到两份快乐；如果你把忧愁告诉一个朋友，你将减少一半忧愁。"以适当的方式及时地和充分地宣泄自己内心的痛苦、忧愁、委屈、遗憾等以控制情绪的方法叫宣泄调节。这是控制情绪的一个有效方法。在体育活动中，应当尽量给学生提供情绪宣泄的渠道，尤其是在他们遇到困难和受到挫折，或出现情绪波动甚至产生过激的言行时，教师应以宽容的态度给予合理疏导，而不要简单粗暴地批评指责。在有些情况下，教师要善于耐心地倾听学生的倾诉，和他们友好交流，这可以起到明显的情绪调节作用。

体育活动中学生情绪状态的调节方法是多种多样的，教师在选择和应用时，应视对象的体能基础、气质类型、性格特征、意志品质、年龄特征及动机性质等因素有针对性、合理而灵活地选用，既可单一运用，也可混合交叉使用。教师要注意观察和调查，不断地调整方法和手段，以有效地控制和调节学生的情绪状态。例如，课下可以主动找课堂上动作完成不好、在教学竞赛中失利的学生进行交谈，让他们倾诉心中的苦恼和遗憾，分析原因，缓和学生的不利情绪，增强其信心。

二、体育教学活动中的情绪调节

在体育活动中，学生的情绪表现是复杂、多样的。体育教学活动中教师能否灵活应用不同的情绪调控方法，调动和调节学生的学习情绪，也是能否达到良好教学效果的关键所在。除了将以上介绍的方法实时地应用于体育教学外，教师还应在教学中营造积极的情绪气氛。但教学内容、教学方法等因素的改变都可能引起学生情绪的变化和波动，因此，教师也应掌握一些特殊情绪状态的调节方法。

（一）体育教学活动中良好情绪气氛的营造

1. 建立新型师生关系，激励学生情绪

体育教师与学生之间由于共同的体育目的而结成人际关系，这种关系一经建立，双方便具有为了某个共同目标而自觉调节行为的义务。在体育教学活动中，教师必须付出自己真诚的情感，表现出职业热情与关爱，除巧妙设计课程外，还要努力营造和谐的课堂学习氛围。过分严肃、易发脾气、无耐心、讽刺挖苦、责任心差、对学生漠不关心、悲观、言语冷酷霸道、无幽默感是学生最不愿接受和最反感的。在体育教学活动中，学生间的身体碰撞、接触频繁，运动场上的教学竞赛活动中胜与败的心理情感刺激较深刻、多变化，面对课堂中学生各种不同的变化，教师应利用亲切的语言风格尊重学生人格，尊重学生的情感，爱护他们的自尊心，鼓励他们的每一点进步，以激发学生的积极情绪和学习欲望。体育教学中和谐的师生关系有助于乐学、乐教，使全体学生在师生融洽、合作的气氛中生动活泼地求得发展，并在学习过程中充分体验运动的乐趣和克服困难后成功的快乐。课堂中互帮互学、和睦相处的学友关系能创设良好的课堂环境氛围，使学生产生愉悦情绪和充分享受运动的乐趣。

2. 营造美好环境，调控学生情绪

场地、器材布置要美观，力求做到场地干净、放置有序，场地周围配以富有教育意义的标语、图片，使学生赏心悦目，这不仅能调节学生的情绪，还能使学生以最佳的情绪状态进入学习活动之中，并取得最优化的运动效果。

3. 教法灵活多变，激活学生情绪

（1）准备活动形式灵活多样。要进入体育活动状态，需要一种与之相应的激活水平。在体育教学中，教师应根据课程的需要设计相应的准备活动，以达到运动需要的激活水平。要尽量使准备活动的内容和形式有所变化。例如，不同路队跑、螺旋跑、蛇形跑、“8”字跑、绕器械、穿树行、越障碍、摸高、行进间转身跑等。做操的内容形式也可灵活多变，如定位操、行进间操等。在准备运动的过程中可以配上一段节奏感强的音乐，或者做做游戏及一些协调性练习，以调动学生的情绪。新颖的准备活动能够提高学生中枢神经的兴奋性，使学生情绪和运动状态达到最佳，有利于提高教学效果。

（2）语言要生动形象。语言是传递信息、沟通情感的最基本工具。运用生动形象的语言调动学生的情绪，有助于提高学生活动的实效性。在课堂上，教师可以运用形式多样的讲解触发学生的敏感点，不断寻找和把握沟通的时机，同时注意及时收集反馈信息，不断调整沟通的方式和方法，力求实现良好课堂气氛与良好教学效果的整合。教师生动形象的语言可以激发学生的学习积极性。例如，讲蹲距式起跑时，用动作技术口诀进行教学。简单明了的专业语言，能够调动学生情绪，使其自觉积极投入到练习当中，细心体会动作要领，促进教学效果。

操作与应用

运用合适的语言评价指导学生

在体育教学活动中，对于学生的评价与指导采取不同的语言，会产生不同的情绪状态和行为结果。通过下面的对比分析，教师可以反思和改善自己的教学用语，促进学生的学习。

在体育课上，大家一起学习跳箱的分腿腾跃动作，张某总是跳不过去。

老师甲说：“你怎么回事！笨死了，从来没见过这么笨的学生！”

老师乙说：“教你多少遍了，怎么还跳不过去！”

老师丙说：“小张，刚才你助跑和起跳都做得很好，下一次注意主动快速推手，就一定能成功了！”

老师丁在跳箱两边放了两个更高的跳箱，然后说：“小张，刚才你助跑和起跳都做得很好，下一次注意主动快速推手，就一定能成功了！”

从上面的例子我们可以看出，老师甲和乙的消极语言不仅不利于学生掌握技能，还有可能伤害学生的自尊，使学生产生不良情绪；老师丙能够正确地评价学生已掌握的动作，并指出下一步应该做的动作，这种指导具有建设性；老师丁不仅正确地评价了学生已掌握的动作，而且通过两边放置更高的跳箱以使学生产生高低错觉的辅助教学法，让学生从心理上降低了任务难度，更加敢于去完成该动作，不仅利于学生掌握技能，同时增强了学生的自信。

（3）运用游戏竞赛法。情绪是一种具有动机和知觉作用的积极力量，它组织、维持并指导行为。根据学生生理、心理特点，采用游戏竞赛形式进行教学，对解决某些教学任务具有积极意义。例如，教弯道跑时，如果只是沿着弯道一次又一次地重复跑，学生会感到枯燥无味，学习被动，情绪不高，这时就可采用游戏竞赛法。具体方法为：画一个半径为 15 米的圆，在讲解、示范后，先让学生沿圆圈跑，体会动作要领并进行练习，然后把学生分成男、女四组进行接力追逐赛。第一个学生跑一圈后，第二个学生接替，依次类推，每人跑一圈，最后追上前边的一组为胜利。练习时教师用简短的语言表扬或提示纠正学生的动作。每进行完一轮，做一次小结。在游戏中，学生你追我赶，助威加油，在不知不觉中既练习了弯道跑的基本技术和技能，又起到了增强体质的作用。

（二）体育教学活动中特殊情绪状态的调节

1. 对状态焦虑的调节

（1）状态焦虑的表现

体育教学中状态焦虑的表现主要体现以下几个方面。

①认知表现。低成绩预期是状态焦虑的一种常见表现。例如，教师设置了一个可行的目标，即篮球罚篮 10 投 5 中（在之前 10 投 4 中的成绩基础上），而学生却拒绝去实现这一目标。在这种情况下，学生很有可能是由于对接下来的任务没有做好充分的准备而导致低成绩预期，或者他可能是担心失败和随之而来的消极评价。低成绩预期也可以表现为对失败的担心。如果一个技能娴熟的学生不愿意示范一个新的动作，这很有可能是因为他认为任务要求超过了他的能力。在以上两个例子中，低成绩预期和担心失败都可能引发状态焦虑。

> **概念解析**
>
> **焦虑**
>
> 焦虑是指由紧张、不安、焦急、忧虑和恐惧等感受支配而成的一种复杂的情绪反应。它总是与即将来临的，可能造成的威胁或危险相联系。心理上感到紧张和不快，甚至痛苦和难以自制，生理上伴有植物性神经系统功能的变化或失调。

②情绪表现。焦虑被定义为一种不愉快的情绪状态，如不安、尴尬、羞愧以及不知所措的感受等。这些不愉悦的体验都与状态焦虑紧密相关。当一名学生因为要完成一项任务而感到不安时，往往是由于对成绩和评价的消极思维导致的，这就是状态焦虑。焦虑的学生在体育活动中很少体验到乐趣，其满意感也较低。他们看起来总是心事重重，不会对学习新技能表现出热情，会用各种借口逃避体育课。他们在没有尝试之前就声称自己不喜欢新的任务。体育教师可以通过对学生身体语言的仔细观察，获得关于学生思维和感受的有价值的信息。

③生理症状。生理唤醒是状态焦虑的重要指标之一。但是，在体育教学中很难将来源于有趣任务的积极生理唤醒和与状态焦虑相联系的消极生理唤醒区别开来。因此，观察到的肌肉紧张和自主神经活性增强都不能单独作为确定状态焦虑

水平的可靠信息。体育教师应将这些症状与其他焦虑症状结合起来进行评估，以确保自己所观察到的确实是状态焦虑。

④行为表现。在体育教学中，焦虑的行为症状比起生理症状更易于观察和解释。状态焦虑最常见的行为症状是对情境的回避。一个高焦虑的学生会拒绝示范或完成一项困难的任务。在一些较容易的任务中，他们可能会表现出担心失败和消极的评价。在某些情况下，他们会因为示范一个动作而感到尴尬。状态焦虑体验也有可能会导致异常糟糕的表现以及极低的出勤率。

（2）减少状态焦虑的具体策略

研究表明，掌握定向的动机气氛与状态焦虑和其他消极情绪状态的减少相关。因此，体育教师应努力营造这种良好的动机气氛。以下为降低体育教学活动中状态焦虑的具体策略。

①采用有趣的练习，允许学生通过游戏学习。学生在好玩、有趣、快乐的环境中更有可能“忘记”他们的担心和消极想法。

②按照学生的能力和需要组织体育课。选择大多数学生都能完成的练习内容，并逐步增加难度。除非学生已经准备好，否则不要布置非常复杂的练习。

③当学习一个困难的或新的任务时，可将学生按照能力分组。例如，在排球发飘球学习的介绍单元，就可以将学生分为能发球过网组和不能发球过网组。在这种情况下，技术较弱的学生就会与自己能力相似的学生相比较。

④提供辅助练习以降低任务难度，使技能较弱和能力较低的学生也能获得成功。当一些学生不能够完成一种练习时，给他们提供另一种更简单的任务。当学生在简单任务上获得成功时，再让他们练习更难的任务。同样，如果他们不擅长一项运动，就引导他们练习另一项运动，并鼓励他们在这项运动上投入更多的时间。

⑤帮助学生正确认识努力和成功的关系。让学生明白努力就能带来好的表现，多组织一些学生付出努力就能获得成功的活动。

⑥给所有学生提供成功的机会。让所有学生都觉得自己能行是很重要的，这样能够培养学生的内部兴趣并增加他们的乐趣体验。例如，改变练习的要求（强度、距离等），以使能力较低的学生也可以有好的表现。

⑦应用目标设置，帮助学生设置个人目标；给他们时间完成自己的目标；帮助他们评估自己目标达成的程度；接着再帮助他们设置新的、更具挑战性的目标。个性化的、具有挑战性的目标能够让学生专注于当前的任务和个人的进步。

⑧给学生提供反馈。使学生明白评判成功的标准是以自我为参照的。表扬和强调努力、个人进步及个人目标的达成，而不是获胜。给所有的学生都提供反

馈，而不仅仅针对技能优秀的学生。

⑨给学生解释评价的标准。在课上采用与测验时相似的练习；将努力和个人进步作为评分标准，而不是参照常模；给学生提供自我评价的机会。

操作与应用

如何确定并帮助具有状态焦虑的学生

步骤 1：

尽可能多地写出在学校日常生活中可能引起学生状态焦虑的情境，并询问学生在这些情境中会有怎样的体验。列出一个你班级的应激情境清单。

步骤 2：

首先确定一名高焦虑的学生。通过这名学生对自己状态焦虑的表述记录下他的症状。对另一名高状态焦虑的学生重复这一过程。列出一份你班级的学生状态焦虑症状的清单。

步骤 3：

· 回到步骤 1 中你列出的应激情境清单。分别找出克服每一个情境最适合的策略。

· 重新安排你下节课的教案并加入降低焦虑的策略，比如，为能力较低的学生提供辅助性练习，给所有学生提供成功的机会，强调个人进步。

· 将教学单元拍摄下来。记录下你对个人进步提供反馈的次数，是否为能力较弱的学生提供了辅助性练习，是否为所有学生都获得成功提供了机会。记录下你是如何分组的，学生是如何互动的。对自己减少焦虑策略的应用效果进行评估。

2. 对胆怯、恐惧的调节

在体育教学过程中，胆怯与恐惧主要是指学生由于缺乏运动能力或缺乏自信心而产生的对某些动作或项目的害怕情绪，如害怕跨栏过程摔倒、在学游泳时怕水等。造成学生产生胆怯、恐惧心理的因素是多方面的，总体上来讲，主要有两个方面的原因：一是“力”不能及，即学生的运动能力较弱；二是“心”不能及，即学生的意志品质薄弱，缺乏自信心。因此，在体育教学中，教师一方面要根据学生的实际情况循序渐进地进行教学，使学生从“力”到“心”都得到锻炼。另一方面，教师要采取积极有效的方法，如在跨栏练习中，教师可以结合表象的方法，让学生先表象练习跨栏动作，再进行真实的跨栏练习；对于怕水的学生，教师可以先组织他们进行水中走和水中操的练习，增加他们的水感和水性，逐步过渡到具体动作的教学。

3. 对挫折和失败情绪的调节

知识窗

挫折理论

挫折理论就是运用心理学的概念研究在达不到追求目标的情况下，人的心理状态和行为变化的规律。在体育活动中，人们追求的是胜利和愉快，培养的是斗志、勇敢精神及坚韧不拔的毅力。当人们追求的目的达不到时，就会产生一种“根者不能除，爱者不能得”的精神压力，这种情绪状态就是挫折的表现。体育运动的复杂性、竞技性和社会性，使得挫折和顺利永远并存在体育活动中。在挫折刺激的情况下，人体的下丘脑会产生兴奋灶，影响脑垂体和内分泌系统，进而破坏消化系统和血液循环系统的正常工作。在体育活动中的挫折心理往往导致行为反常和过激。因此，重视和研究体育活动中的挫折理论，有助于塑造健康的体魄和完善的人格，有助于人们正确对待挫折，引导人们在遭受挫折之后化消极因素为积极因素。

在体育学习和比赛中，学生经常会遇到这样或那样的困难和挫折。而挫折和失败往往与主观意愿相背离，形成较大反差，对学生的情绪影响很大，特别在体育教学中和体育比赛中尤为突出。挫折感主要是学生在体育学习动机引发下，在实现体育学习目标活动过程中，受到阻碍或干扰，从而在内心产生的不快与苦闷。挫折有两种含义：一是指个体动机性行为受阻的情境；二是指个体动机或目标行为受阻而引起的情绪状态。学生可能因为身体素质、体能等客观因素，也有可能因为主观因素在体育活动中遇到挫折，而这种情绪就很有可能成为学生继续参与体育运动的阻碍。所以，当学生遇到挫折时，运用言语激励，帮助学生设置更为合理的目标，鼓励其参与更适合自己身体素质条件的运动都是有效的方法。在这一过程中，教师应根据学生的年龄特点和个体差异灵活地采用方法，调控学生情绪，鼓励其磨炼自己，从容应对各种困难和挫折。

测量与评价

情绪自评测量量表：心境状态剖面图（POMS）

一、量表正文

简式 POMS（心境状态量表）的内容举例如下：

请根据下列词单表示出你在上一周（包括今天）的感受。对每一个形容词只能在五种选择中选出一项最符合你的实际情况的感受，并在相应的小方框内打“√”。

	几乎没有	有一点	适中	相当多	非常地
1. 紧张的	□	□	□	□	□
2. 生气的	□	□	□	□	□
3. 无精打采的	□	□	□	□	□
4. 不快活的	□	□	□	□	□
5. 轻松愉快的	□	□	□	□	□
6. 慌乱的	□	□	□	□	□
7. 为难的	□	□	□	□	□
8. 心烦意乱的	□	□	□	□	□
……					
33. 有不确定感的	□	□	□	□	□
34. 满意的	□	□	□	□	□
35. 担忧的	□	□	□	□	□
36. 狂怒的	□	□	□	□	□
37. 抱怨的	□	□	□	□	□
38. 孤弱无助的	□	□	□	□	□
39. 劲头十足的	□	□	□	□	□
40. 自豪的	□	□	□	□	□

二、评分方法

该量表的计分方法为："几乎没有"=0，"有一点"=1，"适中"=2，"相当多"=3，"非常地"=4。7 个分量表的题项分别为：

紧张：第 1、8、15、21、28、35 题；

愤怒：第 2、9、16、22、29、36、37 题；

疲劳：第 3、10、17、23、30 题；

抑郁：第 4、11、18、24、31、38 题；

精力：第 5、12、19、25、32、39 题；

慌乱：第 6、13、20、26、33 题；

与自我有关的情绪：第 7、14、27、34、40 题；

分别累计各分量表的原始分数，通过查阅常模，计算每个分量表的 *T* 分数。

TMD =5 个消极的情绪得分之和 −2 个积极情绪得分之和 +100。

资料来源：祝蓓里 . POMS 量表及简式中国常模简介［J］. 天津体育学院学报，1995，10（1）：35 −37.

【本章小结】

1. 体育活动是一个认知与情感紧密交融的过程，情绪、情感在体育教学中的作用日益受到人们的重视。

2. 情绪是人对客观世界的一种特殊性反映形式，是人对客观事物是否符合自己要求的态度和体验。情绪具有独特的主观体验形式、外部表现形式，以及独特的生理基础，这对体育教学的影响是很大的。情绪可以是体育活动的启动状态也可以是体育活动的背景状态。

3. 情绪具有两极性，主要表现为：肯定和否定的情绪、积极与消极的情绪、紧张与轻松的情绪、激动与平静的情绪等。

4. 情绪的激活包括生理激活与心理激活。人的欢乐、愉快的正情绪可以导致良好的操作效果，对个体在体育活动中技能的发挥有着积极作用。

5. 情绪对体育活动具有增力或减力的效能，心理学家们把凡是能提高运动机能、增强人的工作能力的情绪叫做“增力性情绪”；而把那些降低肌体机能和工作能力的情绪称为“减力性情绪”。

6. 情绪的转化作用是指情绪能把体育活动的结果转化为有效的强化物。人在体育活动中若取得成功，就会增强信心，提高学习兴趣，产生更大的学习动力。在体育的学习中，人们表现出的肯定与否定的对立情绪在一定条件下可以互相转化。

7. 青少年阶段是个体的生理发展已接近成熟，但心理水平还处在发展之中的特定时期。他们对情境变化的敏感性较强，个性倾向不够稳定。

8. 表情调节是有意识地诱导学生改变其面部和姿态表情以调节情绪的方法。

9. 调节呼吸频率和深度是改善情绪的有效方法，它能促进神经系统迅速恢复平衡，保持血液中氧气和二氧化碳浓度的平稳，使得呼吸平静而有节奏，起到稳定情绪状态的作用。情绪低沉时，可采用长吸气与有力的呼气练习提高情绪的兴奋水平，这就是呼吸调节。

10. 暗示调节即以不明显的方式（如语调、休息、面部表情等）对个体施加心理影响的方法。它通过大脑的思维活动对来自外界的多种信息进行科学的处理，运用代表体内外环境的一切事物或现象的词语对心理过程施加影响，产生积极的内心想象和增力性情绪，增加信心，达到调节情绪状态的目的。

11. 表象调节即在体育活动过程中，头脑中重现自己过去获得成功时的最佳表现，体验当时的身体感觉和情绪状态，俗称“过电影”。表象重现是一种积极的意念，它可以间接地使植物性神经系统活跃起来，进而促进心跳加快，呼吸加强，使新陈代谢过程的血流量加大，糖分解加速，热能供应充足，使全身增力感觉和增力情绪加强。

12. 活动调节即利用不同速度、强度、幅度、方向和节奏的动作练习，来控制学生的情绪状态。

13. 通过情绪色彩鲜明的音乐控制情绪状态的方法叫音乐调节。

14. 颜色是视觉刺激物，可以同时引起其他感觉，使人感到冷暖、重量、味道等的不同，称为联觉。在教学中也可以利用联觉现象通过颜色调节学生的心理状态，即为颜色调节。

15. 通过气味在一定程度上调节学生的情绪状态，即为气味调节。

16. 以适当的方式及时地和充分地宣泄自己内心的痛苦、忧愁、委屈、遗憾等以控制情绪的方法叫宣泄调节。

17. 体育教学活动中营造良好情绪气氛的方法包括：建立新型师生关系，激励学生情绪；营造美好环境，调控学生情绪；教法灵活多变，激活学生情绪。

18. 体育教学活动中特殊情绪状态的调节包括：对状态焦虑的调节；对胆怯、恐惧的调节；对挫折和失败情绪的调节。

【建议参考资料】

1. 殷恒婵. 体育心理学［M］. 北京：人民教育出版社，2008.

2. 殷恒婵. 体育与健康学生自读课本·体育基础知识［M］. 北京：人民教育出版社，2004.

3. 季浏，殷恒婵，颜军. 体育心理学［M］. 2 版. 北京：高等教育出版社，2010.

4. 丁雪琴，殷恒婵. 运动心理训练与评价［M］. 北京：文津出版社，1997.

5. 彭聃龄. 普通心理学［M］. 2 版. 北京：北京师范大学出版社，2001.

6. 陈录生，马剑侠. 新编心理学［M］. 北京：北京师范大学出版社，1995.

7. 全国中小学体育教师全员培训教材编委会. 体育（小学）上册［M］. 北京：人民教育出版社，2001.

8. 高正亮，董辉杰. 积极情绪的作用：拓展—建构理论［J］. 中国健康心理学杂志，2010，18（2）：246－248.

9. 祝蓓里. POMS 量表及简式中国常模简介［J］. 天津体育学院学报，1995，10（1）：35－37.

【问题与思考】

1. 什么是情绪？情绪有何表现？

2. 在体育活动中，学生的情绪有哪些特点？

3. 体育活动中调节情绪的手段和方法有哪些？

4. 结合实践，尝试设计并分析调节和控制体育活动中情绪的策略。

第六章　体育活动与意志品质

【本章提要】

本章主要介绍体育活动中的意志与意志行动，体育活动中意志品质的特征及其作用，以及在体育活动中培养学生良好意志品质的策略。

【学习重点】

1. 了解意志的概念及其特征。
2. 了解意志品质的概念及其种类。
3. 了解意志行动的两个阶段。
4. 理解体育活动中意志品质的作用。
5. 掌握体育活动中培养良好意志品质的策略。

【重要术语】

意志　意志行动　意志品质　独立性　果断性　自制力　坚韧性

意志是推动个体积极主动地进行活动的主观的自我控制能力，是个体是否能坚持到底、彻底完成任务的重要保证，也是个体在学习、工作和生活中成为强者的基础。良好的意志品质不是天生的，而是后天教育培养的结果。良好意志品质的培养有很多途径，其中一个非常重要的途径就是通过体育活动的方式培养学生良好的意志品质。

概念解析

意志

意志是有意识地支配、调节行为，是通过克服困难，以实现预定目的的心理过程。它具有引发行为的动机作用，但比一般的动机更具有选择性和坚持性。例如，同学们进高等师范院校学习，立志从事教育事业，这首先要确定行动目的，然后根据这个目的刻苦学习，参加体育锻炼，克服各种困难，争取在德、智、体等方面都得到发展，成长为合格的人民教师。在这些行动过程中，同学们不仅意识到自己的需要和目的，还以此调节自己的行动以实现预定的目的。意志就是在这样的实际行动中表现出来的。

第一节　体育活动中意志品质的概述

一、意志概述

（一）意志

意志是人们在认识和实践过程中自觉地确定目的，并根据目的调节和支配行动，克服困难，实现目标的心理过程。

从意志的定义可以看出意志有以下三个特征。

1. 意志具有明确的目的性

由于人们具有自觉地根据目的采取行动的能力，所以人们能够发动符合目的的行动并调节自己的行动使之符合自己的目的。人的意志还能制止不符合目的的行动；人的意志不仅能够调节人的外部动作，还可以调节人的心理状态。例如，在篮球比赛时，如果下定决心去争取胜利，那么，队员就会自觉地付诸行动，抵制外界的诱惑，抵抗身体内部的疲劳和伤痛，积极备战。

2. 意志以随意动作为基础

人的行动是由一系列的动作组成的。有些动作是不随意的，这些动作是在无意中发生的不由自主的动作，如手受到针刺会立即缩回、膝跳反射等。有些动作则是随意动作，这些动作是受意识支配的动作，是实现意志行动的基础，如学生进行的游戏就是由一系列随意动作组成的意志行动。如果不掌握必要的随意动作，意志行动就无法实现。只有掌握了一定的随意动作，才可以根据目的去组织、支配和调节一系列的动作，组成复杂的意志行动。

3. 意志与克服困难相联系

在意志行动中，为了达到目的，常常需要克服各种困难（主要包括内部困难和外部困难）。不管是克服哪种困难，都需要意志努力。内部困难主要是指人在行动中有相反的要求和愿望的干扰。例如，学生在学习一些有一定危险性的动作时，往往会产生畏难情绪，不愿意付诸行动。外部困难主要是指人在采取行动完成预定目的时所遇到的客观环境中的障碍。例如，在室外活动时，我们往往会遇到天气不好、场地狭小、器材不够等情况，而要完成既定的教学目标或计划，就必须想办法克服这些外部障碍。内部困难比外部困难更加难以克服。因此，在克服这些困难时，先要克服内部困难，如果内部困难得到解决，那么外部困难也就迎刃而解了。

知识窗

意志坚强的张建

2000 年 8 月 8 日，36 岁的张建面对直线距离 109 千米的渤海海峡，跳入水中开始了人类对自然的一次伟大征服。历经 50 小时 22 分钟，张健不间断地游出了 123.58 千米，这相当于长距离游泳运动员 55 天的运动量，相当于在陆地上跑 438 千米。在长达 50 多个小时的横渡中，自身体温的保持、能量的补充、海水刺激的预防、流大风急等困难，以及鲨鱼、海蜇等海洋生物的威胁都是无法回避的难题。张健凭着自己的胆识和顽强的毅力，不但书写了人类横渡海峡距离最长的世界纪录，也书写了自己人生的新篇章。

苏东坡曾说：古之成大事者，不惟有超世之才，亦有坚忍不拔之志。坚强的意志是一个人成功的必要心理素质，只有坚持不懈、持之以恒，才能圆满地实现自己的人生目标。

人与人之间，成功者与失败者之间，弱者与强者之间，最大的差异，往往并不是能力、素质、教育等方面的差异，而是在于意志的差异。人只是因为意志比较薄弱，才会有那么多弱者和失败者，而那些意志坚强的人才是少数的成功者。

资料来源：常桦．意志决定成败［M］．武汉：武汉大学出版社，2006：6－8.

（二）意志行动

意志和行动是分不开的，只有通过行动才可以将意志表现出来。人在采取行动之前，一般都要考虑做什么和如何做，然后根据考虑好的计划采取行动，克服在行动中遇到的困难，最后达到目的。这种在意志调节和支配下的有目的、有意识、自觉的行动，称为意志行动。

有目的、有意识的意志行动可分为两个阶段：准备阶段和执行阶段。在这两个阶段中都需要意志的参与。

1. 准备阶段

准备阶段是行动前在头脑中对未来的行动进行酝酿和抉择的过程。它包括在思想上权衡行动的动机、确定行动的目的、选择行动的方法，并作出行动的决定。

（1）权衡动机冲突。动机是人们进行活动的直接原因，它与活动的目的有密切关系。一般来说，在某一活动中，往往会有很多种动机的参与，有时这些动机之间会产生矛盾。如果处理不好这些矛盾，就会给意志行动造成内部障碍，从而影响到行动的顺利执行。因此，由动机到行动，往往要经历一些动机之间的权衡。

对于单一动机的意志行动，可以从动机直接过渡到行动。而对于多种动机的意志行动，虽然有多种动机交叉，但这些动机并没有原则性和根本性冲突。例如：学生进行体育学习的动机既包含了个人兴趣，又包含了对健康的追求，还包含了人际交往的动机，它们之间的关系不是对立的，因此都可以在一个人身上并存并对意志行动起推动作用。

但有些意志行动也是多种动机交叉，但动机与动机之间会有矛盾和冲突，往往难以并存，也很难从动机过渡到行动。只有化解了动机间的矛盾冲突，理顺动机之间的关系，恰当地选择一些动机，意志行动才可能顺利进行。在处理动机冲突时，往往可以看出一个人的意志水平。一般来说，意志坚强的人在处理原则性动机冲突时，能坚定地使自己的行动服从和服务于集体或国家的利益，而对于非原则性的动机冲突，也能恰当地进行取舍。这里所指的原则性动机冲突，是指个人主观愿望与事物发展的客观规律和社会道德要求相矛盾的动机冲突。例如，学生发现有人破坏体育器材和课堂秩序，是挺身而出进行制止还是考虑同学之间的面子关系而听之任之呢？这样的动机冲突就是原则性动机冲突。相反，一些非原则性的动机冲突，如周末是看球赛还是去锻炼，就不涉及违背社会道德标准或客观规律的问题。意志薄弱的人不仅处理不好原则性动机冲突，在非原则性动机冲突面前也表现得犹豫不决，这通常会导致选错方向或遭遇失败。

（2）确立活动目的。活动目的是指意志行动所要达到的目标和结果。动机对于行动具有驱使作用，而目标则对行动有吸引作用。目的之间也常常会有尖锐的矛盾和斗争。这就导致人们不知如何取舍，产生心理冲突；而这些冲突不解决，又常常会阻碍行动的进行。因此，确定活动的目的是意志行动的另一重要环节。

人的意志行动通常表现为接近或回避某一目标。根据意志行动的这一特点，可以把冲突分为以下四种类型：

①双趋式冲突。双趋式冲突是指两种或两种以上目标同时吸引着个体，但只能选择其中的一种目标，这时就出现了双趋式冲突。“鱼和熊掌不可兼得”就体现了这样的冲突。例如，操场上同时进行两项或多项有趣的活动，一名学生既想参加这一组的活动，又想参加另一组的活动，这个时候就会产生双趋式冲突。

②趋避式冲突。趋避式冲突是指同一事物或目标对个体既有吸引力，又有排斥力。在这种情况下，个体既愿意接近目标，又想回避它，从而引起内心的冲突。例如，体育教师在找某一位小学生出来给大家进行示范时，有些小学生就会产生趋避式冲突，他们既想在同学面前显示一下自己，又害怕自己如果示范得不好，会遭到同学的讥笑。

③双避式冲突。双避式冲突是指当两种或两种以上目标都是个体力图回避的事物，而他又必须选择其中一种目标时，就会产生双避式冲突。例如，有些女同学怕脏怕累，不愿意上体育课，但是不上体育课又怕老师点名，又不得不去上体育课，这样的矛盾冲突就是双避式冲突。

④多重趋避式冲突。在实际生活中，常常出现一种更复杂的情况，个体面对着两个或两个以上的目标，而每个目标又分别具有吸引和排斥两方面的作用，个体不能简单地选择一个目标而回避（拒绝）另一目标，必须进行多重选择。由此引起的冲突叫多重趋避式冲突。

（3）选择行动方法与策略。当人们克服了动机矛盾，明确了活动目的，也就是说解决了做什么的问题，下一步就是要解决怎么做的问题，即采用什么方法和策略去解决问题。在选择行动方法和策略这个环节中，好的方法和策略可产生事半功倍的效果，不好的方法和策略则产生事倍功半甚至失败的效果。

为了实现预定的目的，人们都会事先对自己的行动进行周密的思考，对时机、策略、方法作出选择。在多数情况下，达到同一目的的方式方法有很多，需要人们对这些方式方法作出选择、权衡利弊，这就是决策。决策是一种判断，是从若干的行动方案中选择一个合理有效的方案以达到既定的目标。因此，要对各种行动方式方法的优缺点及可能导致的结果逐一进行分析、比较。有时只有这些还不够，还需要经过进一步的了解与学习。行动方法的选择与策略的制订是一个人认知、情感、意志等多种心理机能发挥作用的综合产物。例如，体育教师在为学生制订运动方案时，既要综合考虑要达到的目标、达到目标的时间、学生的身体状况和个性特点等，还要考虑锻炼的时间、次数、频率、项目等。

（4）制订行动计划。进行合理有效的行动还必须制订切实可行的计划，并按照客观规律，考虑和安排行动的顺序。在制订行动计划时，既不能不顾现实情况，盲目地制订计划，又不能左顾右盼而迟迟不能形成计划。必须很果断很周密地制订行动计划。同时在制订计划时还要考虑留有余地，方便在行动中灵活调整，以趋完善。这些活动的进行都会有意志的参与。例如，接着上面的例子，体育教师在综合考虑后不能犹豫不决，要迅速形成一个比较完整的锻炼方案。

2. 执行阶段

执行阶段是意志行动的实施阶段。由于意志行动的最终目的在于实现目标，只有执行事先的决定或计划才能达到预期的目的。否则，即使行动目的制订得再远大，计划进行得再周密，都是没有意义的。在执行决定的过程中，需要考虑和处理好以下几个问题。

（1）执行决定要及时。作出了决定，下一步的关键就是执行。是否及时执行决定，是否付诸实践，以及实际行动中执行决定的情况如何，都是判断个体意志是否坚强的重要指标。及时执行决定是指在应该采取果断行动的时候必须采取行动，既不害怕后退，也不强硬蛮干。在执行决定的整个过程中，既要踏踏实实地按计划进行，也要有一定的灵活性。执行计划要坚定并不意味着机械刻板地去执行，而是要根据实际发生的情况，实事求是，果断地调整计划，并改变方法去实现目的，这也是意志力坚定的表现。例如，在体育教学中，首先要告诉学生敢拼，不但敢拼，还要头脑灵活。在跳山羊时，一些学生在临近“羊”时就会胆怯害怕，这时就要鼓励学生勇于拼搏。如果还是过不去，那就要考虑通过把握好哪些环节才能跳过“山羊”，是助跑速度不够快，还是支撑手的力量不够。

（2）要勇于克服困难。在执行决定的过程中，一定会碰到许许多多的困难。例如，一些已经放弃的目的和计划可能会重新在头脑中浮现；对已经确定的目的、计划有时也会产生动摇；出现新的动机冲突；受到长期形成的习惯、心理定势的干扰；受到新诱因的诱惑，动摇了原来的决定；社会、自然环境的艰险带来的心理压力和消极情绪；体力、脑力的高度紧张，知识经验的不足；失败与挫折带来的畏难情绪以及成功带来的骄傲情绪等。只有战胜这些内外困难，所采取的是意志行动才能实现既定目标。例如，想好明天一早去锻炼，但是早晨发现下小雨了，究竟是去还是不去呢？这就是在执行时遇到了外部困难，只有克服了这样的困难，才是意志行动的表现。这时可以采取一些辅助性锻炼手段，不出屋门就可以达到锻炼的目的。

（3）能够正确对待挫折。在执行决定的过程中，挫折是难免的，这种挫折感可能有时给人的打击比较大，使人放弃努力。挫折其实一点也不可怕，可怕的是不能正确对待挫折。如果把挫折看成可以增强人的韧性和解决问题的能力、引导人们用更好的方法去满足需要、实现目标的台阶，那么，挫折和失败就不可怕了。人们常说"失败乃成功之母"，挫折和失败是通往成功道路上的不可缺少的部分，成功包含着挫折，挫折孕育着成功。意志坚强的人往往能经受住各种挫折和打击带来的失败感与挫折感，能够正确地面对成功和失败，懂得冷静地分析受挫原因，从失败中吸取经验教训，并积极寻找有效的补救方法，最后实现自己的目标。例如，在体育教学中，有些同学会因为动作不规范而受伤，下次再也不敢进行此项练习了。教师要想引导这些学生克服原来的阴影，就需要认真分析原因，并找出能够解决这个困难的办法。

意志行动的两个阶段是紧密联系的。没有意志行动的准备阶段，就不可能确立正确的目的和作出正确的决定，而没有意志行动的执行阶段，再好的决定也没有意义。只有把两者有机地统一起来，才是意志坚强的体现。

二、体育活动中意志品质的特征

意志品质是指一个人在实践中形成的比较稳定的意志特质，是衡量人的意志是否坚强的标准。体育活动中人们最主要的意志品质有独立性、果断性、自制力、坚韧性。

（一）独立性

独立性表现为一个人有能力自主作出决定并执行这些决定，有责任并愿意对自己的行为产生的结果负责，并深信这样的行为是切实可行的。这种品质来自于人的正确观点和信仰，是衡量一个人意志水平的首要品质。首先，独立性表现在正确理解社会的要求，并能根据社会要求提出反映这种要求的目的，使个人的目的服从社会目的。其次，独立性还表现在目的确立后，个人的兴趣、动机、情绪体验都要自觉服从这个目的，能独立地调节行动，不依靠外力的督促与管理，不鲁莽，不任性蛮干，不盲目附和别人的行动。最后，独立性也表现在进行活动时头脑清醒，胜利时不自夸，不争功，谦虚谨慎；失败时不灰心，不埋怨，敢于修正错误，总结经验教训。

与独立性品质相反的意志品质是易受暗示性和独断性。前者主要表现为一个人很容易受别人的影响，毫无分析和批判的能力，行动不是从自己的认识和信念出发，而是被别人的言行所左右，没有主见，没有明确的行动方向，缺乏坚定的信心和决心。后者则主要表现为置周围人的意见于不顾，拒绝他人的正确劝告，固执己见，一意孤行。

儿童青少年往往依赖性很强，缺乏独立性，意志薄弱，害怕困难。因此，更应注意在体育教学中利用各种方式培养他们的独立性。

（二）果断性

果断性主要表现为有能力及时采取有充分根据的决定，并在深思熟虑的基础上去实现这些决定。具有果断性品质的人能够在复杂情况下明辨是非，把握机会，适时作出正确的决定，并毫不犹豫地付诸实施。果断性建立在深刻认识和明辨是非的基础上，是以意志的独立性为前提的。具有果断性品质的人，还善于审时度势，对问题情境作出准确的分析和判断，洞察问题的是非真伪，这是他们能够迅速采取决策的根本原因。果断性在体育活动中有重要意义。例如，足球运动员的当机立断对比赛胜败有直接影响。

与果断性品质相反的是优柔寡断和冒失武断。优柔寡断的人在需要作出决策时犹豫不决，动机斗争没完没了；在执行决定时，常出现动摇、拖延时间、怀疑自己的决定等现象。冒失武断者则是缺乏思考，凭一时冲动轻率决定，草率从事，往往使行动碰壁，导致失败。

在体育教学中，教师可以采用一些传球游戏来发展学生的果断性，让学生在接到球后迅速将球传出去，这个时候就需要学生在很短的时间内迅速作出传球的决定，并且要知道传给谁、用多大力量，这样可以培养学生的果断性。

（二）自制力

自制力是指善于掌握和支配自己行动的能力，它表现在意志行动的全过程。在作出决定时，自制力表现在能够按照周密的思考，作出合理的决策，不被环境中各种诱因左右；在执行决定时，则表现为克服各种内外因素的干扰，把决定贯彻执行到底。另外，自制力还表现为对自己的情绪状态能够进行调节和控制，并在必要时能抑制激动、暴怒、愤慨、失望等情绪体验。与自制力品质相反的品质是任性和怯懦，任性的人不能约束自己的行动、肆意妄为，怯懦的人在行动时畏缩不前、惊慌失措。

在体育游戏中，总有一些学生为了争取胜利而违反游戏规则，作为对手的学生则会感到非常愤怒，这时他们如要想取得最终的胜利，就需要用意志力抑制愤怒情绪，继续参加比赛。

知识窗

林丹的羽毛球之路

跃起、挥拍、扣杀、欢呼，林丹在羽毛球场上的每一次击球都显得霸气十足。他的打法以拉吊突击为主，力量速度俱佳，而这一切在很大程度上都是仰仗着他出色的弹跳和爆发力。

林丹12岁入伍，来到八一队。15岁时，林丹在一次淘汰赛中与名将吴蔚相遇。对于正处在发育阶段的羽毛球运动员来说，他们两人在年龄上虽只差三岁，但在力量、技术上的差距非常明显，而且吴蔚的打法很缠人，当时其他人一想到和吴蔚打都怕。

林丹却勇敢地站了出来。吴蔚在力量、体力、经验上明显占优，林丹被迫左接右挡，但是他硬生生从吴蔚手里抢回一局，将比赛拖入决胜局。这时候，连续打了多场比赛的林丹已经累得不行。倒下了就再爬起来，抽筋了就喊个暂停让医生简单处理一下……连医生都劝他："已经抽这么多次了，弃权吧，输给大三岁的对手又不丢人。"但林丹坚持到了最后，尽管他输了，但是他那种不抛弃、不放弃的军人精神却让所有在场的人为之动容，也给在现场的中国羽毛球队的教练和领导们留下了深刻的印象。也许正是这种不服输的精神，成就了今天的"超级丹"。

资料来源： 运动员励志故事［EB/OL］. http：//blog. luohuedu. net/blog/106718. aspx.

（四）坚韧性

坚韧性也叫顽强性。其主要表现为长时间地坚信自己决定的合理性，并坚持不懈地为执行决定而努力。有坚韧性的人，总是充满信心地为实现目的而作出不懈的努力，不怕困难，不怕挫折，善于总结经验教训，把行动坚持到底。坚韧性在活动中表现为锲而不舍、持之以恒，经受得起时间考验；在困难、艰苦的条件面前，不怕苦、不怕死、不动摇、不停滞，一鼓作气，坚韧不拔。

与坚韧性品质相反的品质是动摇性和顽固性。动摇性是指对行动的目的、意义认识不深刻，在行动开始时有热情，但稍遇挫折就垂头丧气，或虎头蛇尾，半途而废。顽固性也就是执拗，执拗的人不了解自己的行动目的和方法，违背客观规律，不能灵活对待已经变化的情况，不能正确看待自己，往往固执己见，执迷不悟，结果在实际行动中到处碰壁。

个体意志品质的发展水平是不一致的。有些人的某些意志品质发展水平高些，如自觉性、自制力等；另一些意志品质发展水平低些，如坚韧性、果断性等。这样就呈现出人们在意志品质上的种种差异。除此之外，在不同年龄阶段，个体的意志品质也表现出不同的水平。

在长跑、定向越野等体育活动中，往往能考验学生的坚韧性，有些学生可能因为怕累怕苦而中途放弃。体育教师应采用鼓励和设置阶段目标的方式，通过这些项目培养学生的坚韧性。

研究案例

意志品质的质性分析及模型建构

1 研究对象与方法

1.1 访谈对象

共选取14名运动员作为研究被试。其中特质型国际运动健将代表4名，健将级运动员10名。

1.2 访谈方法与内容

本研究中的意志品质建模，采用经典的实证建模方法，即行为事件访谈技术（behavioral event interview，BEI）。采用行为事件访谈法，让被访谈者找出和描述他们在学习生活或训练比赛中，遇到困难和挑战时，最成功和最不成功的三件事，然后详细地报告当时发生了什么。

1.3 访谈资料整理

访谈录音文本转录。由专人将访谈录音整理成文字，然后由研究者对照录音，核查文本。校核后给每个录音文本编号，并打印文本，最终产生提出意志品质模型的原始数据，即14份访谈录音文本，共计10万余字。

1.4 编码工具

在本研究中，使用Nvivo软件对文本资料进行了编码。

1.5 扎根理论方法

在质性研究中，最常用的建构理论的方法是“扎根理论”。本研究运用扎根理论方法，通过对深度访谈资料的分析，挖掘意志行为信息，并通过编码发现关键概念的关系模式。这是一个不断比较、思考、分析、转化资料成为概念以建立理论的过程。扎根理论方法的资料分析过程包括开放式编码、轴心式编码和选择式编码三个步骤。

1.6 编码的信度和效度

两个编码者对相同文本材料独立编码结果的一致性程度，是影响编码信度的重要因素，是编码结果可靠性、客观性的重要指标。经过预研究之后，研究者及助手对编码系统已经较为熟悉和统一。在完成编码任务后，随机抽取五份文本材料的编码结果，计算了两人编码的评分者一致性。结果表明，各子维度的频次相关在0.78与0.95之间，说明评分者一致性比较理想，反映了本次编码的合理有效性。

2 结果与分析（略）

3 结论

1）本研究运用质性研究方法，采用BEI技术，通过对访谈结果进行分析，确立了意志品质模型（如图6 1），建构的意志品质模型中，共有两级维度，包括四个一级维度和九个二级子维度。

2）意志品质的四个一级维度是：自觉性、独立性、果断性和坚韧性。九个二级子维度包含自我实现欲、目标清晰度、自制力、信念确认度、顽强性、智源集中度、决策及时性、倦怠耐久度和困难承受度。其中，自我实现欲、目标清晰度、自制力归属于自觉性；信念确认度、顽强性归属于独立性；智源集中度、决策及时性归属于果断性；倦怠耐久度和困难承受度归属于坚韧性。

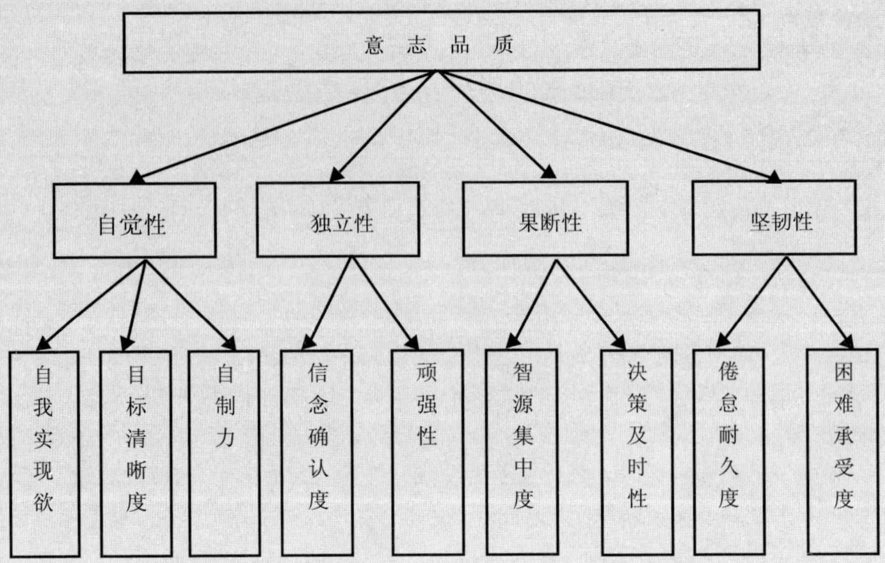

图 6－1　意志品质模型

资料来源： 李佑发，王婷婷．意志品质的质性分析及模型建构［J］．北京体育大学学报，2011，34（3）：80－83．

三、体育活动中意志品质的作用

体育运动是以克服一定的困难和障碍为特征的，需要有良好的意志品质才能克服这些困难。研究表明，优秀运动员取得优异的成绩，有 30% 取决于心理因素，而意志作为运动心理的一个方面，就占了 15% 左右。坚强的意志品质是体育活动中必不可少的一种心理品质。其作用主要有以下表现。

（一）意志在体育活动中起保证作用

体育活动由于具有强身健体的作用而备受人们重视，而强身健体又需要不断地克服疲劳、胆怯和其他不良情绪反应，需要学生动员自身意志去应付各种变化。例如，进行发展力量素质、增强肌肉力量的锻炼，就要进行克服人体内外阻力的负重练习；进行发展耐力素质、增强心肺功能的锻炼，就必须采用长时间持续活动，与疲劳做斗争，这一切都离不开克服困难的行动，都需要意志作保证。学生如果没有一个坚强的意志，很难克服以上困难。

因此，要取得良好的体育教学效果，就需要采用各种方式使学生在进行学练活动时，将锻炼转变为他们自觉的意志行动，这样才能产生稳定的动机并不断深化意志过程，从而保证他们在各种体育活动中刻苦、顽强地练习。

意志薄弱的学生遇到一点困难就退缩。例如，由于高度紧张用力造成肌肉酸痛就中断练习；因疲劳而产生厌倦情绪，不能保证规定的练习次数和时间，造成无法获得良好的锻炼效果。

（二）意志在体育活动中有制止行动的作用

意志制止行动的作用主要表现在两方面：一是制止错误行为，二是制止与预定目的相矛盾的行动。在体育活动中，一方面要制止与体育活动无关的活动，如扰乱秩序的打闹；另一方面，还要制止与预定目的相矛盾的行为，如学生感觉比较累，想放弃练习时，就需要意志来终止这种想放弃的行为，坚持完成体育锻炼。

有时，人认识到自己当前的行为是错误的，但由于惰性心理或已形成错误行为习惯，在改正错误行为时，就需要意志努力。意志坚强的人，能较快地认识到错误行为并给予纠正；反之，有些人在改正错误行为时则需付出较大的意志努力，作艰苦的动机斗争和行为纠偏。有时，为了完成某项任务，意志会使人放弃某些妨碍完成该任务的活动。例如，学生为了在体育比赛中取得好的名次，强迫自己放弃喜爱的电视节目而参加训练等，就是意志对行动的制止作用。

（三）意志能促进体育教学中的智力活动

意志与兴趣、情感一样，属于非智力因素，都能保证和促进智力的发展。这是由于意志的参与使学生的智力活动更具有目的性和方向性，智力活动也就更为广泛和深入。

意志对学生的认识过程有很大影响，这是因为由于意志的参与，学生的认识活动会从被动转向主动，由无意注意转向有意注意，这有利于提高学生的认识水平。同时，学生在进行认识活动时，总会遇到各种困难和挫折，需要通过意志努力才能克服。所以良好的意志品质（如自觉、自制、顽强、果断等）也会促进学生认识能力的提高。

注意与观察力、记忆力、想象力一样，属于智力范畴，在体育教学中有十分重要的地位。只有付出意志努力，才能在学练活动中克服外界的各种干扰，保证有意注意的进行。例如，听教师讲解动作要领、动作方法、游戏规则，观察同伴的动作，评议同伴的练习质量，都需要学生集中注意，专心致志。

测量与评价

意志力的测试与评价

试题共26道。每道题你可按下列情况作出判断：A——很符合自己的情况，B——比较符合自己的情况，C——介于符合与不符合之间，D——不大符合自己的情况，E——很不符合自己的情况。

	很符合	比较符合	说不清	不大符合	很不符合
1. 我很喜爱长跑、远足、爬山等体育运动，但并不是因为我的身体条件适应这些项目，而是因为这些运动能够锻炼我的体质和毅力。	A	B	C	D	E
2. 我给自己订的计划，常常由于主观原因而不能如期完成。	A	B	C	D	E
3. 如果没有特殊原因，我每天都按时起床，从不睡懒觉。	A	B	C	D	E
4. 我的作息没有什么规律性，经常随自己的情绪和兴致而变化。	A	B	C	D	E
5. 我信奉“凡事不干则已，干则必成”的格言并身体力行。	A	B	C	D	E
……					
22. 我生来胆怯，没有十二分把握的事情，我从来不敢去做。	A	B	C	D	E
23. 我和同事、朋友、家人相处时很有克制能力，从不无缘无故发脾气。	A	B	C	D	E
24. 在和别人争吵时，我有时虽明知自己不对，却忍不住要说一些过头话，甚至骂对方几句。	A	B	C	D	E
25. 我希望做一个坚强的、有毅力的人，因为我深信“有志者事竟成”。	A	B	C	D	E
26. 我相信机遇，很多事实证明，机遇的作用有时大大超过个人的努力。	A	B	C	D	E

评价原则：在上述26道试题中，凡题号为单数的试题（1、3、5、7、9……），A、B、C、D、E依次为5、4、3、2、1分；凡题号为双数的试题（2、4、6、8、10……），A、B、C、D、E依次为1、2、3、4、5分。

26道试题的总得分，如果在：

110分以上，说明你意志很坚强；

91—110分之间，说明你意志较坚强；

71—90分之间，说明你意志只是一般；

51—70分之间，说明你意志比较薄弱；

50分以下，说明你意志很薄弱。

资料来源：丁雪琴，殷恒婵．运动心理训练与评价［M］．北京：文津出版社，1997：189－192.

第二节　体育活动中培养学生良好意志品质的策略

陶行知曾指出，学生的学习光靠智力不行，光有学习的热情也不够，还得有坚持到底的意志，才能克服大的困难，使学习取得成功。坚强的意志品质不是天生的，也不是一朝一夕所能形成的，而是在不断克服困难的过程中逐步形成与发展起来的，是长期磨炼、不断积累的结果。经常参与体育活动，不仅可以培养学生的意志品质，有助于学生掌握运动技能，还能达到激发学生的体育学习动机，提高学生的认识能力，调节情绪，培养个性等目的。更重要的是，通过体育活动增强的意志品质可以迁移到日常生活和学习中。

一、确立目标，树立信心

明确的目的是推动和指导人的意志行动的首要条件。体育教师在培养学生意志品质的时候，首先要让学生对客观事物有正确的认识，明确进行体育学练活动的意义和作用。

（一）明确学习的目标

体育教师应首先让学生明确学习的目的，以使他们明白行动的方向，增加行动的自觉性。学习目标有两个方面的作用：一是努力的依据，二是目标激励。所谓目标激励，就是通过确定适当的目标，诱发人的动机和行为，达到调动人的积极性的目的。学生只有不断激发对高目标的追求，才能激发其奋发向上的内在动力。学习目标是学习的出发点，也是学习的归宿。学习目标越明确、越鲜明、越具体，越有益于成功。因此，在体育教学中，教师应指导学生设置合理的目标，这可以对学生的体育学习和锻炼行为起到激励和维持的作用。在实现目标的过程中，学生通过对困难的克服和对目标的坚持，达到增强意志品质的目的。

（二）结合情感培养，推动意志行动

意志与情感是相互影响和制约的，所以培养学生良好的意志品质应该与情感的培养结合起来。特别是学生对学习、锻炼、集体的责任感和荣誉感，是培养学生意志的强大推动力。

教师不但要重视学生个体的情感培养，更要注意在教学过程中善于调动全体学生的积极性，营造一个积极向上的情感氛围，形成集体的力量，来推动意志行动。在进行困难较大的练习时，如果全班学生的热情很高，当一个学生练习时，就会有许多学生为他加油鼓劲，他的情感和意志都会受到感染和鼓舞。

鼓励是教师用积极的情感方式产生巨大的影响力来培养学生意志的手段。教师可以采用语言、手势、表情或其他方式在意志锻炼的关键时刻对学生进行鼓励或暗示。

二、学习榜样，自觉磨炼

（一）发挥榜样的教育作用

从古至今有不少名人、英雄，他们在不同时代、不同领域中为人类、为祖国作出了卓越的贡献，他们的成就和事迹无不与顽强的意志品质联系在一起。这些事例都可以作为教育中的榜样，成为意志培养的巨大动力，去激励学生。

学生周围看得到、摸得着的人或事虽不像英雄那么伟大，但从直观性角度来看，教育效果也很好。教师要善于从学生中间或他们熟悉的人和事中选取典型，作为锻炼学生意志的榜样。例如，在支撑跳跃练习中，如果身材矮小的学生克服困难完成了动作，这位学生果断、勇敢的意志行动一定会鼓舞全体同学去努力克服困难。

（二）教师意志的影响作用

教师在教学过程中表现出意志的果断性和坚定性可以直接影响学生的内在力量。教师的这种影响不在于其表现得多么严厉，而在于从爱护和关心学生的角度出发，以和善、宁静的态度来提出要求，使学生受到感染，相信其所提要求的正确性，从而接受教师的教育和指导。

教师在做技术动作示范时的果断精神和完美的动作姿态，也是对学生无声的意志鼓励，因为在动作示范中学生可以看到教师的自信心。教师在讲解动作技术、原理和健身知识时，流利的语言、肯定的语调，也会对学生在进行实践时下定决心有一定的启发作用。

教师坚强的意志品质必须与一定的外部表现恰当地结合起来，这对培养学生的意志有更好的作用。夏天烈日下，教师面对阳光，将阴凉让给学生，教师陪伴学生跑步，与学生一起游戏，这种不畏艰难的意志行动更能打动学生，是学生的好榜样。如果教师夏天戴上帽子、太阳镜，冬天穿得臃肿不堪，不与学生一起活动，同时又对学生提出这样或那样的培养意志的要求，就缺乏说服力，也无法取得好的教学效果。

（三）在与困难作斗争中磨炼意志

坚强意志是在与困难作斗争的过程中培养出来的。可以这样说，优良意志品质就是在实践道路上克服困难，取得成功的代名词。

在体育教学中，教师应向学生提出具有一定难度的学练任务，设置的困难由小到大，逐步增加，如动作的难度、运动的距离和时间等，使学生直接感受意志的考验，逐步增强克服困难的勇气。

教师在选择活动时，不应该只考虑或迎合学生的兴趣。为了培养学生的意志，教师有时需要组织一些有一定困难的活动，使他们的意志得到巩固和锻炼，如队列训练、野营、远足、越野跑、跳绳等。

（四）加强意志的自我锻炼

教师的教育指导、榜样和集体的影响都只是意志培养的外部作用，而意志培养最终是通过学生自身锻炼形成的。教师要看到学生自我锻炼意志的愿望，并鼓励他们自主活动。例如，对自觉性较强的高年级学生，可以引导他们自己制订有一定难度的目标，并指导他们正确分析主客观情况，选择适当的锻炼方法。学生在明确行动目的和了解困难过程以后，意志锻炼的收获更大。例如，在长跑锻炼时体能分组的自主组合，跨越障碍高度的自主选择，举重物次数的目标选择等，都可以作为自我加强意志锻炼内容。锻炼以后，还可以开展同学间的互评、自评小结。这种互相交流是对自主学练和加强意志锻炼的进一步深化。

三、规范制度，严明纪律

纪律既是意志培养的结果，又是意志培养的手段。要造就有纪律、有意志的人，从小就要进行意志培养。

（一）建立必要的常规制度

在体育教学中，必须建立对学生意志培养有益的常规制度，让学生自觉地去遵守，如集合整队、队列练习、分组有序练习、竞赛和游戏等都要有所规定。对常规制度，教师既要严格执行，又要让学生清楚它的意义。遵守纪律能培养学生意志的自觉性、坚韧性和自制性。

建立必要的常规制度，加强纪律性教育，绝不是否定而恰恰是保证学生个性发展和创造能力的培养。因为有了良好的意志品质，学生才能主动自觉地投入到各项学练活动中，开动脑筋，发挥想象力和创造力，努力完成事先确定的各项任务。

（二）加强养成教育

人的意志是逐步形成和发展的，对儿童青少年来说，通过日常教育培养，从小处着手，坚持不懈，从而养成学生良好纪律习惯是十分有益的。学校纪律、课堂纪律和良好的集体氛围对学生进行养成教育有重要作用。

养成教育是长期反复的过程，教师要通过引导，对学生进行遵守制度情况的必要督促、鼓励和检查，来增强学生执行制度的信心，并使学生养成自我监督、自我检查的能力。

在纪律养成过程中，当学生意志较为薄弱时，说服方法不一定能起到应有的作用，这时也可以采取适当的强制方法，即在必要的时候要求学生无条件服从。例如，在教学过程中，为了保证安全，投掷实心球一定要按教师的哨音信号，而绝不能随便活动。这样的教育对学生的意志品质也是一种培养。

四、安排得法，要求有度

通过体育锻炼增强体质的过程本身就能培养学生的意志品质，但是否做到安排得法和要求有度，会直接影响到意志培养的效果。

（一）因人而异，因项而异

由于所受教育和生活环境的不同，学生的意志表现也有很大差异。有的学生十分固执，教师应从自觉性、目的性和原则性方面着手培养，使他们理解固执与顽强的区别。对胆小而易受暗示、犹豫不决的学生，教师就应该着重培养他们大胆、勇敢、果断的品质。对经常盲目轻率行事的学生，应当多启发他们的自觉性，培养他们的责任感。对于任性、缺乏自制力的学生，应培养他们的自制力。而对于做事虎头蛇尾、有始无终的学生，要培养他们坚韧不拔的毅力。

对不同意志水平的学生，也需要采取不同的要求、不同的方法来进行培养。有的学生宜用启发诱导和表扬，有的学生宜用制度和纪律进行约束，有的学生则宜采用加“压”的方法。这都要求教师深入了解学生，在意志教育中因人而异，个别对待。

在体育教学中，不同的运动项目和组织教法对各种意志品质的锻炼效果也会有所不同。教师要根据教材进度安排，结合不同学生的意志水平，选择一定的项目，进行有目的、有所侧重的培养。

1. 经常参加球类运动或体育比赛，锻炼意志品质的果断性

球类运动的特点是场上形势变幻莫测，比分交替上升，气氛紧张激烈，扣人心弦。在这种充满竞争的运动中，学生为了在比赛中取胜，必须全力以赴，最大限度地发挥自己的运动能力、聪明才智和潜能，奋勇拼搏。因此，球类运动对每一个参与者来说不仅是体育运动能力的检验，也是对其意志品质的一种考验。例如，在球类比赛中，场上情况瞬息万变，且球类比赛需要默契配合，这就需要学生具备根据主客观情况，迅速而果断地做出决策的能力。在两队交战时，学生要根据场上的具体情况及时运球、传球、组织进攻并阻止对方的进攻，任何犹豫不决都可能造成失误。因此，经常参与体育活动，尤其是球类运动，有助于提高学生的果断性意志品质。

2. 通过对抗性、腾空或跨越障碍等有一定难度的体育项目，锻炼勇敢的意志品质

对抗性体育项目对于养成勇敢的意志品质具有显著的效果，典型的对抗性项目有拳击、摔跤、武术对练、球类运动等。其中，球类运动是学生普遍喜欢的集体性对抗项目。参加球类运动不仅可以发展人的速度、耐力、灵敏等身体素质，还能培养勇敢顽强的拼搏精神。例如，在足球比赛中，争球的时候不仅要求队员应具有良好的爆发力和准确的判断力，还要奋勇拼抢，尽可能地为本队提供进攻或防守的机会，在对抗性体育项目中，勇敢的拼抢可以锻炼学生勇敢的意志品质。

另外，通过参加腾空、跨越障碍等体育活动（如跳高、跨栏、体操等），可以使学生克服身体和心理障碍，坚定毫不畏惧完成任务的决心和信心，从而形成勇敢的意志品质。

3. 在体育比赛和游戏中自觉遵守规则，锻炼自制的意志品质

任何参与者都应该遵守体育比赛和游戏的规则，否则比赛和游戏就不能进行下去。体育规则的制订一方面是为了保护参与者的安全，如果没有一定的规则，

就很容易出危险；另一方面，也是为了比赛和游戏能够更具有公平性和观赏性，更具有参与的价值，使更多的人参与进来。

通过积极地参与体育活动、体育比赛和游戏，在其过程中自觉地遵守规则，在一定程度上可以约束和规范学生的行为，能够锻炼参与者自制的意志品质。

操作与应用

自制性的培养策略

1. 寻求帮助

常与自己的父母和信任的老师或同学交流，请他们时常监督和提醒自己。

2. 三思而后行

想要生气发怒之前，先从 1 数到 100，再认真考虑自己发怒后的后果，免得出语伤人，自己后悔。

3. 树立“勿以恶小而为之”的观念

对一些明知是不好的东西，最好的办法就是不去碰它；对一些不对的事情，则不论恶果有多小都不去做。

4. 对自己进行奖励

给自己制订个奖惩计划，比如在手腕上套根橡皮筋，一发现自己开小差，就用橡皮筋弹自己一下；如果表现良好，则奖励自己玩一会儿或干会儿自己喜欢的事情、吃点喜欢的东西等。

5. 对自己负责

我们既不是为老师家长而活着，也不是为老师家长而学习。一切都是为了我们自己，今天的一切行为都要由将来的自己承担后果，所以必须对自己负责。

6. 换个环境

当我们实在无法控制自己时，不妨换个环境试试。爱看电视的人，可找个远离电视的地方学习；在家里无法学习的，可以到图书馆学习，那里人人埋头苦学，恐怕自己也不好意思东张西望吧。

7. 走为上策

遇到好玩而不该玩的活动时要走，看到好吃而不能吃的东西时要走，看到漂亮而不能拥有的衣服时要走，等等。远离诱惑你的东西，更好地管住自己。

8. 思考“自制性”的重要作用和你平时培养自己自制性的方法，并与同学互相交流。让我们都管住自己，战胜自我，为以后的成才创造必要的条件。

资料来源：殷恒婵．体育心理学［M］．北京：人民教育出版社，2008：169 - 170.

4. 通过参加强度和负荷较大、持久性较长且需挑战生理极限的体育项目，来锤炼抗挫折能力，锻炼意志品质的坚韧性

坚韧的意志品质是在与困难作斗争的过程中锻炼并在实际行动中表现出来的。只有在困难面前付出最大的意志努力，才能取得锻炼意志的效果。通过参加强度、负荷和难度较大，持续时间较长的体育活动（如长跑、游泳等），可以培养学生坚持到底、战胜困难的品质，使学生养成克服困难的习惯，增强坚韧的意志品质。

需要注意的是，体育锻炼要循序渐进。体育锻炼的目标难度过大会使学生望而生畏，失去信心；但设置的目标太简单也不利于坚韧意志的形成和提高。因此，设置的目标应略高于学生的能力水平，待其达到此目标后，再逐渐增加目标的难度。随着困难的不断克服和目标的不断实现，学生会感觉到自己在进步，信心才能不断增强，并体验成功，这样学生才会坚持锻炼下去，从而达到形成和提高坚韧意志品质的目的。

知识窗

不同运动项目的意志品质对应表

运动项目	主要品质	次要品质
游泳、中长跑、滑冰、滑雪	坚韧性	自制力、独立性
体操、射击、举重、田径	坚韧性、自制力	果断性、主动性
武术、滑雪、跳水、摩托车	勇敢、果断性	坚韧性、独立性
球类运动	自觉性、独立性、果断性	勇敢、自制力

资料来源：课程教材研究所体育课程教材研究开发中心. 体育与健康（七—九年级）[M]. 北京：人民教育出版社，2001.

（二）采用形式多样的教学方法

在体育教学中，组织教法运用得当可以创造良好的意志锻炼的条件和氛围。例如，采用竞赛的方法可以强化学生的集体责任感，让学生在比赛中表现出积极进取、顽强拼搏的意志品质，而通过游戏可以培养学生合作、自信和自制的意志品质。

在学练活动中，不同的组织方法对意志的培养可以产生不同的效果。例如，采用友情结伴法，发挥每个人的优势，互相鼓励和帮助；按体能分组，可以对不同小组提出不同目标；全班进行练习，则可以营造热烈的气氛，让全体学生尽情

表现，施展才能。在教学中要灵活运用不同的组织方法。

另外，学校体育教学多在室外进行，各种气候条件和校园地形地物都可以成为意志锻炼的有利因素，教师要善于利用和创设一些困难环境来磨炼学生的意志。

操作与应用

盲人接力

1. 教学对象

小学生。

2. 教学目标

培养学生战胜困难的意志品质与合作意识。

3. 教学准备

在跑道上画两条相距15米的起、终点线，再画两条宽3米的跑道。在跑道的终点线上分别竖一面旗帜。

4. 人员要求

10—20人一组。

5. 组织方法

（1）把学生分为人数相等的两组，每组人数为偶数。然后各组前后两人，其中一个扮盲人，另一个为指路人。分别站在起点线后。

（2）游戏开始，当听到开始口令后盲人和指路人手拉手一起向前跑动，绕过旗杆原路返回，到达起点后指路人用手击同队下一个指路人的手，然后站在队尾，第二个指路人带着本队盲人搭档一起向前跑动，依次类推，先跑完的组为胜。

6. 教学要求

（1）扮演盲人者用手帕或围巾将眼睛蒙上。

（2）指路人中途不能松开盲人的手，两人同时到达有效。

资料来源：于素梅，李伟，张玉霞．新课标小学体育课游戏创编和教学设计［M］．北京：人民体育出版社，2006：220－221.

（三）练习难度和运动负荷要适度

在体育教学中，合理的练习难度和运动负荷安排不仅是锻炼身体的需要，也是锻炼意志的需要。教师对学生提出的完成动作难度目标，应该是学生通过一定的意志努力后能够完成的。难度太大学生无法完成，会使学生丧失信心。难度太小又不需要意志努力，也就无法培养意志。所以难度的设置要恰当，并由小到大，由简到繁，逐步增加。

运动负荷的安排，如跑的距离、运动时间、肌肉负荷量、跳跃的高度及远度、间歇时间等，都要掌握尺度。负荷的安排以全面发展、避免出现过度疲劳为前提，逐步增加运动负荷，使每个学生都能得到意志锻炼的直接感受，从而使他们树立信心，增强克服困难的勇气。

【本章小结】

1. 意志是人们在认识和实践过程中，自觉地确定目的，并根据目的调节支配行为克服困难，实现目标的心理过程。

2. 在意志调节和支配下的有目的、有意识、自觉的行动，称为意志行动。

3. 意志品质是指一个人在实践中所形成的比较稳定的意志特质，是衡量人的意志是否坚强的标准。

4. 独立性是指不屈服于周围人的压力，不随波逐流，能根据自己的认识和信念，独立地采取决定、执行决定。

5. 果断性表现为有能力及时采取有充分根据的决定，并在深思熟虑的基础上去实现这些决定。

6. 自制力指善于掌握和支配自己行动的能力。

7. 坚韧性也叫顽强性，它表现为长时间地坚定自己决定的合理性，并坚持不懈地为执行决定而努力。

8. 培养学生良好意志品质的策略：确立目标，树立信心；学习榜样，自觉磨炼；规范制度，严明纪律；安排得法，要求有度。

【建议参考资料】

1. 殷恒婵．体育心理学［M］．北京：人民教育出版社，2008.

2. 殷恒婵．体育与健康学生自读课本·体育基础知识［M］．北京：人民教育出版社，2004.

3. 耿培新．体育［M］．北京：人民教育出版社，2006.

4. 于素梅，李伟，张玉霞．新课标小学体育课游戏创编和教学设计［M］．北京：人民体育出版社，2006.

5. 常桦．意志决定成败［M］．武汉：武汉大学出版社，2006.

6. 李佑发，王婷婷．意志品质的质性分析及模型建构［J］．北京体育大学学报，2011，34（3）：80－83.

【问题与思考】

1. 何谓意志与意志行动？

2. 说明体育活动中意志品质的特征。

3. 如何通过体育活动培养学生的意志品质？

第七章 体育活动与人格

【本章提要】

本章主要介绍体育活动中学生的个体差异，体育活动中学生的气质特征及其指导策略，体育活动中学生的性格特点及其指导策略，体育活动中培养健全人格的方法，以及结合体育竞争特点培养自尊、自信。

【学习重点】

1. 了解人格的概念。
2. 理解气质的特征及其指导策略。
3. 理解性格的特点及其指导策略。
4. 理解健全人格的特征。
5. 了解自尊的概念。

【重要术语】

人格　气质　胆汁质　多血质　黏液质　抑郁质　性格　外倾型　内倾型

在上体育课时，体育教师首先观察到的是学生的外表和行为方面的差异，却很难观察到许多其他方面的差异。例如，有的学生在体育活动中有很大的运动潜能，他们很快就能掌握所学的动作技能；有的学生花费更多的精力和时间，付出更大的努力，但动作学习也不是很成功。而且，动作学习很快和动作完成得好的学生并不总是班级中体格最强壮的学生，身高、体重并不是产生动作学习差异的主要原因。另外，有些学生对体育活动的兴趣很高，有些学生对体育活动不感兴趣，很少将注意集中于教师的示范与讲解。可见，有时决定学生体育学习效果差异的是他们心理上的个体差异。因此，教师必须根据学生的性格、气质等个体差异，有针对性地采取教学措施，才能达到事半功倍的教学效果。

第一节　体育活动中的人格

一、人格的概述

人格（personality）也被称为个性，源于拉丁语 persona，原意指古希腊时戏剧演员在舞台上戴的假面具，它代表剧中人物的身份。人格与个性这两个术语已广泛应用于心理学文献中，但至今无公认的适当定义。例如，著名人格心理学家奥尔波特（G. W. Allport）曾统计了有关人格的 50 个不同定义。许多心理学家往往根据他们的研究需要，给人格下一个暂行的定义。米歇尔（W. Michel）在 1980 年对人格所下的定义是“人格是心理特征的统一，这些特征决定人的外显行为和内隐行为，并使它们与别人的行为有稳定的区别”。对这一定义，可从三方面理解。第一，人格不是指个别心理特征，而是个体的全部心理特征的组合；第二，构成一个人的人格心理特征不是偶然现象，而是一贯的稳定特征；第三，每一个人都有不同于他人的一组人格特征。所以，心理学家在谈到人格时，首先涉及的是个体的差异，即与其他人相区别的个人特征。

人格差异又称个性差异，是指个人在稳定的心理特征方面的差异。“人心不同，如其面焉”。世界上找不出两张完全相同的脸，也找不出在性格上完全相同的两个人。例如，有人热情善于交际，有人冷漠孤僻，有人才思敏捷，有人反应迟钝，有人温顺，有人暴躁，有人顽强果断，有人优柔寡断，等等。这些都是对不同人格特征的描述。

由于人格理论众说纷纭，对于众多的人格特征如何分类，目前尚无公认的看法。我国流行的心理学教科书一般将人格特征分为心理倾向和个性心理特征两个方面。前者包括需要、动机、兴趣、理想、信念和世界观；后者包括能力、气质和性格。西方心理学一般不作这样的区分，统称上述特征为人格特征。

体育教学活动中的个体差异主要是指在教学中表现出来的学生个体在生理、心理和身体素质发展上的内在的差异。在体育教学中了解学生的个体差异，更多地考察他们在性格、气质等方面的差异，对促进体育教学效果的提高是十分重要的。

知识窗

人格的最新界定

●人格是指那些在个体身上使人的行为比较稳定的、相对持久的特质、倾向或特性模式。细言之，人格是由特质或倾向性构成的，它们决定了个体行为的差异性以及个体行为跨时间和跨情境的一致性（Feist，2002）。

●人格指个体具有的一系列动态的、有组织的特征，这些特征独特地影响了个体在不同情境中的认知、动机和行为（Ryckman，2005）。

●人格是指那些用于解释情绪、思维和行为一致性模式的个体特征（Pervin et al，2005）。

●人格是源于个体身上的稳定行为方式和内部过程。人格研究者通常认为稳定的行为方式指的是个体差异，我们可以跨时间、跨情境地来考察这些稳定的行为方式。内部过程和发生在人与人之间的人际过程不同，它是从人的内心发生的影响着人怎样行为、怎样感觉的所有情绪、动机和认知过程（Burger，2010）。

资料来源：陈少华．人格心理学［M］．广州：暨南大学出版社，2010：4.

二、体育活动中学生的气质特征及指导策略

气质类型差异是因材施教的依据，也是因材施教的结果。所谓气质，是指人的典型、稳定的心理特点。从气质类型的差异与因材施教的关系看，气质类型的个体差异是因材施教的心理依据，了解学生在气质类型上的差异，是实施因材施教的基础。因为气质类型本身是多因素、多侧面的，而且处于不断变化之中。所以，体育教师要经常不断地加强对学生的了解，以便有针对性地进行指导。

（一）胆汁质类型的特点及指导策略

胆汁质类型的学生在体育学习中精力旺盛、情绪高昂、勇敢顽强、积极性高；能主动参与练习，爆发力强，反应迅速，动作技能掌握得较快，具有较强的完成动作的能力，但不注意动作细节；能承担较大而集中的运动量，但易疲劳；能积极练习新讲授的动作，但往往高估自己，情绪变换剧烈，自制力差，容易冲动；常常做力所不能及的动作；学习中喜欢和别人竞赛，在对抗性练习中表现为具有较强的攻击性，容易和同学发生不良冲突；对于动作节奏较慢的教材内容（如太极拳等），表现得比较压抑和被动。

概念解析

气质

气质是表现在心理活动的强度、速度、灵活性与指向性等方面的一种稳定的心理特征，即我们平时所说的脾气、秉性。气质的心理结构是复杂的，它是由许多心理活动特征交错综合在一起组成的。气质类型特点在人身上的不同组合构成了不同的气质类型。

人们通常把气质分为胆汁质、多血质、黏液质、抑郁质等四种典型类型。不同气质类型的学生在体育学习中所表现出的方式和风格各不相同。

对于胆汁质类型的学生，应主要采取正面教育的策略，在充分肯定学生积极热情和优点的同时，适当控制他们的兴奋点，培养其自制力；准备活动的时间相对短些，教学中应以完整教学法为主或缩短分解练习的过程；对他们尽可能安排动作规则和次序都较严格的教材（如武术、形体操、韵律操等），让其习惯于耐心、沉着、

稳健的活动；在每次身体练习之前，宜采用“默念”和“自我暗示”的方法，以稳定其情绪，消除其任性、急躁等消极情绪；还要启发他们的积极思维，找出自己动作的不足之处，不断体会动作要领；练习中要注意他们动作的细节部分，提高动作规范化。在集体练习时，要教育他们以友好的态度对待同学，培养自我控制能力。在安排对练时，尽量避免两名胆汁质类型的学生在一起，以防发生冲突。同时，要加强对这类学生保护和自我保护能力的培养，帮助其克服难以自制的盲目情绪。另外，还可以结合教学内容，选用旋律动听、柔和的音乐。

（二）多血质类型的特点及指导策略

多血质类型的学生在体育学习中热情活泼、思维灵活、反应迅速、灵活性强，接受和模仿能力强，动作掌握较快，练习主动性高，但他们缺乏耐心和细心，往往只求较快地掌握动作，而不注意动作细节，一旦动作被基本掌握，就会满足于现状，不愿意进一步提高。这类学生在学习时情绪容易激动，且注意力容易转移，情绪不稳定；不愿完成单调的动作，对难度大的动作有着浓厚的兴趣，喜欢自己琢磨。

对于多血质类型学生的指导策略是要教育他们明确动作练习的目的，培养他们认真钻研的学习精神，鼓励他们的学习热情。在学习动作开始时，不要给予过多的指导，只要讲清动作要点，让他们自己钻研即可；教法要灵活，可选择多种教学内容，相对多地采用示范法，以适应其模仿能力强的特点；在动作掌握到一定程度时，应对他们提出更高的要求，必要时可增加新的动作，但要防止他们从兴趣出发来学习；要多给他们一些活动的机会，在一个学习内容上练习时间不宜太长，内容和方法难易要适中，使其经过努力就能获得成功；多安排一些需要刻苦努力练习才能获得学习效果的活动（如长跑、游泳、力量性练习），让他们能在练习中注意持久、兴趣稳定；在完成动作后，教师对动作要点要给予提示，启发学生的积极思维，还可结合教学内容选用旋律优美、安宁的音乐来集中学生的注意力。

（三）黏液质类型的特点及指导策略

黏液质类型的学生主要表现为对体育学习踏实且耐受力强，情绪较稳定，不易外露，但灵活性不高，学习有惰性，缺乏主动性，注意力较集中；对有难度的动作常常会产生畏难情绪，有回避练习的表现；对所学习的动作一旦产生了兴趣，就能表现出较强的积极性，并能坚持较久，但掌握动作的速度较慢。

对于黏液质类型学生的指导策略是帮助他们树立学习的信心，启发他们积极思维、踊跃参加练习活动；准备活动相对长些，在学习动作技能的初期给他们以具体细致的指导；动作方法和要领的讲解相对细致些，分解教学的比例大些，并给予足够的思考时间；教学计划安排要突出细节，做到清晰、明确、全面；当学生初步掌握动作后，则可让学生以自觉练习为主；多让学生练习动作快速和灵活性要求高的项目（如球类、跳跃、短跑、韵律操等）以及采用游戏法、竞赛法等；要求他们自我鼓励，提高兴奋程度，使情绪开朗，对他们在学习中取得的成绩要给予鼓励，可结合教学内容，选择轻松愉快、舒展奔放的音乐来激发他们的学习热情。

（四）抑郁质类型的特点及指导策略

抑郁质类型的学生在体育教学活动中的主要表现是善于观察动作细节，情感体验深刻，想象力丰富，但灵活性差，学习信心不足，缺乏主动性，不会主动请求教师和同学给予帮助与指导，常常出现“站课”、“混课”等不良现象，掌握动作的速度较慢。

对于抑郁质类型学生的指导策略是多给予他们体贴和关心，增强其勇气，鼓励他们勇敢完成动作，培养其大胆、果断的无畏精神；要主动接近他们，特别是在学习新动作时要耐心地指导，多采用正误对比的示范方法，引导其建立正确的运动视觉表象；采用连续变换练习法，如跳跃的高度、投掷的重量等，以提高其学习积极性；经常让他们看到自己的进步，必要时适当地降低要求或放慢学习速度，并对他们微小的进步给予肯定；帮助他们树立信心，使其能独立进行练习，巩固已掌握的动作；多安排一些灵活性较强的活动（如简单的球类、游戏和非正式比赛），并选择不同的标准使他们每人都有获得成功的机会，即使失误也不要过于指责，更不能让他们当众进行错误示范；让他们多参加集体性练习活动和比赛，帮助他们克服孤僻、忧虑和自卑感；可采用热情、奔放、节奏感强的音乐来增强学习兴趣。教师在课外活动时要安排时间对这类同学进行个别辅导。

应该指出的是，教师更应多加关注胆汁质和抑郁质的学生。因为这两种类型的学生如果处理不当，都容易出现病态心理。由于胆汁质学生通常都好胜心切，而且活动节奏比较快，心理紧张度较高，往往容易出现疲劳而使抑制过程减弱，导致神经衰弱，甚至出现抑郁性心理障碍。因此，教师在体育教育中要特别培养这类学生养成有节制、有秩序的体育学习习惯，注意劳逸结合。当抑郁质学生碰到困难的动作或有不如意的事发生时，本来就比较“脆弱”的神经往往承受不住，大脑皮层容易转入慢性抑制而导致歇斯底里。因此，教师在体育教学中，要尽量让这类学生体验到真挚的友谊、集体的温暖和生活的乐趣，使他们满怀信心地投入体育学习。

气质本身无好坏之分，每一种气质类型都有其积极的一面和消极的一面，在每一种气质类型的基础上都有可能发展出优良品质。在体育教学中，教师应尽量了解学生的气质类型，正确对待学生的气质特征，掌握不同气质类型学生的学习特点和学习态度，有针对性地采用灵活的教学手段，充分发展学生潜在的体育能力和发扬学生潜在的心理品质，利用其积极的方面，塑造优良的人格品质，克服消极品质。

三、体育活动中学生的性格特点及指导策略

性格是人对现实稳定的态度以及与之相适应的习惯化了的行为方式方面的个性心理特征。性格是多种多样的，是表现人的社会性及精神面貌的主要标志，是个性中具有核心意义的部分。它代表了一个人稳定的、独特的心理风格。从心理活动倾向性上划分，性格可以分为内倾型和外倾型，两种性格类型也具有各自的特点，在体育教学中可以针对其特点采取不同的调控策略。

（一）内倾型学生的特点及指导策略

这类学生大多具有黏液质和抑郁质两种气质类型的特征。他们遇事沉着，善于思考，但活动呆板，灵活性较差，自信心不强，常常低估自己的能力，敏感性高，意志脆弱，练习过程中对有难度的动作时常产生恐惧情绪，不善于与同学交往，课中最佳学习状态出现较晚，但持续时间较长。

对于这类学生可结合对待黏液质和抑郁质学生的方法进行指导。要以赞扬和鼓励为主，善于发现他们学习中的细微进步，并给予及时的表扬。同时，对他们在体育学习过程中遇到的困难和问题要给予耐心的指导和真诚的帮助，尽量避免不必要的批评，更不能讽刺挖苦。此外，对他们的体育学习要提出明确的、具体的、切实可行的目标，让他们在完成一个个学习目标的同时，体验成功的乐趣，提高学习的兴趣，增强学习的信心。

（二）外倾型学生的特点及指导策略

这类学生大都具有胆汁质和多血质两种气质类型的特征。他们性格开朗、倔强，学习积极主动，反应较快，练习动作时不怯场，不计较小的得失，但往往从兴趣和情绪出发，练习中喜欢表现自己，喜欢听表扬的话，容易过高地估计自己和自满；学习缺乏计划性和持久性，最佳学习状态出现得较快，但保持时间较短；乐于帮助同伴，与同学能友好相处。

对于这类学生可结合对待胆汁质和多血质两种类型学生的方法进行指导。要保护他们学习体育的积极性，不宜对他们进行过多的表扬，防止可能出现自以为是的情绪，对他们的不足之处要及时指出，有时可进行严肃的批评；多采用提示法，如“快”、“稳住”等语言提示，使其将注意力集中在学习方面，以排除外界的干扰；可发挥他们的特长，鼓励他们努力指导和帮助同伴进行体育学习。

在体育教学中，教师要注意以学生不同的性格特征为依据采用不同的教学方法，贯彻因材施教的原则，发扬某些性格类型的长处，弥补某些性格的不足之处，激发学生的学习兴趣，调动学生学习的积极性和主动性，发展学生的体育能力，完善学生的性格。

操作与应用

人格发展的辅导原则

	人格发展的辅导
一般原则	了解儿童的需要，实时满足。 了解儿童的气质倾向，作为教养方式的参考。 尊重儿童的个体差异。 注意身教及言教。 充实儿童的生活经验，以促进正向的模仿机会。 培养儿童的兴趣并支持兴趣的发展。 培养儿童的耐受度，接受儿童的情绪发泄，并陪伴和鼓励。 抓住关键期（3—6 岁），随时给予机会教育。
学校	采用民主的管教态度，培养儿童良好行为及人格。 教师本身具有积极、健全的人格。 教学方法符合儿童的需求，尊重个体差异性。 教师应注意自身的言教及身教。 促进同伴间学习的良好互动。 充实儿童的活动经验。 建立良好的师生关系。 在教学中灌输正确的道德观念。 采用“五育”并重的多元教学。
社会	营造多元化、适性发展与学习的社会气氛。 去除不当的刻板印象。

资料来源：陈少华．人格心理学［M］．广州：暨南大学出版社，2010：58.

第二节　体育活动中健全人格的培养

一、体育活动中健全人格的培养方式

（一）健全人格的特点及类型

根据国内外的研究，可将健全人格概括为各种心理特征的完美结合。其具体特点如下。

1. 内部心理和谐发展

人格健全者的需要和动机、兴趣和爱好、智慧和才能、人生观和价值观、理想和信念、性格和气质都向健康的方向发展。他们的内心协调一致、言行统一，能正确认识和评价自己的所作所为是否符合客观需求，是否符合社会及体育道德准则，能及时调整个体与外部世界的关系。一个人如果失去其人格内在统一性，就会出现认识扭曲、情绪变态、行为失控等问题。

2. 人格健全者能够正确处理人际关系和发展友谊

人格健全者在人际交往中显示出自尊和他尊、理解和信任、同情和人道等优良品质。友谊使人开朗、热情和坦诚。而缺乏友谊的人，在情绪上往往有很大的困扰，轻则产生恐惧、焦虑、孤独，重则产生多疑、嫉妒、敌对、攻击的心态和行为。对那些嫉妒心强的人，很难想象他们能在互惠的基础上与人合作；傲慢自大的人也绝不会虚心地倾听别人的意见。人格健全者在日常交往中既不随波逐流，也不孤芳自赏，能够使自己的行为与朋友、同事、同学协调一致。

3. 人格健全者能把智慧和能力有效运用到可获得成功的体育活动中

人格健全者在体育学习和竞赛中被强烈的创造动机和热情所推动，并能和他们的能力有效地结合起来，从而使他们勇于创造、善于创造，经常有所发现、有所革新、有所建树。他们的成功常常会给他们带来满足和愉悦，并形成新的兴趣和动机，使他们的生活内容更加充实。

随着科学技术和物质生产的发展，人们开始重视人的潜能研究，这为心理学领域带来一次新变革，心理学家根据他们的临床经验，运用心理测验、访谈等方法，对被认为具有较高心理健康水平的人进行研究，提出了以下几种健全的人格类型。

（1）“创造性”类型。创造者是指可以使用自己的所有力量、潜能和能力控制行为，其特点是具有创造性思维。创造性思维会使人真正意识到与思维对象的关系，意识到对思维对象的关心，有真正的幸福体验。这里的幸福不只是愉快的体验，而且是一种生机盎然、充满活力、身体健康和个人各种潜能得到实现的状态，以良心为其定向系统。创造者有一种特殊的良心，弗洛姆称之为“人本主义”良心。支配心理健康者的人本主义良心引导人们以一定的行为方式，实现人格的充分发展和表现，并使人获得幸福感。心理健康者也是自我定向者，是自律的。

（2）“成熟者”类型。美国人格心理学家奥尔波特在哈佛大学长期研究高心理健康水平的人，认为“成熟者”具有自我扩展的能力，与他人交往热情，关系融洽，情绪上有安全感，自我接纳，具有现实性知觉，客观地看待自己，有多种技能，并专注于事业，行为的一致性是其人生哲学。

（3）“自我实现者”类型。美国人本主义心理学家、人类潜能运动的先驱者马斯洛对“自我实现者”进行了深入研究。发现这些人都满足了自我实现的需要，所有的能力都得到了运用，所有的潜能都得以实现。马斯洛从“自我实现者”身上归纳出以下特点：能充分地、准确地认识现实；对自己、他人和整个自然都能够做到最大限度地认同和接纳；有自然、朴实的纯真和美德；经常关注社会上的疑难问题；喜欢独处，有超俗的品质；独立自主，不受文化和环境的约束；有高品位的鉴赏力；常有高峰体验；能建立持久的友谊和民主价值观；拥有富有哲理的幽默感；有创造性；能积极地适应现存的社会文化类型。

(4)“功能充分发挥者”类型。美国人本主义心理学家罗杰斯指出，“功能充分发挥者”认为幸福并不意味着一个人所有的生物需要都得到满足，如财产和地位。幸福的真谛在于积极参与实现的倾向，在于持续的奋斗，而不是奋斗的结果。罗杰斯认为“功能充分发挥者”具有五种特征：他们的社会经验都能正确地、符号化地进入意识领域；自我协调；以自己的内在评价机制来评价经验；自我关注；乐意给他人以无条件的关怀，能与其他人高度协调。

知识窗

健全人格的特征

2003 年，黄希庭教授在大学生中开展了一次开放式问卷调查：“你认为什么样的行为是心理健康者的特征行为？依据你的看法请写出 5—10 条。”在收回的问卷中，大学生提出了 393 条特征行为，经内容分析区分为 12 类，按百分比依次排列如下：爱学习、乐于工作，积极上进，对生活充满希望（20.5%）；尊重他人，帮助他人，人际关系良好（15.7%）；能正确认识自己，有自信心，不自卑（11.8%）；能客观地看待事物，能适应新环境（11.5%）；能有效调整自己的心态，情绪较稳定（11.4%）；意志坚定，遇困难不退缩（10.2%）；行为举止合乎情理（9.7%）；有忠心、良心，爱憎分明（2.8%）；无人格障碍，无精神疾病（2.6%）；有理想，有抱负和责任心（1.4%）；尊敬师长，团结同学，帮助弱小（1.4%）；身体健康无疾病（1.0%）。

仔细分析大学生们所说的“最佳心理健康”的特征，可以看出大学生都有着对健全人格的追求和渴望。根据这些调查，并查阅大量传统文化典籍和相关研究，黄希庭教授归纳出健全人格者的特征应包括以下几个方面：对世界抱开放态度，乐于学习和工作，不断吸取新经验；以积极的眼光看待他人，有良好的人际关系和团队精神；以积极的态度看待自己，能自知、自尊、自我悦纳；以积极的态度看待过去、现在和未来，追求现实而高尚的生活目标；以积极的态度对待困难和挫折，能调控情绪，心境良好。

总之，人格健全的人能以辩证的态度看待世界、他人、自己、过去、现在和未来、顺境和逆境，是自立、自信、自尊、自强、幸福的进取者。

资料来源：费尔德曼．心理学与我们［M］．黄希庭，译．北京：人民邮电出版社，2008：225.

(二) 培养学生健全人格的方式

在体育教学的实践中，应积极发展学生人格动力系统、人格特征及心理状态，使学生人格的各个特征有机地结合，构成一个能够自我调节、自我控制、自我完善的活动系统。具体的培养方式如下。

1. 提高认识，满足学生的合理需要

满足学生的合理需要是有效激发动机的关键。在体育活动中，尽管每个学生都有自己特殊的需要，但多数人的需要可以归为以下三种。

（1）追求乐趣的需要。体育运动的魅力之一，就是具有鲜明的挑战性和趣味性，并能使身心活动融为一体。为了保持体育的这种魅力，体育教师在教学过程中应丰富体育教学内容，以满足每个学生对体育活动的需要；练习方法和手段要多样化，让所有学生都有参与活动的机会，允许学生在练习过程中有更多的自主选择机会。

（2）归属感的需要。学生在参加体育活动时都希望自己成为集体的一员，为集体增添积极色彩。如果取胜是集体的目标，他们会为之努力，因为他们迫切希望成为集体的一部分，迫切希望被教师和集体接受。体育教师可以将集体成员的资格作为一种颇具诱惑力的奖励，以鼓励这类学生为优良成绩去努力拼搏，以集体的荣誉感来激发他们的成就动机。

（3）实现自我价值和展示自己的需要。这是体育运动中最普遍、最强烈的需要。这种需要的特点是由学生归因特点决定的，无论对哪种学生来说，自我价值感都可能是他们最珍惜和最悉心保护的精神财富。展示自己的才能并使他人承认自己的价值，或者不必得到他人的尊重而自认为有价值、有能力，都可以满足这种需要。体育活动的各种任务时时都在向人的能力提出挑战，作为教师必须尽可能地保护学生，不要使他们失去自我价值感。

对于有失败定向的学生，体育教师应帮助他们重新确定目标，并尽可能设法通过需要引导他们积极改善归因的控制点，这样才能有效地培养和激发他们的内部动机。例如，对于在体育比赛中屡受挫折、自尊心受到极大伤害的学生，应帮助他们重新确定切实可行的目标，引导他们将失败归因于努力不够，并积极为其创设成功环境，提高其自身的价值感，保护其自尊心。

2. 培养和激发学生的内外动机

在体育教学过程中，教师应有目的地通过启发信念和价值观来激发学生的内部动机。例如，体育教师在参加比赛前对其学生说：“为了准备这次比赛，你的确练得很努力，你应对准备工作感到满意，我相信你肯定能充分发挥出自己的水平。”这就是教师通过内化法来激发学生动机的典型例子。同时，教师可以通过改善教学与练习环境来培养和激发学生的间接动机，如变换练习场地、改善练习设备条件、改变学生练习分组、改变传统的练习方法、取消极高评语等方法。

培养和激发学生的运动动机更重要的是应给予学生自主权和培养其责任心。在体育教学活动中，教师对于体育活动所做的安排往往比较适合于学生的发展，但也应知道，最了解学生状况的莫过于学生自己。一旦学生学会了如何自己设计活动计划，掌握了作出正确决策的方法，他们可能设计出更好的计划，可能会有更强烈的责任心去执行自己亲手制订的计划。体育教师应根据学生的能力和水平，在一定的范围内给予学生自主权，这样做不仅能培养和激发学生的内部动机，而且会使学生在将来的生活和工作中受益。

3. 培养学生体育锻炼的心理能力

心理能力主要是指个体在一定的心理结构中对一系列信息进行加工、处理时所表现出来的心理控制能力、抱负水平、责任感、应付困难能力等心理特征，它是由许多心理因素构成的复合体。培养学生体育锻炼心理能力可从以下几方面入手。

（1）培养学生良好的心理控制能力。在体育活动中，一方面要引导学生将注意力放在控制和把握那些可控因素上，如技术、思维方式、期望、注意的范围和方向、唤醒水平、对失误的反应等；另一方面，要能够有效地应付那些不可控的因素，如天气、规则、对手、场地等，在受到干扰的情况下，使学生迅速地重新将注意转向可控因素。成功的学生能够鉴别出哪些因素是可控因素，哪些因素是不可控因素，并且不断发展和完善自己的控制能力，以使自己能有比较稳定的比赛表现。

（2）启发学生加强自我锻炼，培养坚强意志品质。学生坚强的意志品质不仅在周围人们的影响下形成，而且在自我修养和自我锻炼中也会形成坚持的目的性、果断性、勇敢性、自制力、顽强性和独立性等心理品质。自我锻炼是培养坚强意志品质极为重要的条件。学生的意志品质既是在教师一贯严格要求和监督下养成的，也是在日常平凡的事情中不断严格要求自己和经常自我锻炼的结果。所以教师应满腔热情地启发和帮助学生掌握自我锻炼的方法，制订自我锻炼的计划，引导他们积极磨炼自己的意志，教育他们在采取决定时要充分估计主、客观条件，做到全面可行，执行决定要态度坚决、有始有终、持之以恒。另外，还应该要求学生养成自我检查、自我监督、自我暗示和自我鼓励的习惯，这对学生意志的自我锻炼是十分重要的。

（3）培养学生高度的责任感。在社会生活中，个人的行为总是对社会和他人产生直接或间接的影响，因而每个人的行为必须对他人或社会负责，必须按一定的社会规范去行动。

责任心一旦树立，并成为性格心理的组成部分，就具有稳定性，使人能自觉、主动、积极地尽职尽责，当一个人完满地尽到自己的责任时，会产生满意的、愉快的情感，如果没有尽到自己的责任，会深感不安和内疚。可以说，有了责任心，个人的价值才能得到充分、合理的体现。培养起未来一代的责任心，是对人类未来负责的表现。儿童从收拾玩具、整理书籍、完成教师布置的作业和班级交给的任务等具体活动中，开始体验按集体利益行事的必要性。随着年龄的增长和社会活动范围的扩大，这种意识逐渐深化为对他人热情关怀，对朋友忠诚守信，对学习和工作认真负责，最终发展到关心整个社会，热爱祖国。

对动作学习持有高度责任感的人也是严于律己的人。真正成功的学生，为了对动作学习负责，任何时候都不满足于自己的成绩。他们善于评价别人的能力，同时也经常向自己提出新的和复杂的任务，推动自己去寻找提高学习效果的新方式和新方法，形成有效率活动所必需的品质和知识。

（4）培养学生敏锐的观察能力。敏锐的观察力使人能随时注意新事物，并能观察细枝末节。具有敏锐观察力的人对于任何领域发生的事物，都能给予关注，进行一分为二的考察，并能很快地得出正确的结论。抽象思维是认识能力的核心部分，思维的发展是能力提高的必要条件。因此，在体育活动中必须培养学生分析问题和解决问题的能力；同时要有效地发展正确的判断力，经过思考能预见事物发展的结果的能力，善于把自己的动作学习与其他人的动作学习进行比较，找出问题和需改进的地方，并能提出新的见解等思维品质。

二、结合体育竞争特点培养自尊、自信

在体育教学中应该明确体育学习的目的，积极不断地从学生动作练习的反馈中寻求合理的、学生能够接受的教学方式和方法，以及科学地安排教学、控制活动强度。同时要不断地教育学生明确体育学习的目的，端正体育学习的态度，使他们努力锻炼、热爱体育。结合体育的特点来培养学生的自尊、自信的具体方法如下。

> **概念解析**
>
> **自尊和自信**
>
> 自尊是个人要求社会、集体和他人尊重自己、尊重自己的社会地位和荣誉的心理倾向。它和自我接受、自我肯定和自我赞许相联系。
>
> 自信是指人们相信凭自己的能力，能够克服各种困难，在揭露自然发展规律或社会发展规律方面会有所成就。

（一）培养学生的自信心，保护学生的自尊心

自尊心是性格结构中的可贵品质。苏联教育家苏霍姆林斯基认为：“人类有许多高尚的品格，但有一种高尚的品格是人性的顶峰，这就是个人的自尊心。”自尊的人渴望表现自己，进取心强，关心自我形象，对平等有强烈的要求；热爱真理，尊重客观现实；既不孤芳自赏，也不随波逐流，对他人能接纳和信任。正因为如此，自尊心能使人采取积极的生活态度，成为推动人不断进取的巨大动力。缺乏自尊心会使人产生自卑心理，自轻自贱、妄自菲薄，甚至自暴自弃。缺乏自尊心的儿童在和他人交往时，常常会出现困难，有孤独感；他们的荣誉、成就、地位等社会要求水平降低，容易丧失向上的勇气和决心，变得意志消沉，遇到挫折有可能就此沉沦。在体育教学活动中，切忌侵犯和伤害儿童的自尊心。对那些由于某种原因造成自尊心缺乏的儿童，要积极引导，使他们懂得人生，懂得自我的社会价值。

培养自信心的关键是要肯定自身的存在价值，学会客观地分析自己，既要看到自己的长处，也要了解自己的短处。看不到自己的长处，容易产生自卑心理，看不到自己的短处，容易产生傲慢心理。这样的人在困难面前都会失去信心。

有时，体育学习焦虑会导致自尊心受到威胁，一旦学生感到自己的价值受到别人的怀疑或遭到贬低，其自尊心就会受挫，并产生焦虑。注意保护学生自尊心有助于提高他们的自信心和减少焦虑。学生对体育学习的自信心是他们对于能够掌握所学体育知识、动作技能的信念或确信程度，它是在体育学习中表现出来的一种认知特征。为培养学生的自信心，教师要相信学生，鼓励他们在体育学习中积极练习，并适度地运用表扬和鼓励的手段。教师应根据教学内容、学生的气质类型、兴趣爱好及其技能水平等特点，合理地选择或搭配一些动作难度适宜、学生兴趣高的教材内容，做到因材施教。对于高焦虑的学生要给予具体的指导，并尽可能为他们创造和提供表现自己运动才能的机会，使他们在体育学习中认识到自己的价值，从而激励其体育学习的信心。教师要帮助学生正确地认知和理解过去的体育学习结果，帮助学生在体育学习时将心理倾向于活动本身，即把动作掌握得更规范些，而不是倾向于活动的结果，以便使学生充分发挥其能力并体验到成功感，从而为他们树立自信心奠定基础。

操作与应用

自我选择，逐步攻克困难

内容：过障碍。

目标：在体育活动中增强自尊和自信。

步骤：

①教师鼓励学生自己动手布置一条“勇敢者的道路”（规定场地和器材，包括四种不同类型的障碍物和一条等长的跑道），障碍顺序自定，四种障碍分别是走过体操凳、钻过跨栏架、跳过跳箱盖和滚过体操垫。

②第一次练习：各小组每个学生挑选一个自己最有把握通过的障碍物做尝试练习。

③第二次练习：各小组每个学生挑选两个自己有把握通过的障碍物做尝试练习。

④第三次练习：各小组每个学生选三个障碍物（留下一个通过最有困难的障碍物）做尝试练习。

⑤第四次练习：各小组每个学生在同学的帮助下攻克最后一个障碍物做尝试练习。

⑥第五次练习：越过四个障碍物练习。

教学中让每个学生通过自己动手以及与同学合作，布置练习场地获得心理上的准备和适应，并在不断克服困难（过障碍物）的过程中来提高自尊和自信。在同学的帮助下攻克自己留下的一个最难通过的障碍物，充分体现同学之间的合作精神，从而提高学生的自信心。

（二）引导学生的竞争意识

竞争是推动个体不断前进的一种精神力量。它的作用是激励人们努力奋斗，求得个人的发展和整个社会的进步。因此，不能否定社会竞争的必要性。强中更有强中手，竞争的结果必然有胜利者，也必然有失败者。胜利和失败、超前和落后通常又是可以转换的。竞争中的失败并不意味着断送了前程，关键在于总结经验教训，以利再战。

竞争意识是人们普遍存在的一种心理品质，在日常生活、工作、学习中随处可见。在学校班级中，每个学生在学习上都有超过其他同学的愿望，表现出很强的竞争意识。对此，教师应该引导学生的竞争意识向积极方向发展，克服自卑和嫉妒。

测量与评价

自尊量表

以下每个句子可能在不同程度上符合你的实际情况，请根据符合的程度在每个句子后的相应数字上画圈。

题项	非常符合	符合	不符合	非常不符合
1. 我感到我是一个有价值的人，至少与其他人在同一水平上。	1	2	3	4
2. 我感到我有许多好的品质。	1	2	3	4
3. 归根结底，我倾向于觉得自己是一个失败者。	1	2	3	4
……				
8. 我希望我能为自己赢得更多尊重。	1	2	3	4
9. 我确实时常感到自己毫无用处。	1	2	3	4
10. 我时常认为自己一无是处。	1	2	3	4

计分方法：让被试直接报告这描述是否符合他们，分四级评分，总分范围是10—40分（其中3、5、8、9、10这五题反向计分），分值越高，自尊水平越高。

资料来源：郭永玉，贺金波．人格心理学［M］．北京：高等教育出版社，2011：292－293.

（三）运用心理技术，调整学生不良行为

由于体育教学内容的多样性，学生人格特点的不同，以及学生在体育教学过程中所表现出来的行为对他们的学习积极性和自觉性等方面的影响存在着一定差异，体育教师可以利用体育课的开放性和交流感情的直接性等有利条件，深入到学生体育学习的环境中去，并用诚恳的态度、真挚的热情与学生交谈，关心学生，爱护学生，尊重学生，启发学生全面认识和对待各种问题。应多鼓励和帮助学生分析自己的有利因素和掌握动作的潜力所在，也可诱导他们回忆过去掌握一定难度动作时的喜悦情感，以改善他们的心理状态，调节其焦虑水平。愉快的心情可以大大减少神经能量的消耗，甚至还可激发斗志。谈话时要根据学生的特点和具体情况，灵活而有针对性地循循善诱。

调整学生的不良行为还应从心理训练入手，在找出造成学生不良行为的主要原因之后，对症下药，采取一些心理调控手段。例如，对于那些敏感性强、体能基础差、容易焦虑的学生，可通过教师言语、动作或表情的方式，给予心理暗示，使其自然放松。此外，还应教会学生进行自我暗示，经常用自言自语或默念的形式来鼓励自己，如“只要我集中注意，认真学习，就可掌握动作”，“我觉得动作难，别人同样也不轻松，只要努力就能学会”，等等。采用自我暗示的方法以引导适宜的行为，可替代消极的思维。

【本章小结】

1. 体育活动中学生的个体差异主要表现在性格的个体差异和气质类型的个体差异。

2. 学生不同气质类型的特点及指导策略分为：胆汁质类型特点及指导策略；多血质类型特点及指导策略；黏液质类型特点及指导策略；抑郁质类型特点及指导策略。

3. 学生不同性格类型的特点及指导策略有：外倾型特点及指导策略；内倾型特点及指导策略。

4. 体育活动中健全人格的培养方法主要有：提高认识，满足学生的合理需要；培养和激发学生的内外动机；培养学生体育锻炼的心理能力；建立良好的体育活动氛围，以培养团队合作精神。

5. 结合体育竞争特点培养自尊、自信的方法有：培养学生的自信心，保护学生的自尊心；引导学生的竞争意识；运用心理的技术，控制学生的行为。

【建议参考资料】

1. 殷恒婵．体育心理学［M］．北京：人民教育出版社，2008.

2. 费尔德曼．心理学与我们［M］．黄希庭，译．北京：人民邮电出版社，2008.

3. 郭永玉，贺金波．人格心理学［M］．北京：高等教育出版社，2011.

4. 周成林，李朝林．辽宁省优秀女子中长跑运动员心理能力的研究［J］．中国体育科技，2000，36（5）．

5. 祝蓓里，季浏．体育心理学新编［M］．上海：华东师范大学出版社，1995.

6. 陈少华．人格心理学［M］．广州：暨南大学出版社，2010.

【问题与思考】

1. 什么是个体差异？人的个体差异的主要表现是什么？

2. 什么是气质？气质类型有哪些特点及指导策略？

3. 体育活动中学生具有哪些性格特点？相应的指导策略有哪些？

4. 在体育活动中，培养健全人格的主要方法是什么？

5. 如何结合体育竞争特点培养学生的自尊、自信？

第八章　体育活动与社会适应

【本章提要】

本章内容主要介绍团体动力学的相关内容，体育团体发展的阶段，体育教学中促进团体发展的策略，体育活动中的人际交往与亲社会行为，体育教学中亲社会行为的促进。

【学习重点】

1. 了解团体动力学。
2. 认识体育团体发展的不同阶段。
3. 理解促进团体发展的策略。
4. 掌握促进亲社会行为的方法。

【重要术语】

团体动力学　团体发展模型　社会关系网图　人际交往　道德行为　亲社会行为　合作学习法　社会测量法

作为体育与健康课程标准提出的目标，在体育教学中培养学生的社会适应能力已受到越来越多研究者和实践工作者的重视，但在实际教学中这一目标的实现往往因缺少具体可行的教学方法和实施策略而陷入困境。事实上，学生对社会的适应能力是在学生对班级和体育团体的适应中得以体现和培养的。因此，本章重点阐述如何促进学生融入学校体育团体，如何在体育活动和学习中承担责任，如何有效地进行人际交往，以及在体育教学中如何促进学生亲社会行为的发展等。

第一节　体育活动中的团体发展

一、团体动力学概述

（一）团体动力学的理论背景

团体动力学主要研究小群体中人们的行为。团体动力学最早是由勒温（Kurt Lewin）和美国的团体动力研究中心提出的，第二次世界大战后，拜昂（Wilfred Bion）在英国的塔维斯托克研究所也对其进行了研究。团体动力学研究的主要目的就是对团体成员之间的相互作用有更深入的了解，这种相互作用可能支持或影响团体的成长和发展。下面主要介绍团体动力学中的基本概念。

1. 团体内相互作用的维度

(1) “内—外” (in-out) 维度描述了个体是否是团体的一员。有的学生虽然是与班级上的其他同学一起上课，但实质并不是班级这个社会环境中的一部分。他们是“在外” (out) 的，被其他同学孤立，或者是他们自己也拒绝融入这个班级。这个维度与学生的归属感，以及学生在学校生活中体验到的疏远度和排斥度相关。

(2) “上—下” (up-down) 维度描述了团体成员在团体中所发挥的影响。有的学生可能是团体中的主导人物，有的则扮演听从任务的角色。该维度与学生在团体中的社会地位有关，也会对教学效果产生影响。

(3) “近—远” (close-far) 维度是指团体成员彼此之间连结的紧密程度。他们愿意询问谁的意见、愿意和谁一起出去玩或互相帮助等都与该维度有关。

> **概念解析**
>
> **团体**
>
> 团体是指在共同规范和目标指引下协同活动的一个人群结合体。学校体育团体是指由体育教师、学生、教练员等人在同一规范与目标的指引下，协同工作的组织形式。在体育教学、课外训练和比赛中，教师（或教练）和学生为实现共同的目标，各司其责，扮演着自己的角色，同时，每个人都遵守着共同的行为规范，团结在一起，协调合作。因此，作为这些活动的组织形式——体育课的教学班、学校运动代表队等都属于学校体育团体。

(4) “支持—反对” (with-against) 维度不是指团体成员之间关系的远近，而是指团体成员间关系的质量。这是一种赞同的、支持的、有趣的关系，也是一种批评的、讽刺的、愤怒的、对抗的、竞争的关系。该维度与学生的社会网络、友谊、社会联结等相关。

(5) “向前—向后” (forward-backward) 维度。团体成员能够促进团体的进步，也可能阻碍团体的发展。他们可以扮演促进的角色或阻碍的角色。

大部分教师都已在教学实践中对上述五个维度形成了直观的理解。例如，有的体育老师在第一天上课时会观察学生如何走进体育馆以及站队准备上课的过程。在这一过程中，通过学生之间的互动，教师就有可能评估出谁是“班级领袖”，也就是能够指出在“上—下” (up-down) 维度上的学生。

最后，值得注意的是这些维度的意义是为了描述团体成员之间的关系，而不是为了评价。这些维度并不存在“好”的一极或“坏”的一极。另外，最容易存在混淆的是“支持—反对”维度，因为有些学者将其命名为积极和消极。但这个维度仅仅是描述了一种赞同和不赞同（或支持和冲突）的关系。因为冲突并不意味着就是“坏”的，冲突也有可能促进团体的发展。

2. 团体内的互动模式

利用上述五个维度，我们可以进一步分析团体的互动模式。一种常用的方法是绘制社会关系网图，这是一种关于基本维度关系的图示（图 8－1）。这种图示代表了团体成员之间的互动模式。标记的大小、标记之间的距离、标记之间连线的粗细以及连线旁边的“＋”和“－”代表了成员之间的关系和位置。

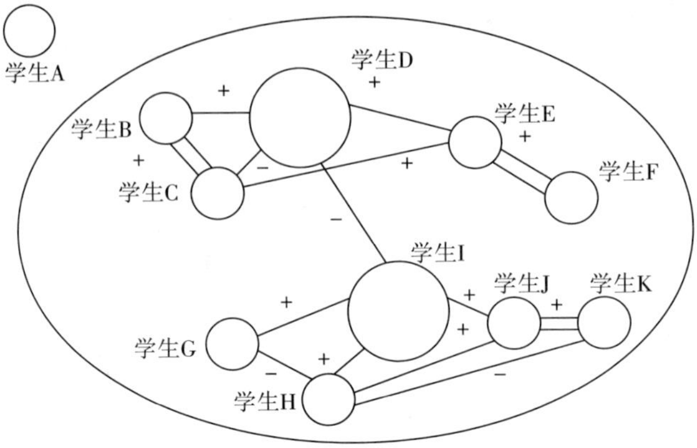

说明：大的椭圆表示“团体”，标有姓名的圆圈表示“学生”（本图示中教师没有包括进来），圆圈之间的连线表示“关系”，椭圆内或外的圆圈位置表示“内—外”，圆圈的大小表示“上—下”，圆圈之间的距离表示“远—近”，线旁边的“+”和“-”号表示表示“支持—反对”。

图 8－1　社会关系网图

通过这种社会关系网图描绘出的团体成员间的互动模式对理解团体发展具有重要的意义。研究显示，班级整体的互动模式对班级发展的影响显著高于学生个体的作用。沿着同样的研究思路，一些研究者认为，这些班级成员间的互动模式决定了班级的人际关系气氛，并且这种气氛随着班级结构的变化而改变。

3. 团体的话题和问题

团体的话题（topic）是团体成员所谈论的内容，是他们所要从事的任务。而团体的问题（issue）是他们潜在关心的，也是真正影响团体发展的因素。

话题和问题是否一致，取决于班级的气氛和团体发展的阶段。例如，如果两名学生在讨论球队的技战术，这时团队的话题可能是控球和传球，但团队的问题可能是队员是否真正融入比赛，或是被孤立在团队之外；又如，团队的话题是球员在篮球场上的位置，但可能潜在的团队问题是队员的影响力和领导力，此时真正重要的并不是球员的位置，而是决定球员位置的权力问题。团体的话题和问题之所以存在不同，是因为讨论传球和控球要比表达被排斥和孤立的感受容易得多；讨论球场上的位置也要比谈论领导权力更易接受。因此，团队成员会通过谈论团队话题来间接地处理团队问题，直到整个团队发展到更为成熟的阶段，话题和问题才会趋于一致。

上述两个例子中的问题都可以通过维度来描述，在讨论控球和传球的例子中，问题所关注的是“内—外”维度；在球场上位置的讨论中，问题所关注的是“上—下”维度。

二、团体发展模型

（一）团体发展的不同阶段

团体发展模型关注班级互动关系中的团队话题和团队问题。我们可以通过绘制社会关系网图对团体发展的不同阶段形成一个直观的了解（图 8－2）。

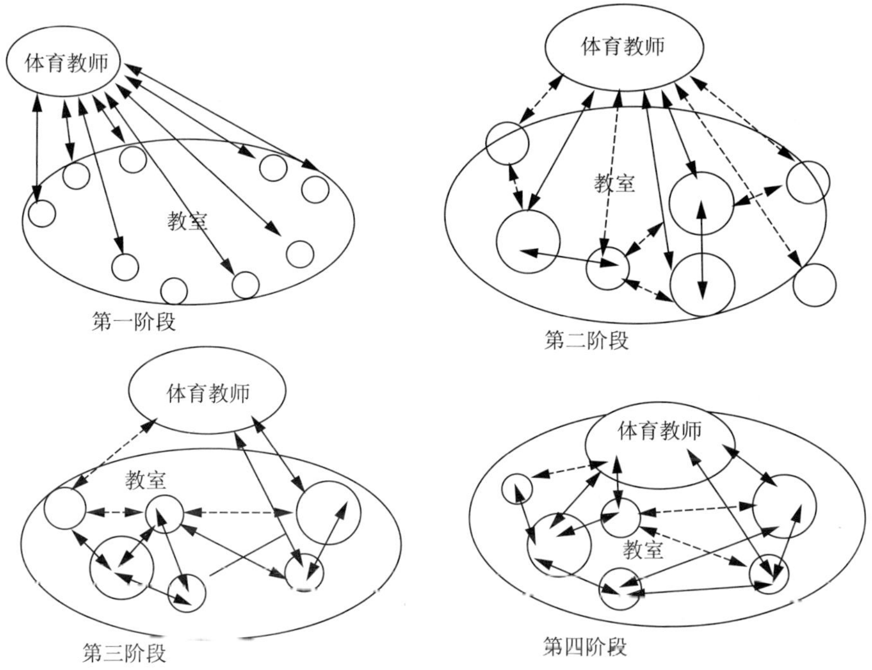

图 8－2　团体发展不同阶段的社会关系网图

图 8－2 中一系列社会关系网图说明了班级不同发展阶段的互动模式：随着班级的发展，体育老师移入椭圆，学生之间的相互作用更加稳固（黑体线）和积极（实线）。

学生和教师之间的关系可以通过“内—外”、“上—下”、“近—远”、“支持—反对”这些基本的维度来理解。接下来我们通过一支刚成立的青少年篮球队发展的例子，来讲解团体发展的典型趋势。运用篮球队发展的例子，我们指出了在很多团队发展中所观察到的典型趋势，并将其概括为以下五个阶段。

第一阶段：团队成员指向共同的任务，依赖于老师或教练的权威。

以上述青少年篮球队为例，起初这支球队的队友彼此并不熟悉，所以他们关注的只是篮球，因为这是全队共同的兴趣点，也是一个适宜的团队话题。因此，本阶段该团队评判优秀队员的唯一标准就是篮球技术。队员要想成功融入团队，就需要为赢得比赛作出贡献。为了融入球队，他们会一起奋力拼搏。但在这一阶段，球队成员之间尚未形成良好的互动模式，因此，场上会出现很多跑错位甚至混乱的现象。此外，在这样一个刚刚成立的团队中，唯一有权力去指挥球队怎么打球的就是老师或教练，队员有时可能会有不满或沮丧，但通常情况下都不会反抗老师或教练的权威。

第二阶段：团队形成规则，成员会因彼此的相似性而变得亲密，对教师或教练出现反依赖。

尽管老师或教练有助于团队初期的发展，但在篮球比赛中更需要的是队员间的沟通与配合，为此团队开始将话题从共同的兴趣扩展到比赛。队员们开始商量战术，通常在这一阶段会采用人盯人防守。这种防守方式允许他们在面对任何对手时都采取相同的规则，而区域联防的防守方式就迫使他们必须承担不同的角色。此外，队员开始反对教练或老师的意见。对此，有学者将此称为“反依赖”，用以描述这种挑战权威的态度。

第三阶段：团队成员开始承担不同的角色，对团队的影响力也开始产生差异，而此时团队成员与教师的关系也变成了相互依赖。

在这一阶段，队员们开始意识到角色分配的重要性。这时话题会转变成谁留在后场阻止对方反攻，以及谁做组织后卫、前锋或得分后卫。在整个讨论过程中，不同的队员确立了他们在团队中的影响力。团队中的领导人物也会随之出现。

第四阶段：团队话题不仅围绕任务、角色进行分配，团队中的个人行为也开始成为团队话题，成员更加追求平等，彼此之间的关系仍是相互依赖。

随着球队成员彼此熟悉，整个球队就可能开始对某名队员在比赛中的表现进行讨论。而团队领导通常是最先接受大家反馈的队员，因为他的行为对团队的表现有着最显著的影响。接下来其他队员也会面临这些反馈。如果个体对反馈的反应是积极的，并且团队成员都认为自己获得了公正的评价，那么整个团队会向下一个阶段发展。反之，如果对反馈的反应是消极的，则将会阻碍团队的发展甚至导致团队退回到上一阶段。

第五阶段：团队话题更为开放，成员会谈论自己的情绪和感受，彼此之间形成紧密交织的网络。

在这一阶段，队员会体验到归属感和完全的接纳，并能全心身投入到团队任务上。这时团队成员会齐心协力地朝向团队目标，并不像之前是受通过得分来证明自己能力的需要所驱动。

（二）团体发展模型的应用建议

首先，大部分的团体发展模型都是基于对青少年和成年人的观察研究而建立起来的。但在应用中应注意，团体发展的阶段会与团体中的个人发展阶段产生交互作用。以反依赖阶段为例，在一个中学生（13—19 岁）团体中此阶段的问题可能会变得更加严重，首先与小学生相比，中学生本身就处在反依赖的年龄段。这就好像团体的青春期撞上了团体成员的青春期。

其次，我们是利用一个刚刚组建的团队对团体发展模型进行讲解的。虽然该模型描述的是一个线性的发展过程，但现实往往更加复杂，并且教师真正接手全新团体的机会并不多，也仅在小学一年级、初一和高一才可能遇到，而在多数情况下，体育教师在教授一个班级时，学生已经彼此认识并形成了小团体。当这些小团体发展到不同阶段时，会增加他们与整个班级的屏障，表现出对被班级同化的反抗。这时，体育教师采取的不同教学风格可能会导致其与班级团体的关系处于“上—下”“远—近”维度的不同位置。另外，团体增加了新成员或遇到了新情境时，都可以在一定程度上将其视为一个新团体，所以团体的发展是一个循环而非线性的过程。

三、体育教学中促进团体发展的策略

（一）确定团体的发展阶段

这一部分将提供确定团队发展阶段的方法，包括倾听问题的方法和绘制社会关系网图。

1. 倾听相关信息

假设一名学生的文化课成绩不好，但体育成绩优异。在一次课上，全班 6 人一组练习单杠动作。但这名同学却表现得很反常，他表情冷漠，轮到他时也不参加练习，并且当其他同学劝说他加入练习时他也很不配合。此时，倾听相关信息意味着教师应关注单杠练习以外的一些信息。在这个例子中，单杠练习很难解释这名学生反常的反应。学生强烈的反应反映出了团队问题。尝试去理解团队问题需要教师积极的倾听。

操作与应用

倾听相关信息的方法

追踪一个团体的发展需要记录数据，并在每节课后及时对课堂上发生的事件进行记录。记录的内容应包含：日期和班级；学生谈论的话题，参与话题的学生姓名；话题与学生反应之间不相称的具体时刻和情境，相关学生的姓名；你对潜在问题的解释，这一解释是基于哪些事实；第一个月每周花 10 分钟写下这些数据和资料，第二个月每两周写一次，并以此类推。

有时环境和事件本身包含着问题是什么的最可靠的线索。你知道这名学生是一个优秀的校队队员，并因此获得了大家的欣赏。但你听其他老师说他在其他课程上的表现不尽如人意，并且，当学生走进体育馆时，你从他们的谈话中得知他们刚刚考完试。当你讲解了这节课的练习内容后，你听到了深深的叹气声。因此，你应对这些信息给出一个合理解释以确定存在什么问题。你可以询问学生，但是否能获得满意的答案则取决于你与班级的关系，也就是该班级所处的发展阶段。在询问的过程中，教师应表现出对学生的关注，尽可能提一些开放式的问题以激发学生的表达，并检验自己对之前获得的信息是否进行了正确的理解。

2. 绘制社会关系网图

社会关系网图是一种分析班级发展过程的实用方法。它通过视觉化的方式呈现班级的发展，并且形式多样。教师可以使用图 8-1 中所提供的形式。该图示只包括学生之间的关系，并能够描绘出“内—外”、“上—下”、“远—近”、“支持—反对”几个维度。

体育课是一个观察班级团体发展阶段的绝好机会。因为学生并没有和椅子“粘”在一起，他们在学习和活动中会无意识地站在社会关系网图的相应位置。例如，在排球课上要求学生自由组成两队练习时，就可能会揭示出班级的小团体。与其他科目相比，体育教师有更多的机会观察班级成员间的互动模式，并采用策略促进班级的发展。

3. 确定班级的发展阶段

在写下班级的话题和问题并绘制了数周的社会关系网图之后，你所收集到的资料可能已经能够反映出一些班级的变化。

需要注意的是，千万不要期望你获得的资料能够与上述模型一一吻合。首先，本章出于讲解清晰的缘故呈现了一个非常简化的模型。你会发现团队话题和团队问题是一起发展的，但实践中并不这样简单。你可能还会发现班级中的一些小团体发展更快，这又会影响整个班级的发展。事实上，我们所强调的是教师开始了解班级的发展，增加对班级的了解。

操作与应用

确定班级发展阶段的方法

1. 绘制社会关系网图

（1）在课程结束后，画一个圈代表班级（不要用学生的名单），并画出学生之间的关系，写上日期。如果有疑问，可以采用图 8-1 中的说明。

（2）这时将你画好的社会关系网图与班级名单进行比较，你可能会发现有些学生你还没有注意到。在下节课时检查原因：他们可能是在关系维度的“外”或“下”那一端上。

（3）再花 10 分钟绘制社会关系网图，并进行比较。

(4) **不要在上节课的图上修改，而是画一幅新的。**

2. 学生—教师关系

在绘制了一段时间的社会关系网图后，把从中获得的信息结合起来。应用它们来分析你和学生之间的关系，并列出以下内容：

(1) 学生与你一起谈论的话题，以及参与其中的学生的姓名。

(2) 画出作出不恰当反应的学生，并记下他的姓名。

(3) 通过积极地倾听发现问题。

在社会关系网图下面做笔记，写下你所感觉到的学生对待你的态度。他们将你放在“内或外”、“远或近”、“支持或反对”？

3. 确定班级团体的发展阶段

(1) 将你所收集到的资料和前述五个阶段的特征进行比较。

(2) 比较的结果将提供给你关于班级所处发展阶段的基本认识。

（二）促进团体发展的策略

基于以上所述的基本内容，教师能够采用不同的方法促进团体的发展。这一部分内容基于团体发展模型的五个阶段分别提供了一些实践建议。

第一阶段：想要促进团体的发展，教师就需要提供给他们能够进行面对面交流的团体活动的机会。如果教师布置的任务需要不同的能力，那么具有不同能力的学生就可以为团队任务的完成作出不同的贡献。这样就会给更多的学生提供成为团体一部分的机会。

很多学者都指出中学生在体育课上能够彼此交流的重要性。例如，排成圆圈的队形有益于学生之间的互动，而传统的纵队就不具有这种优势。组成多个圆圈的队形还可以促进团体之间的交流。

当学生依赖于教师的权威时，意味着教师具有提出期望和制订规范的权力。因此，教师应尽可能清楚地表达对学生的期望，并且，应注意非言语信息和言语信息能够传达一样丰富的内容。例如，即使学生可能并没有听见你所说的内容，但你说话声音的大小和所表达内容的清晰程度同样能够传达很多信息。

教授形成初期的班级团体，对体育教师而言将会是一个挑战。首先应观察学生的运动能力和已有的技能水平，并尽可能多与学生进行交流。应该对积极的行为及时给予反馈和鼓励，使学生了解你的要求和期望。在归属需要得不到满足的情况下，仅要求学生追求学习目标可能会导致排斥、参与度降低、逃课等一系列问题。

第二阶段：在班级团体形成初期，学生就会开始寻找与自己志趣相投的同伴。教师可以通过布置两人一组或三人一组的任务来促进这一过程的发展。在这个阶段，学生们会表现出较低的接受性和包容性，教师应多组织一些学生易获得内部满足的活动。例如，室内攀岩，该项目已在一些学校出现，这项活动允许三名学生组成一个攀岩小组（一名攀登者、一名保护者和一名辅助保护者）。对多数学生而言，攀岩是一种能够获得内部满足的活动，掌握保护技能、学习攀岩技巧都会十分吸引学生的注意力。

教师在制订活动规则时，应注意学生对支持和帮助的需要。因此，在这一阶段应允许学生自由选择小组，这样做可以促进班级成员之间友谊的建立和发展。并且，应该对团队整体的表现给予奖励，而不是关注个人表现，这样能激发团队的凝聚力和促进团队的独立性。但值得注意的是，与团队独立性增加相伴的是学生出现对教师的反依赖。对大多数教师而言，这一阶段是非常艰难的。在一些班级中，反依赖仅会体现在一些笑话或者学生之间的暗语中，而在另一些班级中，学生会与教师保持长时间的敌对关系。

研究表明，以下的建议会在一定程度上起到有益的作用。首先，不要对学生的问题有偏执性的反应，尽量包容学生。其次，不要忘记反依赖的概念仅仅解释了为什么反对的言论总是同时出现以及为什么它们听起来非常消极，但这并不意味着这些言论的内容都是不正确的。换言之，教师仍应该积极地倾听学生通过这些言论想要传递给你的信息。最后，要明白反依赖只是学生争取独立的一种方式，因此不要把一些消极的言行过度个人化。

第三阶段：在学生之间建立友谊之后，小组任务可以进一步促进他们关系的发展。但为了确保每名学生都能融入集体，教师可以采取让学生在小组中加入新成员的规则，鼓励学生不应总是与那些自己最熟悉的同伴合作。制订不同的分组规则可以增加这种变化。例如，在一些球类项目教学中分别进行五人足球、七人足球、九人足球的比赛。

当教师和整个班级建立了开放的关系时，学生就不会在所有任务上都需要得到教师的帮助和许可。此时，学生就开始学会承担责任。教师应抓住听取学生反馈意见的机会，因为在这一阶段学生提出的意见和建议往往是实事求是的，并没有受到前两个阶段中依赖和反依赖的影响。

第四阶段：班级发展到这一阶段，会出现竞争。研究表明，在这一阶段更适宜能力混合分组，因为小组成员对任务掌握的水平存在差异。同质分组可能会对学生理解和掌握课程内容产生消极的影响，也会对班级的互动关系起到消极作用，尤其是在教师给小组贴上竞争的标签并强调组间的差异时更是如此。当每名学生都能因为自己的能力和表现获得小组成员认可时，整个班级更容易获益和进步。在能力混合的小组中，任务掌握较好的学生可以帮助那些在特定任务或活动中还不熟悉的同学。另外，性别混合的小组应男女生比例适中。

第五阶段：在这一阶段，团体达到了一种新的状态，也称为“成熟期”，是因为在此阶段团体成员都能够承担他们的团体责任。因此，如果课程允许，教师可以给学生几个小时的时间让他们自主选择想要参与的练习或运动。教师大部分时间可以遵循班级自发形成的团体结构。此时，班级已经可以自己组织学习了。

在学期的最后可以组织全班一起讨论整个团体的最佳状态和最糟时刻。但教师一定要记住的是，这个阶段并不是结束，而是为了更高水平的身心进步而设计的准备状态。

第二节 体育活动中的人际交往与亲社会行为

一、体育活动中的人际交往

（一）人际交往概述

人际交往是指在社会活动中人与人之间进行信息交流和情感沟通的联系过程。它反映了个人或团体满足其社会需要的心理状态，人际交往的发展变化决定于双方社会需要的满足程度。

人际交往是社会发展的必然产物，也是社会发展的基本前提。没有人际交往过程中所形成的各种各样的网络关系以及人们所承担的各种各样的社会角色，社会就不成其为社会，发展也无从谈起。因此，良好的人际交往能力是青少年社会化的起点，是将来在社会立足和生存的需要，也是能够很好地适应社会的基本技能。

由于体育活动能够增加人与人接触和交往的机会，缩短人与人之间的心理距离，促进相互沟通。因此，体育教学和体育活动能够有效地促进学生之间的交往、联系与合作，进而促进学生社会适应能力的发展。

（二）体育活动中人际交往的形式和特点

人际交往包括三种主要的形式：一是语言交往（包括口头沟通、书面沟通）；二是非语言交往（包括面部表情、眼神、手势）；三是倾听，这是人际交往方式的一个重要方面，也是收集信息和筛选信息的关键，直接影响所获得信息的性质和质量。研究表明，倾听对于建立和维持良好的人际关系、避免冲突和误解有重要的作用。

体育活动的人际交往形式，除了具有与一般社会情境中人际交往形式的共性以外，还具有一定的特殊性。首先，在语言交往方面，体育活动中基本没有书面沟通这种方式，而是以口头沟通为主，主要包括同学或队友之间的相互提醒、纠正错误动作以及商讨技战术等。其最突出的特点是在赛场上经常出现的十分简短的沟通，如在球类运动中经常听到的“传球”、“紧逼”、“快”、“投”、“射”等。其次，在非语言交往方面，体育活动中的身体语言形式多样，且在体育比赛中具有重要的战术意义，如“队友鼓励的眼神”、“排球比赛中的手势”等。最后，倾听是体育活动、教学和比赛中较少受到重视的交往方式，但它在促进师生、队友、同伴的人际关系发展中具有重要的意义。

体育活动中的人际交往具有形象、简洁、快速、明确等特点。正是这些特点，促进了学生之间的情感交流，使相互之间的关系更加和谐、融洽，使彼此更理解和尊重对方，促进了其社会交往活动，提高了社会适应能力。

（三）体育活动与改善人际关系

体育活动作为特殊的社会活动，为人们提供了丰富多彩的情感交流和人际交往的渠道，这主要表现在以下几个方面。

1. 平等性

在体育活动过程中，人们主要是进行体力、技能、智慧、意志的铸就与较量，是一种非功利性的活动。因此，在体育活动中，人际关系往往都超越了日常的、政治的、经济的、种族的、年龄的界线，以平等的身份进行锻炼、交流和较量。

2. 竞争性

在体育活动中，尤其是在进行体育比赛的过程中，人们之间存在着一种竞争关系，但这种竞争关系是在有明确的竞争规则的条件下，并且是在每一位参加者自愿服从的条件下进行的，即体育比赛是规范与竞争的最理想模式。

3. 选择性

在参加体育活动的过程中，无论是对运动项目的选择，还是对活动伙伴的选择，都带有鲜明的个人意志，这对提高人的社会适应能力与社会交往能力都是很有好处的。

概念解析

利他主义

利他主义是伦理学的一种学说，一般泛指把社会利益放在第一位，为了社会利益而牺牲个人利益的生活态度和行为的原则。不管是在动物界还是在人类社会，利他主义都是一种客观存在的现象，已被许多事实所证明。

促进体育活动中人际交往和人际关系和谐发展的策略很多，如增进相互了解、促进相互理解和尊重、提高团队意识、及时沟通和把握时机等。但这些策略的应用都是以学生利他主义价值观的形成为前提和基础的，而利他主义价值观形成的表现就是学生亲社会行为的习得，因此，亲社会行为在学生良好的人际关系发展中扮演着重要角色。

测量与评价

人际关系水平测验

本测验由华东政法大学郭庆祥等人研发，共有 36 道题目。每道题目有“是”、“否”两种选择，请受测者根据自己的实际情况选择其中的一种答案，并在题目的相应选项上打“√”。

题号	题目	是	否
1	你平时是否关心自己的人缘?		
2	在食堂里你一般都是独自吃饭吗?		
3	和一大群人在一起时，你是否会产生孤独或失落感?		
4	你是否时常不经同意就使用他人的东西?		
5	当一件事没做好，你是否会埋怨合作者?		
6	当你的朋友有困难时，你是否时常发现他们不打算来求助你?		
……			
30	你关心报纸、电视等信息渠道中的社会新闻吗?		
31	当你发觉自己无意中做错了事或损害了别人，你是否会很快地承认错误或道歉?		
32	有闲暇时，你是否喜欢跟人聊聊天?		
33	你跟别人约会时，是否常让人等你?		
34	你是否有时会与别人谈论一些自己感兴趣而他们不感兴趣的话题?		
35	你有逗儿童的小手法吗?		
36	你平时告诫自己不要说虚情假意的话吗?		

计分办法和评价参照标准：

1	是	2	否	3	否	4	否	5	否	6	否
7	否	8	否	9	否	10	是	11	否	12	是
13	否	14	否	15	否	16	否	17	是	18	否
19	否	20	否	21	是	22	是	23	是	24	否
25	否	26	否	27	是	28	否	29	否	30	是
31	是	32	是	33	否	34	否	35	是	36	是

如果你所选的答案与上面所列这道题的答案相同，就得 1 分；如果不相同，就不得分。然后把全部得分加起来，与下面的评价参照标准相对照，便能大致判断出自己人际关系的好坏。

总　　分	人际关系情况
30 分以上	很好
25—29 分	较好
19—24 分	一般
15—18 分	较差
15 分以下	很差

资料来源： 章学云，徐艳．团体辅导改善初中生人际交往能力的实践研究［J］．中小学心理健康教育，2011（7）：15－18.

二、体育活动中的亲社会行为

（一）亲社会行为概述

亲社会行为是一种自愿帮助他人的积极的社会行为。它往往会促进积极人际关系的发展。亲社会行为包括对他人有兴趣、关心他人、建设性地解决冲突以及提供具体的帮助等。

儿童青少年的社会互动和合作行为随着年龄的增长会随之增加。随着他们能力知觉的增加，亲社会行为出现的频率也会增加。具有亲社会技能的个体就能够与他人合作。具体的互动关系是学习亲社会技能必不可少的前提条件，如提供心理支持、关心他人、考虑他人的感受、分享和给予具体的帮助（如言语和物质帮助、建议和纠正错误）。通过人际互动，学生将学会理解和内化与他人合作所需的社会技能。

研究表明，亲社会行为与较高水平的社会认可相关。受欢迎的儿童青少年与不受欢迎或不被接纳的儿童青少年相比，表现得更为和善且攻击性更小。

（二）亲社会行为和道德行为

帮助行为或其他形式的亲社会行为的动机是多种多样的。一方面，一个人可能出于利己的原因帮助他人，如期待回报。另一方面，动机也可能是纯粹的利他主义，基于个体有责任帮助他人的信念。教师在教授亲社会行为时，应以道德行为为基础，也就是基于对与错的概念。因为作为亲社会行为的动机，非道德或利己的原因可能随着情境的改变而发生变化，但基于利他主义价值观的亲社会行为往往不会因为情境或潜在回报的变化而改变。

有关道德发展的研究文献强调同伴的互动。通过与同伴和成年人的社会互动，学生建构了两种不同的对于外部世界的理解和两套不同的规则系统来指导他们的行为。通过与权威的互动，学生学到了一套规则系统，他们将学会服从或学会如何去迎合他人的社会期望。但是，学生在与同伴的互动中发现了一个自己参与其中创造的社会系统，在这个社会系统中，由于不存在初始设定的结构，不存在初始的上下级关系，所以这个系统是完全开放并通过民主过程来重新定义的。通过与同伴的互动，学生体验到积极的情感和态度，增加了他们表现出亲社会行为的意愿。

（三）影响亲社会行为的心理因素

影响亲社会行为的一个重要心理因素就是自我概念。研究表明，具有积极自我概念的学生与那些具有消极自我概念的学生相比，更有可能表现出帮助、分享和合作行为。具有积极自我概念的学生同样更有可能关心他人的需要，并更具有共情的能力。研究还表明，对学生亲社会行为的积极反馈，尤其当这种反馈来自同伴时，更能够强化这种行为。

自尊是个人对自己在不同领域中胜任能力的自我认知。在体育活动中，学生对运动能力、体能等的能力知觉是尤为重要的。因此，体育教师可以通过增加学生的运动能力知觉来提升学生的自尊，从而促进亲社会行为。

三、体育教学中亲社会行为的促进

社会技能（如合作、表现出对他人的关心、帮助他人）与其他的技能一样是习得的。体育教学与学校其他的课程相比能够为社会互动提供更广阔的空间和活动种类。在体育教学中很容易创造出真正的互动情境，学生参与其中就可以学会观察、提供反馈以及支持和帮助他人，因此学生在体育教学中会学习到更多的社会技能，所以体育教学是一个组织合作和提升亲社会行为的良好环境。

（一）明确班级社会结构

教师获得班级社会结构相关信息的最好方法是社会测量法，通过该方法可以看出在班级中有多少学生被接受，有多少学生被排斥，这可以帮助教师确定出促进亲社会行为的方案。社会测量法要求教师询问学生问题，如课上愿意和谁一起完成任务、不愿意和谁一起完成任务等。同样的问题还可以用于其他情境，如自由活动时间。通过社会测量法所得到的社会关系网图能够给教师提供一份关于班级的社会结构，也就是班级气氛和学生之间关系的图示。社会测量法所提问题的例子如下：1. 课上你最愿意和哪两名学生合作？2. 在课上的任何情境中，你最不愿意和哪几名学生合作？3. 课间你最愿意和哪两名学生待在一起？4. 在任何情况下，课间你都不愿意和哪几名学生待在一起？

表 8－1 显示了问题 1、2 的答案，图 8－3 是说明这一答案的图示。

表 8－1　课中对于任务搭档的接受和排斥

学生（女）	接受	排斥
学生 A	学生 B 学生 C	学生 F 学生 E
学生 B	学生 A 学生 C	学生 F 学生 E
学生 C	学生 A 学生 B	学生 F 学生 E
学生 D	学生 C 学生 F	学生 B
学生 E	学生 B 学生 C	学生 A
学生 F	学生 C 学生 B	学生 E

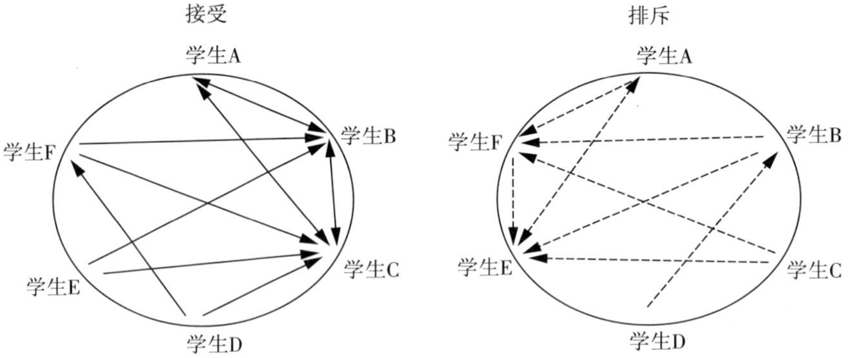

图 8－3　课中对于任务搭档的接受和排斥的社会关系网图

绘制出一个社会关系网图，教师应该找出谁是所有人都不接受的学生或者谁被较多同学排斥。对教师来说，了解最受欢迎的学生和班级中的小团体也是很有意义的。

从图 8－3 可以看出，社会关系网图中的接受图表明，女生 A、B、C 互相选择了彼此，这意味着她们是朋友并且可能是一个小团体。同时，没有人接受 D 和 E。C 非常受欢迎，尽管 D 排斥 B，但 B 也很受欢迎。在本组中没有任何人排斥 C。有 3 名女生排斥学生 F，并且有 4 名女生排斥 E，所以她们是本组中最不受欢迎的学生。D 是没有任何人给予意见的学生，她既不被接受，也不被拒绝。那么，该组的学生在选择任务搭档时，D 会面临什么情况呢？两名被拒绝的女生 E 和 F 又会面临什么情况呢？这些学生被称为剩余的学生。在这种情况下，教师可以通过采用提升亲社会行为的教学方法来解决这些问题。

在一项针对 4 组 5 年级学生的研究中（Kahila，1993），其中一组在体育教学中进行一学年的合作学习，这一过程中学生会交换搭档，与不交换搭档组和单独完成任务组的结果相比，该组一年后的社会测量调查显示，学生的积极选择显著增加而消极选择显著降低（如排斥）。有趣的是，在研究结束后的一学年中，合作学习组的学生在选择搭档时，同样是基于他人的意愿去合作、帮助和提供建议。这一研究说明，亲社会行为是可以通过正确的体育教学方法而习得和促进的。

对小学低年级的学生，不要采用消极选择（或排斥选择）类的问题，因为尽管只有老师知道社会测量调查的结果，但学生仍会因问题引发去谈论最受排斥的对象，而这会使一些学生感到焦虑。另一方面，教师可以在中学生中使用消极选择（或排斥选择）的问题，因为对于班级中严重的社会问题（如被孤立、被排斥等），除了使用社会测量法（尤其是消极选择的问题）是很难获得的。

除了社会测量调查，教师还可以通过观察班级的社会关系来获得信息。在观察学生的表现时，教师同样可以关注班级的社会问题。例如，如果几个学生总是在一起，他们可能是一个小团体，也有可能排斥他人。教师还应该注意那些常常独自一人的学生，他们可能是受到孤立甚至嘲笑的对象。有时与班级一起讨论这些问题也是有效的方式。

（二）教授亲社会行为

亲社会行为就像其他体育教学的目标一样是可以教授和习得的。研究表明，强化、榜样和合作完成任务能够影响分享、帮助和合作行为。但在学习过程开始之前，教师应明确提升亲社会行为的课程目标（如什么类型的行为是被认可和鼓励的）。接下来教师可以选择不同的方法来达成这一教学目标。

1. 教授亲社会行为的基本原则

以往的说法认为，参与运动尤其是团队运动本身就能够促进学生的社会适应，而今天这一说法已受到了质疑。更多学者认为，体育教学在教授和提升社会适应行为方面只是具有潜在的价值。因为体育教学有时也能够促进自私和利己主义的行为，尤其是当教学方法仅关注学生之间的竞争时更是如此。体育教学对亲社会行为的提升和对助人行为的促进在很大程度上取决于它是如何进行社会组织的，以及教师采用什么样的教学方法。

在实际教学过程中，应重点阐明通过“做”来学习的价值以及合作学习的必要性。通过“做”来学习在这里是指学生在与同伴的合作互动中学习。当学生在打排球和踢足球时，可能看起来像是在合作。但仔细观察可能就会发现，他们在比赛中是以自我为中心的，是以一种强调个人能力的竞争方式在比赛。他们之所以传球，仅仅是因为规则所限。

亲社会行为同样可以通过观察学习来形成。社会学习理论认为，诸如帮助和称赞之类的行为可以通过观察习得。一个人观察到其他人表现出亲社会性，那么他也会倾向于表现出相似的亲社会行为。但单纯的观察是不够的，关键还是合作，具体的互动关系是学习社会技能的基本前提，如给予心理支持、照顾他人、考虑他人、给予言语或物质支持、提供建议并纠正错误等具体的帮助。通过与他人的互动，学生将理解并内化那些与不同的人共同完成任务所需的社会技能。要想学习亲社会行为，个体必须与很多人互动并一起学习。这样做，他们将了解到自己以及他人的劣势和优势，并学会从他人的视角看问题。

教师往往会说他们没有时间教授亲社会行为，或者他们会担心无法实现“更重要”的目标，如运动技能的提升。研究表明，采用合作学习法的班级与传统教学法的班级相比，学生更容易达成运动技能学习的目标。这说明在体育教学中促进亲社会行为的形成并不会妨碍其他目标的达成。促进亲社会行为的主要方法有合作学习法、营造任务投入的动机气氛、允许改变规则等。

2. 合作学习法

合作学习法要求配对完成任务，即一名学生是实践者，另一名学生监督他完成任务，并给予建议和示范，纠正错误，提供心理支持和反馈，如果有必要，还可以请教师进一步给予指导。教师是幕后的督促者，在需要时提供帮助和关于社会合作与社会技能的反馈。教师需在任务开始前，对实践者和监督者这两个角色给出非常明确的规定。这个方法的关键是学生不是自行选择搭档。每名学生都会轮流和其他所有的学生成为搭档。该方法会每隔几个星期系统地组织交换搭档。

合作学习法可以用于多种项目的教学，如滑冰、排球、体操、器械体操等。教师必须给予明确的信息，示范如何提供帮助，解释角色和责任，或者依据学生的能力提供不同难度水平的任务。在运用这种方法的过程中，青少年将学会合作和承担责任。学生可能在开始的时候并不愿意接受与每名同学都要轮流合作的方式，但当他们和更多的同学熟悉起来，并学会与他们相处时，将会对体育课的整体气氛产生积极的影响。

（1）教师角色。教师的价值观和信念体现在教学目标和教学方法中，并奠定了教学过程的基础。其所关注的问题是“什么是有价值的教学内容？我为什么和如何教授它？”

在教学过程中，教师必须提供清晰的指导、示范动作和评价标准，演示如何帮助以及解释如何使用辅助器材。在新任务教学中，教师应自始至终指导学生。而在练习课时，教师所扮演的角色就是一名幕后的引导者，只在必要时提供帮助和关于社会合作的反馈。当学生习惯互相合作时，他们对教师的依赖将会降低，而他们的朋友数量和合作同伴将会增加。采用合作学习法的教师必须学会信任他们的学生并允许他们互帮互学，这也有助于提升学生的责任感。

教师应准备一份任务单并将其贴在练习处。任务单可以是言语指导或图示的形式。其主要内容应包括：完成任务的要点；完成任务的步骤；练习模式；如何帮助等。任务单有助于一组搭档确定最佳的练习方式。

操作与应用

练习侧手翻的任务单

1. 任务要点

保持身体挺直，当重量在双手上时抬起双腿。

2. 任务步骤

步骤1：左腿侧迈一步，抬起右腿。

步骤2：将身体重量转移到左手。

步骤3：当身体重量移到右手的时候，伸直双腿。

步骤4：当身体重量移到右腿时，用双手助力成站立姿势。

3. 练习模式

阶段1：在练习侧手翻之前，必须学会倒立。

阶段2：在练习好倒立后，把左腿向左弯曲，同时屈体，左腿落下。

阶段3：双手助力成站姿。

4. 如何帮助

帮助者可以站在练习者的身后，将两手放在练习者的臀部帮助其移动。帮助者可以观察练习者侧手翻的轨迹，以及完成过程中身体的姿势（X旋转）。

（2）反馈。除了建议和帮助以外，搭档在提供反馈中也扮演着重要的角色，这一点在运动技能的练习中体现得尤为明显。反馈还能在运动技能学习中起到维持动机水平的作用。在合作学习法中，学生在完成任务和提供反馈上承担了主要的责任。

在运用合作学习法进行教学时，很多组学生都在同时进行练习，所以教师不可能指导和帮助每一个人。但教师可以和全班一起讨论搭档之间如何互相提供建议和反馈。所以，此时学习和练习亲社会行为就成为体育课的一个重要目标。

（3）教会学生合作。儿童要表现出亲社会行为必须以一定的道德发展水平为前提（也就是能够理解对与错）。他们越早在学校中练习亲社会行为，就越有可能更好地学会合作并获得更好的学习效果。小学一年级的任务应该是非常简单的，低年级的任课教师应该明白这一点，即尽管已经教给了他们社会技能和合作，但他们与高年级的学生相比还是更倾向于单独完成任务。

（4）选择搭档的方法。在体育课中，学生往往希望与他们的朋友一起练习和比赛，而教师又时常允许学生自己选择搭档。这样的方法就会存在一些不足。首先，由于学生在课余时间与朋友们有广泛的社交活动，所以他们可能在课上也讨论其他话题而忽视体育课中真正的任务。其次，一些学生可能还没有交到朋友，这就会致使他们无法参与到体育教学的社会交往中。自选搭档的优势和不足如表 8－2 所示。

表 8－2　自选搭档的优势和不足

优势	不足
学生喜欢与好朋友一起学习	不是每个学生都有好朋友
朋友了解彼此的技能	动机水平会很低
和朋友一起有安全感	学生可能关注于乐趣而不是任务
	仅会促进有限的社会交往
	朋友搭档可能是不平衡的（身体的或心理的）
	朋友之间很容易称赞彼此的表现（并且也不会纠正错误）

合作任务的成功需要搭档之间的相互尊重、相互接受，以及对彼此表现水平和观点看法的接受。合作同样要求提供和接受帮助、建议和反馈。要想成功地与人合作互动，就需要关心他人、承担责任以及分享经验。因此，定期更换新的搭档能够促进亲社会行为的学习。

在教学实践中，教师可以列一张名单来循环安排学生搭档，也可以随机选择学生的名字来制订一份搭档表。通过社会测量法，教师对他们的选择会有更清晰的认识。例如，确定出彼此不喜欢的学生，在课程的最开始不将他们安排成搭档。无论教师使用什么方法，对安排进行解释、给学生展示搭档名单以及明确体育教学目标（包括社会适应目标）都是十分重要的。通过课前的充分准备，教师可以确保在课上关于搭档和分组不会出现任何问题。接下来就会有更充足的时间关注讲解和提供建议，而学生也更能够集中精力练习。越早采用交换搭档的方法，学生也就越容易适应。如果从高中时期再开始让他们接受一种新方法，就可能产生更多问题。在这种情况下，最好是开始先让彼此喜欢的学生成为搭档，再逐步地交换搭档。系统地选择搭档的优势和不足如表 8－3 所示。

表 8-3 系统地选择搭档的优势和不足

优势	不足
没有剩余的学生	最开始学生不了解彼此的技能
会出现多种社会交往	学生可能一开始与一些新同伴合作时会出现困难
每名新搭档都会带来新的挑战	
每名学生都有机会和其他同学合作	
创造了交到新朋友的机会	
有助于提升班级气氛	

3. 任务投入的动机气氛

除了教学方法之外，班级的社会情绪气氛同样能够影响亲社会行为的发展。在体育教学中，自我投入的气氛和任务投入的气氛依据班级看待竞争和合作的方式而有所差异。一般而言，在任务投入的气氛中，学生关注学习任务，与自己以往的水平相比判断进步，并且也不追求超过他人。这种气氛也为学生帮助他人提供了更多的机会，而这在竞争气氛中几乎是不可能发生的。教师可以通过言语行为、分组、选择任务水平等方法来营造任务投入的动机气氛。

4. 体育教学中促进亲社会行为的其他方法

在体育教学中，任何增加学生参与度的策略都有可能促进亲社会行为。很多人认为团队比赛能够促进社会互动和发展亲社会行为，但事实上当技能纯熟的学生带球过人并射门得分时，比赛就无形中将很多学生排斥在外了。因此，教师应该关注团队比赛中学生的社会行为，观察并在恰当的时候进行干预。一个简单的方法就是中止比赛并讲解当下的情境。例如，教师可以询问射门的学生是否注意到一些同学甚至从没有碰到过球，也可以进一步询问如果他自己一直扮演比赛中的“局外人”将会有什么样的感受。另外，教师同样可以鼓励害羞的学生参与进来并付出努力。

另一种有效的干预方法是改变比赛规则以增加参与度。例如，足球比赛中规则可以改变成：射门前必须每一名队员都传过球；在排球比赛中，当 4 打 4 时（教学中 6 打 6 是更为合适的），必须触球超过 3 次，并且至少 3 名队员接触过球才可以击球过网。这种方式不仅促进了亲社会行为的形成，也提升了运动技术。

教授亲社会行为时，积极的反馈是非常重要的。在团队比赛中，教师应在出现亲社会行为时给予反馈。例如，当一名技能纯熟的学生将射门的机会传给其他同学而不是自己完成射门时，积极的反馈同样也可以通过改变计分方式来实现。“公平竞争比赛”就是一个很好的例子，其计分规则是在表现出特定亲社会行为时得分。

团队比赛中一个重要的教学目标就是学会理解和遵守规则。学生应该明白规则就是为了增加比赛乐趣，同时也是为了确保所有人机会均等。当学生自己参与比赛时，往往就能够理解如果没有规则、没有对规则的尊重，比赛就无法进行下去。但是，如果设一名裁判监督规则，学生就很容易形成裁判承担着执行规则的责任这样的认识，并会认为裁判没有看见的或者裁判没有拒绝的都是可接受的。因此，在体育教学过程中，学生应学会在没有裁判的情况下打比赛。由于体育教学中的规则往往会与竞技体育中的规则不同（降低难度、服务教学目标），所以教师应确保每个人都了解清楚了规则的内容。

亲社会行为的一个重要方面就是对他人的责任感。目前增进责任感的最好方法之一是由海利森（Don Hellison，2003）提出的。根据其理论，在个体形成对他人的责任感之前，必须先对自己负责。在这种方法中包括提升责任感的五个层次（表8－4）：在零层时，个体表现出不负责任的行为，这常常以责备他人的形式表现出来；在第一层时，个体表现出一些自控性和对他人权利和感受的尊重，但这时他还没有准备好付诸行动；在第二层时，个体已经准备好参与到集体共同的任务中，并作出一些努力；在第三层时，个体能够自我指导和独立完成任务，并能够进行个人规划；在第四层时，个体会关心和帮助他人并表现出共情。这种方法是在帮助被孤立的问题少年的过程中总结出来的。从教学方法而言，该方法的一个重要特征就是强调自尊以及在帮助他人以前，个体首先要对自己负责。鼓励学生对自己负责可能超过了体育教师的职责范围，但体育教师可以将这种方法作为量表来使用，以评估学生的社会行为水平。

表8－4　海利森的责任层次理论

层数	主题	内容
第零层	不负责任	在这一层次的学生总是找借口，因为自己的行为而责怪他人，拒绝对自己的行为和错误承担责任。
第一层	尊重	在第一层的学生，也许还不会主动参与学习活动，但他们已经可以控制自己的行为，不去干扰其他学生的学习和老师的教学。他们完成这些学习内容时，不再需要教师的提示和持续的监督。
第二层	参与	在第二层的学生，不仅表现出至少一点点对他人的尊重，还会愿意参与游戏和比赛，接受挑战，并在老师的监督下练习运动技能和训练体能。
第三层	自我指导	在第三层的学生，不仅表现出尊重和参与，还能够在没有直接监督的情况下完成任务。他们能明确自己的需要并开始计划和实施自己的体育学习方案。
第四层	关心	在第四层的学生，除了能够尊重他人、参与活动和自我指导外，还会通过合作、给予支持、表现关心和帮助他人而形成对他人的责任感。

（三）给体育教师的建议

（1）反思你的教学。你准备好促进学生的亲社会行为了吗？你认为社会适应的教育重要吗？你认为教学任务不仅是简单地增强体质和发展运动技能，促进亲社会行为也是其中重要的组成部分吗？你是如何理解亲社会行为及其教授的？与你的同事讨论这些问题。例如，学生学会合作和相互帮助是否很重要，学生能互教互学吗？考虑你和学生在体育课中扮演的角色。你的课上多少同伴之间有互动？你有没有让学生承担一定的责任？你经常通过言语干预来促进亲社会行为吗？

（2）使用鼓励合作互动的方法。当安排学生分组或配对学习时，注意让学生不仅要与他们的好朋友合作，还要与其他同学合作，并注重社会技能的学习。例如，示范如何帮助他人和如何给他人提供反馈。

（3）考虑你的言语行为。你可以通过言语行为影响课堂中的社会情感气氛。所以要记住不仅对运动表现和技能学习给予反馈，还要关注课堂上的社会行为。例如，你可以说："小红，你对小丽的鼓励非常好"，或是"小明，谢谢你在小刚跌倒时中止了比赛。"

（4）通过鼓励学生考虑他人的感受和立场来促进共情。例如，比赛中发生攻击性行为后，你可以询问："你们认为小强有什么感受？"如果有学生没有参与到比赛中，你可以问其他学生："你们认为比赛中一点都没有接触到球有趣吗？"

（5）体育教学对亲社会行为的影响更多地取决于活动中的社会结构而不是活动本身。当组织学生进行体育比赛时，与他们讨论如何改变比赛规则能够让所有人都参与进来，并鼓励学生计划和实施这些改变。

【本章小结】

1. 团体动力学主要研究小群体中人们的行为；团体动力学研究的主要目的就是对团体成员之间的相互作用有更深入的了解，这种相互作用可能支持或影响团体的成长和发展。

2. 团体发展模型描述了团体形成和发展的五个阶段。

3. 体育教学中促进团体发展的策略，包括确定团体的发展阶段、倾听相关信息、绘制社会关系网图。

4. 亲社会行为是一种自愿帮助他人的积极的社会行为。亲社会行为往往会促进积极人际关系的发展。亲社会行为包括对他人有兴趣、关心他人、建设性地解决冲突以及提供具体的帮助。

5. 促进亲社会行为的方法包括确定班级社会结构、采用合作学习法等。

6. 合作学习法是促进亲社会行为最有效的方法之一，这种方法让学生组成搭档或是分小组互教互学，提供反馈和帮助。

7. 体育教学为教授亲社会行为提供了绝佳的机会，但这也只有在有意识地、严谨设计的前提下才能实现。

【建议参考资料】

1. 体育课程教材研究开发中心．体育基础知识［M］．北京：人们教育出版社，2004.

2. 艾森伯格．爱心儿童：儿童的亲社会行为研究［M］. 巩毅梅，译．成都：四川教育出版社，2006.

3. 刘淑慧．体育心理学［M］. 北京：高等教育出版社，2005.

4. 王青松．体育教学中培养小学儿童亲社会行为的实验研究［D］．上海：华东师范大学，2005.

5. 章学云，徐艳．团体辅导改善初中生人际交往能力的实践研究［J］. 中小学心理健康教育，2011（7）：174.

6. LIUKKONEN J，AUWEELE Y V，VEREIJKEN B，et al. Psychology for physical educators［M］. Stanningey：Human Kinetics，2007.

7. KAHILA D. The role of teaching method in pro-socical learning：developing helping behaviour by means of the co-operative teaching method in physical education［J］. Physical education and health，1993，29.

8. HELLISON D. Teaching responsibility through physical activity［M］. 2nd ed. Champaign，I. L.：Human Kinetics，2003.

【问题与思考】

1. 描述团体发展的不同阶段以及每个阶段的关键特征。
2. 结合团体的发展阶段，说明如何促进体育团体的发展。
3. 简述体育活动中人际交往的形式和特点。
4. 为什么要促进体育教学中的亲社会行为？
5. 如何运用于社会测量法促进亲社会行为？
6. 合作学习法的主要内容和主要原则是什么？

第九章 运动技能的学习

【本章提要】

本章主要介绍运动技能的概念及形成过程，影响运动技能学习的因素，运动技能的学习与训练以及迁移问题等内容。

【学习重点】

1. 了解运动技能的概念、分类和学习过程。
2. 了解影响运动技能学习的内部因素和外部因素。
3. 掌握如何进行运动技能学习与训练。
4. 理解影响运动技能迁移的因素。

【重要术语】

运动技能 封闭性技能 开放性技能 连续性技能 指导与示范 练习 反馈 言语指导 练习时间 迁移 正迁移 负迁移 迁移理论 迁移原则

体育教学过程不仅是传授运动知识的过程，更是运动技能的学习过程。运动技能的学习具有不同于一般认知学习的特点，虽然它往往与认知学习交织在一起，有着认知学习的一般规律，但它又着重运动技术的训练，学习的结果是以身体动作来表现的，正确地认识、把握体育运动技能学习的心理规律，才能进行有效的学习和训练。

第一节 运动技能概述

一、运动技能的概念及特征

运动技能是指通过练习而巩固下来的，自动化的、完善的动作活动方式。运动技能的种类很多，如日常生活中的行走、跑步、骑自行车、游泳、体操、打球等。一般情况下可以将运动技能和动作技能作为同义词互换使用。

运动技能具有以下特征：指向目标，即运动技能都有其各自的操作目标；动作技能的操

概念解析

技能

技能是一个人在某一任务上的熟练程度，是人们在活动中运用知识经验经过练习而获得的完成某种任务的动作方式或心智活动方式。例如投篮技能水平，通过训练可以很容易改变。技能的种类很多，如写字、演奏、体操等。

作具有随意性，即不能把反射性运动视为运动技能，如眨眼可能有一定的目的而且也包含运动，但因为它属于不随意运动，所以不能被视为一项运动技能；动作技能需要身体、头或肢体的运动来实现任务目标，这是运动技能区别于人类其他技能的基础；为了实现技能的操作目标，人们需要对动作技能进行学习或再学习，如弹钢琴便是一个典型的需要学习的运动技能，行走技能表面看来是人类自然形成的，事实上，对于婴儿而言也是通过多次学习后才获得的。

二、运动技能的组成

所有的运动技能都包含心理过程和运动技能操作过程，不同运动技能的这两个过程的强弱和方向是不同的。在运动技能学习过程中，个体也正是因为对这两个过程或过程中的某一环节把握不同而表现出显著的水平差异。

许多运动技能的操作看似简单，实际上却包含了复杂的心理过程。例如，有些运动技能特别强调感知觉因素，要求对感觉信息进行快速分析（如乒乓球比赛中判断对手的发球方式与回球区域等），这是比赛能否取胜的关键，也是技能熟练水平的标志。运动员在比赛过程中必须随时决定该做什么、怎么做以及什么时间做，如决定是否投篮、在何处投篮等，这制约着运动技能的操作过程。一般说来，运动技能都包含有以下心理过程：感知相应的环境特点；决定做什么，在哪里及何时做；产生有组织的肌肉活动，并实施行动。

运动技能的操作过程可分为三个部分：一是姿势成分，即整个技能的物化形态，是动作的支撑，如射击运动员的手臂需要有稳定的平台支撑以提高射击的准确性；二是身体的移动成分，即移动身体朝向或到达技能实施的位置，如体操运动员推杠腾跃后再去抓杠等；三是操作成分，与其他成分结合在一起互相协调完成运动技能，产生动作，如在复杂的电子游戏中手指和手腕的协调动作。

三、运动技能的分类

对运动技能进行科学的分类不仅可以让我们了解运动技能的内部结构，明晰各种技能的类型，还可以分析各种技能之间的关系，找出控制运动技能的规律。运动技能的分类方法很多，但目前被广为接受并且应用较多的有以下三种。

（一）封闭性与开放性运动技能

根据环境背景的稳定性特征，可将运动技能划分为封闭性运动技能和开放性运动技能。开放性运动技能的环境背景特征是变化的，要想成功地完成这类技能，操作者必须根据环境的变化适时地对自身动作进行相应的调整，个体完成动作的时机和采取的动作主要由相关的环境背景决定。例如，乒乓球比赛中的接发球，必须根据对手的发球方式以及有关的线索判断而选择相应的接球策略。

相反，封闭性运动技能的环境背景特征是稳定的，即环境背景特征在技能操作过程中不会发生位置上的变化，如固定靶射击、投掷铅球和篮球的罚球等，练习这类技能时，环境特征和技能的程序基本是固定的，个体可以有充分的时间去完成技能。

这种分类由于简便易行，已经在运动技能学习与控制研究领域中得到了广泛应用。但应该清楚，典型的两类技能并不多，多数运动技能操作过程中都会不同程度地受到环境因素的影响，而处于这一个连续体的中间（图 9－1）。

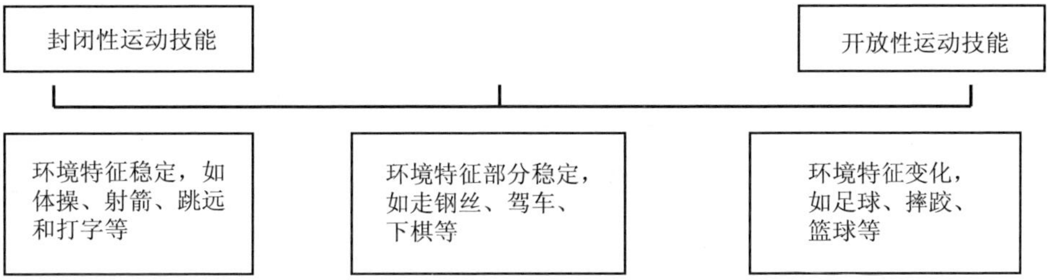

图 9－1　封闭—开放性运动技能分类

（二）连续性、不连续性和系列性技能

根据动作操作过程中的连贯程度，可将运动技能划分为连续性运动技能、不连续性运动技能和系列性运动技能。不连续性技能的主要特征是运动技能的开始和结束非常明显，且通常持续时间相对短暂，动作完成时带有一定的爆发性，其精确度可以通过计数或度量来表示，如投掷铁饼、标枪、举重、射击等。

连续性运动技能的主要特征是运动技能由一个接一个的连串动作或系列动作组成，没有明确的开始与结束，可以任意确定动作的开始和结束，如游泳、滑冰、短跑和骑自行车等都属于连续性技能。

在这个连续体的中间是系列性运动技能，运动操作是由一组不连续技能连结在一起组成的一个新的、更加复杂的动作，大多数运动技能都属于这一类，如三级跳远、跨栏和跳高等。这里的“系列”意味着动作是由多个动作组成的，各环节之间的节奏是获得成功的关键（图 9－2）。

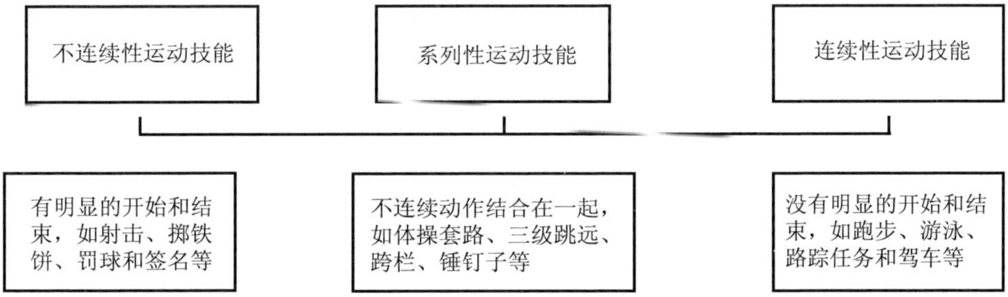

图 9－2　连续性—不连续性运动技能分类

（三）低策略性技能和高策略性技能

根据动作执行时所需的认知策略多少，可将运动技能划分为低策略性技能和高策略性技能。低策略性技能是指动作操作成功的决定因素是动作本身的质量，动作执行时所需的认知策略较少，如举重、田径、游泳、体操等。

与低策略性技能相对应的是高策略性技能，这类技能的决定因素是动作执行时的认知策略，即决策做什么动作是最关键的。例如，在羽毛球比赛中，杀球、勾球或放网等基本动作每个运动员都会，重要的是要知道在什么情况下用什么动作，即“要用脑子打球”，这是比赛取胜的关键。

运动技能操作时所需的认知策略多少也是一个连续体，没有纯粹的策略性技能和非策略性技能。每一种运动技能都需要一定的决策制订过程，因此，现实中多数的运动技能处于这两个极端之间的某个位置，都是决策制订和动作实施的复杂组合（图 9－3）。

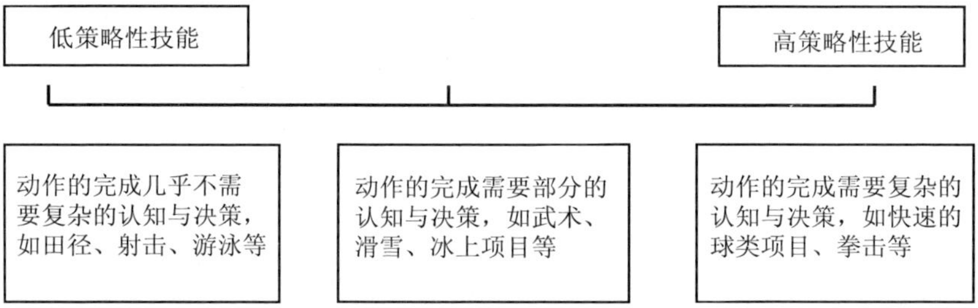

图 9－3　低策略—高策略性运动技能分类

（四）精细运动技能和粗大运动技能

儿童运动教育中还有一种常见的运动技能分类方法，即依据运动技能所涉及的肌肉与动作幅度大小，将运动技能划分为精细运动技能和粗大运动技能。当一种技能局限在较狭窄的空间内进行并要求较精巧的协调动作时，这种技能称为精细运动技能。它一般由小肌肉的运动来实现，如射击、射箭、网前吊球、台内轻搓短球等。相反，粗大动作技能则是运用大肌肉群，而且经常要求全身肌肉的参与，如跑步、游泳、网球发球、排球的大力扣球、足球的远距离射门等。

四、运动技能的学习过程

（一）动作的认知和定向阶段

从体育教学角度看，认知和定向是学生对某一特定动作活动方式的了解，从而在头脑中形成关于动作表象的过程。它是形成运动技能的“认知准备”。

学生通过视、听等外导系统感知活动接受外界信息，熟悉所学技能的时间和空间特性，如动作的方向、幅度、顺序、节奏等，形成清晰的视觉（或以视觉为主的）表象，并经思维的加工，了解“做什么”和“怎样做”，以便进行这样或那样的活动，并能较好地掌握有关的行动方式。

认知定向是运动技能学习的必要前提，但学生掌握运动技能，却总是从模仿开始的。模仿一般指仿效（实际再现）特定的动作方式或行为模式。模仿是靠学生知觉及知觉所引起的表象来重现教师所示范的动作。模仿练习是掌握行动方式或行为模式所特有的一种学习形式，是调节、改进动作活动方式的一个重要环节，也是形成动觉表象和掌握动作概念的基础。

模仿是运动技能形成的开端。在开始模仿练习时，动作的速度与品质表现为迟缓。此时学生的注意范围比较狭窄，知觉的准确性较低，动作带有机械性，动作的正确性、稳定性、灵活性都较差，且带有多余动作，在掌握动作结构顺序上，时有中断，时有失误。这与清晰的、正确的和稳固的动作调节系统尚未建立有关。

进行模仿练习时，由于肌肉运动感受性较差，学生对动作的控制和调节作用较弱。以外导系统为主要信息的分析、综合能力，以及注意范围受到一定的限制，学生尚不能有效地发现和利用重要的线索，既难以同时感知较多的动作细节，也时常发生错误，且这些错误难以觉察。与此同时，学生常会自我感到身体“不听话”或紧张。过多的模仿练习会使学生产生心理性疲劳，对模仿练习产生厌倦情绪而直接影响学习效果。

（二）动作的联结阶段

学生通过反复练习和对动作的深入理解，知觉过程日趋完善、准确，注意范围逐渐扩大。学生通过练习，机体获得效应器官的反馈信息，即不断得到动觉的内导冲动，肌肉运动感受性逐渐提高，形成动作的视—动联合表象。这时视觉和知觉虽能起到一定的作用，但已不起主要作用，对动作的控制作用正在逐渐减弱，肌肉运动感觉比较清晰和精确，其控制作用逐渐提高并开始发挥其特有功能。这不但使原有的动作表象得到充实和完善，而且对动作的控制和调节能力逐渐加强，并能评价自己动作的质量。过度紧张和多余动作（或中间停顿现象）也逐渐消失，动作的相互干扰减少，动作的速度加快，动作变得精确，协调性、稳固性和灵活性加强。但一遇到某种意外事件或特殊场合时，多余动作又会出现，动作显得不准确、不灵活，甚至还会出现错误。

（三）动作的熟练阶段

熟练的动作是通过动作操作、坚毅顽强的训练而逐渐形成的。动作一旦进入熟练阶段，即运动技能的巩固、提高、完善阶段，身体对重心的移动和惯性的控制能力越来越强，动作灵活自如，意识与视觉的调节作用已降低到最低程度，而不需占据注意的中心。同时，动觉表象逐步被言语所取代。

在熟练阶段首先是动作结构上的不协调现象与干扰因素消失；其次是动作的连贯性、整体性、精炼性加强，不再有多余动作，注意范围扩大且分配能力增强，整个动作在时间和空间上已整合为一体。要求学生掌握的动作，不仅表现为灵敏、协调，而且具有高度的正确性和稳定性。动作熟练后，练习时紧张的心理状态就逐渐消失，疲劳现象也相对降低。

运动技能需要经过大量的练习才能达到和保持熟练的水平。一般来说，学生在课堂内学习的许多运动技能只达到了初步掌握水平，还需他们在课余继续且有效地练习。

第二节　影响运动技能学习的因素

总体而言，影响运动技能的学习效率的因素包括内部因素和外部因素。前者如个人的运动能力、智力、个性、经验和成熟度等，后者如教师的指导与示范、动作难度、体育课堂的心理气氛、反馈等。

一、影响运动技能学习的内部因素

（一）经验与成熟度

大量研究表明，个体学习运动技能的能力随着年龄和经验的不断增加而提高。技能的提高主要是由于成熟和平时练习的结果，对于特别复杂的运动技能学习，开始训练的年龄越小，成绩越好。一般来说，成熟与经验存在着相互作用，它们对运动技能学习的影响也是相互的。例如，游泳、舞蹈等比较复杂的动作技能，从小开始学习为好。但也要因项目而定，并按照个体的身心发育规律进行训练，从运动生理学的角度看，过早地进行专项技能训练不利于个体的发展。

（二）智力

关于智力和动作技能学习的关系，已有的研究很多，现在总体上存在两种截然不同的观点。一部分人认为，智力和动作技能的学习绩效显著相关，而另外一些人则认为，两者之间的相关程度很低。这可能要根据不同的技能项目而定，不同类型的运动技能对智力的要求程度可能是不同的。

复杂的、高策略性运动技能多为小肌肉群运动技能，其学习绩效与智力之间的相关程度较高，即智力水平越高，学习成绩越好。例如，羽毛球、乒乓球等快速球类项目，技能对抗中的情境判断与决策较复杂，需要加工的因素较多，要求个体必须在最短的时间内作出最佳的判断，要求思维转换速度较快，从而能快速地进行动作应答。“要用脑子打球”正是这个道理。而对于复杂程度和策略性较低的大肌肉群运动技能的学习，练习成绩与智力之间的相关性则较低。例如，铅球、铁饼和举重等项目，运动成绩主要依靠练习者的绝对实力，决策、判断等智力因素对练习绩效的影响相对较小。

（三）个性

个性会影响个体选择什么运动项目和技能学习效果。一般认为，内向型性格的人往往较适宜从事射击、射箭、中长跑等项目，而外向型性格的人则多适宜于集体项目。关于个性与运动技能学习的关系，现在一般认为，外向型的人动机水平较高，易形成社会动机，在运动场上更容易和迅速地掌握运动技能，在众人面前做动作的心理压力较小，但较难形成条件反射，适宜进行力量大的活动；而内向性格的人，其兴奋与抑制过程消退速度慢且持续时间长，内部变动小，更能承受困难的、强调准确性的任务，适宜进行单调而精细准确的活动，运动技能形成速度可能不如外向性格，但成绩可能比外向性格的要稳定。

应该清楚，个性与运动技能学习的影响是相互的，人的性格特征影响技能的学习效果，而运动技能的学习又可以改造和培养人的性格。在体育教学中，教师应掌握学生的性格特征，结合教学或训练，采取适当的教育手段，进行最适宜的运动项目分类，培养学生良好的、符合运动要求的性格。

概念解析

个性

个性是一个人区别于他人的，在不同环境中显现出来的，相对稳定的，影响人的外显和内隐性行为模式的心理特征的总和。个性是人们的心理倾向、心理过程、心理特征以及心理状态等综合形成的系统心理结构，包括括需要、动机、兴趣、气质、能力、性格等心理维度。

（四）运动能力

因运动能力的差异而导致技能学习绩效的差异是不言而喻的。运动能力的个体差异首先体现在身体发育上的差异，突出表现在年龄与性别间的差异，其次是同年龄和同性别的个体间的运动能力差异。

身体发育的个体差异表现在身体形态和肌肉力量两个方面。根据对中学生的研究表明，同龄学生身体发育差距很大，男生身高最大差距为 46 厘米，体重差距为 34 千克；女生身高差距为 31.5 厘米，体重差距为 30.5 千克。国外有研究者已经根据身体形态发育与各运动能力间的相关关系，来指导技能学习的分组教学。在肌肉力量方面，学生之间的差异也非常明显。日本有研究发现，同年龄男生右手握力的差距达 40 千克，女生为 27.5 千克；男生背肌力最大差距为 113 千克，女生可达 82 千克。肌肉力量是一般运动能力的基础，肌肉强大的学生在经过训练后，运动技能很容易达到较高水平。

当然，影响运动技能学习的个人因素还有很多，如动机状态、自信心、情绪状态和意志品质等。消极地练习、缺乏自信和抱负水平，练习的成绩就不会有很大提高。所以在运动技能学习的过程中要重视个体的差异性，在教学或训练中应严格贯彻“区别对待”、“因材施教”的原则，以获取最大的学习绩效。

二、影响动作技能学习的外部因素

（一）指导与示范

“名师出高徒”说明了指导的重要性。在运动技能学习的初期，练习者的动作图式尚未形成，形象而生动的讲解与技能演示是必要的。例如，以动作图片、幻灯片、标准动作录像以及高水平练习者或教练的示范进行演示，告诉练习者如何操作、站在哪儿、怎样站以及眼睛注视什么等，将所学内容与学生已有经验联系起来，从概念或框架性指导到实际运用，逐步形成对运动技能的全面认识。

观察和模仿别人的动作对于运动技能学习是必不可少的，做示范的是学生还是教师并不重要，关键是示范必须展示技能的重要特征。将示范与言语指导结合起来，有利于运动技能的学习。科学的指导与示范对获得运动技能的作用显而易见。在某些情况下，利用现代化的多媒体视听手段进行运动技能的学习指导和通过多信息通道的感知与反馈，对学生掌握运动技能具有更为有效的促进作用。

（二）练习

影响运动技能获得的另一个重要外部因素就是个体的练习。同一批学生学习同样的运动技能，最后的效果不同，有的人学得快，有的人学得慢。除了有个人因素的制约以外，练习行为及其练习方式、方法对运动技能的获得将起到至关重要的作用。指导与示范只能形成技能的外部表象，而完成运动技能时肌肉间的内部联系只有采用科学的练习方法，按照学习规律合理安排练习时间，通过反复练习以形成清晰而完整的内部表象来实现。

（三）反馈

练习不是动作的简单重复，而是让学习者从他们的动作或动作的结果中及时得到反馈，以促进运动技能的学习。没有反馈与指导的学习只能是一种盲目的学习，即使花费再多的时间练习，也很难形成正确的运动技能。因此，提供信息的反馈是动作技能学习最重要的外部条件之一。在练习过程中给学习者提供适当的反馈信息，能有效地促进技能的学习。

（四）动作难度

动作难度是指完成动作的难易程度，是影响学生运动技能学习最主要的外部因素。运动技能的学习要遵循渐进原则，由简到繁、由易到难。这就要求教材的安排要符合学生的认知水平，不能太难也不能太易。教材的难度太大，学生经过努力还不能掌握，则慢慢就会失去学习兴趣和信心，这样不利于学习；教材太易，动作技能不经过努力就能掌握，则不利于激发学生的学习热情。所以教材安排要科学，要符合学生的实际情况。

（五）体育课堂的心理气氛

体育课堂心理气氛是指师生在体育课堂中占优势的态度与情感的综合表现。它是体育课中集体心理动态结构特点之一，是课堂教学活动赖以发生的心理背景，也是集体内部促进或阻碍师生共同活动，以及促进或阻碍全面发展的各种心理条件的总体表现。研究发现，体育课堂气氛越活跃，学生学习的积极性就越高，学习效果也越好。因此，教师要运用教学技巧、创设生动活泼的教学情境、培养和谐的师生关系等途径，创造和谐的体育课堂心理气氛，促进学生运动技能的学习。

第三节 运动技能的学习与训练

我们知道，运动技能的获得受个体内外很多因素和条件的制约，其中教练与教师的指导与示范、练习与反馈等是影响运动技能获得的重要因素。正确地运用和控制这些因素，可以使运动技能的学习与训练更加有效。

一、言语指导与示范

（一）言语指导

言语指导是向个体传递运动技能操作方式的常用手段，其作用毋需赘述，但要进行更有效的指导，应注意以下几个问题。

1. 学生的注意

人类的注意容量是有限的，所以指导者必须重视指导的质量，要突出动作的关键与重点，而不能轻重不分，漫无边际。初学者一般很难同时将注意分配到多个任务上，即使很少的语言信息都会超出个体注意的有限加工容量。例如，让一名篮球初学者运球的同时再进行本队的技战术布置是不现实的。有效的指导要特别注意两个方面：首先，有效的指导应将学生注意指向有利于动作完成的关键信息上。例如，学习高尔夫击球动作时，应指导练习者将注意集中于击球手臂摆动的关键技术环节。其次，指导学生将注意集中于环境因素，告诉学生环境中哪些是重要信息，并让学生在多种情境中练习，以促进技能的学习。例如，在练习运动技能的过程中，教练或教师应告诉学生应该看什么或关注什么，以帮助他们保持正确的注意焦点。

2. 指导线索

指导的一个关键问题就是度的把握，指导过少可能因信息量不足而达不到技能学习的目标，过多则会因记忆容量有限而产生干扰，也不利于学习。所以，教练或教师应当使用言语线索将个体引向操作技能需要注意的情境上。言语线索应当简短而精练，能将个体的注意指向专项情境中的各种线索，促进对运动技能关键信息的获取。例如，“看球”这一线索指引视觉注意于球，而“曲膝”则强调了关键动作。简短的线索指导对技能的学习是非常有效的，既可以促进新技能的学习，又可以巩固已习得的运动技能。

在学习运动技能的过程中，教师可以通过多种方式进行言语线索指导。一种方式就是示范的同时结合线索指导，以补充视觉信息，有助于集中注意。另一种方式是直接提供线索指导，帮助学生将注意集中于运动技能的关键部分。例如，在教网球初学者练习基本拦截动作时，可以采用以下五个指导词："准备"（提示即将来球）、"球"（将注意集中于球本身）、"转身"（提示击球的恰当身体位置）、"击球"（将注意集中于击球）、"头向下"（提示击球后头的位置）。这可以使学生更好地学习该项技能。

（二）示范

示范是传递技能操作信息的又一种重要方式，在某些技能的学习情境中，示范比其他手段更有效。示范教学的关键问题是示范者应当明确示范教学的内容及其适用范围。掌握运动技能示范应注意以下事项：

首先，示范必须要展示运动技能的重要特征。这样才能使练习者形成一个正确的动作表象，继而形成一个清晰的概念模式。示范动作既要表达所学技能的特征，又要启发学习者积极利用以往的相关经验，将新技能纳入到原有的认知结构中，从而形成特定的运动模式。

其次，示范必须正确规范。学习者在学习的起始阶段首先要通过对示范动作的观察、对刺激情境的知觉，来形成一个内部的动作表象，以此作为实际操作时的参照。因此，动作示范是关键因素，正确规范的动作示范必然会给学生留下正确的动作表象，相反，错误的、不规范的动作示范则会使学生形成错误的动作表象，而且，这种错误动作一旦形成习惯，则很难改正。

再次，动作示范需根据具体情况灵活应用。动作示范的效果受教师示范的位置、方向以及方式等因素影响。怎么控制示范的站位、方向、时机、时间、次数、速度等，则是一门艺术，需要长期的学习、揣摩以及一点一滴的积累总结。例如，教授武术、广播操等项目时，教师就应该站在距第一列 5 米外且与排头、排尾构成的等腰三角形的顶点上，以背面示范或镜面示范为主；教授双杠挂臂摆动屈伸上时，学生应面对面站立在双杠的两侧，这有利于观察教师的示范动作；教新教材时，教师应先用正常速度示范一次完整的技术动作，使学生初步了解动作的完整技术结构，然后再根据课的内容用较慢的速度分解示范，使学生了解动作的要领、要求等，进而建立一个完整的动作表象。

最后，同伴的示范更有利于技能的学习。尽管理论分析和实验结果均显示初学者观察熟练个体的示范有利于学习，但现在越来越多的研究证据显示，初学者更容易从非熟练个体的示范中获利，尤其当练习者和示范者同为初学者时，操作水平的进步更优于观察熟练者的示范学习。观察同伴示范的好处在于观察者不会盲目模仿示范者的技能操作，而是更多地使用自身的问题解决方法。

操作与应用

只教对的不做错的是动作示范的原则

某观摩课现场，上课内容是滑步推铅球。年轻的教师在讲解完动作要领后开始做示范，第一次示范铅球落在了投掷区右侧外，该教师赶紧解释说："看，铅球落在了投掷区外，是犯规动作，下面我再做一次。"不巧的是这一次铅球又落在了投掷区左侧外，在一片诧异的目光中，这位教师不慌不忙地说："同学们，老师把犯规的两种情况演示了一遍，下面，就请大家往投掷区里推吧！"在感叹这位教师遇事处变不惊、随机应变的本领的同时，我们不禁要问：两次示范都犯规了，他到底教给了学生什么？学生在两次错误示范的引导下还怎么能掌握得了正确动作？

实际上，该案例牵涉了一个原则问题：动作示范怎么去做？该不该示范错误动作？有人说，教学时把易犯的错误动作一并示范给学生，这样就有了正误的对比，对于掌握正确动作有利。殊不知，在学生正确动作尚未定型的情况下，往往会把两种动作混淆起来，错误动作必定会干扰正确动作的学习与掌握。因此，在教学中一定要把握住这样一个原则：只教对的不教错的。学习新动作时、当学生遇到困惑时以及出现错误动作时，多示范正确动作并进行正面引导最直接也最有效。（陈爱国，2012）

二、练习

运动技能是通过练习形成的。只有通过重复（并非机械）而又成功的练习，才能提高动作的精确性。所以对学生技能练习的指导也很重要。

（一）明确练习的目的和要求

练习应是在理性指导下的练习，而不是盲目的练习。教师应不断向学生提出练习的目的与要求，改进动作方法使行动方式与目的要求更适应，这对提高练习的效果有重要作用。学生明确了练习的目的、意义和要求，才能加强练习的自觉性，使练习不断处于意识的控制之下，将练习的过程指向练习的目标，从而积极、主动地进行练习，并发挥自己的创造性，使练习获得成效。例如，教师对学生每次或一段时间内提出动作协调性和正确性的要求，即这种要求既不过于简单，又不是高不可攀，需经努力才能做到，这样可以加速运动技能的形成并达到更高的水平，促进动作系统的简缩与协调一致；如果目的、意义与要求不明确，则运动技能形成缓慢，达到的水平也低。

（二）加强动觉控制，增进练习效果

为提高学生技能练习中动觉控制的作用，可以在指导练习时采取辅助手段，帮助小学生体会自己练习动作时的肌肉运动感觉。例如，让学生比较动作正确时

和不正确时的肌肉感觉；采用不同重量的器械，让学生体验肌肉紧张的变化；采用有视觉控制和无视觉控制交替的训练方法；利用分解控制的方法，突出动作重点、难点；加强练习中言语的指导作用，提高肌肉运动感受性的“练习重复”，使学生了解自己动作与规范动作之间的差距等。采用这些措施可以使学生逐渐分辨动作的频率、方向、节奏和幅度，并用自己的肌肉感觉作为信号来控制自己的动作。

（三）合理安排练习的时间和方式

练习的时间安排与练习效果有一定关系。练习按时间安排的不同，有分散练习与集中练习的区别。一般而言，练习之间有适当休息的分散练习，效果比集中练习好一些。但在实际教学中，练习时间和休息时间的长短应从技能的复杂情况和学生身体状况的实际出发来安排。通常来说，练习初期可进行频繁的练习，但每次练习的时间不宜过长，间隔时间宜短些。以后随着运动技能的掌握，练习时间可以增长，间隔时间也可延长。

（四）结合心理训练

心理训练就是让练习者在头脑中演练整个动作技能（心理训练），而不是实际训练。心理训练属于一种心理技能，应用非常广泛，从一般体育爱好者的技能学习到优秀运动员的赛前调整，心理训练都有其不可替代的作用。

运动技能的学习不仅依赖于对肌肉活动的训练，而且也需要对心理技能进行训练。传统的运动技能学习只是通过反复多次的身体练习来实现，然而，运动技能的学习不仅需要较长时间的身体练习，也需要适宜的心理练习。在运动技能的信息加工过程中，心理作用尤为重要。心理技能训练可以有效提高大脑对肢体的调节支配能力，如表象训练能在人的头脑中反复重现正确的动作过程，这可以起到积极强化动作的作用。因此，应把运动技能的学习过程理解为智力活动与体力活动结合的过程，把心理练习与身体练习结合起来，能更好地促进运动技能的形成和发展。

操作与应用

表象训练在中学跳高教学中的应用

在进行跳高教学时，应首先让学生观看体育教师剪式跳高的示范动作，然后再要求学生闭上双眼想象这个动作，使学生逐步具有该跳高动作的视觉表象。同时，体育教师将助跑时的节奏编成“搭—搭—搭……搭搭搭”的声音，把起跳过杆的动作编成“蹬、摆、转、剪”的口诀，要求学生边想剪式跳高的全过程，边发出动作节奏和口诀的声音，以形成正确的听觉表象；学生则通过自己的实际练习，进一步建立动觉表象。达到要求后，体育教师又要求学生闭眼，在头脑中边念动作口诀，边做分解动作练习，力争把动觉表象、视觉表象和听觉表象联系起来。以后，每次上课的开始部分都要求学生做3分钟的口诀默念和表象练习，而且在每一次实际动作练习前，也要求学生在头脑中默念一次口诀和想象一遍动作。还要布置家庭作业，要求学生在晚上睡觉前想象5遍剪式跳高的动作。经过3周的练习，在与对照班学生的学习成绩相比较后发现，表象训练与实际练习相结合的班级的跳高成绩明显高于单纯以实际练习为主的对照班。

资料来源：祝蓓里，季浏．体育心理学［M］．北京：高等教育出版社，2000.

三、反馈

反馈是指个体在练习过程中或练习结束后获得的有关运动技能操作的信息。反馈的目的是向学习者提供动作过程或结果的有关信息，使学习者了解和比较其运动技能操作与学习目标之间的距离，从而调整练习的方式。反馈按信息来源可分为以下两类。

（一）自然反馈

自然反馈也称为任务内在反馈，是动作完成后自然产生、不需要借用其他方式而产生的信息，是动作的必然结果，不需要他人告知就可以自然获得的。例如，在网球正手击球时，由听觉及触觉即可得知是否击中，由视觉即可知觉回球的具体位置等，均属自然反馈。凡信息不是由外界的人或物提供，而是在个体完成动作后，通过自身感觉系统提供有关动作的信息，就属于自然反馈，这是人类进行学习的主要反馈信息。而感觉系统中的视觉、听觉、触觉、本体感觉等信息，是自然反馈的信息源。

（二）追加反馈

追加反馈是指动作执行后所获得的信息是凭借外界和外物对于动作结果所外加的信息，如计分和评分的结果等。追加反馈主要有两种不同的形式，即结果反馈和绩效反馈。

1. 结果反馈

在动作结束后，对于个体动作表现的结果所给予的相关信息即为结果反馈，如100米比赛后告知运动员其成绩是多少。在运动学习的过程中，结果反馈是一个极为重要的影响因素，它可以通过语言或非语言的形式提供，可以在运动结束后即刻或结束一段时间之后给予。如何使用结果反馈，以使运动技能的学习更有效，这涉及给予结果反馈的精确度、频率和时间问题。大体上说，不同类型的运动技能学习有着不同的反馈要求，即刻的结果反馈更有利于复杂任务、开放性任务和不熟练任务的学习，而适当地延迟结果反馈较利于简单任务、封闭性任务和较熟练任务的学习。延迟结果反馈的时间点主要与练习任务的复杂程度、任务性质、个体技能的熟练程度、年龄与成熟度以及获取信息的通道有关。

2. 绩效反馈

运动后提供的有关运动操作特征的外部反馈称为绩效反馈。例如，在进行投篮练习时，教练说“压腕不充分”等。绩效反馈通常以录像带反馈、运动学反馈、动力学反馈等方式进行。一般来说，对于复杂的、需要身体综合协调完成的运动技能，学习时提供有关运动技能形态的运动学反馈和动力学反馈，比只提供运动结果更有效。此外，还可以通过生物反馈方式将个体在学习过程中的内部生命状态显示出来，以控制练习者身体内在的生理变化。

表 9－1　追加反馈举例

	结果反馈	绩效反馈
一名高尔夫教师告诉学生	球偏左	球棒后摆不充分
一名在跑道上的赛跑选手	成绩栏中的跑步时间	观看自己跑步时的录像
一名体操运动员	裁判给的分数	观看录像中动作完成过程

应当清楚的是，在运动技能学习的实际情境中，个体获得的信息是丰富多样的，既有视觉、听觉、触觉等自然反馈信息，又有结果反馈、绩效反馈等外部反馈提供的信息，而且在多数情况下，练习者往往只能依靠自然反馈的信息进行技能学习。

第四节　运动技能的迁移

迁移是运动技能学习过程中经常讨论的一个重要概念。“为迁移而教”，有效地指导和组织以促进最大的学习迁移，是体育教学追求的重要目标之一。我国现代运动心理学最早的研究专论即关于运动迁移的价值问题，可见迁移在运动技能学习过程中的作用。

一、技能迁移及其理论

（一）技能迁移

迁移是理论学习和运动技能学习中普遍存在的一种现象。它广泛存在于各种知识、技能（包括认知技能和运动技能）及行为规范的学习中。迁移是指已经获得的知识、技能，甚至方法和态度对学习新知识、新技能的影响。在实际教学中，恰当地应用迁移规律可以提高教学效率。运动技能的迁移主要有以下三种。

1. 正迁移

已经掌握的技能对学习新技能的积极影响叫正迁移。例如，经常打篮球有助于手球技术的学习；掌握了正脚背踢球技术，很快就能学会外脚背踢球；学会了跳山羊，就很容易掌握跳箱技术。

2. 负迁移

已经掌握的运动技能对学习新技能的消极影响叫负迁移，也称为运动技能的干扰。例如，一个会骑自行车的人在刚学习骑三轮板车时，会感到很不习惯，他们的骑车技术可能还不如原来不会骑自行车的人。这是因为骑自行车对骑三轮车产生了负迁移。值得注意的是，负迁移的影响是暂时的，通过练习就能克服。体育教学中常见的负迁移有：学会打网球之后再学习打乒乓球、学会了俯卧式跳高之后再学习背越式跳高等。

3. 零迁移

前后学习的两种运动技能之间没有任何影响，这种现象称为零迁移。这是为两种动作技能无相似之处的缘故。

（二）迁移的理论

运动技能学习的迁移现象已经得到普遍的认同，但对于迁移是如何发生的，目前仍存在多种理论解释。

1. 形式训练说

对学习迁移现象最早的系统解释是形式训练说。该理论认为，迁移是通过某种科目或题材对组成心智的各种官能进行训练，以提高各种能力而自动实现的，从而转移到其他学习上去。因此，形式训练说把训练和改进心智的各种官能，作为教学的最重要目标。它强调“形式”和“训练”的重要性，要求严格而充分的练习；认为练习越严格、越充分，心智能力的发展就越完善、越全面。

2. 共同要素说

19 世纪至 20 世纪，桑代克等人在实验的基础上提出，学习迁移只能发生在两个具有相同成分或因素之间的学习之间，而且两者学习之间的相同成分及因素越大，迁移的可能性就越大。只有两种学习中存在着相同的联结，一种学习上的进步才能转移到另一种学习上去，才能发生正迁移效果。

3. 概括化理论

概括化理论是由心理学家贾德经过实验提出来的，强调原理、原则的概括对学习迁移的作用。该理论认为两种学习活动之间存在共同成分仅是产生学习迁移的外在影响因素，也是产生迁移的必要前提，而产生学习迁移的真正关键是学习者能够概括出两种学习之间的共同原理。因此，贾德的学习迁移理论被称为概括说或概括化理论。

4. 认知派的认知结构说

认知结构理论是美国教育心理学家奥苏贝尔于 1963 年提出的一种新的学习迁移理论。该理论更加注重认知结构在学习迁移中的作用，认为学习的迁移是以认知结构和新知识学习的相互作用为前提的。过去的学习经验是新知识学习的一个关键因素，但过去的经验对当前学习的影响不是直接发生的，而是通过引起认知结构的变化而间接发生的，不受学习者原有认知结构影响的学习是不存在的。

在实际的学习情境中，上述几种迁移的概念和理论对教育者都是有参考价值的，教师应该利用这些原则来创设完成学习的情境。各种理论的综合应用比单用其中任何一种可能会更有效。学习有不同的类型，宜用不同的理论来解释，这样才能更好地将迁移理论运用于指导实际的学习活动。

二、影响技能迁移的因素

迁移是技能学习过程中的一种普遍现象，可以说影响运动技能学习的所有因素都会直接或间接地影响到迁移的产生。一般说来，影响技能迁移的因素主要有以下几种。

（一）个人因素

1. 年龄

年龄不同的个体由于处于不同的思维发展阶段，学习间迁移产生的条件和机制有所不同。例如，具体运算阶段（7—11 岁）的学生，其学习迁移的发生有赖于具体事物的支持和协助，学习的迁移更多地表现在先后学习内容间较为具体的相同要素之间的相互影响；形式运算阶段（12—15 岁）的学生由于已经具备一定的抽象思维能力，不必依赖两种学习情境间具体的相同要素的支持，就能概括出共同的原理和原则，产生学习的积极迁移。

2. 学习的态度

个体学习运动技能时的态度会影响所学技能在新情境中的应用。学生如果能认识到所学技能对以后学习的意义，并能联想到当前技能可能的应用情境，会有助于在以后的新情境中主动积极地运用所学技能和运动知识来解决问题，找出两者的联系，形成有利于技能迁移的心境，学习的迁移可能在不知不觉中发生。反之，如果学习态度消极，则不会积极主动地从已有的知识经验中寻找新技能的连接点，技能迁移就难以发生。

3. 认知结构

认知结构一般是指个人在以前学习和感知客观世界的基础上形成的、由知识经验组成的一种心理结构。在运动技能的学习过程中，已有技能与知识经验的积累以及运动程序的丰富性、稳定性和可控性等，都会影响个体在学习新技能和解决新问题时提取已有知识经验与调用程序的速度和准确性，从而影响到迁移的发生。

4. 认知技能与策略

迁移过程是通过复杂的认知活动实现的，因此认知技能和策略的掌握及其发展水平直接影响到迁移的实现。有时，练习的技能间有着明显的共同因素，练习者对知识经验的概括程度也比较高，但是无法实现对新技能学习的迁移。原因就是练习者虽然掌握了有关的技能知识，却没有掌握解决迁移问题中的认知技能和策略。许多运动技能间都具有相似的策略、规则、指导方针或概念。例如，在篮球、橄榄球、足球、冰球、曲棍球等项目中，虽然技能的实际操作方式不同，但在过程控制和攻防技、战术方面具有相似的策略，练习者可以通过自己已经习得的对一种或几种球类项目的一些稳定的认知策略、打球风格和运动程序，来实现技能间的操作策略迁移。有些项目可能使用的场地或器材不同，但有着相似的比赛规则，如体操和跳水比赛中的转体与空翻动作。

5. 心理定势

心理定势是一种特殊的心理准备状态，是由先前学习引起的对后继学习活动产生影响的一种心理准备状态。在学习新技能的过程中，运用已有技能等多种策略来进行学习，对于技能的迁移是十分有利的，它反映了心理活动的稳定性和前后一致性。学习定势具有定向作用，心理定势既可以成为积极迁移的心理背景，也可以成为消极迁移的心理背景。关键在于学习者能否准确地分析所面临的学习情境，从中发现哪些是可以利用已有知识和策略进行学习和解决的，哪些需要打破已经形成的反应定势，需要灵活处理和创造性地进行解决，以避免负迁移的产生。

此外，个体的智力、学习目标、对知识经验的概括水平等都会影响技能间的迁移。知识经验概括水平越高，迁移的可能性也越大，效果也就越好；反之，迁移的范围小且效果差。智力高的学生能较容易地发现两种学习情境之间的共同要素或关系，能够比较顺利地将以前习得的学习策略和方法灵活地运用到后继的学习中，而智力水平低者的学习迁移量则较小。

（二）客观因素

1. 技能间的相似性

相似性是指新学习的技能与已经习得的技能间存在共同的要素或成分，如组织结构、表面特征、逻辑层次和技能的应用价值等。那些包含了正确的原理和原则，且具有良好组织结构的技能以及能引导学生概括总结的学习材料，有利于个体在学习新技能或解决新问题时产生积极的迁移。已经习得的运动技能同新学习技能间所包含的共同要素越多，迁移也就越容易产生。随着任务间相似性的提高，两个任务间产生迁移的可能性也会提高。例如，“上手”模式是构成投掷棒球、网球的发球、排球的大力击球和其他一些需要这一模式的技能的结构基础，所有这些动作都包括臂部和肩部的转动、肩—手—腕的弧线、最后完成具体目标的腕—手结束动作，即都具有这一相似的运动控制程序，只是在不同的项目情境中选用的参数不同。又如，体操中的某些基本动作（如臀部的适时展开等）在很多项目中都需要这一技能，如果对这一类技能的变化形式进行练习，也可以迁移到其他使用这种模式的项目中。但是，两个技能间的迁移必须有共同的运动程序。

2. 有效的指导与示范

教师在教学中有意地引导学生去发现不同技能间的相似性，启发学生去概括总结，注意提高他们的学习策略与学习方法，采用启发式和引导式教学，指导学生监控自己的学习或教会学生如何学习，都会对学生的学习和迁移产生良好的影响。指导学生练习时怎样操作技能以及站在哪儿、怎样站、如何抓住器械或其他设备、眼睛注视什么、做什么，这些都是教师指导的主要内容。而告诉学生新技能与已学技能的相似处也是很有帮助的。例如，在准备学习跳马的起跳和推手动作时，可以联想到已学的鱼跃前滚翻技术，因为学生此前根本没有这方面的概念，这些运动程序的迁移在技能训练的早期阶段对提高技能水平是很有帮助的。

操作与应用

在体育教学中运用运动技能迁移的原则

教师在体育教学与训练中运用运动技能迁移时，应注意以下原则：

1. 基本运动能力无法迁移。一般认为训练提高的是运动技能水平，基本运动能力是稳定的、遗传性的，通过练习无法改变。

2. 争取“为迁移而教”。教学中要合理安排教学内容和组织形式，利用正迁移，防止负迁移。

3. 学生已掌握的运动技能是迁移的根本。正迁移的发生数量和质量在相当程度上来自于学生对原有运动技能的掌握程度。原有运动技能越巩固，正迁移的发生数量和质量就可能越多、越好。

4. 努力提高学生分析和概括问题的能力。学生具有独立分析、概括问题的能力，就能察觉到运动技能间的共同点和规律性联系，就越有利于迁移的产生。

5. 强调对未来技能的迁移。在实际练习中，要求学生思考如何把所学的策略与概念应用于其他情境中，并尽量采用变换练习法，提高练习者的概括水平，促进对未来情境的迁移。

6. 指出技能间的相似性。让学生寻找技能间相似的一般运动模式，借用已经熟悉的运动模式，以完成新技能的学习，从而实现技能间的快速迁移。

7. 当练习技能是非常复杂、危险或所需的设备受限制时，模拟训练对训练程序的迁移有一定的帮助。

8. 运动技能的迁移量一般很小。即使两个技能间非常相似，迁移量也非常小，尤其是在技能学习的后期。

3. 练习情境的相似性

练习情境的相似性也是影响技能迁移的因素之一。例如，两种技能练习时的场所、环境布置、教学组织和测验人员等存在某种相似性，练习者就能够较好地利用已学技能的有关线索，来促进新技能的练习或问题的解决。例如，练习体操的技巧动作时，在同一块垫子上学习新的空翻动作很容易激起以前学过的类似动作，会激发练习者直接选择已习得的相似的运动程序，进行局部的参数调整以快速完成动作，不需要对整个环境信息进行辨别加工，从而促进了迁移的快速产生。但有时两种技能间的迁移需要借助一定的媒介才能产生，因此能否选择可以引起正迁移的媒介，对迁移的效果会产生至关重要的影响。

测量与评价

运动技能的迁移

一、目的

学习使用触棒迷宫的方法，检验一只手的运动技能对另一只手的运动技能的迁移影响。

二、仪器与材料

触棒迷宫，小棒，停钟，遮眼罩，计数器。

三、程序

1. 被试蒙上眼睛用小棒走迷宫。在实验的过程中不要让被试看见迷宫的路线。主试把被试拿着的小棒放在迷宫的起点。放好以后，就发口令："预备……走。"被试听见"走"的口令后，就从起点开始在迷宫中移动小棒直到终点为止。

2. 记下被试从起点到终点所用的时间及犯错误的次数。错误的次数是指被试进入死路的次数，每次进入死路时都会发出响声。

3. 每做完一次后，在第二次开始以前先把被试拿的小棒放在迷宫的起点处。在整个实验过程中都不让被试看见迷宫的路线。在实验过程中应安排被试作适当的休息。

4. 实验中将被试分为实验组与控制组两组。实验组被试先用左手练习走迷宫 10 次，用停钟记下每次所用的时间，用计数器记下每次的错误次数。

5. 继而要实验组被试用右手练习走迷宫 10 次，用停钟和计数器分别记下每次的时间及错误次数。

6. 进而要实验组被试用左手再练习走迷宫 10 次，同样记下时间及错误次数。

7. 对控制组被试，要求先用左手练习走迷宫 10 次，记下每次所用的时间及错误次数。然后要求被试休息，左右手均不做任何动作。休息时间长短相当于实验组用右手练习走迷宫 10 次的时间。

8. 进而对控制组要求用左手再练习走迷宫 10 次，同样记下每次所用的时间和错误次数。

四、结果

整理每次练习的结果，按时间和错误次数两个指标画出练习曲线。

按下面的方法计算：

设实验组用左手先练习时的第 10 次所用的时间（或取错误次数）称为测验前实验组 10；

实验组用左手后练习时的第 10 次所用的时间（或取错误次数）称为测验后实验组 10；

控制组用左手先练习时的第 10 次所用的时间（或取错误次数）称为测验前控制组 10；
控制组用左手后练习时的第 10 次所用的时间（或取错误次数）称为测验后实验组 10。
［（测验前实验组 10 - 测验后实验组 10）/测验前实验组 10］ ×100% （1）
［（测验前控制组 10 - 测验后控制组 10）/测验前控制组 10］ ×100% （2）
若（1） -（2） =0 则运动技能之间无迁移作用；
若（1） -（2） >0 则运动技能之间有正迁移作用；
若（1） -（2） <0 则运动技能之间有负迁移作用。
当（1） -（2） ≠0 时，试进行其差异是否具有显著性的检验。
五、讨论
根据实验结果分析运动技能双向迁移的程度、影响因素。
根据实验所得的练习曲线，分析运动技能在练习后所发生的变化。
根据实验结果分析被试间是否存在个体差异。

【本章小结】

1. 运动技能是通过练习而巩固下来的、自动化的、完善的动作活动方式。它主要是借助于骨骼肌的运动和与之相应的神经系统部分的活动而实现的对器械的操作或外显的肌肉反应。

2. 所有的运动技能都包含心理过程和运动技能操作两个过程，不同运动技能的这两个过程的强弱和方向是不同的。同时，个体在运动技能学习过程中也正是因为对这两个过程或过程中的某一环节把握不同而表现出显著的水平差异。

3. 根据不同的分类依据，可将运动技能分为封闭性运动技能和开放性运动技能；连续性运动技能、系列性运动技能和不连续性运动技能；低策略性运动技能和高策略性运动技能；精细运动技能和粗大运动技能。

4. 影响运动技能的学习效率的因素有两种：内部因素和外部因素。前者如个人的运动能力、智力、个性、经验和成熟度等，后者如教师的指导与示范、动作难度、体育课堂的心理气氛、反馈等。

5. 运动技能的获得受个体内外很多因素和条件的制约。其中，教练与教师的指导与示范、练习与反馈等是影响运动技能获得的重要因素。

6. 反馈是指个体在练习过程中或练习结束后获得的有关运动技能操作的信息，反馈的目的是向学习者提供动作过程或结果的有关信息。

7. 追加反馈是指动作执行后所获得的信息是凭借外界和外物对于动作结果所外加的信息，如计分和评分的结果等。追加反馈常有两种不同的形式：结果反馈和绩效反馈。

8. 迁移是指已经获得的知识、技能，甚至方法和态度对学习新知识、新技能的影响。

9. 运动技能间的迁移现象是普遍存在的。迁移有正迁移、负迁移和零迁移之分。

10. 对迁移现象的理论解释很多，目前影响较大且广为流传的迁移解释理论有形式训练说、概括化理论、共同要素理论和认知派的认知结构说。

11. 技能的迁移受到个体内外因素的共同影响。个人因素有年龄、学习的态度、个体的认知结构、认知技能与策略、练习者的心理定势等，客观原因有技能间的相似性、有效的指导与示范、情境相似性等。

12. 争取“为迁移而教”。教学中合理安排教学内容和组织形式，利用正迁移，防止负迁移。

【建议参考资料】

1. 殷恒婵，傅雪林，刘淑芳．体育教学中运用运动技能学习迁移的研究［J］．沈阳体育学院学报，2003（1）．

2. 马吉尔．运动技能学习与控制［M］．张忠秋，译．北京：中国轻工业出版社，2006.

3. 季浏，殷恒婵，颜军．体育心理学［M］.2 版．北京：高等教育出版社，2010.

4. 金亚虹．运动技能学习中影响自身觉察错误能力形成的若干因素研究［D］．上海体育学院，2004.

5. 章建成，孙鲁珉，赵军，等．篮球裁判员知觉技能水平的测量与评价［J］．体育科学，1999（5）：76－79.

6. 任杰，章建成．运动技能获得中的内隐学习研究进展［J］．体育科学，2000（4）：75－77.

7. 邵瑞珍．学与教的心理学［M］．上海：华东师范大学出版社，1990.

8. 张绍礼，吴秀峰．动作技能学习策略与学业成绩关系的研究［C］．第 6 届全国体育科学大会论文集，2000.

9. 张必隐．学习心理学［M］．杭州：浙江教育出版社，1998.

10. 龚少英．我国学习策略研究的现状与问题［J］．心理科学，2003（1）：14－17.

11. ROBERT E，GOSKA P L，ACKERMAN. An aptitude treatment interaction approach to transfer within training［J］. Journal of Educational Psychology，1996，88（2）：249－259.

12. GLENCROSS D J. Human skill and motor learning：a critical review［J］. Sport Science Review，1992，1（2）：65－70.

13. RIPOLL H. Information processing and decision-making in sport［J］. International Journal of Sport Psychology，1991，22：3－4.

14. WARD P，WILLIAMS A M. Perceptual and cognitive skill development in soccer：the multi-dimensional nature of expert performance［J］. Journal of Sport and Exercise Psychology，2003，25（1）：93－111.

15. SCHMIDT R A，LEE T D. Motor control and learning：a behavioral emphasis［M］. 3rd ed. Champaign，I. L.：Human Kinetics，1999：171－203.

【问题与思考】

1. 运动技能的基本特征是什么？运动技能由哪几部分组成？
2. 运动技能如何分类？
3. 简述运动技能的学习过程。
4. 影响运动技能学习的因素有哪些？
5. 如何进行运动技能的学习与训练？
6. 迁移是如何形成的？怎样利用迁移规律进行科学的教学？
7. 举例说明如何将心理训练用于运动技能学习。

第十章　体育教学心理

【本章提要】

本章内容主要介绍体育学习的心理学基础，体育教学环境心理，体育课堂学习的心理学评价。

【学习重点】

1. 了解行为主义心理学、认知心理学、建构主义心理学、人本主义心理学理论的主要观点及其对体育学习的影响。
2. 掌握从心理学的角度来分析和设计体育教学环境。
3. 掌握调控体育课堂心理气氛的方法。
4. 掌握体育教学过程中问题行为控制的方法。
5. 了解运用心理学的知识与方法评价体育课堂学习。

【重要术语】

刺激—反应联结　认知结构　建构主义　人本主义　行为控制　体育教学心理环境　心理气氛　心理学评价

体育教学心理主要研究学校体育教学情境中师生的心理活动及其行为的规律，主要关注体育学习的心理学基础、良好教学条件的心理学优化（如体育教学环境心理的创设、体育教学过程中学生问题行为的控制、体育课堂学习过程的心理学评价等），传授体育与健康知识、运动技能，促进学生形成正确的体育态度、行为等心理学问题。

概念解析

体育教学心理

体育教学心理是研究体育教学情境中学与教所表现出来的心理现象及其行为的一门学科。体育教学心理，既关注学生的体育知识和运动技能的掌握以及体育态度行为的形成，也关注促进学生知识和技能表现、体育态度的形成情境创设的心理原理的探讨。

第一节　体育学习的心理学基础

一、体育教学与学生的身心特点

体育教学是通过身体练习对学生进行教育的内容和方法之一，是实现体育课程目标的主要手段。学习体育教学的心理学理论和方法，是为了更深入地探索其内在心理学规律，为体育教学提供心理学依据，以便更好地实现学校体育教学的目标。

体育教学与学生的身心发展存在着相互依存的关系，两者之间相互影响，相互促进。体育教学的对象是在校学生，体育教学的目标是增进学生健康。因此，体育教学要根据学生的生理、心理特点来安排，才能对学生的心理发展起到积极的促进作用。

（一）体育教学要适应学生心理发展水平

体育教学要适应学生心理发展水平，也就是说学生心理发展水平对体育教学具有制约作用，主要体现在以下两个方面。

一是体育教学必须符合不同年龄、性别学生心理发展的规律，体育教学的目标、内容、方法、组织形式的制订和选择，以及场地器材的选择与布置，都要与学生的心理发展水平相适应，不能脱离学生的心理发展水平任意选取。同时，体育教师还要根据学生的个性心理差异进行因材施教。

二是体育教学的效果如何主要取决于学生体育参与的心理动力，即学生参与体育教学活动的自觉性、主动性和积极性的程度。只有学生具有强烈的体育参与需要和要求，对运动学习有浓厚的兴趣，乐于接受体育教师的指导与要求，全身心地投入体育活动之中，体育教学的目标才能得到很好的实现，体育教学促进身心发展的功能才能得到很好的发挥。

（二）体育教学对学生心理发展具有促进作用

体育教学的显著特点在于它是在体育场馆内、在多种组织形式和人际交往的条件下进行的以身体练习为主要手段的教学活动。体育教学的实践性、紧张性、竞争性、公开性、协同性和集体性等特点决定了体育教学对促进学生的心理发展起着特殊的作用。它能够通过多种多样的身体活动满足学生的心理需要，促进他们运动能力的提高，调节他们的情绪，陶冶他们的情操，磨炼他们的意志，培养他们的合作精神和竞争精神，完善他们的个性。另外，体育教学还能够端正学生的体育态度，培养学生的运动兴趣，使学生养成锻炼身体的习惯和增强社会适应能力。

体育教学要适应学生身心发展水平，才能促进学生身心健康发展。体育教学是师生共同参与的双边活动，学生是主体，体育教师是主导。因此，能否遵循学生的心理发展规律进行体育教学，并促进学生心理的发展，使学生心理与体育教学的相互作用得以实现，体育教师的教学活动起着举足轻重的作用。了解学生的需要和兴趣，分析他们的情绪状态、意志的特点、认知—运动水平，以及个性特征是从事体育教学活动的前提和依据；培养学生的体育动机，端正学生的体育态度，提高学生的心理素质，使学生养成良好的锻炼习惯，是体育教学促进学生心理发展的任务之一。

二、心理学理论与体育学习

纵观心理学理论的发展历史，每个新理论的出现不仅标志着心理学的一次进步，同时也在教育领域留下了促进教育和学习变革的痕迹。各派心理学理论均从不同角度和层面描述了人类不同类型和性质的学习活动，揭示了学习的机理，并派生出相应的学习法则和模式，在学习实践中取得了一定的效果。与此同时，也给体育学习的研究带来了丰富的理论养料，对体育教学产生了重要影响。以下主要从行为主义、认知主义、建构主义和人本主义等心理学理论来分析体育学习的心理学基础。

（一）行为主义心理学理论与体育学习

1. 行为主义心理学理论的主要观点

行为主义心理学理论是一种刺激（S）—反应（R）的联结理论。该理论把环境看做是刺激，把随之而产生的行为看作是反应。行为主义者认为，学习者的学习是其对刺激情境所作出的反应，所有行为都是习得的。行为主义者将学习者学到的行为解释为刺激与反应之间的联结，并认为整个心理学的任务就是确定刺激和反应的联结，无论多么复杂的人类活动都可以还原为这一联结。

2. 行为主义心理学理论在体育学习中的应用

行为主义对体育学习影响较大的学习理论是美国心理学家斯金纳的强化学说。他认为，教育是按照“刺激—反应—强化”的程序进行的，应将学习内容按照一定的逻辑顺序组合起来，引导学习者循序渐进地去掌握；强化训练是解释机体学习过程的主要机制。该学说的程序教学理论和实践对体育学习中运动技能的学习产生了重要影响，形成了基于行为主义心理学学习理论的运动技能学习过程（图 10－1）。以运动技能学习为例，体育教师通过动作示范提供刺激，学生接受信息，经过加工处理作出反应，再通过评价和反馈进行强化，最终掌握运动技能。

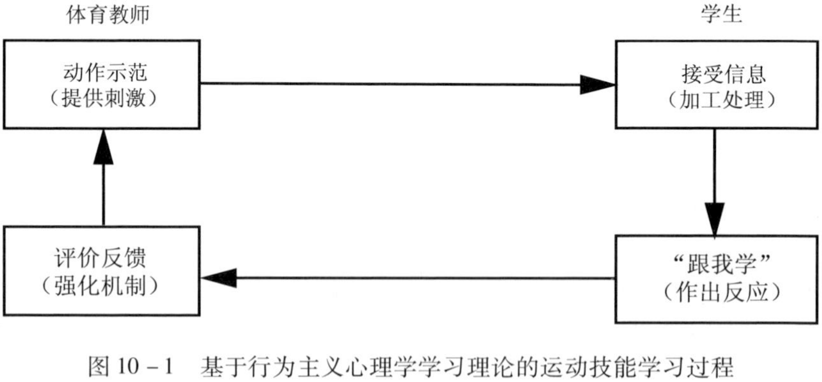

图 10－1　基于行为主义心理学学习理论的运动技能学习过程

根据行为主义心理学理论的观点，在体育学习中，体育教师应该注意从以下几个方面开展灵活多样的体育教学活动。

（1）强调重点掌握运动技能的动作要领。在行为主义看来，结构框架在学习中是第一位的、主要的，学习的意义和作用则是第二位的、次要的。因此，在体育学习中要学好运动技能，首先就应掌握运动技能的结构框架（即动作要领）。

（2）强调在学习中不断给予强化。根据行为主义理论，强化训练是解释机体学习过程的主要机制。在体育学习中，教师提供刺激物（如动作示范），供学生反应（学习）。由体育教师对学生作出的“反应”进行表扬或批评，并给予及时的评价与强化，使学生能够及时得到反馈信息。例如，动作做对了（或进攻成功），要得到鼓励；做错了（或防守失败），则要受到批评。

（3）强调由易到难、循序渐进地学习运动技能。根据行为主义理论，新技能的学习必须建立在已有技能的基础之上。因为新学的技能在难度上有所增加，但是增加了难度的新技能又与以前学过或接触过的技能有关，如果过去所学的技能基础非常扎实，那么学新技能时就相对容易一些。例如，学习拉弧圈球技术应在掌握攻球和拉球技术的基础之上进行。

（4）强调体育教师要严格控制课堂教学，不能由学生自由发挥。根据行为主义理论的观点，体育教师在进行运动技能的教学时应要求学生“跟我学”，而不是让学生自己摸索动作要领。如果让学生自由发挥或自己摸索，就容易犯错误，而形成坏习惯，以后就很难纠正过来。因此，体育教师要特别重视错误，绝对不允许学生犯错误，学生一犯错误就会立即得到纠正。

（二）认知心理学理论与体育学习

1. 认知心理学理论的主要观点

认知心理学者认为学习是学生主动地在头脑内部构造认知结构。认知心理学理论既强调外在的客观因素（环境），也强调学习者内在的主观因素（心理结构），并把重点放在探讨人的认知过程上，主张学习就是将外在事物的关系内化为学习者自己的心理结构（认知结构）的过程。该理论认为，学习者的心理结构不仅可以探知，而且是影响学习的决定因素。另外，认知心理学理论在学习方法上倡导发现学习和接受学习的形式。无论是“发现学习”还是“接受学习”，都非常强调学习者内部积极的思维活动。

2. 认知心理学理论在体育学习中的应用

根据认知心理学理论的观点，在体育学习中，体育教师应该注意从以下几个方面开展灵活多样的体育教学活动。

（1）培养学生学习的自主性。体育学习过程是新旧技能、知识不断结合的过程，是技能从理论知识转化为自动应用的结合过程，而这种结合与转化必须通过学生自身活动才能得以实现，没有学生积极主动参与就不能挖掘其学习潜力，就不能有效地培养和提高学生的体育基本知识、技术、技能以及良好的意志品质和综合能力。

（2）根据学生的认知结构，为其创设自主学习环境。教师要明确意识到，学习是学生在头脑中主动地建构认知结构，学生不再是接受知识的容器，教师也不再是传授知识的权威，而是学生建构知识过程的引导者、组织者、监管者，是学生学习的高级合作者。这就要求广大体育教师在教学的组织与结构上，尽量根据学生认知水平的不同，遵循学生认知发展的规律，做到先易后难、由浅入深、层层递进地给学生以引导。

（3）根据认知方式不同，促进学生认知策略的形成。教师要根据学生认知方式的不同引导学生形成各自的认知策略。这就要求教师在实际教学中必须了解学生认知方式上的差异，并根据不同类型的认知方式选择不同的教学方法，真正做到因材施教。

（4）改善传统教学方法，深入挖掘学生的积极性。在目前的体育教学中，老师注重的是学生的外显学习，强调有意注意、记忆等意识活动以及理性力量的参与，却忽视了内隐学习的无意识性，结果老师为学生不能很好地掌握动作要领而费神，学生因学不会而懊恼。体育教学是教师与学生共同参与的活动，充分调动教与学两方面的积极性，是教学过程的核心。

（三）建构主义心理学理论与体育学习

1. 建构主义心理学理论的主要观点

建构主义心理学理论认为：世界是客观存在的，但是对世界的理解和赋予其意义则由每个人根据自己的经验来“建构”和“解释”；个人的经验世界又是用头脑创建的，由于每个人的经验多种多样以及对经验的信念不同，因而对客观世界的解释或“建构”也是多样化的。

建构主义心理学理论关注的是学习者如何以原有的经验、心理结构和信念为基础来建构自己独特的精神世界。因此，该理论认为，知识是由人创造的，并受其价值观和文化的影响。近二十年来，世界各国都在致力于培养学生的创造精神和创造力，建构主义心理学理论则更利于学生这些品质的发展。正如美国建构主义心理学家杰夫里·舒尔曼所评述的那样，以往的社会学科教学多以传授简单的知识和信息加工技能为目的，而建构主义却与那种指向开放性探讨和鼓励对事物、事件及特定的文化经验进行创造性思考的方法有着必然的联系。

2. 建构主义心理学理论在体育学习中的应用

根据建构主义心理学理论的观点，在体育学习中，体育教师应该注意培养学生的主动“建构”能力，从以下几个方面开展灵活多样的体育教学活动。

（1）强调多角度、多层次地进行体育学习。建构主义心理学理论强调事物的复杂性和多样性，提出对事物的了解或对知识的掌握应从多层次、多角度入手，没有必要给学习者设定某一个固定的学习起点。根据这一观点，在体育学习中，体育教师应给学生提供多个学习起点和多条学习路径与机会，注意指导学生多角度、多层次地学习相应的运动知识和技能，为学生灵活地开展体育学习活动创造良好的条件。例如，在学习投篮动作时，可以直接手把手地教给学生正确的投篮动作要领，让其反复练习；也可让学生观看相关的动作录像，自己思考动作要领，然后进行反复练习，体育教师在旁边予以指导和纠正；还可利用学生已有的篮球知识和技能，以“投篮命中”为目标先让学生体验投篮动作，最后教师进行归纳与总结，对学生的投篮学习进行反馈等。总而言之，不论采用哪种办法，均应根据学生的需要和实际情况从多个方面安排学习进程。

（2）强调“自上而下”的学习策略。“自上而下”的学习策略是指学习内容最好是由整体向具体展开，即先完整地给学生呈现学习内容和任务，将他们带入一个较完整的问题情境之中。然后让学生根据自己的经验和思考，尝试运用各种方法来解决问题，并在尝试解决问题的过程中总结出相关的、具体的知识和方法。在建构主义者看来，“自下而上”的学习策略是“使学习过于简单化”的根源，而“自上而下”学习策略可以在教学实践中形成“支架式”、“抛锚式”等教学方法和模式，这在学习实践中有助于探究学习方式的形成。例如，学习推铅球技术时，体育教师可以先给学生提供一个完整的“蹬地、转髋、挺胸、推出、拨指”示范，然后再让学生感受动作，思考在这 5 个环节的每一个环节中应该怎样提高推铅球的成绩。

（3）注意让学生在实践中学习新知识和新技能。建构主义心理学理论强调给学习者提供与其现实生活相类似的或真实的实践情境，以利于学习者在这种情境中去探索问题、发现问题并解决问题，从而提高学习的质量和效率。建构主义心理学认为真实性的学习情境或任务有助于学习者了解自己要解决的问题、产生主人翁的责任感，同时这种情境又是整体性的、富有挑战性的，容易激发学习者的内在动机，有利于培养学习者解决问题的能力和探索精神。例如，在学习各种“跑”的过程中，应多安排一些在比赛中如何取胜或在紧急情况下如何脱离困境的情境，让学生在这些情境中去学习和掌握相关的运动知识和技能。

（四）人本主义心理学理论与体育学习

1. 人本主义心理学理论的主要观点

人本主义心理学理论非常强调学习过程中学生自我实现的心理过程，认为学生有自我发展的潜能，学什么、如何学、进度怎么安排都可以由学生自己来决定；提倡真正的学习应以人的整体性为核心，并强调“以学生为中心”的教育理念，认为学习的本质应是促进学生成为全面发展的人；教学成败的关键不在于教师的专业知识与教学技巧，而在于人际关系与情感态度。

人本主义心理学理论有这样几个特点：自主性，即学习是个人主动发起的，而不是被动地等待刺激，学习者内在的思维和情感活动极为重要；全面性，即个人对学习的整体投入不仅涉及认知方面，还涉及情感、行为、个性等方面；渗透性，即学习不单是对认知领域产生影响，而且对行为、态度、情感等多方面发生作用。

2. 人本主义心理学理论在体育学习中的应用

对体育学习影响比较大、关系比较密切的主要是以罗杰斯为代表的人本主义理论。该理论对体育学习的影响主要体现在以下几个方面。

（1）重视学生的健康、全面、和谐发展。罗杰斯追求的不但是全面发展的教育，而且还追求面向未来社会需要的和谐教育。他认为，学校教育的目的在于培养能从事自发的活动，并对这些活动负责的人；能理智地选定方向的人；获得有关解决问题知识的人；能灵活地、理智地适应新的问题情境的人；在自由地、创造性地运用所有有关经验时，能够将各种灵活处理问题方式融会贯通的人；能在各种活动中有效地与他人合作的人；不是为他人的赞许，而是按照自己的社会化目标工作的人。基于这一观点，体育教师应注意选择更具有弹性、可操作性和适应性，并有利于学生在身体、心理和社会适应能力等方面健康、和谐发展的学习内容，使学生通过体育学习不仅掌握了固定的运动知识和技能，而且还掌握了运用这些知识与技能促进自己健康发展的方法，获得了强健的体魄以及保持健康状态的能力。

（2）重视意义学习，强调非认知因素的重要性。罗杰斯将学习分为机械学习和意义学习两类，前者主要死记硬背那些没有生气、枯燥乏味、无关紧要、对学生的个人发展无实际意义的知识；后者则主要指那些能影响学生的行为、态度、个性以及选择未来行动方针的学习。罗杰斯主张意义学习，提出“意义学习把逻辑与直觉、理智与情感、概念与经验、经验与意义等结合在一起。当我们以这种方式学习时，我们就成了一个完整的人”。罗杰斯认为，要想使学生的学习活动生动活泼且有意义，就应该让学生自由地学习，而不是教师“填鸭式”地强迫学生学习那些枯燥无味的教材内容。罗杰斯曾指出：“现代教育的悲剧之一，就是认为唯有认知学习是重要的。”人本主义理论则强调情感、能力、价值观等非认知因素对学习的重要意义，突出学生思维、情感和行动进行整合的必要性，认为将情感和理智全部投入学习的方式是自发的学习，也是最持久、最深刻的学习。

在这一观点的指导下，体育教师应舍弃那些对学生的终身发展毫无意义的、竞技性较强的、学生既难以学会也不感兴趣的内容，精选适应时代要求的、有利于学生健康发展的体育与健康基础知识、基本技能和方法作为教学内容；改变过去单一的“灌输—接受”式学习方法，改变过于强调讲解、示范的教学形式，关注学生的学习兴趣与需求，创设有利于学生主动参与、乐于探究、勇于实践的教学氛围，让学生选择对自身发展有意义的内容进行学习，并给学生留出自我修改、自我思考、自我认识和自我发展的空间，使他们在体育活动实践过程中不断提高体育学习兴趣，培养运动爱好和专长，为实现终身体育奠定良好的基础。

（3）重视学习的方法，强调学习的过程。人本主义重视的是教与学的方法，而不是学习的内容；重视的是学习的过程，而不是学习的结果。人本主义心理学理论强调学生在掌握知识与技能的同时，虽然也意味着要面临问题和困惑、挫折和失败，但这却是一个人学习、生存、生长、发展必须经历的过程，教育目标应该是"将没有问题的学生教得有问题"，而不是"将有问题的学生教得没问题"。

传统的体育学习是学生被动接受运动知识和技能的过程。长期以来，一些体育教师总是单纯地重视学生对运动知识与技能的获得，忽视学生如何获得这些知识与技能。这种重结果、轻过程，重内容、轻方法的学习完全无视知识和智力的内在联系，排斥了学生的个性和思考。因此，根据人本主义心理学理论的观点，体育学习应更加强调学习的过程，强调教学生学会学习。

（4）强调"以学生的发展为中心"，突出学生的主体地位。人本主义心理学派把学习当做是满足学生生长和个性整合需要的自由解决的过程，强调学习过程应以学生为中心，突出学生的主体地位，教师只是学生学习的促进者、帮助者、辅助者、合作者，是"助产士"和"催化剂"，而不是权威的讲授者。因此，在体育学习过程中，体育教师一定要树立"以学生发展为本"的思想，根据学生全面发展的需要来构架学习的内容，允许学生根据需要来选择自己喜欢的运动项目进行学习，让学生成为学习活动的主人。同时，还要关注学生学习方式的改变，充分发挥学生体育学习的积极性，培养学生的创新精神，把学生的体育学习过程变成主动构建体育与健康知识和技能、提高批判性思维以及分析和解决问题能力的过程，从而帮助学生学会学习。

综上所述，几种心理学理论均为体育学习提供了坚实的理论基础，为体育课程改革与发展作出了不可磨灭的贡献。虽然这些理论相互之间存在着分歧，具有其不足和缺陷，但它们反映的是同一事物的不同方面，完全可以互相补充汇成一个整体，对体育学习均具有不同程度的参考价值。在实际教学中应用这些理论时，不能完全排斥某一理论，也不能完全接受某一理论，应该尽量避免各个理论的不足之处，利用和借鉴其优点，从而不断完善和发展体育学习理论。

第二节 体育教学环境心理

良好的体育教学环境是体育教学活动富有成效的一项必不可少的条件。从心理学角度来看，体育教学过程是教师有目的地选择或创设适宜的体育教学环境，激发学生的求知欲，调动学生的积极情感，使学生主动掌握运动知识、技能和发展体能的过程。

一、体育教学环境的心理学分析

体育教学环境是指在体育教学活动中，影响教师教和学生学的一切内外条件。从主体构成看，包括教师教的环境和学生学的环境；从内容构成看，包括物理环境和心理环境。分析和研究体育教学心理问题必须充分考虑影响体育教学的各种环境因素，充分重视体育教学环境中各种心理因素的作用。

（一）体育教学物理环境及其创设

1. 体育教学物理环境的构成要素

体育教学物理环境是指体育教学赖以进行的一切物质条件所构成的整体，它是体育教与学互动的物质基础，如运动场地、器材设施以及场馆的色彩、温度等。它是一种人为的环境，它的创设要以体育教学目标和学生身心发展特征为基本依据。

体育教学的物理环境对体育教学活动有着重要的影响。首先，它会影响学生的运动认知活动。身心活动的效率有赖于适当的物理环境，如光线强度、环境温度以及颜色等。其次，它会影响学生的情绪体验。例如，色彩中浅蓝色和浅绿色可使学生心情平静，而浅红色和深黄色则可使学生情绪激动。最后，它会影响学生的学习行为。良好的物理环境有助于学生产生积极主动的体育学习行为。

体育教学的物理环境主要由体育教学的自然环境、器材设施环境、教学时空环境等构成。体育教学自然环境是指运动场馆的地理位置、操场周围的环境等。良好的体育教学环境应该是场馆优美、干净整洁、布置合理，使学生感到轻松愉快，且不易受外界干扰的。器材设施环境包括体育教学设施的颜色和造型设计等，既要有实用性，又要有审美性。例如，橙黄色的篮球、朱红色的塑胶跑道、绿色草坪上黑白相间的足球等。教学时空环境包括教学时间安排、组班规模、编排方式等。

2. 体育教学物理环境心理的创设

（1）适合学生的身心发展规律，讲究科学性。体育教学场所的空间、通风、采光、造型设计、色彩运用等与人的生理、心理活动有紧密的联系。体育场馆内空气新鲜，能使人头脑清醒，心情愉快，从而提高学习效率；器材设施的颜色过于强烈和鲜艳，容易使学生在课堂上兴奋好动，注意力分散；操场上温度过高，容易使学生烦躁不安，增加冲突行为等。因此，一个良好的体育教学物理环境应该是有适宜的空间，良好的通风、采光、照明条件，适宜的温度并尽量减少或消除噪声。

（2）注重提供丰富多样的适宜物理刺激，激活学生的身体活动。在创设体育教学物理环境时，尤其要注意提供丰富多样的教学物质设备和现代化的教学手段，让学生多种感官参与学习活动，充分开发大脑左右两半球的功能。

（3）注重物理刺激对学生心理的愉悦性，使学生保持积极的体育学习态度。具有愉悦功能的体育教学物理环境可以激发学生积极的体育学习心态，从而保持身心活动的最佳水平。学生在良好的物理环境中学习，不仅会增进其体力和智力活动的效果，而且还会陶冶其审美情趣，培养其审美能力。

（二）体育教学心理环境及其优化

1. 体育教学心理环境及其构成要素

在体育教学过程中，教师、教材、学生、教学手段等因素之间存在着紧密的联系，它们之间既有物质的联系，又有心理的相互作用，这种心理的相互作用就构成了一定的体育教学心理环境。

良好的体育教学心理环境对体育教学活动有重要的影响。首先，它不仅有利于沟通体育教学信息和交流思想，促进教师与学生、学生与学生之间产生心理相容和情感交流，还有利于克服和消除学生生理和心理疲劳，提高体育教学效果，维护正常的体育教学秩序，顺利完成体育教学任务。

体育教学心理环境的构成要素包括体育教学思想、体育教学目标、体育教学内容、体育教学活动、体育教学的人际关系、体育教学风气、体育教学常规、体育教学评价等方面。

2. 优化体育教学心理环境

优化体育教学心理环境，就是体育教师根据体育教学目标和对学生心理特点的了解，通过把握和调整自己的教学行为，来优化体育教学中各因素之间的关系，使学生产生积极心理状态和体育学习行为，以便营造体育教学气氛的过程。

体育教师对自己的教学行为调整是优化体育教学心理环境过程中的操作变量，在这一变量的作用下，发生了师生之间、学生与学生之间的互动关系，这种互动关系的结果就形成了积极健康的体育教学心理环境。在教师主导作用下营造的积极健康的体育教学心理环境，既包含教师自身的因素，也包括学生的因素，它相对于学生原有的心理环境来说是一种新的外在环境，学生在这种外在的环境作用下产生了新的内在心理环境。而正是这种学生的内在心理环境持续反复地发生，使学生的心理结构得到了重组和优化，塑造了学生良好的心理品质。

在体育教学过程中，运用心理学原理，以良好的师生关系为核心，以情感沟通为桥梁，自觉贯彻心理教育的原则，是营造积极健康体育教学心理环境的基本途径。

二、体育课堂的心理气氛

体育课堂教学是体育教师、学生和教学情境三者互相作用的过程。体育课的教学效果不仅取决于教师如何教、学生如何学，而且也取决于一定的教学环境。其中包括体育课的场地、器材等硬情境以及课堂心理气氛等软情境。从某种意义上说，后者是更为重要的教学环境。

（一）体育课堂心理气氛的含义

体育课堂心理气氛是指师生在体育课堂中占优势的态度与情感的综合表现。它是体育课中集体心理动态结构特点之一，是课堂教学活动赖以发生的心理背景，也是集体内部促进或阻碍师生共同活动，以及促进或阻碍全面发展的各种心理条件的总体表现。

体育课堂心理气氛具有相对的稳定性和变化性等特点。它一旦形成之后，会成为一种团体的环境压力而对每个成员产生影响并持续一段时间。强烈、浓厚的师生情感状态有时会持续整堂课。但在很多时间里，由于教学内容、方法的改变，由于学生练习动作的成效、师生之间或学生之间交往的冲突等原因，课堂心理氛围会有起伏，从而对每个成员的情感产生影响，使每个成员的心理活动随课堂心理气氛的变化而变化。

（二）体育课堂心理气氛的基本类型

研究发现，体育教学中师生的指向性、参与性和交往性这三个维度的状态构成（或决定）了课堂心理气氛的特色。其中指向性是基础，参与性是保证，交往性是最高境界。具体地说，由于体育课堂心理气氛是一种团体的社会心理气氛，因此师生对教学的情绪状态是课堂心理气氛的主要方面；师生及学生之间的心理相容度制约着师生的情绪和行为，课堂教学的目标是课堂心理气氛形成的认知特征；师生对教与学的态度是课堂心理气氛形成的基本条件。上述有关师生的情绪状态、心理相容性、对教学目标的认知，以及对教学的态度等因素对于形成不同类型的体育课堂心理气氛起着重要的作用。

在体育课教学实践中，课堂心理气氛主要分为和谐型、一般型和冷漠型。常见的课堂心理气氛大多为一般型；和谐型是一种积极的课堂心理气氛，是体育教师需为之而努力追求的理想状态；冷漠型则是指消极、沉闷的课堂心理气氛。这三种体育课堂气氛的基本特征如表 10－1 所示。

表 10－1　体育课堂心理气氛的基本特征

师生状况		和谐型	一般型	冷漠型
教师状况	情绪状况	情绪饱满，师生感情融洽，对体育教学任务充满信心，自我感觉良好	情绪平静（有时呆板），师生关系一般化，对体育教学任务无特别感受，自我评价一般	无精打采，对讲解、示范及学生不耐烦，师生关系对立，对学生漠不关心，把责任推向学生，自我评价有偏差
	行动言语	批评学生少，表扬学生多，与学生交往多，注意观察学生的练习情况，示范准确舒展，讲解清晰生动，并能及时满足学生的正当要求	以示范为主，伴有指令性言语，批评学生较多，表扬学生较少，组织体育教学时间多，满足学生合理需要较少	指令性言语多，维持纪律占用了大量时间，对调皮的学生严惩，根本不考虑学生的想法及需要

（续表）

师生状况		和谐型	一般型	冷漠型
学生状况	情绪状况	情绪高昂，愿意接受教师所言，对教师的示范、讲解及组织形式、教学手段表示满意，喜欢上体育课	总体情绪平和，有的显出烦闷、懒散、不安，对教师的讲解、示范，以及组织形式、教学手段无强烈反应，评价一般	绝大多数学生或无精打采或懒散沉闷，对教师提问或在同学面前的示范感到不安、焦虑、厌烦，不愿按教师指导所行，与教师对立
	言语行动	绝大多数学生练习积极，掌握动作迅速、准确，时机把握较好，参与教学程度高，笑声多。注意专注，相互交往及赞扬多	静静地听讲解和看示范，或私下自发地说话议论和随意活动。有的专注，有的分神，积极练习的人数不多	自发性说话人数多，练习的人数少，或开小差，有的甚至故意捣乱，相互埋怨

（三）体育课堂心理气氛的作用

1. 效应功能

和谐型的课堂气氛使学生大脑皮层处于兴奋状态，练习动作的积极性增强，体育学习情绪高涨，有浓厚的学习兴趣。学生在情绪上容易表现出积极的“从众”倾向和“社会促进作用”，从而促进学生的体育学习。冷漠型的课堂心理气氛感染了学生，就容易使他们表现出社会懈怠作用的倾向和去个性化行为，从而干扰学生的体育学习。

2. 信号功能

体育课堂心理气氛是学生以情感体验的方式表达的对课堂教学和人际关系的态度和评价，它起到了体育课教学状况的信号作用。和谐型的课堂气氛表明学生对课堂教学、师生关系是满意和肯定的；冷漠型的课堂气氛表明学生对教师及其教学的否定和不满意。由于情感的信号功能具有比较显著的外露特点，因而课堂心理气氛所传递的信号意义容易被教师与学生所感知和领会，从而影响教与学的活动。

课堂心理气氛作为一种信号，对于体育教师来讲，是对体育课教学效果的反馈信息。教师应该敏感地察觉课堂心理气氛的状态，及时了解学生对体育教学的反应，从而在教学内容、方法、教态等方面作出调整，以求得最佳教学效果。

3. 教育功能

和谐的课堂心理气氛能造成一种感染力强、催人向上的教学情境，使学生受到感染和熏陶，产生思想上的共鸣。这能为在体育教学过程中进行品德教育创造最有利的条件。课堂心理气氛对学生的思想行为的影响是“潜移默化”的。学生良好品德的形成，以及身心健康的和谐发展都需要积极的、生动活泼的课堂心理气氛。长期生活在冷漠型课堂心理气氛之中的学生，不仅体育学习效果会下降，他们良好品德的形成和身心健康的正常发展也会受到妨碍。

（四）和谐体育课堂心理气氛的创造

1. 运用教学技巧

教师在体育教学中通过教学方法的选择、教学手段的运用，以及恰当的教学组织形式等，对整个课堂的学生情绪状态进行有效的调节。教师应在观察学生认知、情感、行为变化的基础上，根据教学内容、教学进度、课的结构、场地器材和学生体育能力等情况，恰当地进行示范和评价，组织或调整练习的方式、方法，变换场地器材的布置，适时地采用提问、讨论、分组练习、比赛等教学形式，并通过言语、表情、动作、吹哨子等手段调节课堂气氛，活跃学生的情绪。

同时，要将练习式、封闭式的体育教学发展为创新式、开放式的体育教学，加强创造性教学活动，力求使某些单调的教学内容具有新意。例如，在耐久跑教学中可采取追逐跑、定时跑、越野跑、变速跑、接力跑、运球跑等多种形式，以唤起学生的学习愿望，使其学习入趣、入情、入境，形成生动活泼的课堂气氛。

2. 创设生动活泼的教学情境

人的情绪是随情境的变化而变化的。一定的体育教学情境可以使学生的某种情绪状态成为课堂上占优势的心理气氛。体育教师可根据体育教学的规律和特点，有目的地创设某种情境，让学生在特定的情境里进行体育活动，营造出特定的课堂心理气氛，产生整个课堂的情绪“共振”，提高教学的感染力和教学效果。

操作与应用

小青蛙学本领（水平一）

学习目标	1. 学会简单的跳跃动作； 2. 提高跳跃，奔跑等基本活动能力，发展力量、灵敏等身体素质； 3. 培养机智、果断，与他人合作、遵守规则等优良品质。
内容	1. 模仿小动物跳跃，掌握单、双足跳跃； 2. 游戏：小青蛙捉害虫。

（续表）

课的顺序	时间	课的内容	运动负荷		指导与练习方法	体育心理学的分析次数
			次数	时间		
一	1′	课堂常规： 1. 集体师生问候； 2. 教师提出本课学习目标； 3. 教师介绍本课活动内容。			1. 组织队形：全班学生成散点式队形集合。  2. 要求：集队迅速，情绪激昂。	小学低年级学生具有无意注意占主导，注意不稳定、易分散、有明显的情绪色彩，直接兴趣为主的心理特点，本课以情境化、趣味化的小动物游戏、形象化的小动物教具、有感染力的语言和音乐来创设一种小动物们在草地上快乐玩耍的情境，以期在较短的时间里诱导学生将注意力吸引到课堂教学上来，并激发出学习的动机。 动物图片的呈现和教师模仿小动物跳的示范，强化了学生的有意注意，活跃了课堂气氛。 “春天”、“嫩绿的小草”、“小袋鼠”、“小青蛙”、“小白兔”，这些都是小学生们所熟悉的，容易引起小学生兴趣；用“尽情地”、“快乐地”等暗示诱导学生进入角色，进入到创设的情境中。有助于开拓小学生想象能力，进而要求让学生扮演不同角色。 “好极了”、“非常满意”是对小学生的模仿、创意表演给予及时的表扬与认同，使学生受到鼓舞，激发出学生进一步练习的欲望与动力。

（续表）

课的顺序	时间	课的内容	运动负荷		指导与练习方法	体育心理学的分析次数
			次数	时间		
二	4′	游戏：《快乐玩耍的小动物》 方法： 小学生们头戴小动物图片道具，在音乐的伴随下，三三两两结伴，在“草地”上模仿小动物自由跳跃，蹦呀、跳呀，快乐地玩耍。		2′30	1. 散点式队形站立：（同上） 2. 教与学法： （1）教师讲解游戏规则，要求模仿小动物自由跳跃。 （2）教师出示小动物的图片（小青蛙、小袋鼠、小白兔），学生戴在头上。 （3）教师引导学生在音乐的伴奏下模仿小动物，自由创意跳跃。  （4）要求：模仿活泼、生动、逼真、自由创意。 3. 音乐解说词：春天来了，万物复苏，嫩绿的小草吐出了尖尖的小芽，迎接太阳，小动物们在草地上欢快地蹦呀！跳呀！……） 4. 教学用语： a：“将自己想象成一只小袋鼠、小青蛙、小白兔。” b：“想象春天来了，小动物们在草地上尽情地、快乐地玩耍，蹦呀、跳呀！” c：“小动物们表演得好极了！真棒！” d：“老师对小动物们的表演非常满意！”	

（续表）

课的顺序	时间	课的内容	运动负荷		指导与练习方法	体育心理学的分析次数
			次数	时间		
三	4′	《小青蛙练体操》： 以小学生肢体环节运动特征编排的简单的肢体运动体操。 （1）头部运动 （2）上肢运动 （3）下蹲运动 （4）体侧运动 （5）全身运动	4×8	2′30	1. 在音乐的伴奏下，由散点式队形集站成“青蛙图案”队形（如图）。  2. 教与学的方法：在音乐的伴奏下，师生同练模仿操。 3. 要求：表情愉快、活泼、逼真、有节奏。 4. 教学用语： a：“小青蛙们愉快地用力伸展着身体”； b：“小青蛙们已经做得非常好了！若要再用点力就会更好了！”	集站成“青蛙”图案不同于通常的“四列横队”队形，有新异性，容易引起学生好奇。好奇心是小学生突出的心理特征，在教学中教师结合教学内容设计出各种新异的队形图案，给予学生“新异”刺激，唤起学生好奇心理，让学生保持兴奋状态，活跃了练习情绪。

（续表）

课的顺序	时间	课的内容	运动负荷		指导与练习方法	体育心理学的分析次数
			次数	时间		
四、	4′—5′	1. “小青蛙”学习单足、单足连续跳跃 （1）单足跳环练习 （2）单足连续跳环练习 （3）单足连续跳环创想组合练习 2. “小青蛙”学习双足、双足连续跳跃 （1）双足跳环练习 （2）双足连续跳环练习 （3）双足连续跳环创想组合练习		2′30″ 3′30″	1. 练习队形：6 人自由组合成一组，如图站立。 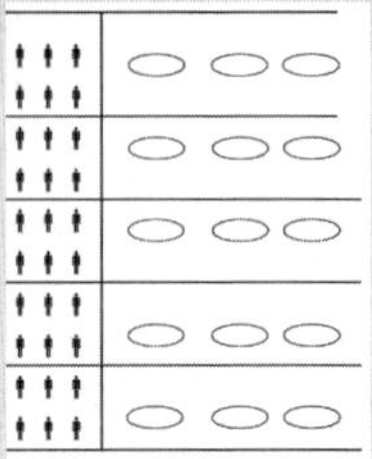 2. 教师讲解、示范单足跳跃、单足连续跳跃动作，并利用彩色圆环即兴组合，示范单足连续跳跃。 3. 学生利用彩色圆环进行单足、单足连续跳跃练习，并自由创意组合练习。 4. 教师深入到学生中，了解学生练习情况，对有做得好的给予及时鼓励；对于不足，耐心细致地予以纠正。 5. 教师讲解、示范双足跳跃、双足连续跳跃动作，并利用彩色圆环即兴组合，示范单足连续跳跃。	教师以平等的身份参与到学生的学习活动中，观察学生的学习表现，与学生一同探讨学习，有助于融洽师生人际关系，提高学生的练习积极性。通过师生共同评议，指出练习不足并给予及时纠正，既体现了因材施教的原则，又有利于激发学生的学习兴趣。 从单足跳跃到单足连续组合跳跃，再到双足、双足连续组合跳跃和创想练习，内容不断深入，练习难度逐渐提高，不断激发学生的学习兴趣吸引学生探究学习。

（续表）

课的顺序	时间	课的内容	运动负荷		指导与练习方法	体育心理学的分析次数
			次数	时间		
					6. 学生利用彩色圆环进行双足、双足连续跳跃练习，并自由创新组合练习。 7. 要求：起跳有力、动作轻巧、利落、协调。	
五	8′	单足、双足自由组合创想练习		5′	1. 自由创想练习 2. 要求： （1）连续跳跃； （2）单足、双足自由组合；彩色圆圈高、低相间； （3）排列形式不拘一格，突出“新”。 3. 一些组合形式： 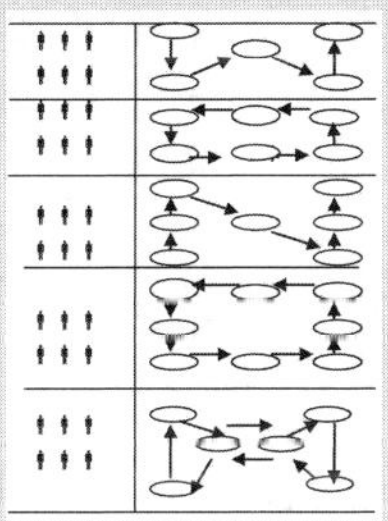 3. 教师深入到学生中间，巡视指导；师生同练，师生互评；诱导启发学生相互交流，创新组合跳跃。 10. 教学用语： a：“小青蛙们想象力非常丰富，再想一想小白兔、小袋鼠还会怎样跳？”	创“新”、求“异”，是发散思维的本质特征。教师结合教学内容运用启发法，鼓励学生探新求异，发展了学生发散性思维。 教师及时给予学生积极肯定性的评价，学生获得成就感可以强化学习行为，进而产生努力学习的欲望。 设置具体而明确的挑战性目标，是激发学生学习动机的有效措施。

（续表）

课的顺序	时间	课的内容	运动负荷		指导与练习方法	体育心理学的分析次数
			次数	时间		
					b：“想象一下我们平时接触过哪些几何图形？” c：小青蛙们若再跳得轻巧一些就更好了！” d：“小青蛙再用点力，再能连续多跳3个彩环，就更好了！” e：“小青蛙妈妈向小动物们学习跳跃，好吗？”	
六	10′	游戏： 小青蛙捉“害虫”（游戏方法略）		6′	1. 练习队形：自由组合小组，6人一组，如图站立。 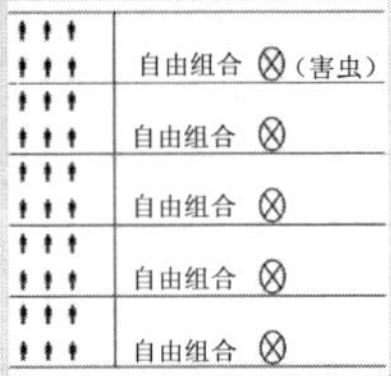 2. 教与学的方法： （1）教师讲解游戏规则与要求：8个彩色圆环组合，单足、双足跳跃组合结合；高、低相间；组间竞争，比哪个小组组合形式有创意，捉害虫捉得多。 （2）各小组同学相互商量创意组合，展示跳跃创想成果比赛。	争强好胜是学生的天性。教师运用比一比、测一测的方法，满足了小学生争强好胜的心理需要，同时也调动了学生的兴奋性，对练习充满新鲜感，克服枯燥感，激发学生积极地参与到练习活动中来。 采用合作交流的形式，使小组内成员为一个共同的目标，增加相互交流、沟通感情和交往的机会，同时也培养了团结协作的精神和竞争意识。 追求上进、超越自我是学生学习的动力。教师与学生的鼓励有利于激发学生的比赛斗志。

（续表）

课的顺序	时间	课的内容	运动负荷		指导与练习方法	体育心理学的分析次数
			次数	时间		
					(3) 师生鼓掌鼓励学生展示跳跃创想表演。 (4) 教师与学生一道点评创意成果，为优胜队颁发奖牌。	
七	2′	整理放松活动： 音乐伴奏放松舞步		1′30	1. 练习队形：散点式站立。 2. 教与学法：学生跟随教师一起练习。 3. 要求：轻松愉快，生动活泼。	正确的归因有利于培养和激发学生的学习动机。
八	2′	小结、讲评			教师引导学生进行学习心得交流。引导学生总结出“只有积极努力、主动参与，勤于思考才能学习到知识”。	
教学器材	录音机一台、彩色圆环 40 个、“害虫”若干、奖牌 40 个					
预计密度	45%—56%	平均心率	130% ±5%		心理负荷	良好

3. 美化体育课堂环境

体育教学主要是在室外场地进行的，场地器材是构成体育教学的一个重要因素，它在一定程度上影响着学生的情绪和课堂心理气氛。体育教师应在课前根据教学内容的要求合理地规划教学场地。粉线清晰、标志醒目、器材有序、沙坑平整等都有助于提高学生的兴奋性，激发学生的体育兴趣，形成浓郁的课堂学习气氛。

4. 为学生设立适宜的学习目标

体育学习目标的设置直接关系到学生体育学习动机的方向和强度。正确、有效的学习目标可以激发学生的身心能量，引导和组织学生的学习活动，唤起学生的体育学习热情。

在体育教学中，帮助学生设立具体的、明确的、符合学生实际情况并经过努力可以达到的目标，最有助于调动学生体育学习的积极性。学生从达到目标中看到了自己的进步，增强了信心，也会敬仰、尊重、亲近老师，形成良好的师生关系，进而促使课堂心理气氛生动活泼、积极健康。

5. 对学生积极的期望

期望是人们在对外界信息不断作出反应的经验基础上所产生的对自己或他人行为结果的某种预测性认知。教师对学生的期望会形成何种类型的课堂心理气氛，则主要取决于三个方面：一是反馈，即教师通过输入信息的数量、交往频率、目光注视、赞扬和批评等，向学生提供不同的反馈。二是输入，即教师向学生提供难度不同、数量不等的运动知识和技能，对问题作出不同程度的说明、解释、提醒、暗示或示范。三是输出，即教师允许学生提问和有回答问题的机会、教师听取学生回答问题和观察其练习动作的耐心程度，所有这些因素都会对课堂心理气氛产生不同的影响。

为了充分发挥教师期望的积极效应，以利于形成积极、和谐的课堂心理气氛，体育教师首先要认真了解每个学生的特点，发现他们的长处，对每个学生都抱有积极的期望；其次要不断地反省自身的行为和态度，有意识地控制自己的行为，在潜移默化中影响学生。

三、体育课堂上学生不良行为的控制

体育教学中的不良行为是指那些妨碍学生身心健康发展和良好品质形成，干扰体育教学活动的行为。体育课是以身体活动为主要内容的教学过程，具有开放性特征，所以学生的不良行为较之其他学科相对突出，而且种类繁多，小到不注意听讲、嬉笑打闹，大到破坏器械、攻击同伴等，这些都会对正常的体育教学工作造成较大影响。教师如果不对学生的不良行为采取有效措施，不仅会导致体育教学效果受到影响，更会影响学生的身心健康和人格完善。

（一）体育课堂上学生不良行为的表现

1. 涣散行为，主要表现为课堂上学生注意力的分散。例如，教师在讲解时，学生不能集中注意听讲，而是东张西望或失神发呆，做小动作或与旁边的同学嬉笑、说话；组织练习时，玩耍器械、擅自离队或在操场上追赶打闹。

2. 抗拒行为，主要表现为不遵守规定、不听从指挥等盲目反抗权威的行为。例如，老师在讲解、示范时，学生口出怪音、做滑稽表情或怪异动作，逗同学发笑；班干部发出行动指令时，故意不执行或行动迟缓，甚至做相反动作；练习时不与他人合作或故意捣乱。

3. 攻击行为，主要指学生在课堂上损害公物、抢夺同学器械，甚至出现恶意指责、彼此争吵、辱骂、打架斗殴等攻击性行为。

4. 躲避行为，包括寻找理由逃避上体育课，精神不振、紧张焦虑、胆怯退缩、躲避练习、蒙混过关以及不与他人交往等行为。

（二）学生产生不良行为的原因

学生在体育课堂上产生不良行为的原因有很多，有的是为了满足一些个人需

要，如引起注意、炫耀技术等；有的是学习态度不端正，纪律观念淡薄，自我控制和自我约束能力较差；还有的是对体育活动兴趣低落，发泄不满情绪。此外，班级成员之间不团结、学习风气不好以及个别学生心理品质不健全等，也是导致不良行为发生的重要原因。

在教师方面，主要是教学业务能力低下，导致学生缺乏学习热情和兴趣，注意力涣散、精神不振；教师管理能力差，对学生要求或高或低；还有的教师对破坏课堂纪律的同学进行体罚或变相体罚，严重损害了学生的自尊心，使他们产生怨恨、冷漠、对立等消极情绪和行为，从而诱发学生在体育课上的退缩行为甚至攻击性行为。

此外，学校领导不重视体育工作，经常占用体育课时间补课；体育教学场地拥挤、器材短缺、体育课时间安排不合理；部分家长教育方法不当，有的对孩子娇惯溺爱、纵容放任，有的则对孩子粗暴严厉、动辄打骂或惩罚，这些不良的教育方式，都可能是学生产生不良体育学习行为的间接因素。

（三）对待学生不良行为的有效策略

1. 运用非语言控制

许多课堂不良行为的处理，无需中断上课，只要用非语言提示或暗示就能消除。有效的非语言提示或暗示有目光接触、面部表情、姿势、手势、身体接近和触摸等。当体育课上学生因自控能力差而出现交头接耳、撩撩打打等注意力涣散的行为时，教师不必激怒，更不需要中断上课。比较好的做法是向这些学生做一个手势、传递一个关注的眼神或不经意地走到他的身边，轻拍一下肩膀或摸摸他的脑袋，学生就会清楚老师的意图，同时唤醒自觉意识，并对自己的行为加以纠正。

2. 给学生提供表现的机会

青少年学生随着自我意识的增强，自我表现的愿望日益强烈。教师应充分理解他们的心理特征，有意识地请他们回答问题或做示范，用专业权威使学生信服，让学生认识到自己并没有掌握或完全掌握相关的运动知识和技能，了解到自己的不足，这样就能使这类学生虚心接受老师的指导和帮助。此外，在进行课堂练习时，可以分配给这些学生帮助指导其他同学的任务，这不仅可以满足他们的需要，还可以引导同学之间相互帮助，提高学习效果。

3. 及时制止不良行为

课堂上出现严重干扰教学活动的不良行为时，教师要在最短的时间内加以制止。但是制止并不意味着教师可以采取讽刺挖苦、威胁、体罚等手段。干预应该是在课堂上简短地制止学生的消极行为，不要引起他们的反驳和争辩，更不要让他们成为全班同学注意的焦点。

4. 加强师生互动

体育课堂是师生进行教与学的双边活动的重要场所。教师要主动加强与那些个人体育能力较差而产生强烈自卑感，且出现逃避体育课、畏惧体育老师、体育课上过度焦虑和紧张等课堂退缩行为的学生的交流与沟通，了解他们的想法和感受，增强感情交流，帮助他们正确认识和评价自己；教学中避免对他们提出过高要求和期望，鼓励他们参与体育活动，并为他们提供获得成功的机会，以帮助他们增强自信心，消除心理障碍。

5. 提高自身能力

教师需要改变观念，提高自身能力，采取有效的策略对学生进行正确的引导和纠正，帮助学生排除各种干扰，提高学习积极性，使体育课堂成为发挥学生潜能和培养学生健康体魄和良好社会适应能力的场所。

第三节　体育课堂学习过程的心理学评价

体育课堂学习过程的心理学评价是指从心理学的角度分析影响体育课堂学习的心理学因素，评定学习过程中成败的心理致因，为提高体育教学质量提供心理学依据。

体育课堂的“教”与“学”是对立的统一。教师的“教”是为了学生的“学”，“学”需要“教”作指导，而“教”又必须以“学”的心理学规律为依据。因此，进行体育课堂学习过程的心理学评价，又是体育心理学理论与体育教学实践相结合的良好形式。它不仅有利于指导体育教学实践，加强教师在体育教学活动中的自觉性和预见性，把体育教学活动建立在学生心理发生、发展的规律基础之上，还有利于发现、验证体育心理学的规律，从而促进体育心理学理论的建设与发展。

体育课堂学习过程的心理学评价主要是通过对学生的心理活动及其行为来考察体育教学活动，着重对学生学习过程中在态度、情意表现、人际关系、健康行为等方面表现出来的心理活动及其行为进行心理学分析，剖析心理致因，以努力改进教师的“教”和学生的“学”。体育课堂学习过程的心理学评价应当成为教师备课、上课、评议和总结体育教学的重要手段之一。

一、对体育课堂的学习过程进行心理学评价的目的

对体育课堂的学习过程进行心理学评价是以“以人为本”为基本观点，以尊重学生的人格为前提，注重学生的身心发展，培养学生的自尊和自信，淡化学生之间的比较，帮助学生学会与学习目标和自己的过去进行比较，并在比较中客观地了解和评价自己，在教师指导下设置合理可行的学习目标，从而为全体学生的自主学习创造机会和条件。

对体育课堂的学习过程进行心理学评价的目的是了解学生在体育学习过程中的心理活动及行为表现，分析心理致因，发现学生的潜能，为学生提供展示自己能力、水平和个性的机会，使他们体验到成功的乐趣，增强信心，提高自我认识、自我教育、自我发展的能力，从而获得进步和发展。

另外，对体育课堂的学习过程进行心理学评价的目的具有激励性和发展性。

前者是根据体育教学的要求，让学生对自己的体能、运动技能、学习态度、

情意表现、人际关系、健康行为等方面的情况有清醒而正确的认识，使学生发现自己的进步和发展的潜力，激发参与体育活动的积极性，获得体育学习的成就感和自信。这种评价是面对每一位学生的，评价指向学生的学习进步和努力方向。后者则是使学生认清其学习进步的困难和症结，帮助学生对其所取得的进步进行探究式评价和解惑式评价，调动学生积极向上的内驱力。这种评价也是面向每一位学生的，评价指向学生的学习困难和前进方向。

心理学强调对体育课堂的学习过程进行心理学评价的激励性和发展性，是为了关注学生的全面发展，促使每个学生都充满信心地投入体育学习中，最终使每一位学生都得到进一步发展。

二、对体育课堂的学习过程进行心理学评价的内容

对体育课堂的学习过程进行心理学评价的内容主要包括评价学生在体育学习过程中的学习态度、情意表现、交往能力、合作精神及其行为等。

（一）体育学习态度

学习态度作为一种对待学习的内部状态，影响着学生对学习活动的选择，包括性质（方向）和程度两个维度。性质是指正确与错误、好与不好。每一种学习态度又有程度深浅、强弱的差别。学习态度的评价主要包括参与体育学习的积极性、为达到目标而主动思考的自觉性和反复练习的主动性、运用所学知识和技能的灵活性等。

（二）情意表现

情意表现包括学生在体育学习中表现出来的情绪状态和意志品质。情绪表现主要包括学习过程中对体育学习与活动的自信程度、在实现体育学习目标过程中的成功体验程度、在体育学习中的情绪稳定程度、运用体育活动中的手段调控自己情绪的应用程度等。意志品质主要包括学生在体育学习过程中克服主观和客观困难时表现出的勇敢性、果断性、独立性、坚韧性和自制性等。

（三）交往能力与合作精神

交往能力与合作精神具体表现为理解和尊重他人，与同伴一起分析和处理体育学习过程中遇到的困难和问题、努力承担在小组学习和练习中的责任、与同伴齐心协力取得集体成功、遵守规则和尊重裁判等。

三、对体育课堂的学习过程进行心理学评价的方法

对体育课堂的学习过程进行心理学评价应该以促进学生更有效的学习为标准。体育课堂的学习目标是在“过程”中完成的，学习态度、情意表现、交往能力与合作精神必须在“过程”中进行评价，否则毫无意义。因此，评价的方法必须多元化，集诊断性评价、形成性评价和终结性评价于一体。

在具体的评价方式上，学生的体育学习态度、情意表现、交往能力与合作精

神可采用观察（行为记录法、评定量表法）、口头评价等方式。

（一）观察

观察是指教师在自然的教育场景下观察学生的行为表现，并加以评定的一种方法。在观察过程中，学生处于正常的活动之中，没有（或较少）产生任何压迫感，所收集的资料自始至终都是自然、真实的常态表现。因此，观察法可被用来客观地评价学生的学习态度、情意表现、交往能力与合作精神等某些心理特征。但是，通过观察得来的材料不易量化，且易受到教师主观因素的影响，这些都是在使用观察时应该注意的。

运用观察方法时应有周密的计划，并随时记录。这样观察才比较细致，但比较费力。常用的记录方法有行为记录法和评定量表法。

1. 行为记录法

行为记录法是指教师通过观察学生学习时的行为表现，并随时做记录，可用于评价学生的心理发展。这些学习行为表现反映出学生对学习的态度、兴趣、情绪、意志、交往能力与合作精神等心理特征。教师将学生的学习行为随时记录下来，可采用横向评价的方法（比较同一组学生的心理特征异同），也可采用纵向评价的方法（经过一段时间，然后再比较某一学生或某组学生在心理特征上是否发生变化）。

操作与应用

动作练习的行为观察记录表

姓名 行为表现					
练习时的投入状态					
练习时的自信程度					
练习时的情绪稳定性					
练习时的意志表现					
练习时的合作表现					
遵守规则的表现					

授课内容：　　　　　　　　　　　　　　　　　　　时间：

使用行为记录法时应注意以下几点：

第一，教师应设置行为记录的目的，即要事先设定所要观察学生行为的范围，但也要随时记录下学生的不寻常行为，如躲避练习、胆怯、追逐、打架等。

第二，在记录内容时，采用关键词，如“练习时的投入状态”栏使用主动、积极、自觉或被动、消极、躲避等。

第三，在记录方式上，教师不仅应清楚描述学生的行为表现，更应当记录当时的情境。如果只记行为而不记情境，日后处理时就不易了解该行为的意义，从而导致行为评价的偏差。同时，教师每次所记内容可限于单一学生行为的单一记录，避免将数人或多事相混淆，而且对学生的重复行为可简单记录。

第四，为使记录保持客观，教师应在记录中同时记下学生行为好与差两方面，以免偏于重视学生的违规行为；从记录中分析判断学生的行为，以避免记录中的首因效应或近因效应，也即避免只凭一次观察记录，如最早印象或近来表现，就断定学生行为的好坏；观察到学生某项行为后，尽快做记录，避免过多的事后再记录，即避免事过境迁后对行为的重要现象产生遗忘。

2. 评定量表法

评定量表法是针对各种行为的性质和特点，分别列出几个程度，用文字加以表述，从而形成评定量表。评定量表的设计分为两个部分，一是所要评定的该项行为特征的名称，二是评定时用的分点说明语。观察时，教师可从这几项不同的描述中，选择与学生行为表现相符的一项，标上记号，并据此分析学生的行为特征。

操作与应用

行为表现的评定量表

年级______ 班级______ 学号______ 性别______ 姓名______

评价范围	评价方法	评价内容	评价等级					学生自评	学生互评	教师评价	总评
			优秀	良好	中	及格	不及格				
学习态度	观察、问卷、问答等	思考学习内容的自觉性	好	较好	一般	不太好	不好				
		练习动作的主动性	好	较好	一般	不太好	不好				
		对学习内容的喜欢程度	喜欢	较为喜欢	一般	不太喜欢	不喜欢				

（续表）

评价范围	评价方法	评价内容	评价等级					学生自评	学生互评	教师评价	总评
			优秀	良好	中	及格	不及格				
情意表现	观察、记录、问答等	对学习内容的自信程度	自信	较为自信	一般	不太自信	不自信				
		在学习过程中的成功体验程度	强	较强	一般	不太强	不强				
		在学习过程中表现出的意志品质	坚强	较坚强	一般	不太坚强	不坚强				
		在学习过程中的情绪稳定程度	稳定	较为稳定	一般	不太稳定	不稳定				
交往能力与合作精神	观察、记录、问答等	在学习过程中遵守活动规则的表现	好	较好	一般	不太好	不好				
		与同伴一起完成学习任务的合作表现	好	较好	一般	不太好	不好				
		在学习过程中爱护体育器材的表现	好	较好	一般	不太好	不好				

一般来说，在使用评定量表法时，教师确定的行为特征过于抽象，就不好判

断。因此，选择行为特征时应考虑可观察的外显行为，避免一些抽象术语，如同情心、自卑感、愧疚感等。

此外，在设置评定分点时，对评定分点的文字说明不要过于含糊，以致评分不好操作；评定分点也不要太多或太少，太多分点易导致评定无从着手，太少分点则会使得行为特征的鉴别力太低，因此，评定分点以五个为宜。

（二）口头评定

口头评定是指教师运用口头语言对学生在体育学习过程中的学习态度、情意表现、合作精神等方面进行评定的方法。由于语言是人类交际的最普通的工具，也是体育教学中最常见的行为活动。因此，口头评定是体育课堂学习过程的心理学评价中最常见的方法，也是自己评定和同伴间相互评定的一种手段。

教师运用口头评定时，用语要清晰、简洁、准确、生动、条理清楚、重点突出，并注意语言表达时的体态举止和面部表情，善于利用表情动作，以便唤起和保持学生的注意状态和兴趣，启发学生的思维。

四、对体育学习过程进行心理学评价的形式

总体而言，体育学习评价基本上由教师承担，但由于学生是学习活动的主体，最能了解自己的学习情况，所以学生可以对自己的学习情况进行评价，学生之间也可以进行相互评价，从而使体育学习过程的心理学评价主体多元化。

（一）学生对学习过程的评价

在对体育学习过程进行心理学评价时，学生的自我评价可以随时进行，评价来自于学生对学习的“自省”，对于激发学生的学习动机和培养学生的学习能力具有重要作用，但有时会因学生的自我保护意识和夸大优点意识而产生偏差。学生之间的相互评价以教师组织为主，评价来自于处于同样学习目标和学习阶段的同伴，有利于学生看到自己的进步或不足，激励自己更好地学习。评价有较强的针对性和主动性，也有较强的刺激性，但评价会因学生的经验不足、缺乏专业知识和对同学缺乏责任感而产生偏差，因此，教师要加以引导和指导。

（二）教师对学习过程的评价

在对体育学习过程进行心理学评价时，教师评价主要是由体育教师根据学生的学习目标达成度、行为表现和进步幅度等，参照学生自我评价和相互评价的情况，对学生的知识与能力、学习态度、情意表现、交往能力与合作表现等进行综合评价，以保证体育学习过程评价结果的公正性。

【本章小结】

1. 体育教学以学生心理发展水平为依据；体育教学对学生心理发展具有促进作用。

2. 根据斯金纳的观点，教育是按照“刺激—反应—强化”的程序进行的，所以应将学习内容按照一定的逻辑顺序组合起来，引导学习者循序渐进地去掌握。

3. 认知心理学理论既强调外在的客观因素，也强调学习者内在的主观因素，并把重点放在探讨人的认知过程上，主张学习就是将外在事物的关系内化为学习者自己的心理结构（认知结构）的过程。

4. 根据建构主义心理学理论的观点，在体育学习中，体育教师应该注意培养学生的主动"建构"能力。

5. 人本主义心理学理论对体育学习的影响主要体现在：重视学生的健康、全面、和谐发展；重视意义学习，强调非认知因素的重要性；重视学习的方法，强调学习的过程；强调"以学生的发展为中心"，突出学生的主体地位。

6. 体育教学环境是指在体育教学活动中，影响教师教和学生学的一切内外条件，从内容构成看，包括物理环境和心理环境。

7. 运用心理学原理在体育教学中以良好的师生关系为核心，以情感沟通为桥梁，自觉贯彻心理教育的原则，是营造积极健康体育课堂教学心理环境的基本手段。

8. 体育课堂心理气氛是指在体育课堂教学过程中师生们占优势的某些态度与情感状况的综合表现，它具有相对的稳定性和变化性的特点。体育教学中师生的指向性、参与性和交往性构成了课堂心理气氛的特色。其中指向性是基础，参与性是保证，交往性是最高境界。

9. 体育教学中的不良行为是指妨碍学生身心健康发展和良好品质形成，干扰体育教学活动的行为。主要表现为涣散行为、抗拒行为、攻击行为和躲避行为。

10. 对待学生的不良行为，教师可采用非语言控制、提供表现机会、及时制止不良行为、加强师生互动、提高自身能力等策略。

11. 体育课堂学习过程的心理学评价主要是评价学生在体育学习过程中的学习态度、情意表现、合作精神及行为。评价的形式分为学生对学习过程的评价和教师对学习过程的评价。

【建议参考资料】

1. 殷恒婵．体育心理学［M］．北京：人民教育出版社，2008.

2. 季浏，殷恒婵，颜军．体育心理学［M］．2 版．北京：高等教育出版社，2010.

3. 傅维利，王维荣．关于行为主义与建构主义教学观及师生角色观的比较与评价［J］．比较教育研究，2000（6）．

4. 施良方．学习论［M］．北京：人民教育出版社，1994.

5. 黄全愈．玩的教育在美国［M］．北京：中国人民大学出版社，2010.

6. 张春兴．教育心理学［M］．台北：华东书局，1996.

7. 林格伦．课堂教育心理学［M］．章志光，译．昆明：云南人民出版社，1983.

8. 颜军．体育心理论稿［M］．南京：河海大学出版社，2001.

9. 颜军．体育课堂教学心理气氛评估的研究［J］．体育与科学，1995，16（3）：36－39.

10. 克雷奇．心理学纲要（下）［M］．周先庚，译．北京：文化教育出版社，1981.

11. 俞国良，王青兰，杨治良．环境心理学［M］．北京：人民教育出版社，2000.

【问题与思考】

1. 试述行为主义心理学理论在体育学习中的应用。
2. 试述认知心理学理论在体育学习中的应用。

3. 试述建构主义心理学理论在体育学习中的应用。
4. 试述人本主义心理学理论在体育学习中的应用。
5. 体育教师的期望对体育课堂心理气氛的形成有何作用？
6. 为什么要创设良好的体育教学环境？
7. 怎样控制体育教学中学生的不良行为？
8. 如何对体育课堂的学习过程进行心理学评价？

第十一章　基本心理技能训练

【本章提要】

本章主要介绍心理技能训练的概念、心理技能训练的分类、心理技能训练的意义和作用，以及行为干预法（渐进放松训练、系统脱敏训练、模拟训练）、认知干预法（表象训练、认知训练、暗示训练）的概况和训练方法。

【学习重点】

1. 了解心理技能训练的概念和分类。
2. 理解心理技能训练的意义和作用。
3. 认识心理技能训练的方法及其应用。
4. 掌握运动中的行为干预方法。
5. 掌握运动中的认知干预方法。

【关键术语】

心理技能　心理技能训练　渐进放松训练　系统脱敏训练　模拟训练　表象训练　认知训练　暗示训练

心理技能是通过练习形成的能影响个体心理过程和心理状态的心理操作系统，是一种与人类的生活、学习、工作、劳动、身心健康以及调节与提高人体身心潜能相关的，在人脑内部进行与形成的内隐技能。人们在学习运动技术和把最好的技术水平表现出来的过程中，需要具有动员、调整和控制自己的心理过程及心理状态的技术。当这些心理调节技术通过练习被熟练掌握，并能够有效地去运用后，就形成了心理技能。

第一节　心理技能训练概述

一、心理技能训练的概念

任何一项技能都需要反复练习才能达到自动化水平。同样，心理技能（如维持并集中注意力、唤醒水平的控制、增加自信心及保持动机等）也需要经过系统学习和练习的过程。只有这样才能熟练地掌握，以便灵活应用。

心理技能训练是指采用一定的方法和手段对人的心理施加影响，对大脑所进行的专门化训练，以达到强化心理技能和培养特殊心理能力的目的。简言之，心理技能训练就是有系统、持续化的心智或心理技能的练习。

一般来说，采用科学的手段和方法，有目的、有计划地对学生的认知、情绪和意志进行心理技能教育与训练，建立学习运动技能或比赛时所需的心理模式或系统，就可以提高学生自我控制和调节心理状态的能力。

心理技能训练不仅可以帮助学生通过有效的方法掌握和表现运动技能，还能使学生在学习运动技能的过程中不断完善自己的人格，以更加积极的方式去应对生活和学习中的各种挑战。

知识窗

心理技能的分类

根据应用范围的不同，心理技能可分为一般心理技能和专门化心理技能。

一般心理技能是指适合所有运动项目特点的心理技能，如应激控制、唤醒水平控制、目标设置、集中注意力和表象技能等。

专门化心理技能通常是指适合于某一专项所必需掌握的心理技能，如水感、球感、器械感、枪感等。

资料来源：季浏，殷恒婵，颜军．体育心理学［M］．2版．北京：高等教育出版社，2010．

二、心理技能训练的分类

在竞技体育领域，要求运动员保持最佳的竞技状态，这就使运动员不仅要排除心理障碍和行为障碍，从心理上做到放松，而且还要具有先声夺人的气势、志在必得的获胜欲望和心无杂念的专注精神。对于学生而言，他们关注得更多的是拥有良好的心理技能，以使自己更快、更好地熟练掌握运动技能，从而更健康、更科学地进行体育活动，达到促进身心和谐发展的目的。这些目标的实现都离不开心理技能训练的具体方法，而不同的心理技能训练方法又有不同的分类方式。

1. 根据心理技能训练的内容与专项需要的关系，可将心理技能训练分为一般心理技能训练和专项心理技能训练。前者主要是培养和发展学生普遍需要的心理技能，即学习运动技能或参加比赛时的心理特征，以及健康、稳定的心理过程，如目标设置训练、放松训练、表象训练、注意训练、暗示训练和模拟训练等。后者则是集中发展从事艰苦的专项训练和成功地参加专项竞赛，特别是高水平竞赛所需要的专门化知觉、意识和个性心理特征及心理过程，如球类项目所需的球感、团体运动项目所需的人际交往和沟通技巧、心理相容能力和适应能力等。

2. 根据实施心理技能的复杂程度，可将心理技能训练分为单一的心理技能训练方法（如渐进放松训练法、生物反馈法等）和成套的心理技能训练方法（如系统脱敏训练、应激接种训练等）。

3. 根据心理技能训练的周期，可将心理技能训练分为长期心理技能训练和短期心理技能训练。前者是指学生在学习整个运动技能的过程中都要进行的心理技能训练，后者则是指针对既定的比赛任务或达标测试而进行的心理技能训练。

概念解析

心理相容

心理相容是指一个团体或群体的成员心理协调一致，成员之间内在情感相互承认并接纳的一种心理现象。

在体育教学与训练中，体育老师或教练员与学生之间能否做到真正的“心理相容”，决定着体育教学效果和训练成绩的好坏。因此，体育教师或教练员应在教学和训练过程中将时间、空间、师生心境及情感的动机等因素进行综合，创设一个好的教学和训练情境，使师生的心境和情感产生和谐与共鸣，提高学生的心理相容能力。

三、心理技能训练的意义和作用

（一）心理技能训练的意义

1. 心理技能训练是运动技能学习的重要组成部分。它与学生的身体练习、技术和战术训练一样，是运动技能学习系统中不可缺少的一部分，影响和制约着学生身体、技术、战术水平的体现，可以使学生的心理过程不断完善，形成各种运动项目所需的良好的心理状态，以适应体育锻炼和比赛的需要，为获得终身体育锻炼技能和养成科学的锻炼习惯奠定良好的心理基础。

2. 心理技能训练是学校体育教育的重要组成部分之一。近年来，随着人们对心理技能训练的关注程度逐渐提高，心理技能训练在学校体育教学中也被广泛应用。体育教师在教学、训练和比赛过程中恰当地运用心理技能训练，可以对学生的心理品质产生积极影响。心理技能训练追求迁移效果，即不但使训练者对某种情境中的某个问题的心理调节能力得到提高，而且对其他情境中其他问题的应对能力也得到提高；不但使训练者在自己的运动生涯中受益，而且使其终身受益。这些都将有助于培养学生的竞争意识、合作精神和顽强的意志、处理危机的能力以及正确对待成败的态度等优良心理品质，使他们将来能够更加从容地应付工作和生活中的各种挑战。因此，在体育教育中对学生进行长期、系统、全面的心理技能训练，是成功完成体育教学目标的重要保证，是学校体育教育各项举措中不可缺少的重要内容。

知识窗

心理技能的先天与后天之争

通常人们认为，像郎平、邓亚萍和刘翔等优秀运动员在比赛中所表现出来的拼搏心理是天生的，但事实并非如此。这些成功运动员都付出了巨大的辛劳，他们超人的竞技表现无不得益于长期系统的科学训练，特别是心理上的磨炼和培养。

现代科学研究表明，人的身心发展受到遗传和环境的双重影响。遗传为人的心理发展提供了可能性，环境和教育使这种可能性变成现实性。人的心理品质的这种可塑性，为进行心理技能训练提供了先决条件。与动作技能一样，心理技能同样会受到后天环境和实践活动的影响，可以通过训练而获得和提高。

资料来源：季浏，殷恒婵，颜军．体育心理学［M］. 2 版．北京：高等教育出版社，2010.

（二）心理技能训练的作用

心理技能训练在学校体育教学、训练以及比赛中扮演着重要的角色。它不仅可以有效地调节学生的心理状态和过程，而且有助于塑造学生健康的心理品质，其具体作用如下。

1. 心理技能训练有利于提高学生的情绪调控能力。紧张、恐惧等消极情绪会降低学生的生理功能、心理功能以及自我控制的能力，直接影响运动技能的学习和技术水平的发挥。在体育教学和训练中，一些学生或参赛者平时的成绩很好，可是一到测试或比赛时就发挥失常，甚至出现“怯场”现象。这是一种在体育教学和训练中经常出现的典型的心理问题，而这种不良情绪的产生会直接影响学生在体育活动中的表现。

此外，还有一些比较突出的情绪问题，如在体育考试、表演和比赛时的过度紧张，在学习某种动作技能时的恐惧和害怕心理，以及在体育活动中有消极的思维和情绪等。这些都可能导致学生或参赛者产生自卑、恐惧、忧虑等不良反应，不利于他们的身心发展。

通过在体育教学和训练过程中对学生进行有针对性的心理技能训练，可以使学生知道自己在出现过度紧张、恐惧和焦虑等情绪反应时的生理变化信息，逐步提高自己的情绪调控能力，有效地解决由于这些情绪问题而导致的学习障碍。

2. 心理技能训练有利于增强学生的意志品质。毛泽东在《体育之研究》中强调体育有“强意志”的作用。他特别指出：“体育之大效，盖尤在此矣，夫体育之主旨，武勇也。武勇之目，若猛烈，若不畏，若敢为，若耐久，皆意志之事。”

体育活动与学生的意志品质有着密切的联系。在体育教学、训练和比赛中，常常会出现预期结果和实际结果矛盾、人际关系不良、教师或教练员的苛刻要求、各种社会因素的影响、比赛的不成功以及身体受伤等情况。这些都可能会使学生和参赛者形成不良的意志品质。

意志品质薄弱是学生在体育活动中表现不好的原因之一。坚强的意志品质有利于学生克服体育活动或训练中的种种困难，最大限度地表现出自身的运动能力。在体育教学和训练过程中，对学生进行有针对性的心理技能训练，可以增强他们的意志品质，使其积极应对各种困难。因此，在体育活动中应加强学生的心理技能训练，使他们在积极参加体育活动、增强体质的同时，形成良好的意志品质。

3. 心理技能训练有利于学生掌握和改进动作技能。在体育教学和训练过程中，学生需要学习和掌握各种不同的动作技能。动作技能的学习不仅依赖于对肌肉活动的训练，而且也需要对心理技能进行训练。传统的动作技能学习大多是通过反复多次的身体练习来实现的，但研究表明，动作技能的学习不仅需要较长时间的身体练习，还需要适宜的心理技能训练。

在动作技能的信息加工过程中，心理作用尤为重要。心理技能训练可以有效提高大脑对肢体的调节和支配能力。例如，通过表象训练，能使正确的动作过程在人的头脑中反复重现，这可以起到积极强化动作的作用。因此，应把动作技能的学习过程理解为智力和体力活动相结合的过程，把心理练习与身体练习结合起来，能更好地促进动作技能的形成和发展。

此外，由于心理练习基本上不受时间、地点和器材等方面的限制，而且身体几乎不会产生疲劳，因此在提高教学和训练过程中可以广泛采用。研究表明，在青少年学生学习动作技能的过程中，对动作技能进行心理练习比完全不进行心理练习的学习效果好，但是，只进行心理练习而从不进行身体练习，其效果又是最差的。

4. 心理技能训练可以加快学生身心疲劳的消除。一定负荷量的体育活动会使学生的身体和神经系统产生疲劳，尤其是在进行一些技术比较复杂、竞争激烈的运动之后，更容易出现精神疲劳。有不少优秀的学生运动员在承受了连续的大负荷训练或比赛后，产生倦怠、训练中断和受伤等不良后果。

以前，对于此类身心疲劳一般是通过休息、睡眠和补充营养等手段来加以消除。而现在，消除身心疲劳的手段呈多样化的发展趋势，涉及医学、生物学、教育学和心理学等领域。心理技能训练可以加快疲劳消除及体力和脑力恢复的进程，尤其是对消除神经系统的疲劳，效果更为显著。

测量与评价

心理技能的测量

心理技能水平的评价主要是采用心理量表来进行。这些专门的心理量表可以区分在不同心理技能方面的差异。

1. 运动心理技能量表

运动心理技能量表（PSIS－5）是由马奥尼（Mahoney）等人于1987年设计的。该量表有6个分量表，用于评定与高水平竞技表现相关的6种心理技能，即焦虑控制（AX）、集中注意力（CC）、自信心（CF）、心理准备（MP）、动机（MV）、团队意识（TM），共计45个条目。

2. 运动应对技能量表

运动应对技能量表（ACIS－28）是由史密斯（Smith）等人于1995年设计的。ACIS－28是一个包含28个条目的心理量表。其测量内容包括逆境应对、极大压力下的高峰体验、目标设置、心理准备、注意力、摆脱焦虑、自信心、成就动机和可训练性等心理技能。

3. 行为策略测验

行为策略测验（TOPS）是由托马斯（Thomas）等人于1999年研制的，主要是针对运动员运用策略的方法和技能进行测量。TOPS共计64个条目，其中32条与比赛情境有关，32条和训练情境有关。在比赛环境下，TOPS测量的因素包括自我暗示、情绪控制、自动性、目标设置、表象、激活、消极思维和放松。除了用注意力控制代替消极思维之外，在训练环境中TOPS测量的因素与在比赛环境中的一样。

资料来源：季浏，殷恒婵，颜军．体育心理学［M］.2版．北京：高等教育出版社，2010.

因此，在学生从事体育活动之后，采用心理调节的方法，加快消除他们的身心疲劳，不仅有利于体育教学和训练，而且有助于学生身心的健康发展。

第二节　体育教学与训练中的心理干预

研究表明，有计划的心理干预可以有效地提高学生和运动员学习运动技能的兴趣和运动水平。目前，体育教学与训练中的心理干预主要包括行为干预和认知干预两大类。

一、行为干预法

行为干预法的种类繁多，在体育教学与训练中常用的主要包括放松训练、系统脱敏训练和模拟训练等。

（一）放松训练

1. 概述

放松训练是通过一定的方式（如呼吸、暗示、表象、音乐等）使肌肉一步步放松，使大脑逐渐入静，从而调节中枢神经系统的兴奋水平，缓解紧张情绪，增强大脑对全身的控制支配能力的训练方法。

在进行放松训练时，人通过大脑（意识）与骨骼肌（感觉）之间双向联系的反复沟通，使中枢神经系统对躯体的调节支配途径进一步疏通，从而提高大脑的调控能力。放松入静的词语暗示和肌肉的放松感觉都有利于大脑兴奋水平的降低，进而缓解紧张情绪，加速身心恢复。

操作与应用

情境放松案例

体育课结束后，让学生闭上眼睛，花几分钟的时间去想象一片美丽的海滩：你独自在这片海滩上，这是你所见过的最宁静、最美丽的地方之一，注意白色的沙子，尤其是当水晶般透明的海水和沙滩接触的时候；头上的蓝天，漂浮着几朵雪白的、松软的云彩；走向海水时，你感觉到脚趾与沙子之间轻柔的摩擦；当你接近海水的时候，你听到了浪花打在岸上的声音，凉凉的、咸咸的水雾打在你的脸颊上；走进海水中，你能感受到脚上和腿上有清凉的感觉，仿佛完全沉浸于海水之中……这里所有的一切都是这么完美，除了水声，这里什么声音也没有，所有的一切都是如此平静，你完全的放松、平静、温暖、镇定……

在实际应用时，应根据学生的特点和实际情况选择放松情境。

资料来源：MORRIS T，SPITTLE M，WATT A. Imagery in sport ［M］. Champaign，I. L.：Human kinetics，2005.

2. 训练方法

通常情况下，放松训练一般被安排在体育课的结束部分、学习新动作过后、训练结束后以及比赛前过于紧张时，每次持续 10—15 分钟。具体方法如下：

（1）准备动作：以舒适放松、全身肌肉都不费力为准，仰卧、半仰卧、靠背坐、站立姿势都可以做，但通常采用靠背坐姿势较多。

（2）开始动作：全身放松坐好，轻松闭合双眼，想象自己正处在一个非常舒适宁静的环境中。

（3）调节呼吸：变正常的呼吸为慢速、加深、均匀而自然的腹式呼吸。呼气时要慢，并呼完全。

（4）松感阶段：在语言诱导下按照从右到左、自上而下、先四肢后躯干的顺序体验肌肉放松的感觉。

（5）热感阶段：按照上述同样的顺序在语言诱导下体验身体各部位温暖的感觉。

（6）静感阶段：去感觉前额清凉、内心平静、周围没有任何刺激和干扰，只听到自己呼吸和心脏跳动的声音，宁静而舒适。

（7）松静状态：全身心进入放松入静状态，头脑宁静、肌肉放松、心情愉快。在这种状态下充分享受和体验。

（8）结束训练：如果只进行放松训练，这时就可以慢慢睁开双眼，你会感到眼前的一切更加清晰，当恢复到正常状态时，放松训练自然结束；如果这时要紧接着做表象训练，那就要按预先制订好的表象程序进行，结束训练的方法同上。

测量与评价

锻炼诱导情绪量表（EFI）

渐进放松训练是利用全身各部位肌肉的紧张和放松，并辅以深呼吸和表象来调控人们紧张情绪的一种训练方法。其关键是要体会肌肉紧张时的感觉。在训练的开始阶段，要让练习者尽可能地收缩每一个肌肉群，直到自己能够感觉出肌肉紧张，然后放松肌肉群，并不断体会相反的感觉。一般练习持续20—30分钟，每天进行一次。练习程序如下：

1. 练习者仰卧在床上或地上，放松，双腿自然伸直，双臂稍离体侧，掌心向下自然放松，两眼半睁或轻轻闭上均可。
2. 先以右手用力握拳，体会紧张感（5—8秒），然后放松，并体会放松感。
3. 左手握拳，然后放松。然后重复一次。
4. 屈右前臂，收缩肱二头肌，放松。然后重复一次。
5. 屈左前臂，放松。然后重复一次。
6. 蹙眉，收缩前额肌肉，放松。然后重复一次。
7. 咬紧牙，放松。然后重复一次。
8. 耸肩，收缩肩部肌肉，放松。然后重复一次。
9. 深呼吸，屏气保持紧张；缓慢呼气，体会放松感。然后重复一次。
10. 收缩腹部肌肉，放松。然后重复一次。
11. 绷脚尖，伸踝关节并保持紧张，放松。然后重复一次。
12. 做腹式呼吸，吸气，使腹部鼓起；然后呼气，使腹部凹陷。
13. 重复深呼吸三次，将注意力集中于整个呼吸过程。
14. 恢复到正常状态。

资料来源：季浏，殷恒婵，颜军．体育心理学［M］．2版．北京：高等教育出版社，2010.

（二）系统脱敏训练

1. 概述

系统脱敏训练是一种以渐进方式克服神经症焦虑习惯的方法。这种方法主要是诱导练习者缓慢地暴露出导致神经症焦虑的情境，并通过心理的放松状态来对抗这种焦虑情绪，从而达到消除神经症焦虑习惯的目的。

系统脱敏法由南非精神病学家沃尔普（Wolpe，1958）首创。他认为，可以系统地创造一些条件来克服习得的恐惧，而克制焦虑最有效的方法是肌肉松弛。该方法是临床上使用得最广泛、实验研究最多的方法之一，目前也常用于运动情境，主要用于矫正以焦虑反应为主的不适行为或躲避反应。在体育教学实践中，体育教师应与学生一起设计一个引起恐惧反应的刺激情境等级表，即从想象一个引起最小恐惧反应的情境开始到想象一个引起最强烈恐惧的情境。等级表设计好后，就将恐惧等级与放松训练结合起来。先要求学生放松，然后想象他碰到的一个个引起恐惧的刺激，从下端最小的恐惧等级逐渐向上想象，如果学生想象某一等级时感到恐惧，就要求其放松，一直到学生想象最大的恐惧等级而仍然保持放松状态时为止。如果学生在想象某一情境时总是引起焦虑反应，就应该中止想象这一等级的情境，并回到前一层次。只有在想象某一恐惧情境而不再焦虑时，才能转入较高的层次。整个过程可能需要一次或多次训练。这个方法的成败取决于放松的反应能否从想象的情境转移至实际的情境。事实表明，在绝大多数情况下，这种转移是成功的。

在体育教学中，合理地运用系统脱敏训练可以帮助学生克服恐惧心理。在学习某些难度较高且有危险的动作技能时，一些学生，特别是运动素质差、身体弱的学生会产生恐惧心理。如果不解除他们的恐惧心理，就很难掌握这些动作。系统脱敏法对于解除恐惧心理有明显的作用。例如，一个学生对学习双杠后摆下的动作有担忧和恐惧心理，害怕腿部和其他部位会受伤，教师可以对他采用系统脱敏法，先让他反复地观察别人做双杠后摆下动作，如果产生恐惧心理和焦虑情绪，就教他放松，当他不恐惧时，就让他做双杠支撑摆动，并放松；然后，教师要求他做双杠支撑摆动，并结合后摆下，同时，教师用力将他向外推，并要求他放松；最后，由学生单独练习。通过这种分层次的练习，学生的恐惧心理会逐步消除。

2. 训练方法

系统脱敏训练包括三个步骤：肌肉放松训练、建立害怕事件层次和系统脱敏的实施。在进行系统脱敏治疗之前，必须教会练习者进行肌肉放松和建立一个治疗中使用的害怕事件层次。

（1）肌肉放松训练。一般来说，肌肉放松程序按全部放松和渐进放松可分为同时放松全身肌肉群和逐个放松身上的肌肉群；按放松—诱导方式又可以分为直接放松和间接放松。前三种放松是不言而喻的，第四种形式的放松（间接放松）包括催眠放松、紧张—放松等。在行为治疗中，最常用的放松技术是逐个放松身上的肌肉群与紧张—放松的结合，技术上称为循序渐进紧张放松法。

（2）建立害怕事件层次。系统脱敏训练的特征是当使练习者产生恐怖情绪的刺激或事件呈现给练习者时，练习者正处于放松状态，并且所呈现的害怕事件将不会让练习者感到非常害怕。为做到这一点，体育教师需要找出一系列让练习者感到恐怖的事件，通常这需要靠练习者的口头报告完成。例如，向练习者提问，让他们给出对这些情境感到的主观干扰程度，然后再按各个事件的主观干扰程度将它们排列为一个等级，这个等级被称为害怕事件层次。

（3）系统脱敏的实施。实施系统脱敏训练可以采取两种方法：想象系统脱敏和现实系统脱敏。在想象系统脱敏中，体育教师口头向练习者描述他的害怕事件层次中的某一害怕刺激，让练习者在头脑中想象该情境，然后，练习者报告自己在想象中体验到的主观干扰程度。在现实系统脱敏中，体育教师让练习者进入他的害怕事件层次中某一事件所表示的现实情境，体验自己所受的干扰。

操作与应用

系统脱敏训练在篮球运动中的应用

史密斯（Smith，1984）提出了一个运用系统脱敏的事例，即一名篮球运动员在压力情境中忍受着严重的焦虑痛苦。对这名运动员的焦虑等级划分如下：

1. 想到比赛将在两天后开始（低焦虑情境）。
2. 早晨起床，并想起晚上的这场比赛（略低的焦虑情境）。
3. 走在比赛将要进行的竞技场上（中等焦虑情境）。
4. 赛前，坐在更衣室里，你的教练员告诉你这场比赛如何重要时（略高的焦虑情境）。
5. 冠军赛中只剩下一秒钟，你的球队落后一分，你准备一次罚球（高焦虑情境）。

治疗时，先感受最低焦虑的情境，将它与放松或一个滑稽的想法，或其他相对立的行为相配对。一旦这个情境不再引起焦虑反应，而是代之以想要的对抗性行为时，治疗就继续进入到下一步（略高的焦虑情境），重复先前的训练。直到这名运动员平稳地通过这张等级表为止。

资料来源：姚家新．竞赛心理咨询与心理训练［M］．北京：人民体育出版社，1995.

（三）模拟训练

1. 概述

大多数初次或不经常参加体育比赛的学生都有这样的体验：平时训练很好，

但一到比赛就发挥不出来，于是，开始怀疑自己是“训练型”选手。事实上，这样的认识是不客观的。出现这种现象与训练和比赛的差异有关。长期以来，许多人把训练和竞赛当做一回事，以为它们之间的差别只是程度上的差别，而不是本质上的差别。实际上，训练和比赛是不一样的，这就会出现训练好而比赛不一定好的现象。训练与比赛相比，要简单得多，而且训练过程非常封闭，心理负荷也相对较小。而比赛则要复杂得多，所涉及的因素也更多。那么，如何在比赛中充分发挥自己平时训练的积累，并实现从训练向比赛的良好过渡呢？最有效的手段就是模拟训练。

模拟训练也称“比赛模式化训练”、“比赛适应性训练”，是指在训练中模仿比赛条件，用于演练技术、战术和比赛应对策略的一种训练方法。模拟训练主要针对比赛中即将出现或可能出现的情况和问题进行模拟与演练，特别是对那些可能使运动参与者心理、生理产生不良影响的刺激进行模拟，以增强排除干扰、适应内外环境的能力。因此，它是一种适应性训练或脱敏训练，目的是为运动参与者参加各类比赛做好适应性准备，并与比赛环境保持平衡状态。

根据被模拟的实现方式，可将模拟训练分为言语图像模拟训练和实战情景模拟训练两类。言语图像模拟训练是通过录像、电影、图片、录音、语言等手段展示正式的比赛情境，结合暗示、想象等，在运动参与者心理上造成比赛气氛和情境的模拟训练。因为进行这种训练不需要设置比赛的条件，不要对手、裁判员及观众，只需要在头脑中去想象，所以这是一种比较简便易行的模拟训练方法。但是，进行这种训练时，要求运动参与者具有比较强的语言和表象能力。实战情景模拟是指在训练中，特别是在比赛前的训练时，尽可能地创设或选择与比赛条件相同或相类似的情境进行训练，包括模拟比赛形式、赛程安排、场地器材设备、对手的技术与战术、观众行为或裁判的误判等，以及气候情况等各种与正式比赛相关的因素。由于实景模拟要给运动参与者提供各种仿真条件，所以训练效果比较好。但是，花费也比较可观。此外，实景模拟需要确保使运动参与者进入角色，才能起到好的训练效果。

根据被模拟系统的不同，可将模拟训练分为比赛对手的模拟训练、比赛状态的模拟训练和比赛环境的模拟训练。在模拟训练实施过程中，模拟的因素具体包括对手、裁判、关键情境、地理气候、时差等。

2. 训练方法

在实施模拟训练时，应根据运动项目特点及其比赛规则、比赛的实际情况和运动参与者本人的特点来选择使用，也可以结合使用。下面介绍几种常用的模拟训练方法。

（1）对手特点的模拟。模拟国内外比赛主要对手的技术、战术特点以及他们的比赛风格、气质表现，是许多对抗性运动项目训练的常用方法。通过让陪练队员模拟对手的各种活动，以便更深入细致地了解对手的特征，演习各种有效的对策，可以增加运动参与者对对手技术和战术的适应性。

（2）裁判判罚的模拟。通过模拟裁判在场上所有可能出现的判罚情况，一方面可以培养运动参与者对裁判的尊重，使运动参与者适应裁判的各类判罚，包括错判、误判和漏判；另一方面，也可以培养运动参与者注意力分配的能力，将注意集中在可以控制的事情上，即下一步的技术和战术，而忽略那些自己难以控制的事情，即裁判行为。

知识窗

生物反馈训练

生物反馈训练又称"内脏学习"或"自主神经学习"，是通过生物反馈达到控制生理指标的变化或维持这种变化的过程。其原理是运用特定的仪器将人体发出的微弱反应放大成为人的视觉、听觉所能感知的信号，并通过奖励或强化，使生理变化朝着需要的方向发展。

生物反馈训练常用的生理指标有：额部肌电变化（EMG）、手指皮肤导电性变化（SC）、手心或手指皮肤温度变化（ST）、手指血容量变化（BVP）、心率（HR）和呼吸（REP）。

（3）观众的模拟。观众的鲜明态度和立场往往通过震耳欲聋的呼喊声和激烈的表情动作表现出来，这会给运动参与者带来极大的压力和干扰。在这种情况下，即便是最有经验的运动参与者也有可能分心或过于激动、紧张。如果在模拟比赛中组织一些"特殊观众"，有意识地给运动参与者制造一些困难，如鼓倒掌、吹口哨、为对方加油等。这样可以培养运动参与者在不安静或不公正的气氛中正常比赛的能力，有助于减少比赛时因为观众干扰产生的应激反应。

（4）比赛关键情境的模拟。比赛关键情境包括固定比赛情境（篮球罚球、足球点球等）和动态比赛情境（比分交错变化、领先或落后、盘/局点或赛点等）。对这些比赛关键时刻的情境模拟，其目的就是要克服紧张情绪，提高心理状态的稳定性，增强争取胜利的信心，使运动参与者对比赛进程的不同情况产生适应性。

（5）地理、气候模拟。地理、气候条件往往对运动参与者的比赛状态有重要影响，通过地理、气候模拟训练，提高运动参与者对不同地区气候环境的适应。例如，"汤姆斯杯"羽毛球比赛曾多次在印尼首都雅加达举行，那里气候炎热，室外温度常常高达30度以上，比赛场地挤满一万多名观众，体育馆内又无空调设备，为了防止比赛受风的影响，馆内的门窗都关着。这就对运动参与者在高温条件下进行比赛提出了很高的要求。模拟内容一般包括气温、湿度、日照强度、风力及风向、海拔及经（纬）度等。

（6）时差模拟。到国外或跨多个时区参加比赛时，需要考虑时差的适应问题。有关研究认为，前往6小时以上时差的地方，到达后最好3—4天内不进行训练或进行轻微活动，4天后可逐渐加大训练强度，10天后参加比赛可能出现好成绩。对时差问题进行模拟训练，可以在临出发前的一段时间内，以参赛地点所在时区的时间为参考，逐渐改变作息时间，以减少时差的影响。

操作与应用

体育考试或比赛前的模拟训练

1. 贴近实际比赛时间的模拟练习

大多数学校的业余训练都安排在早上或者傍晚，运动员长时间在这个特定的时间内训练，会产生对这个时间段的适应。而实际的比赛时间多在上午、下午进行。因此，可以在比赛前采用与比赛相仿的时间段进行训练，使学生的身心状态适应非训练时间的要求，从而调整学生的运动“生物钟”。此方法适宜安排在比赛前2—3周进行。

2. 对考试场地、气候的模拟练习

场地的材质、器材的湿滑、气温的下降、风雨等因素，都会对学生考试的发挥带来一定的影响。为此，可采取多种适应场地、气候的训练方法。例如，适当利用天气差的时候（下雨、刮风、气温低等）练习，在湿滑的地上进行立定跳远练习时，应要求学生用毛巾或干布等擦干踏板后再跳；在雨天进行实心球练习时，应要求学生用毛巾擦干实心球后再投等。

3. 让考生独立完成准备活动的模拟练习

平时练习时的准备活动都是在老师的安排下进行的，而考试时他们往往不知道什么时候开始做准备活动，经常出现准备活动过早或过晚的现象，这都会导致体能的过多消耗或未达到充分热身的最佳状态。因此，在平时的教学和训练中要让学生掌握正确的准备活动方法。例如，在模拟考试时，让学生根据模拟考试的分组情况、本组前面剩余组数等自行确定什么时候开始准备活动；同时，还要注意准备活动的场地要和正式考试的场地条件相接近。

二、认知干预法

（一）表象训练

美国心理学家苏恩（Suinn）教授在《想象——现在的理论和应用》一书中

首先提出了表象训练的概念。到目前为止，表象训练已经被推广应用到了几乎所有的运动项目中。

1. 概述

表象是一种不需外部刺激直接参与，在头脑中对人体的一切感觉（视觉、听觉、触觉、本体感觉等）经验进行再现或重构的心理过程。表象训练是人们有意识地利用自己头脑中已经形成的表象，对技术动作或运动情景进行回顾、重复和丰富发展，从而唤起运动感觉，强化肌肉本体感觉，提高运动技能和情绪控制能力的方法和过程。在不同的文献中，表象训练有不同的称谓，如“视觉化”训练、内心演练、隐蔽练习、意象演习或想象训练等。

从感觉通道上来分，表象可分为视觉表象（指视觉感受器感知过的客观事物重现在脑中的视觉形象）、动觉表象（指动觉感受器感知过的肌肉动作重现在脑中的动作形象）、听觉表象、味觉表象等；从表象中自己所处的视角来分，表象可分为内部表象（指以内心体验的形式，表象自己正在做各种动作）和外部表象（是指表象时从旁观者的角度看到表象的内容，即可以从表象中看到自己运动过程中在外观上的变化）。表象的内容包括单个动作（即一个用力的姿势、动作或一个动作环节，必要时可放慢动作速度）、组合动作（即相互衔接的几个单个动作或一个战术配合）、完整动作（即根据运动项目不同，确定某个完整的动作过程或一个完整的动作）、成套动作（即比赛时必须完成的整套动作过程）和模拟比赛（即在比赛的环境条件下完成整套动作）。

概念解析

心理热身

大部分运动员都知道比赛开始前进行身体上的热身非常重要，这不仅可以避免软组织损伤，而且还可以确保这些肌肉能够承受比赛过程中的最大运动强度。但是，只有很少一部分运动员注意心理热身。实际上，心理热身与身体热身同样重要，运动员的心理没有得到足够的动员所造成的比赛后果与身体尚未热身造成的后果同样严重。因此，在正式比赛之前，运动员可以进行短暂的表象，使自己从心理上更快进入比赛状态，以便比赛开始的时候能够保持良好的心境。

表象作为一种心理技能，它是动作讲解和示范的补充，能够帮助学生或运动员记住动作技能，有利于巩固和熟练掌握运动技术和战术，能引起必要的生理反应，提高唤醒水平，提高教学和训练效果，促进比赛发挥。在学习一项新的运动技能时，可以将直接表象当做一种心理训练方法来练习技能，可以将间接表象当做讲解和示范的补充来巩固动作技能和提高动作质量。

知识窗

体育教学与训练中表象的内容

技能学习和练习	技能学习或掌握；技能训练；发现错误和纠错
战术和比赛技能	战术发展；战术学习；战术练习；问题解决
竞赛和表现	熟悉比赛场地；心理热身；赛前常规；赛前预习与复习
心理技能	唤醒和焦虑的控制及压力管理；提高注意力；提高自我唤醒水平；建立自信心和自我效能；提高动机水平；控制心理和生理学反应；提高人际交往能力
积极应对运动损伤或大强度训练	积极应对疼痛和各种损伤；正确处理长期伤病；注意运动损伤或大强度训练后的恢复

资料来源： MORRIS T，SPITTLE M，WATT A. Imagery in Sport ［M］. Champaign，I. L：Human Kinetics，2005.

2. 训练方法

（1）表象的感官觉察训练。要求通过各种感官通道感受和体验各种各样的动作。例如，可以让学生或运动员通过视觉来表象自己投篮的图像，通过本体感觉来表象投篮时的肌肉感受，通过听觉来辅助强化表象篮球运球时每次球落地的声音，从而从多个感官通道强化动作技能。

（2）表象的清晰性训练。要求清晰、逼真地回忆过去的各种感觉体验。例如，可以在放松后，让学生或运动员开始表象一个足球，慢慢清楚地看到足球的光泽和颜色，然后表象足球上的图案和花纹，清楚地表象组成足球的每一块球皮的形状。

（3）表象的控制能力训练。要求训练者对表象进行操纵或塑造。例如，放松后让学生或运动员表象一个彩色的篮球静止停在地面上，然后用表象的控制能力让篮球随自己的意愿向不同的方向旋转、停止、翻滚、停止，从而提高学生或运动员随意控制表象的能力。

（4）在体育教学中，体育教师和教练员可以根据不同的运动专项、不同的练习目的来设计相应的表象训练内容。例如，在跨越式跳高教学的过程中，让学生或运动员在暗示语的指导下，头脑中反复表象出自己助跑、起跳、腾空过杆和落地的全过程以及各个技术动作的要领，以便于学生或运动员尽快掌握正确的动作定型和肌肉的本体感觉。

（5）有条件的情况下，可以结合电化教学，先组织学生或运动员观看优秀运动员正确技术动作的音像资料，然后进行表象训练。例如，乒乓球教学时，可先让学生或运动员观看优秀运动员的慢动作回放，当他们形成清晰的动作流程后，再让他们表象正手攻球挥拍的动作，第一板、第二板、第三板……第三十板。

（6）初学者以视觉表象为主逐步过渡到动觉表象为主。在教新的技术动作时，首先应进行清晰的动作分解示范，使学生或运动员从视觉上看清楚完整的动作形象；然后，鼓励学生或运动员自己表象出正确的动作，从而形成和强化清晰的视觉表象；最后，让学生或运动员把视、听通道与肌肉运动感觉结合，体会和把握肌肉的本体感觉，并通过实际动作的练习，形成和完善运动动作的肌肉运动表象。对于掌握运动动作来说，视觉表象是运动表象的前提，而动觉表象更为重要，而且训练的难度也较大。因此，应把表象练习的重点放在最终提高和培养学生或运动员动觉表象的质量上。

（7）利用准确简练的语言提示辅助学生或运动员表象训练。在帮助学生或运动员形成和完善运动表象的过程中，语言提示具有强化和集中学生或运动员注意力的作用。在教学过程中，体育教师或教练员要选择简洁、准确的语言加以辅助，同时要求学生或运动员用相同的语言提示自己的表象程序，以巩固和强化相应的动作表象。例如，在跳远的腾空挺身练习教学中，让学生或运动员表象训练时，用语言提示自己“起跳时顶头、提肩、立腰、送髋”，以此加快学生或运动员对新动作顺序的巩固。

操作与应用

表象训练在中学武术教学中的运用

表象训练的方法是学生通过大脑的思维活动对刚刚建立的技术动作图解进行反复描述，不断强化，使正确、清晰、完整的技术动作在表象中出现，然后根据动作表象进行技术动作练习，从而谋求运动技术，技能的提高。

表象训练的使用给教学形式提出了新的挑战，从而使武术课的课堂形式呈现多元化发展的趋势。表象训练与传统教学方法的区别是：它在传统的四步教学法的基础上加入了三个层次的有意识的表象训练。这七个教学步骤概括起来为：（1）教师示范，讲解；（2）教师指导学生，在脑子里重演教师的示范过程；（3）个别学生示范，教师指正；（4）教师指导学生，回忆动作并在脑子里理顺自己的动作；（5）学生试做模仿动作；（6）教师再指导并进行补充示范；（7）学生独立完成动作。七步教学法的主要特点是动静结合。教师的动作示范是学生获得感知的第一层次，学生在教师示范后，并不要求马上动手模仿，而是强调学生首先在脑子里预演一遍，加固视觉表象，为表象逐渐由视觉过度到视动结合，最后让位于动觉表象打下基础。

（二）认知训练

1. 概述

认知训练也称认知疗法，又有人把它称为认知调整或思维控制训练。20 世纪 50 年代，美国临床心理学家凯利（Kelly）提出“科学人”的理论假设。他认为人格的形成是人自己主观建构的结果。这一理论假设对其后产生的认知训练和认知治疗理论起到了巨大的推动作用。不久，以改变人的认知进而改变人的情绪和行为的认知疗法和认知训练方法也相继问世，如埃利斯（Ellis）的合理情绪疗法、贝克（Beck）对抑郁症的认知治疗理论等。这些理论的共同点是都认为在情绪发生过程中认知因素起着重要的作用。起初，认知疗法主要被心理医生用于临床病人，由于具有操作性强、简单易懂、效果明显等优点，逐渐被应用于常人，以及不同的应用心理学领域。在体育运动心理学领域，埃利斯的 ABC 理论以其自身的优点得到广泛应用，并受到体育教师、学生、教练员、运动员的认可和好评。

20 世纪 50 年代，美国心理学家埃利斯创立了合理情绪疗法（Rational-Emotive Therapy，简称 RET），其核心内容是 ABC 理论。埃利斯认为，人的情绪并不是由诱发事件本身引起的，而是由经历了这一事件的当事人对这一事件的解释和评价所引起的。这就是 ABC 理论的基本观点。在 ABC 理论的模型中，A 是指诱发性事件，B 是指个体在遇到诱发性事件后所产生的信念（即他对这件事的看法、解释和评价），C 是指相应的情绪及行为反应结果（图 11－1）。不难看出，在 ABC 理论中，诱发性事件 A 只是引起情绪及行为结果的间接性原因，而真正的直接原因是当事者对诱发事件所持的信念、解释和评价。换言之，合理的思维使人产生合理的想法和信念，不合理的思维催生不合理的想法和信念；而合理的信念会引发当事人良好的情绪和行为反应，不合理的信念则直接导致当事人出现不良的情绪和行为结果。埃利斯认为，每个人都不同程度地具有不合理的思维和信念，而不良情绪和行为反应又是由这些不合理的思维造成的。因此，每个人都要对自己的不良情绪和行为负责。

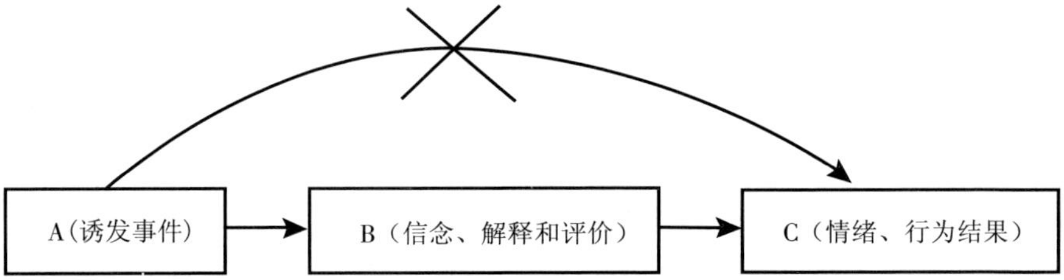

图 11－1　埃利斯的 ABC 理论模型

2. 训练方法

在体育教学和训练中，教师或教练员可以采用认知训练法，帮助学生或运动员改变在体育运动技术动作学习和竞技比赛中出现的不合理的信念，从而避免不合理思维给学生或运动员在心理和行为上造成的问题。合理情绪疗法实施的主要步骤如下。

（1）在体育教学和训练中，首先要向学生或运动员介绍埃利斯合理情绪疗法的理论（ABC 理论），澄清不合理信念与不良情绪和行为反应之间的紧密关系。讲解不合理思维的三大特点，即绝对化要求、过分概括化和糟糕至极的想法。

（2）结合在体育教学或训练中学生或运动员存在的普遍性或特殊性问题，与学生或运动员一起分析并识别出自己所存在的不合理信念，并一一列出。例如，在体操教学中，当教授一些难度较大的杠上动作时，一些学生或运动员在遇到几次失败后，会产生“我不是练体操的料”、“考试肯定过不了”的不合理想法，从而导致学习积极性被严重削弱、情绪低落，不敢继续尝试的后果。这时，体育教师或教练可以与这些学生或运动员谈心，先帮他们找出这种“以偏概全”和“糟糕至极”的不合理信念，通过“辩论”法使学生或运动员认识到其危害。进而，用积极的信念加以替代，如“一两次高难动作的尝试失败只代表过去，而不能代表新的努力也将会失败，更不表示我学不好体操”。通过对不合理信念的放弃，并建立新的合理信念，学生或运动员的信心和勇气会被重新激发出来。

（3）转变不合理信念。辩论法是常用的方法之一。帮助学生或运动员向其不合理的信念提出质疑，进行辩论，然后放弃这些不合理信念，通过系统的训练，从而解除或减轻不良情绪和行为反应。

操作与应用

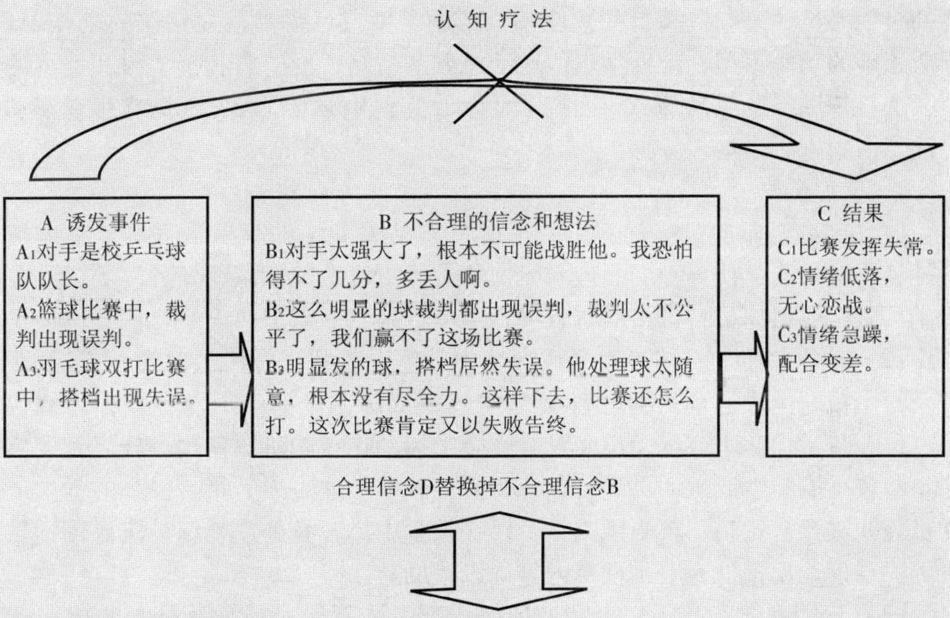

D_1比赛中胜败乃兵家常事，况且对手是校队的，我只要发挥我的实力就可以，不在乎输赢。而且，这是多么难得的一次与高手对决的机会。

D_2裁判的判罚是不可控的，我们无法改变。但可控的是我们继续努力打出我们的配合，发挥我们的水平。

D_3比赛中出现失误是难免的，要多去想搭档的优点，刚才几个难度很大的球，搭档处理得恰到好处，为咬住比分作出了贡献。比赛是由一个球、一个球组成的，比赛还没结束，我们还有机会，我们要打好当下每一个球。

（三）暗示训练

1. 概述

暗示训练是指利用语言、手势、表情以及其他刺激物，采用间接、含蓄的方法，对训练者的心理状态和行为施加影响的过程。19 世纪，德国心理学家舒尔茨（Schultz）对瑜伽中的暗示法产生了浓厚的兴趣。他把患者分为给药组和给药加暗示组，经过一个阶段治疗发现，暗示对疾病治疗有显著效果。20 世纪，暗示训练已经广泛应用于各领域。目前，在体育教学和运动竞赛中，暗示训练的作用日益受到人们的重视。

在体育教学与训练中，常用的自我暗示类型有以下几种：与技术动作或战术有关的自我暗示，这种自我暗示能够强化技术动作的巩固，提醒运动员战术的使用。如乒乓球中正手击球时的“大臂带小臂”；激励性的暗示，这种自我暗示的目的是坚定意志，如帆板运动员在极疲劳时暗示自己“顶住”；情绪性暗示，这种自我暗示具有情绪调节的作用，如“冷静”、“兴奋起来” 等。

在体育教学与训练中合理运用自我暗示，可以增强学生或运动员对学习和比赛的自信心，建立和提高自我效能感；帮助学生或运动员改变错误的动作习惯，形成正确的动作定型；帮助学生或运动员调节情绪，创造有利于学习和比赛的情绪唤醒；帮助学生或运动员掌握技术动作的节奏和发力程度；帮助学生或运动员将注意力集中于当前任务上。

2. 训练方法

（1）自我暗示。是指让学生或运动员自己用一定的暗示语言调节本体植物性神经系统机能，使自己的心理和肌肉状态能更好地完成运动任务的要求。自我暗示靠学生或运动员自己多次重复词语或一定暗示短语来实现。

（2）他人暗示。在体育教学或训练中，体育教师或教练员对学生或运动员，以及学生对学生或运动员对运动员之间具有训练作用的暗示内容被称为他人暗示。他人暗示在学生或运动员尚没有完全掌握动作技能阶段使用率较高，尤其在对年龄较小的学生或运动员进行训练时使用较多。这是因为年龄较小的学生或运动员独立进行自我暗示较为困难，所以在教学中体育教师或教练员应该依据教学目的，合理地设置他人暗示训练内容加以辅助。

（3）表情和体态暗示。表情和体态语言是体育教师或教练员与学生或运动员进行沟通知识、技术和情感的良好媒介。心理学研究表明，表情和体态语言在人际交往中传递了绝大部分信息。例如，体育教师或教练员可以用赞许的表情，鼓励那些因胆怯而不敢做动作的学生或运动员；用皱眉和摇头表示学生或运动员完成的动作仍需改进；有节奏地挥舞手臂，来向学生或运动员暗示整套技术动作的节奏和韵律。

（4）环境暗示。体育教学与训练的环境直接影响着学生或运动员的学习效果。体育教师应该科学合理地布置教学场地，因地制宜地设计安全、舒适的教学场馆。例如，体育教师或教练员可以应用颜色对人的暗示作用，用红色等暖色调布置训练场，以提高和调动学生或运动员的情绪唤醒水平；使用绿色和蓝色布局，可以使学生或运动员更加镇定。

（5）标志暗示。在体育教学与训练中，标志暗示既可以帮助学生或运动员形成良好的技术动作，提高其技术、战术意识，而且还可以帮助他们产生适宜的心理准备。例如，在排球场地的不同区域用数字编号，用以暗示和提高攻球队员攻球变化性。此外，在大型比赛之前，国家队中矗立的比赛日期倒计时牌，这种标志暗示不仅有助于激发运动员训练的热情，而且也有助于运动员做好赛前心理调节。

（6）语调暗示法。在体育教学中，教师可以根据所教内容，在语调上灵活多变，或急、或慢、或长、或短暂、或停顿，创设一种教学氛围，促使个别学生认真学习。例如，当武术教学进行到比较复杂的动作之前，教师可以通过语调的升高来进行强调；在放松活动时，教师也可以通过语调的舒缓来配合放松活动的完成。

知识窗

采用自我暗示的时机

1. 当学生或运动员学习难度较大的技术动作，产生紧张、焦虑和畏难情绪时，可以采用暗示语使他们逐渐放松和保持镇定。

2. 当学生或运动员出现错误动作而且难于纠正时，可以用暗示语帮助他们纠正错误动作。

3. 当训练内容枯燥、乏味，学生或运动员缺乏兴趣、感觉厌烦时，可以用暗示训练鼓舞情绪，唤起学生或运动员的学习兴趣。

4. 当学生或运动员对训练感到疲劳、情绪低落时，教师可以采用暗示训练，提高他们的情绪水平，并强化意志品质。

5. 当学生或运动员的技术动作学习还没有达到动力定型的程度时，可以采用暗示语配合动作练习强化他们对技术动作的学习，巩固和加速动力定型的形成。

6. 当学生或运动员注意力分散时，采用暗示训练帮助他们及时集中注意力于当前任务。

7. 当动作操作需要发力时，可以采用暗示训练，提示动作的发力时间点以及发力强度，帮助学生或运动员快速掌握发力的技巧。

资料来源： 季浏，殷恒婵，颜军．体育心理学［M］.2 版．北京：高等教育出版社，2010.

【本章小结】

1. 心理技能训练是指采用一定的方法和手段对人的心理施加影响，对大脑所进行的专门化训练，以达到强化心理技能和培养特殊心理能力的目的。

2. 不同的心理技能训练方法具有不同的分类方式。(1) 根据心理技能训练的内容与专项需要的关系，可将心理技能训练分为一般心理技能训练和专项心理技能训练。(2) 根据实施心理技能的复杂程度，可将心理技能训练分为单一的心理技能训练方法和成套的心理技能训练方法。(3) 根据心理技能训练的周期，可将心理技能训练分为长期心理技能训练和短期心理技能训练。

3. 心理技能训练的作用如下：心理技能训练有利于提高学生的情绪调控能力；心理技能训练有利于增强学生的意志品质；心理技能训练有利于学生掌握和改进动作技能；心理技能训练可以加快学生身心疲劳的消除。

4. 体育教学与训练中的心理干预主要包括行为干预和认知干预两大类。行为干预法主要包括放松训练、系统脱敏训练和模拟训练等；认知干预法主要包括表象训练、认知训练和暗示训练。

5. 放松训练是通过一定的方式（如呼吸、暗示、表象、音乐等）使肌肉一步步放松，使大脑逐渐入静，从而调节中枢神经系统的兴奋水平，缓解紧张情绪，增强大脑对全身的控制支配能力的训练方法。

6. 系统脱敏训练是一种以渐进方式克服神经症焦虑习惯的方法。这种方法主要是诱导练习者缓慢地暴露出导致神经症焦虑的情境，并通过心理的放松状态来对抗这种焦虑情绪，从而达到消除神经症焦虑习惯的目的。

7. 模拟训练也称“比赛模式化训练”、“比赛适应性训练”，是指在训练中模仿比赛条件，用于演练技术、战术和比赛应对策略的一种训练方法。

8. 表象训练是人们有意识地利用自己头脑中已经形成的表象，对技术动作或运动情景进行回顾、重复和丰富发展，从而唤起运动感觉，强化肌肉本体感觉，提高运动技能和情绪控制能力的方法和过程。

9. 认知训练也称认知疗法，又有人把它称为认知调整或思维控制训练。其中美国心理学家埃利斯创立的合理情绪疗法应用广泛，其核心内容是 ABC 理论。埃利斯认为，人的情绪并不是由诱发事件本身引起的，而是由经历了这一事件的当事人对这一事件的解释和评价所引起的。

10. 暗示训练是指利用语言、手势、表情以及其他刺激物，采用间接、含蓄的方法，对训练者的心理状态和行为施加影响的过程。

【建议参考资料】

1. 丁雪琴，殷恒婵. 运动心理训练与评价 [M]. 北京：文津出版社，1997.

2. 丁雪琴，刘淑慧. 冠军路上指迷津：体育运动与心理 [M]. 北京：科学普及出版社，1989.

3. 季浏，殷恒婵，颜军. 体育心理学 [M]. 2 版. 北京：高等教育出版社，2010.

4. 考克斯. 运动心理学概念与应用 [M]. 张力为，张禹，牛曼漪，等，译. 北京：清华大学出版社，2003.

5. 刘淑慧．射击比赛心理研究与应用［M］. 北京：北京体育大学出版社，2006.

6. 钱铭怡．心理咨询与心理治疗［M］. 北京：北京大学出版社，1994.

7. 王惠民，任未多，李京诚，等．心理技能训练指南——教练员运动员实用手册［M］. 北京：人民体育出版社，1992.

8. 姚家新．竞赛心理咨询与心理训练［M］. 北京：人民体育出版社，1995.

9. 张忠秋．优秀运动员心理训练实用指南［M］. 北京：人民体育出版，2007

10. 章建成．篮球裁判员知觉技能水平的测量与评价［J］. 体育科学，1999，（5）：76－79.

11. 马吉尔．动作技能学习与控制［M］. 张忠秋，译．北京：中国轻工业出版社，2006.

12. 宋子良，李汶凯．体育运动对培养青年非智力心理因素的实验研究［J］. 北京体育大学学报，2002（3）.

13. 左从现，王树明．运动锻炼、人格特征与中学生心理健康的关系研究［J］. 中国体育科技，2011（7）.

【问题与思考】

1. 何谓心理技能训练？它是如何分类的？
2. 心理技能训练的意义与作用有哪些？
3. 心理技能训练的注意事项有哪些？
4. 什么是渐进放松训练？怎样进行渐进放松训练？
5. 什么是系统脱敏训练？怎样进行系统脱敏训练？
6. 什么是模拟训练？怎样进行模拟训练？
7. 什么是表象训练？怎样进行表象训练？
8. 实施模拟训练的具体方法主要有哪些？
9. 请根据埃利斯的 ABC 理论，简述刺激源、认知与情绪和行为的关系。
10. 体育教学中有哪些暗示训练的方法和形式？

第十二章　体育活动与心理健康

【本章提要】

本章主要介绍学生的心理特征和常见心理问题、体育活动与心理健康的关系、体育活动的心理健康效应、促进心理健康的体育活动原则，以及拓展训练与心理健康促进。

【学习重点】

1. 了解心理健康的概念。
2. 认识体育活动的心理健康效应。
3. 了解促进心理健康的体育活动原则。
4. 了解自我概念、身体表象、身体自尊的概念。
5. 掌握拓展训练的概念、特点及方法。
6. 掌握校本课程促进学生心理健康的方法。

【重要术语】

心理健康　自我概念　身体表象　身体自尊　拓展训练　校本课程　校本教材

大量的古今中外关于身心之间关系的研究表明，身心相互依存，不可分割，健康的心理促进健康的身体，健康的身体也易形成健康的心理。体育活动不仅能使人的身体强健，同时也能促进人心理健康的发展。因此，恰当地引导中小学生进行体育活动，对于他们形成健康的心理有很大的益处。

第一节　学生心理健康

一、心理健康的含义

心理是否健康是表明一个人是否健康的重要指标之一。世界卫生组织（WHO）所提出的健康定义指出："健康是身体上、精神上和社会适应上的完好状态，而不仅仅是没有疾病或不虚弱。"这就表明只有身体、心理和社会适应都良好的个体才是一个健康的个体。心理健康是一个十分复杂的综合概念，它涉及医学现象、心理现象和社会现象等。不同学科的学者对心理健康有着不同的认识和看法。

《简明不列颠百科全书》对心理健康的定义是：心理健康是指个体在本身及环境许可范围内所能达到的最佳功能状态，而不是绝对的十全十美的状态。张春兴(1991)指出：心理健康是一种生活适应良好的状态。总的来说，心理健康是一种持续的最佳状态，这样的一种状态有利于个体发挥个人潜能和适应周围的环境。

二、学生的心理发展特征

（一）小学生的心理发展特征

1. 感知觉充分发展

在入学之初，小学生的感知觉已经有了充分的发展，他们的听觉和视觉十分敏锐，能够比较准确地辨别事物的颜色、形状等。他们的味觉、嗅觉和触觉也已经比较发达，这些都为他们进行学习活动提供了基础和保证。在整个小学阶段，小学生的感知觉发展很快，其准确性、系统性都不断提高。特别要指出的是，在教师指导下的观察活动对于小学生感知觉的发展具有十分重要的作用。

> **概念解析**
>
> **心理健康**
>
> 从广义上讲，心理健康是指一种高效而满意的、持续的心理状态。从狭义上讲，是指人的基本心理活动的过程，内容完整、协调一致，即认识、情感、意志、行为、人格完整和协调，能适应社会，与社会保持同步。

2. 注意水平有限

刚刚进入学校，小学生注意的目的性很低，只能够注意自己感兴趣的对象。他们随着学习活动的进行，注意能够很快地得到发展，在课堂上可以根据学习活动和教师的要求，将注意指向学习对象，注意的持久稳定性和范围都不断得到发展。但一般来说，小学生的注意水平仍然是有限的，需要教师通过专门的努力进行调动并予以指导。小学生的注意力不易集中，教学活动过程的刺激能否引起他们的注意并最终被他们所接受，在很大程度上取决于那些刺激是否能满足孩子们的好奇心和兴趣。一般来说，小学低年级学生保持注意的时间为15—20分钟，小学高年级的学生保持注意的时间为20—25分钟。

3. 以形象思维为主

在小学阶段，学生的思维有很大的发展。开始时，思维依赖于具体的对象和情境，只能孤立地认识事物的个别特征和表面现象。随着年龄增长和学习活动的深入，他们开始能够了解事物之间的联系，对事物进行分类，进行简单的分析概括，甚至掌握一些抽象的概念等。但从总体而言，小学生以形象思维为主。

4. 想象力丰富

小学低年级学生的想象力十分丰富，在他们的头脑中，现实与想象之间往往没有明确的界限。有时候，他们会由于想象与现实的同一化，导致行为和言语的

“不合情理”。如果没有考虑到儿童想象发展的这种特征，他们的表现会经常在成人眼中被视为“说谎”、“欺骗”。对此，教师要有充分的理解。想象力是十分宝贵的，是创造意识和创造能力的萌芽，教师应当着力保护和慎重对待。

5. 记忆力逐步提高

在小学阶段，儿童的无意识记仍然起着重要的作用，容易记住那些非常有兴趣的事物，并且记忆内容由初期的具体形象记忆逐步发展到抽象记忆；儿童的机械识记也非常发达，同时，随着年级的增长，以理解为基础的意义识记逐渐发展并占主导地位。

6. 情绪和情感稳定、单纯

与学前儿童相比，小学生的情绪情感都比较稳定，并且能够在一定程度上控制自己的情绪，有时甚至能够将真实的情绪隐蔽起来。在整个小学阶段，学生的情绪情感是比较单纯的。

7. 自我意识更加明确

与学前儿童相比，小学生的自我意识进一步发展，更加明确地意识到自己作为独立个体的存在。小学生自我意识的形成更多地依赖于他人对自己的评价，尤其是权威人物的评价——主要是教师和家长。他们十分渴望得到教师和家长的肯定，相比而言，对于同学的意见却不太在乎。从总体上说，小学生自我意识的社会化程度有了较大提高，但是仍然不够客观、全面，带有明显的主观色彩。随着年龄的增长，小学生的自我意识会由低到高，平稳上升。

（二）中学生的心理发展特征

1. 认知能力迅速发展

中学生的感觉、知觉灵敏、记忆力、思维能力不断增强，逻辑抽象思维能力逐步占据主导地位。青少年逐步开始用批判的眼光来看待周围事物，有独到见解，喜欢质疑和争论。在这个时期，他们开始思考人生和世界，提出许多有关“人生目的”、“人生意义”、“生活理想”等方面的问题。由于这些问题的解决是个充满矛盾的过程，所以他们常常会为此感到苦恼、迷茫、沮丧与不安。

2. 自我意识增强

随着知识的积累、智力的发展以及独立安排生活道路这一客观要求的逼近，青少年的自我意识日渐成熟。他们倾心于认识自己的身心发展及其社会价值，独立地评价自己和别人，并逐渐克服评价的片面性，力求全面分析；初步形成稳定的性格特征；能较好地进行自我教育。

3. 情绪、情感趋向成熟

中学生的情绪和情感已趋向成熟，但与成人相比，又显得动荡不稳。这个时期的青少年办事积极、富有热情，情感易被激发，行动迅速，表现为奔放、果断。但由于生理和自我意识上的急剧变化，有时青少年的情绪、情感容易过于激动。随着智力的不断增长和社会需要，青少年慢慢地形成许多具有明确道德意识的社会情感，如集体荣誉感、社会责任感、义务感、正义感和民族自豪感等，其深刻性和持久性明显提高，由于对情感的自我调节和自我控制的能力提高，青少年的情感逐渐稳定。

4. 意志发展迅速

中学生在遇到困难时，往往乐于独立思考，想办法克服困难，表现出良好的主动性，不像儿童那样轻易求助于他人，同时青少年控制和支配自己行为的能力也逐渐增强。此时，他们努力使自己的行为服从于原定的目的和计划，能较好地调节自己的情绪。行动的理智性比较强，当然有时也表现出冲动。此外，由于神经系统功能尤其是内抑制功能的发展，以及动机的深刻性和目的水平的提高，使青少年在面对困难时表现出坚韧性。他们勇于求成，凡事不肯轻易服输，即便受挫，也不灰心。

5. 言行趋于完善与成熟

言语和行为特征是中学生心理发展状况的重要标志。青少年的词汇已很丰富，且内容日渐深刻；口语表达中的独自言语富有逻辑；书面语言表达基本成熟；内部语言已达到完全简约化的水平。这个时期的青少年要求完全摆脱成人的干预，独立行事，要求社会承认他们行为的社会价值。他们有时会要求像成人一样参与社会生活，但是又往往不善于控制自己的行为，特别是在情感受到触动的时候容易冲动。

三、学生常见的心理异常表现

（一）学习压力问题

通常情况下，中小学生因学习压力而产生的心理异常表现有以下几方面：首先学习的心理压力过大，造成精神上的萎靡不振，从而导致食欲不振、失眠、神经衰弱、记忆效果下降、思维迟缓等；其次，厌学是目前学习活动中比较突出的问题，不仅是学习成绩差的同学不愿意学习，一些成绩较好的同学也出现厌学情绪；最后，考试焦虑也是目前中小学生中较普遍的心理问题，特别是遇到较为重要的考试时焦虑更为严重，甚至出现焦虑泛化现象。

（二）人际关系问题

人际关系问题也是中小学生中反映较多的问题，主要体现在以下几方面：首先是与同学的关系问题，人和人的交往是一个双方相互接触的过程，要达到交往和谐，不仅要能够正确认识自我，还要能够认识和了解他人。青少年的心智发展还不成熟，同学之间的交往、合作与竞争都可能导致情绪问题，影响心理健康。其次是与教师的关系问题，其主要问题是教师对学生的不理解、不信任而使学生产生的对抗心理，以及教师的认知偏差等情况给学生造成的压抑心理或引发攻击行为等问题。最后是与父母的关系问题，民主型的和睦良好的家庭会给学生一个温暖的归属港湾，在专制型家庭中，父母与子女之间难以进行正常的沟通，造成学生孤僻、专横的性格。

（三）挫折适应问题

中小学生的挫折是来自于多方面因素的，包括学习、人际关系、兴趣、愿望、自尊等。其原因主要有客观因素、社会环境因素以及个人主观因素等。面对挫折造成的困难与痛苦，中小学生的反应方式主要有两类：消极反应和积极反应。许多人知道自己会遇到挫折和困难，但是当他们遇到时，又不知道该如何去战胜。大部分的同学会对挫折采取听之任之的态度，甚至一蹶不振，而不是积极地去面对问题。这些都是消极反应的表现。

（四）青春期心理问题

青春期心理问题是中学生出现的特殊心理问题，主要表现为青春期闭锁心理。其主要特征是趋于关闭封锁的外在表现和日益丰富、复杂的内心活动并存于同一个体。封闭心理是青春期心理的一个普遍存在而又特殊的标志。闭锁心理问题主要是指处于消极情况下的心理而言的；情绪情感激荡、表露而又内隐，青春发育期的生理剧变必然会引起中学生情感上的激荡，这种激荡的情感有时外显，有时内隐。

第二节　体育活动对心理健康的影响

一、体育活动与心理健康的关系

《吕氏春秋·尽数》中指出："流水不腐，户枢不蠹，动也。形气亦然，形不动则精不流，精不流则气郁。"这一论述指明身体活动有益于身体和精神健康。

毛泽东在《体育之研究》中对体育和心理健康的关系有许多精辟的论述：勤体育则强筋骨，又足以增知识，又足以调情感，又足以强意志。

我国体育界老前辈马约翰先生在《体育的迁移价值》中指出：在体育运动场上表现出来的道德品质能够迁移；体育运动可以鼓励高尚、陶冶情操、激励品质；锻炼可以培养勇敢精神，增强意志、自信心、进取心和争取胜利的决心。

知识窗

成功人士与体育活动

纵观古今中外，许多有成就的人都喜爱体育运动，世界上不少政治家都与体育结下了不解之缘。例如，前英国首相丘吉尔喜爱马术运动；前美国总统里根曾是一名橄榄球运动员；前美国总统克林顿热爱长跑；自幼得过小儿麻痹症的前美国总统罗斯福一生坚持游泳；现任美国总统奥巴马在中学期间是一位出色篮球运动员，从高中到大学期间一直参加各种篮球比赛；英国前首相布莱尔是一位忠实的网球迷，在任期间也曾多次现场观看温布尔登网球赛，并经常与一些职业选手切磋球技；俄罗斯总统普京也是超级体育迷，而他拥有柔道黑带的经历也是众所周知，在任期间每次奥运会普京都亲自出席俄罗斯体育代表团的誓师大会。

二、体育活动的心理健康效应

（一）体育活动有助于改善情绪状态

体育活动是改善情绪状态的重要手段之一，体育活动的情绪效应有短期和长期两种。体育活动参与者锻炼后能体验到运动愉快感，即个体锻炼后能产生满足、愉悦、舒畅。心理学家认为，体育活动是使中枢神经系统得到适度激活并达到愉快水平的重要途径。科学研究表明，适度负荷的体育活动能促使人体释放一种多肽物质——内啡肽，这种物质能使人们在运动后直接感受到舒适愉快的心情。

研究案例

体育锻炼与心理健康的关系

1. 研究对象

北京市 803 名中小学生。

2. 研究工具

交往能力问卷、心理适应能力问卷、意志力测验、青少年体育锻炼心理效益问卷。

3. 研究结论

自主参与锻炼的群体，其交往能力、体育锻炼的心理效益、心理适应能力及意志力均好于非锻炼群体，而且具有显著性差异（$P<0.01$）。

4. 建议

鼓励自主参与锻炼的群体坚持体育锻炼，同时进一步找出非锻炼群体不能自主参与锻炼的原因，使非锻炼群体也能够积极自主地参与锻炼，以促进全体中小学生的心理健康发展。

资料来源：马大大，殷恒婵，康威．北京市中小学生自主参与锻炼对其心理健康的影响［C］．第二届体育锻炼与心理健康学术会议，2012.

（二）体育活动可促进智力发展，增强神经系统功能

体育活动可以促进大脑的开发与利用，增强神经系统的功能。经常参加体育活动，不仅可以使神经系统的兴奋和抑制过程更加集中，还可以使其对身体内外刺激的反应更加迅速和准确，为智力的发展奠定物质基础。另外，体育活动还可以促进神经系统功能的增强。例如，一般人从感受到信号（如见到光或听到声音）到立即作出反应的时间需要 0.3—0.5 秒，而经常从事体育活动的人只要 0.12—0.15 秒。

（三）体育活动对缓解心理压力的积极作用

体育活动具有一定的宣泄功能，人们在进行体育活动时可以释放内心的压

抑，忘却烦恼，同时也能给自己带来身心上的愉悦，加之运动能使身体发热、出汗，这都有助于心理压力的缓解。经常参加体育锻炼可以降低肾上腺素受体的数目或敏感性，能降低心率和血压。国外研究表明：一般的体育锻炼比沉思和音乐欣赏更能促进个体从强烈的压力情境中降低皮电反应的速度；另外，经常从事体育锻炼的人在面临压力时，生理上的压力反应更小，也能更快地恢复过来。

（四）体育锻炼对人际关系的促进作用

体育活动尤其是集体活动，让不同职业、年龄、性别的人相聚在运动场上，进行平等、友好、和谐的锻炼与比赛，使人们互相之间产生亲近感。他们不必用语言，有时只需要通过一个手势、几个动作就可以直接或间接地沟通信息，交流心声，自觉或不自觉地互相产生一种情感。人们可以通过体育活动来拓宽交往范围，结识更多的朋友，克服孤独和寂寞感，培养合作性，增强社会交往能力。

概念解析

自我概念是指个体主观上对自己的身体、思想和情感等的整体评价，即一个人对自身存在的体验。它包括一个人通过经验、反省和他人的反馈，逐步加深对自身的了解。自我概念由态度、情感、信仰和价值观等组成，贯穿整个经验和行动，并把个体表现出来的各种特定习惯、能力、思想、观点等组织起来。

身体表象是指在头脑中形成的自身身体图像。

身体自尊是指一个人对自我的综合评价，主要包括对自己运动能力的评价，对自己外貌（吸引力）的评价，对自己身体的抵抗力和健康状况的评价等。

（五）体育活动对培养意志品质的积极作用

体育活动的特点在于需要不断克服客观困难（如气候条件变化、动作难度等）和主观困难（如胆怯、畏惧和紧张等）。通过练习场上形势瞬息万变且需要默契配合的球类项目（如足球、篮球、排球、手球等）可以锻炼个体果断的意志品质；通过练习需要克服生理极限、持久性的项目（如长跑、游泳等），可以锻炼个体坚韧的意志品质；通过练习需要腾空、跨越障碍的项目（如跳高、跨栏、体操、武术等）可以锻炼个体勇敢的意志品质等。锻炼者越能努力克服主、客观方面的困难也就越能培养良好意志品质。

（六）体育活动可以在一定程度上缓解大脑疲劳

在体育活动时，由于体力活动与脑力活动的合理交替，导致运动神经中枢兴奋，使得与文化学习有关的中枢得到休息，这样有助于缓解脑力劳动所产生的疲劳，从而提高学习文化知识的效率。另外，学生体质的增强和心理健康水平的提高又使他们的精力更加充沛，具有持久地承担文化学习任务的能力，并能充分挖掘与开发学习潜力。

（七）确立良好的自我概念

自我概念是个体主观上对自己的身体、思想和情感等的整体评价，它是由许许多多的自我认识所组成的。包括我是什么人，我主张什么，我喜欢什么，我不喜欢什么，等等。体育活动可以使人体格强健，精神抖擞，因此，体育活动可以改善人的身体表象和身体自尊是毋庸置疑的。

此外，体育活动还有助于人们摆脱压抑、悲观等消极情绪，降低焦虑、消除忧郁等心理障碍，使人们保持心理平衡，达到提高心理健康水平的目的。目前，尽管这些心理疾病的病因以及体育活动为什么有助于治疗心理疾病的基本机制尚不完全清楚，但体育活动作为一种心理治疗手段在国外已开始流行起来。

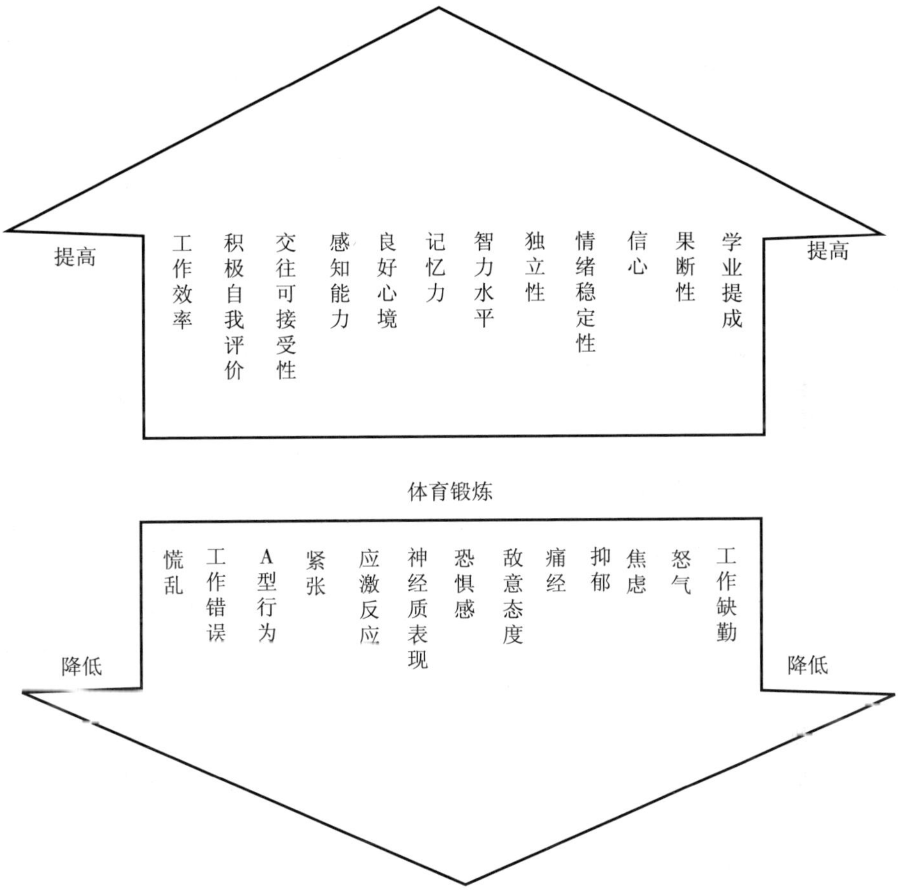

注：A型行为模式的特征，即有强大的竞争倾向，如攻击、急躁、易怒、时间紧迫感；没安全感。

图 12－1　体育活动促进心理健康

第三节　促进心理健康的体育活动原则

研究表明，体育活动的频率、类型、强度、持续时间等都对心理健康具有重要的影响。

一、体育活动的频率

体育活动的频率是指每周运动的次数。鲍思奇（1993）做的有关体育活动对降低抑郁作用的研究、朗（1993）做的有关体育活动对降低应激水平的研究等均表明，每周参加2—4次体育活动的频率具有明显的心理健康效应。

二、体育活动的强度

体育活动的强度是指单位时间内的运动量，体育活动的强度影响锻炼者的心理健康，大多数研究认为，中等强度体育活动能取得较好的心理效应。例如，伯杰等人（1992）的研究发现，有规律地从事中等强度（最高心率的60%—75%）的活动有助于情绪的改善。斯蒂特等人（1988）的研究得出，中等强度的体育活动能够改善其焦虑、抑郁、紧张和疲劳等情绪状态；相反，高强度的体育活动却可能增加紧张、焦虑等消极的情绪。

三、体育活动的持续时间

体育活动的持续时间是指每次运动持续时间。有研究指出，每次活动20—30分钟的效果最为理想。还有研究认为，60—90分钟的活动能使人产生理想的心理状态。研究结果虽不完全一致，但都认为持续时间过长或强度过高的竞赛活动不会产生良好的心理效果。

皮特罗泽路等人（1991）通过对1989—1990年的104项有关体育活动对焦虑控制作用的研究进行分析后结论：每次活动必须长于20分钟才能有效地减少焦虑情绪。伯杰等人的研究发现，情绪的改善可能与练习活动的特征有关，锻炼者每次从事20—60分钟的活动都有助于情绪的改善。诺思等人在回顾了80篇研究报告后指出，随着练习总时间的增长和练习次数的增多，体育活动所产生的心理效应会增强。罗斯塔德等人的研究结果也支持了诺思等人的结论，他们指出，对于焦虑患者来说，活动方案的持续时间越长，体育活动的心理效应越好。

四、体育活动的方式

体育活动的方式是指采取什么样的体育活动项目、类别进行体育锻炼。伯杰指出，有氧运动、封闭式运动、没有人与人之间竞争的运动有助于锻炼者的心理健康。但国外有些研究显示，有氧运动和无氧运动同样能有效地降低抑郁情绪。我国有学者已开始研究体育活动的类型与心理健康的关系。研究发现，在有些情况下，有利于心理健康的活动方式对于增进身体健康的效果不佳。但是，不管是哪一种体育活动类型，锻炼的心理健康效应与个人的喜爱程度以及与是否能从某一种活动中获得乐趣有一定的关系。

研究案例

不同课外体育活动干预方案对初中生身心健康影响的实验研究

1. 研究对象

1 717 名初中生。

2. 体质健康测试指标和测试仪器

体质健康测试选择三个维度：身体形态（身高标准体重、上臂皮脂厚度、肩胛皮脂厚度、腹部皮脂厚度），身体机能（台阶试验指数、肺活量），身体素质（握力、引体向上、1 分钟仰卧起坐、立定跳远、坐位体前屈、50 米 ×8 往返跑、闭眼单脚站立、选择反应时），共 14 项指标。

3. 心理健康测量工具

青少年体育锻炼心理效益问卷。

4. 运动干预方案

课外体育活动方案	F 运动频率	I 运动强度	T 每次运动持续时间	T 运动项目
方案一	5 次/周	（220 - 年龄）×（45% - 85%）	30 分钟	跑步
方案二	3 次/周	（220 - 年龄）×（45% - 85%）	40 分钟	武术健身操
方案三	3 次/周	（220 - 年龄）×（45% - 85%）	40 分钟	跳绳 + 游戏
方案四	3 次/周	（220 - 年龄）×（45% - 85%）	40 分钟	篮球 + 快跑

5. 研究结论

（1）方案一（项目：跑步）对于塑造初中生良好的身体形态有一定的作用，对于提高初中生身体机能作用最大，对于发展初中生的握力、腰腹力量、身体柔韧性以及肌肉耐力有一定的作用。该方案在发展初中生心理健康中的作用不明显。

（2）方案二（项目：武术健身操）对于初中生形成良好的身体形态有一定的作用，对于提高初中生的心肺功能作用较大，对于提高初中生的下肢爆发力作用最为明显。该方案对于发展初中生心理健康有一定的作用。

（3）方案三（项目：跳绳 + 游戏）对于提高初中生身体形态和身体机能有一定作用，在身体素质的选择反应时指标上的提升幅度最大。该方案在心理健康促进方面也有一定的作用。

（4）方案四（项目：快速跑 + 篮球）对于初中生形成良好的身体形态的作用最大，但在身体机能维度上提升幅度较小。该方案对于提高初中生的腰腹力量、肌肉耐力、奔跑能力有较好的促进，对初中生的上臂力量、身体平衡能力的提高作用最大。另外，该方案对于促进初中生的心理健康作用最大。

资料来源：张磊，殷恒婵，马天天，等. 不同课外体育活动干预方案对北京市初中生身心健康影响的实验研究［C］. 第九届体育科学大会论文集，2011.

第四节　促进学生心理健康的体育活动方式

一、不同体育项目对学生心理健康的影响

（一）田径运动与心理健康

田径运动在中小学中最为普及，也是各级各类学校召开运动会的主要项目。田径运动不仅能发展学生的身体素质，也能促进学生的心理健康，其具体作用如下。

1. 磨炼学生的意志

长跑是对人的体能、意志品质的严酷考验。事实证明，只有具备良好体能、坚强意志品质的人才可能长期坚持锻炼。在体育课上，让学生参加长跑，可以在发展学生心肺功能的同时，磨炼他们的意志，使他们成为具有坚强意志的人。

由于长跑比较枯燥乏味，它相对于其他项目来说不大受学生的欢迎，但长跑对于锻炼身体和培养坚持不懈的意志品质却有着十分重要的意义。这就需要教师在课前对学生做好思想动员，将长跑的锻炼价值告诉学生，并介绍“极点”、“二次呼吸”等常识，慢慢培养学生的兴趣，让学生明确长跑测试不仅是对耐久跑能力的测试，也是对自身意志品质的测试。

2. 培养学生的竞争意识

由于径赛有精确的时间计时，田赛有远度、高度衡量，因此，分毫之差即可分出胜负，这也体现了田径运动的竞争性。

学生通过参加田径运动，可以学会与对手竞争，学会通过刻苦训练提高自己的实力，最终战胜对手。但是，教师应教会学生如何正确理解竞争，让学生做到成功时不骄傲，失败时不自弃。其实，田径场上真正的对手是自己，最难战胜的对手也是自己。只有战胜了自我，超越了自我，才是真正的成功者。

3. 培养学生的协作精神

田径运动的接力项目除了要求每一位队员充分发挥自身的能力外，还要求队员之间能够默契配合和协作，只有这样才能创造出更好的成绩。

（二）体操运动与心理健康

体操运动在中小学开展得也比较普及。它是根据人类自身特点设计并对人体姿态和造型有特定要求的一种身体操练。体操运动同样能够促进学生的心理健康，其具体作用如下。

1. 培养学生勇敢顽强的精神

体操中某些动作会使学生产生恐惧心理，如跳箱、跳山羊等，学生可能因为害怕而不敢做动作。而在教师的积极引导和正确的保护帮助下，学生的恐惧心理会逐渐消除。通过经常练习各种体操动作，可培养学生勇敢顽强、勇于战胜困难

的精神。

2. 增强学生的自信心

学生通过学习体操动作，体验从不会到会，从简单到复杂，从完成困难到完成自如的整个过程，都有利于他们形成良好的自我效能感，增强自信心。

（三）球类运动与心理健康

大多数中小学生都喜欢球类运动。由于球类运动具有对抗性较强、运动强度较大、有特定的规则、具有较强的集体性、受心理因素的影响较大等特征，它在促进学生心理健康方面起到了较大的作用。

1. 锻炼学生神经系统的灵活性，提高反应能力

球类运动千变万化，其快速多变的运动环境及运动方式能训练学生应对复杂情况的快速反应能力，提高学生神经系统的灵活性。

2. 锻炼学生的思维能力

球类运动虽然有许多固定的技术动作和战术配合，但真正比赛时技术动作的运用和与同伴之间的配合却是千变万化的。这种多变的运动形式能锻炼学生的思维能力，使他们的判断力、直接思维能力和操作思维能力得到提高。

3. 培养学生不怕困难、积极乐观、勇于竞争、勇于取胜的精神

球类运动比赛激烈，这种充满竞争的比赛能够磨炼学生敢打敢拼、勇于竞争的精神。同时球类运动技能比较复杂，学习和掌握有一定的难度。另外，参加球类运动需要较好的体能，学生只有刻苦训练才能提高自身的水平。球类运动的整个过程将培养学生不怕困难、勇于进取的精神。再者，球类运动有着很强的趣味性，学生参加球类运动可以从中得到许多乐趣，这有助于培养学生积极乐观的情感。

4. 完善学生的性格

有些球类运动需要团体参与，如足球、篮球、排球等，进行这些球类运动要求学生之间能够相互交流、相互协作，这种群体性的沟通活动可以潜移默化地影响学生的性格，使他们的性格逐渐趋于完善。

5. 培养学生的团队精神，提高相互协作的能力

球类运动中的某些团队项目虽然强调个人技术的发挥，但更重要的是强调团队配合。因为只有依靠同伴之间的相互协作，才能战胜对手，实现团队目标。因此，学生通过参加球类运动能增强团队意识，提高与他人合作的能力。

（四）武术运动与心理健康

武术是中国的传统体育运动项目，以技击为主要内容，强调内外兼修，目前也是许多中小学的体育教学内容之一。武术运动同样可以促进学生的心理健康，其具体作用如下。

1. 锻炼神经系统的灵活性和协调性，提高集中意念的能力

武术套路动作包含屈伸、平衡、跳跃、翻腾等动作，人体的各个部位几乎都要参与运动。因此，学生进行武术练习能使个体神经系统的灵活性和协调性得到全面提高。另外，武术运动讲究调息行气和意念活动，对学生来说，在调节内环境平衡，提高集中意念能力方面十分有益。

2. 锻炼学生意志，培养品德

练武对意志品质的考验是多方面的。练习武术需要克服许多困难，常言说“冬练三九、夏练三伏”，这就需要学生持之以恒、坚持不懈。武术练习比较枯燥，学生需要具备刻苦耐劳和永不自满的品质。另外，练习武术还需要学生坚韧不屈、勇敢无畏的斗志。经过长期锻炼，可以培养学生勤奋、刻苦、果断、顽强、坚持不懈等良好的意志品质。

二、拓展训练对学生心理健康的影响

（一）拓展训练及特点

拓展训练起源于第二次世界大战期间的英国，当时大西洋商务船队屡遭德国人袭击，大批船员落水，绝大多数的船员牺牲，只有极少数的人生还。后来人们发现这些生还下来的船员并非是人们想象的那样都是些身体强壮的小伙子，而是具有良好心理素质和坚强意志的人。第二次世界大战结束后，在英国出现了一种叫做“Outward Bound”的管理培训，这就是拓展训练的雏形，它的独特创意和训练方式后来逐渐被推广。拓展训练具有以下特点。

1. 体验性

拓展训练是一种体验式活动，学生在活动中亲身参与，获得个人体验；在教师的指导下，团队成员进行交流，共同分享每个人的体验，提升自我。

2. 趣味性

拓展训练具有很好的趣味性，它能在短时间内吸引住学生，激发学生参与的热情，让学生积极主动地参与到游戏中来，使学生在游戏中享受快乐，在快乐中得到感悟，在感悟中得到知识。

3. 挑战性

拓展训练的项目都具有一定的难度，这个难度主要不是表现在体能和技术要求上，而是表现在心理素质上，因此，学生要向自己挑战，跨越“心理障碍”。

4. 情境性

拓展训练都是通过创设各种新颖、刺激、独特的游戏情境，独创一定的游戏规则，使学生原先隐蔽而不易发现的内外问题由此得以暴露，使学生原先具有的素质得到表现和升华。

5. 互动性

在拓展训练的过程中，教师与学生之间以及学生与学生之间不断地进行互动，促使学生与教师、学生与学生之间彼此真诚地相待，有助于建立良好的信任。

6. 团队中的个性

拓展训练中每一名学生都要充分发挥个人所能，为集体争取荣誉，同时从集体中汲取巨大的力量和信心，在团队中显示出自己的个性。

7. 高峰体验性

在完成游戏任务后，学生体会到发自内心的胜利感和自豪感，获得高峰体验。在完成游戏的过程中，一个个惊心动魄的瞬间，变成了刻骨铭心的记忆，长久地留在心里，成为人生的财富。

8. 自我教育性

拓展训练结束后，学生会自己总结和讨论，教师基本不过多干预，以充分尊重学生的主体地位和主观能动性。对活动的操作、体验和总结，都由学生独立完成，教育作用不是由外向内灌输，而是学生们自我教育产生的结果。

当今的拓展训练已发展成为一种独特的体验式教育方式，以增进学生的心理健康为出发点，以挖掘他们内在潜力、激发他们的创造性思维和创新能力为目的，旨在培养学生思想道德素质、合作意识和团队凝聚力，培养他们积极参与体育活动的态度和健康的身体素质、良好的心理品质及较强的社会适应能力等，促进他们将来成为具有科技创造能力和创新意识的复合型人才。在实际的教学过程中，教师应该准确地把握拓展训练的特点，根据学生的心理特征以及常见的心理问题，结合学生的特点，设计拓展训练教案。

（二）学校体育开展拓展训练的目的和意义

传统的教育具有一定的合理性，但培养出来的学生比较缺乏社会责任感，心理承受能力的培养效果不够理想，个人的潜能和个性成长在一定程度上被限制。而只有当学生的最卓越、最出色的素质和潜能被挖掘、被自己所意识时，在他们今后继续学习、工作和生活的时候才能从容面对困难和迎接挑战。挖掘内在潜能关键是通过实践体验，使学生在此过程中对自己的能力和知识产生深层次的思考，逐步形成丰富的想象力、敏锐的洞察力、清晰的判断力、深刻的思考力和准确的预见力。拓展训练正是以此为目的，以增进学生的心理健康为出发点，以挖掘他们内在潜力，以激发他们的创造性思维和创新能力为目的，旨在培养学生思想道德素质、合作意识和团队凝聚力，培养他们积极参与体育活动的态度和健康的身体素质、良好的心理品质及较强的社会适应能力等，促进他们将来成为具有科技创造能力和创新意识的复合型人才。

（三）学校体育开展拓展训练的形式

体育活动对于促进学生的心理健康具有积极作用；拓展训练对于充分挖掘学

生的心理潜能和促进其心理健康同样具有重要作用。因此，将拓展训练和学校体育合理结合，充分发掘学生拓展训练的形式，对促进体育教学、增进学生心理健康有着重要的意义。组织拓展训练的步骤如下。

1. 活动前

（1）了解学生的特点。要实现拓展训练的目标，首先要了解学生的特点和情况，对学生进行较为细致的分析，必要时还要进行问卷调查，和学生干部进行交流，和班主任达成共识。

（2）制订周密的计划。游戏器材等条件具备后，还必须制订计划。制订计划时要注意以下几点：解决学生什么样的心理问题；准备创设什么情境；游戏的目标是否具有一定的难度但具有可实现性；自己是否有相对正确的、合理的方案；游戏任务完成后，有没有讨论和总结。可先与学生代表进行沟通，并自己预想可能会出现的问题。

2. 活动中和活动后。拓展训练具有独特的指导程序和方式，它的每一个环节都相互渗透。通过这一程序，可以使学生将拓展训练中的理念内化，并在实际的学习和生活中受益。

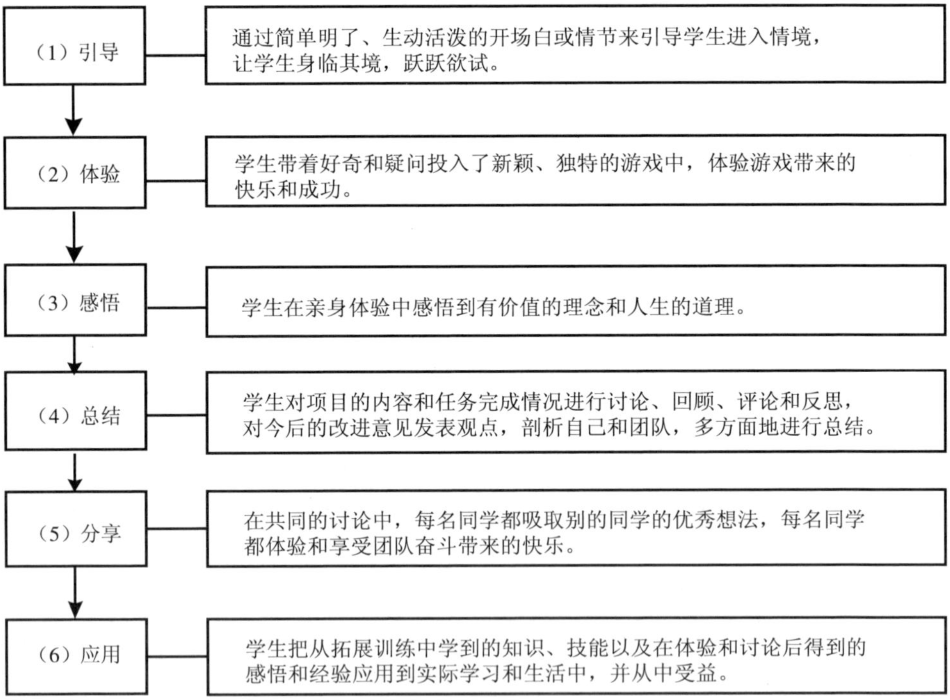

图 12－1　拓展训练的指导程序和方式

知识窗

拓展训练对体育教师的要求

体育教师的指导方式和组织能力是拓展训练成败的关键：

1. 教师应具备一定的拓展训练经验。

2. 能够接纳别人或专家正确的指导和建议，不断学习新的知识，创设新的拓展活动。

3. 能够为学生生动地描述活动的情境，使学生们身临其境，并能清楚地讲述活动的规则、内容和必要的技术等。

4. 要注意学生的状态，观察有无精神上和身体上的问题。

5. 准确地给自己定位，了解自己的能力、行动、身份等，并且要了解这些会对学生造成什么样的影响，不能将自己的个人信念强加给学生。

6. 教师要从不同的角度考察和指导学生，让每名学生都能“敞开心扉”地去交流。

7. 拓展活动中教师要放弃“领导地位”，转变成小组中的一员，这有助于解除学生的戒备心理，有利于教师进行指导。

（四）创设不同情境的拓展训练

1. 创设相互交流的情境，消除彼此之间的陌生感和距离

在人际交往活动中，人们会很重视开始接触到的信息（如容貌、语言、神态等），至于后面的信息就显得不是那么重要了，这种心理称为首因效应。首因效应启迪我们一方面要给他人留下良好的第一印象，另一方面又要在以后的交往中纠正对他人第一印象的不全面的认识。因此，创设交流的情境，一方面能够使学生尽快地融入新环境，给同学建立良好的第一印象；另一方面，也能够帮助学生重新认识周围的同学，发现别人身上的闪光点，拉近同学之间的心理距离，促进整个班级团体的发展。

在学校体育的拓展训练中，教师应创设相互交流的情境，让每一名同学在特定的环境中充分发挥自己的语言表达能力和社交能力，并最终完成任务。

操作与应用

体育团队显风采

1. 教师宣读游戏情境

开学了，我们见到了许多新的同学和新的老师，大家在新的环境中开始了新的学习和生活。将来同学们进入中学和大学，同样需要适应新的学习环境、新的老师、新的同学和新的朋友，如果你适应得慢或不适应，就可能影响你和同学、老师的关系，进而影响你的学习和生活。因此，你们必须学会“跟陌生人说话”，随时与他人共同合作。在该项目中，你们会体验到这一点的重要性。

2. 教师宣布游戏规则

全班同学分成两组，每组为一个团队。每队需要为本队选出一名体育队长，体育队长和全体成员共同努力，为本团队起一个体现体育精神的队名，选一个积极向上的体育口号，画一个队徽，选一首体现顽强拼搏、奋勇向前的歌曲作为本队的队歌。完成后由队长向另一队展示并解释本队的队名、口号和队徽，并带领本队全体成员唱本队的队歌。

3. 游戏时间、场地和器材

游戏持续15—20分钟，活动场地为集合站队的地点，每组两张A3白纸，每组若干支不同颜色的水彩笔。

4. 教师进一步强调

每一名同学都要积极地参与到游戏中，竭尽所能为本队出谋划策，贡献自己的创意和力量。同时要随时与本队队友协商，共同完成任务。

游戏结束后，同学们讨论在完成任务过程中的感受。

该游戏使同学更有效地将自己展示给大家，并且收到了许多同学的信息，较好地消除了害羞的心理，打破了和陌生同学之间的隔膜，并且在游戏中融入了顽强拼搏、积极向上的体育精神。但不仅仅是“体育团队显风采”这一个游戏可以消除同学之间的陌生感，只要在活动中，教师创设这种类似的情境，让同学们不断地进行个人与个人、个人与集体、集体与集体间的语言交流，在嘈杂的环境中让同伴清楚地知道你的想法，说服同伴采纳你的建议等，都可以对同学们的语言表达能力和社交能力进行锻炼。进一步引导学生对完成游戏的全过程进行思考，让学生了解到合适的表达方式、从别人的角度去考虑问题等是建立良好人际关系的重要因素，进而使学生的人际交往能力得到提高。

2. 创设沟通的情境，培养学生的沟通能力

沟通是每个人在学习、工作、生活中非常重要的环节。对于学生来说，日常学习生活中免不了要和老师、同学打交道，而善于沟通的学生往往拥有更好的人际关系。在学校体育的拓展训练中，教师应设计游戏的规则，创设多种多样的沟通方式，培养学生的沟通能力。

操作与应用

翻牌接龙接力赛

1. 教师宣读游戏情境

迎面接力赛跑大家都已经比赛过多次了，而今天我们要进行一个非同寻常的接力赛跑。它不仅是速度的比拼，更是智慧与团队沟通的较量。

2. 教师宣布游戏规则

（1）在距离起点30米处，放置13张扑克牌，从A到K。

（2）比赛共进行四轮，每一轮都将13张牌摆成一种图形，13张牌的顺序是随

机摆放的，没有任何规律。每一轮的图形分别为：

（3）将学生分成3—4组，每组学生随机排成一列纵队（每一轮的站队顺序不能变更，下一轮时才可以调整站队顺序）。比赛开始后，每组第一名同学跑到翻牌处翻开一张牌（可以在图形中任选一张），如果翻开的牌不是A，则需要将此牌扣回，并迅速返回，击掌后，第二名同学接着翻牌；如果翻的牌是A，则可以继续翻牌，直到翻的牌不能接上上一张牌的数字，将此牌扣回，并迅速返回，击掌后，下一名学生继续完成任务。直到所有牌全部按照顺序翻出，哪队用时少，哪队获胜。

3. 游戏时间和场地

起点到翻牌点为30米，每轮比赛持续5—8分钟，进行的轮数以及摆放的图形可以根据学生完成情况增减和变化。

4. 教师应进一步强调的事项

（1）我们要严格遵守游戏的规则，做遵守纪律和规则的好学生，如果谁不遵守规则就请他退出该游戏。

（2）谨记欲速则不达。每队出发前，队内学生一定要相互沟通，并制订好策略；每次翻牌回来的同学一定要清楚地表达翻的是哪个位置的牌，数字是多少；队内同学要注意聆听，要记住哪个位置的牌数字是多少，以便以最快的速度将所有牌按照顺序依次翻开。

（3）每一轮结束后，留出3分钟讨论时间，队内学生充分发表自己的观点。所有游戏结束后，留出5—10分钟时间，队内展开充分讨论，回顾该游戏给大家带来了什么。

为了培养学生的非言语表达能力和相互之间的交流能力，教师就要引导学生学会用语言及其以外的其他表达方式，如肢体语言、表情、手势等。在“翻牌接龙接力赛”这个项目中，学生在教师创设的情境中体验表达、聆听的重要性，体验通过各种各样的沟通方式来和同学交流。但不仅仅是这一个游戏可以培养学生的沟通能力，只要教师创设这种类似的需要 定沟通技巧、有一定难度的交流情境，引导学生在非正常的沟通环境里寻找沟通渠道，使学生通过肢体语言、身体接触、倾听、表情、手势和同学们进行沟通，体验不同沟通方式的不同作用，进一步引导学生对完成游戏的全过程进行思考，让学生了解到和蔼的态度、得体的语言和表达方式等是成功与人交流的重要因素，进而使学生的沟通意识和沟通能力得到提高。

3. 创设相互帮助的情境，培养学生之间的相互信任

信任是一个人处在某种社会关系中或作为社会的一分子而必需的基本素质，通过信任别人，达到相互之间建立信任，可以使我们自己也成为更值得信任的人。相互信任是团队成员合作的基础，你可能在平时会觉得自己对集体和他人有足够的信任，他人对自己也十分信任，然而当面对未知的困难时，就会很容易产生信任危机。

操作与应用

齐心协力渡难关

1. 教师宣读游戏情境

在一次战争中，你的战友遭到了攻击，失去了双眼，而你也遭不幸，失去了双手。为了使你和你的战友回到我方大本营得到医院的及时治疗，你必须带领这名伤员一同离开战区。但是你要清楚，你带的这名战友失去了双眼，什么都看不见，而你却失去了双手，无法触摸任何东西，同样也无法牵拉战友的手。另外，你还要穿越战区（教师设置的一些障碍物），这些给你的任务增加了难度。

2. 教师宣布游戏规则

两名同学一组，最好找不是特别熟悉的同学。一名同学戴上预先准备好的眼罩，蒙上眼睛，另外一名同学双手不能触及同伴的身体。两人只能通过语言进行交流，越过重重障碍（如折叠的体操垫、沙包阵等既没有危险又能起到障碍作用的器具），到达目的地，最终完成任务。

3. 游戏时间、场地和器材

游戏持续25—30分钟；场地在学校操场；器材为眼罩若干。

4. 教师进一步强调的事项

（1）我们要严格遵守游戏的规则，做遵守纪律和规则的好学生，任何同学不能在游戏过程中摘掉眼罩，两人也不能有身体接触，只能通过语言交流。如果谁不遵守规则就请他退出该游戏。

（2）教师宣布游戏开始，并且在游戏的过程中随时提醒学生不要有身体接触，也不能摘下眼罩偷看。游戏结束后，同学们讨论游戏成败的关键，教师积极地引导。

在“齐心协力渡难关”这个项目中，教师创设在危难情况下相互帮助的情境，帮助学生之间建立和谐融洽的关系，教给他们怎样在危急的情境下建立彼此信任的关系。但不仅仅是“齐心协力渡难关”这一个游戏可以培养学生之间的相互信任，教师只要在活动中创设这种类似的可能产生怀疑和不信任的情况设计内容，侧重发觉建立信任的微妙细节，都可培养学生勇于负责，相互信任的意识。进一步引导学生对完成游戏的全过程进行思考，让学生了解到相互信任在完成一些事情的过程中是非常重要的因素，进而培养学生之间的相互信任。

4. 创设合作的情境，培养学生的团队协作能力

合作精神是十分重要的品质，是21世纪人的素质的重要组成部分，是人类社会赖以生存和发展的重要动力。众人拾柴火焰高，团队合作的奥妙也正在于此。一个人不可能完成的任务却能在大家的共同努力下完成。“1 +1 >2”的整体原理，同样也说明了加强合作和具有合作精神的重要性与必要性。目前，在校中小学生大部分是独生子女，有的学生从小受到家长的娇惯和纵容，形成了任性、孤立、自私等不良习惯，在学校里表现出不善于与同学合作的现象。因此，通过体育游戏和活动加强合作意识的培养非常重要。

培养学生学会与他人合作的意识，并使学生在游戏中发现个人的力量很重要，但团队的力量更强大。让学生明白一个团队的力量重在合作，许多任务只有靠大家的共同努力才能完成。通过参加合作游戏让学生在参与中体会到团队合作的意义，学会怎样与别人合作，培养同伴之间的相互关爱和信任。教师设置的任务应是单个人不可能完成的，必须是多人共同参加的项目，游戏中每个人都有各自的职责，每个人都要尽自己的力量完成自己的任务，并且要发挥团队的合作精神才能完成最后的任务。教师还要进一步引导学生对完成游戏的全过程进行思考，让学生了解到如果团队的每个人不能调整好心态、精诚合作，而是孤注一掷、各自为政、以自我为中心的话，就会造成组织混乱，那就注定失败，由此培养学生的合作意识。

5. 创设困难的情境，培养学生的优良意志品质

挫折是现实生活中的正常现象，也是不可避免的，现在的学生多是独生子女，经历的挫折较少，有的学生形成了怯懦、吃不得苦、意志品质薄弱等不良品性。因此，应当有意识地为孩子创设一些“困境”，逐步培养他们的意志品质。

坚韧的意志品质是学生成长过程中不可缺少的心理品质。坚韧不拔的意志品质、刚毅的进取精神及乐观向上的态度是中国传统文化中的理想人格，也是在现代竞争激烈的社会中生存所需的基本素质。人正是因为有了坚韧不拔的意志品质，确立了远大的志向和目标，才会有工作的动力与恒心，直至实现自己的奋斗目标。

操作与应用

我们不怕远征难

1. 教师宣读游戏情境

红军两万五千里长征的故事同学们都知道，当时红军爬雪山、过草地，缺衣少食，经历千辛万苦、重重磨难，最终取得了成功。他们的这种坚韧不拔、顽强奋斗的品质值得我们学习。今天，我们就要体验一下“红军两万五千里长征”的艰难。同学们不仅要对自己的体力进行挑战，还要在途中越过重重的障碍物，最终到达目的地。

2. 教师宣布游戏规则

将全体学生分成若干组，每组 8 人左右，分组比赛。比赛的同学身挎接力带，腿上绑上沙袋（根据年级、年龄决定沙袋的重量和个数），背上一定的重物，围绕学校行走。途中还要穿越障碍物（穿越行进途中的跨栏架、在垫子上匍匐前进等），不能漏过任何一个障碍物。围绕学校走完一圈后将接力带交给下一个本队同学，直到本队所有的人都完成。

3. 游戏时间、场地、器材

游戏持续 30—45 分钟（根据学校场地的大小安排）；场地在学校内；器材有跨栏架、垫子等。

4. 教师进一步强调的事项

我们要严格遵守游戏的规则，不能漏过任何一个障碍物。坚持到底，取得最后的胜利。

游戏结束后，同学们讨论该游戏的意义，教师积极地引导。

这类游戏的重点就是培养学生坚韧不拔的意志品质，并充分挖掘学生的潜能，使他们在面对压力和挑战时，能够从容镇定，并取得最终的胜利。不仅仅是“我们不怕远征难”这个游戏可以达到培养学生优良意志品质的效果，教师只要在活动中创设这种类似的情境，选取要完成任务的方法是很明了的，但落实到行动却是很艰苦的游戏都可以达到锻炼目的。在这类游戏任务完成的过程中，学生会体会到“如果失败了，敌人不是他人，也不是一些客观因素，而正是自己本人”。游戏结束后，教师要积极引导学生对完成游戏的全过程进行思考，让学生了解到只有坚持到底才能取得胜利。如果途中被一些障碍和困难吓倒，是不可能达到最终目标的。另外，这类游戏还要让学生体会到“我累了”、“我不干了”、“我认输了”等这些话很容易使人自暴自弃，如果有了这种想法，请尽快打消。

6. 创设思考和想象的机会，培养学生的创新意识

培养创新意识是素质教育的灵魂。中共中央国务院《关于深化教育改革全面推进素质教育的决定》明确提出，要“以培养学生创新精神和实践能力为重点”。江泽民同志指出：“必须转变那种妨碍学生创新精神和创新能力发展的教育观念、教育模式。”爱因斯坦曾说过：“人们解决世界的问题，靠的是大脑思维和智慧，而不是照搬书本”。苏联教育家苏霍姆林斯基曾说：“在学生的脑力劳动中摆在第一位的不是背书，不是记住别人的思想，而是让学生本人进行思考，也就是进行生动的创造”。

拓展训练给了学生们激发自己创造性思维的空间和培养自己动手实践能力的场所，在游戏中，教师不再直接教学生怎么做，学生也没有在书本上学到过这样的知识，要完成这些任务只能靠自己，发挥自己的想象力，挖掘出创造力和实践动手能力。培养学生创新意识的游戏还有很多，在活动中只要教师充分思考一些需要努力和创新才能完成的问题，为学生设置发挥想象力和开拓创新的空间，让学生在这个空间中畅所欲言、随意畅想，让学生突破思维定势，全方位思考，寻求解决问题或完成任务的途径，这类游戏都可以达到培养学生创新意识的目的。例如，将6—7名学生分成一组，给一定的思考时间（甚至可以课下思考），下一次活动时，每组呈现本组自编的游戏、自编的健身操、自编的小故事等。

三、校本课程促进学生的心理健康

（一）利用常用生活物品开发校本课程，促进学生的心理健康

不具备独特环境特点或地形特点的学校，可以利用生活中的常见物品开发校本教材。例如，有的学校利用报纸、矿泉水瓶、砖头等多种多样的物品，结合学校实际和学生需要，开发了具有特色的体育校本教材，丰富了体育教学内容。

概念解析

校本课程：“校本”的英文是school-based，大意为“以学校为本”、“以学校为基础”。

校本教材是指以学校的校长和教师为主体，为了有效地实现校本课程目标，达到教育学生的目的，对教学内容进行研究，并共同开发和遴选一些基本的教与学的素材，作为校本课程实施的媒介，这些素材构成了校本教材。促进学生、教师和学校的持续发展是校本教材建设的根本价值取向。

1. “报纸”合理利用的教学活动案例

操作与应用

1. 项目名称

众志成城。

2. 操作

将学生分为若干组，每组8—10人。在地上铺上6张大小不同的报纸，图12－2所示。

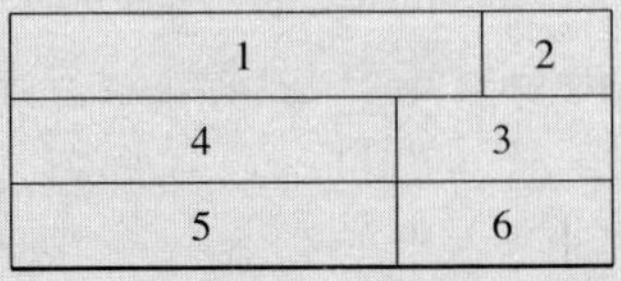

图12－2

将报纸编上号码，请每一组的所有成员都站在报纸上（无论以什么方式站都可以），但任何人都不能踏在报纸以外的地方。各组完成第一轮之后，将编号为1的报纸撤掉，进行第二轮。要求各组的成员站在本组剩下的报纸上。这样，随着不同编号的报纸被逐渐撤掉，剩下的面积越来越小，任务的难度也越来越高。任何一名同学脚着地，就算没有完成本轮任务。哪一组坚持到最后，哪一组获胜，如果都到最后一块报纸，那就并列第一名。

3. 意义

培养学生的团队责任感，提升学生的组织沟通能力，锻炼学生的肌肉力量，发展学生的平衡能力、协调能力。

4. 关键点

（1）注意人员的布局和站位：中间尽量站体重较重身高较高的学生，四周尽量站一些体重较轻、个子较矮的学生。

（2）为了减少占地面积，有的团队中同学们脱掉了鞋子，有的团队利用了纵向空间。

（3）四周的同学有的一只脚踩在报纸上，另一只脚悬空，但需要良好的身体平衡能力和协调性。

2. “矿泉水瓶”合理利用的教学活动案例

操作与应用

1. 项目名称

希望的传递。

2. 操作

将学生分为若干组，每组8—10人。准备好若干个干净的矿泉水瓶。利用肩膀、脖子、头将矿泉水瓶夹住，并依次传递下去，传递一圈。计时，比一比哪个队的速度更快。如果中间有同学传递失误，瓶子掉落或有同学用手触碰瓶子，那么从起点同学处重新开始传递一圈。

3. 意义

打破男女生之间的坚冰，消除同学之间的陌生，使班级更加团结、更加融洽。

4. 关键点

（1）同学们之间要消除陌生和拘束，大大方方地完成项目。

（2）同学们之间要换位思考，尽量地夹住瓶子的一头，将更大的空间部分留给下一名同学。

（二）开发与多途径使用现有体育器材，促进学生的心理健康

有些学校对现有的体育器材进行全新的开发，从独特的角度使用。例如，乒乓球不只是用来在乒乓球桌上打的，跳绳不只是用来跳的，跳高横杆不只是用在跳高架上等。经过对学校现有体育器材的开发，不仅丰富了体育教学内容，将学校的体育器材资源充分利用，而且还激发了学生的学习兴趣，锻炼了学生的综合品质。

1. “乒乓球”合理开发的教学活动案例

操作与应用

1. 项目名称

能量传输。

2. 操作

将学生分为若干组，每组10—15人。每人发半张废旧报纸，并将报纸叠成“V”字形。学生呈一列横队，并将双手捧住叠好的报纸，让乒乓球从凹槽里通过。传完球的学生要迅速跑到队尾准备接着往下一次传递，这样就形成了一个不断循环的能量传输线。要求完成30米的距离。在过程中，如果乒乓球落地，就从起点重新开始；如果学生的手触球，则增加10秒钟。

3. **意义**

给学生积极思考的空间，培养学生的合作意识，增进学生的团队凝聚力，锻炼学生的平衡性及手眼配合能力。

4. **关键点**

（1）由于报纸较轻，易变形，所以每位同学在保证速度的同时一定要注意传递的稳定性，千万不能只注重速度不关注稳定，这很可能导致前功尽弃。

（2）失误之后不要过多地埋怨队友，而是要更多地鼓励。失误之后要赶紧先回到起点重新开始。

2. “个人的短跳绳”合理开发的教学活动案例

操作与应用

1. **项目名称**

穿越幸福圈。

2. **操作**

将学生分为若干组，每组8—10人，手拉手围成一个闭合的圆圈。将个人短跳绳两端系在一起，并套在学生的胳膊上。这样在学生围成的闭合圆圈上又套了一个跳绳做成的圈。学生在不主动借助手指和脚的情况下（不刻意用手指或脚撑住绳子让同学钻圈），依靠团队配合、个人的协调性和柔韧性，依次穿过绳圈。可以采取比赛的形式，传递完一圈，比一比哪个队的速度更快。如果出现刻意用手指或脚撑住绳子让同学钻圈，每次加10秒钟。

3. **意义**

锻炼学生的协调性，并给学生一个充分展现自我身体的空间（如果让学生单纯地在同学面前扭来扭去可能多数学生都有点不好意思，但该项目避免了这一缺点，让学生在自然的状态下展现身体的柔韧性和协调性），增进学生的自信心。

4. **关键点**

（1）将绳子落在手和手连接处的凹陷部分，这样绳圈有个支点。

（2）头和脚同时过，相对更好通过一些。

【本章小结】

1. 健康包括躯体健康、心理健康和社会适应良好三个方面。

2. 小学生心理发展的特征：感知觉充分发展；注意水平有限；以形象思维为主；想象力丰富；记忆力逐步提高；情绪和情感稳定、单纯；自我意识更加明确。

3. 中学生心理发展的特征：认知能力迅速发展；自我意识增强；情绪、情感趋向成熟；

意志发展迅速；言行趋于完善与成熟。

4. 学生常见的心理问题：学习压力问题；人际关系问题；挫折适应问题；青春期心理问题。

5. 体育活动的心理健康效应包括以下几方面：体育活动有助于改善情绪状态；体育活动可促进智力的发展；增强神经系统功能；体育活动对缓解心理压力的积极作用；体育锻炼对人际关系的促进作用；体育活动对培养意志品质的积极作用；体育活动在一定程度上缓解大脑疲劳；确立良好的自我概念；体育活动的心理治疗效应。

6. 学校拓展训练的目的和意义包括以下几方面：培养学生的社会责任感；培养心理承受能力；激发个人的潜能；发展个性；培养丰富的想象力、敏锐的洞察力、清晰的判断力和深刻的思考力；培养创造性思维和创新能力；培养思想道德素质；培养合作意识和团队凝聚力；培养积极参与体育活动的态度；发展健康的身体素质和良好的心理品质及较强的社会适应能力。

7. 利用常用生活物品，通过现有体育器材的开发与多途径使用、开发校本课程促进学生心理健康。

【建议参考资料】

1. 殷恒婵．体育心理学［M］．北京：人民教育出版社，2008.

2. 殷恒婵，傅雪林．对体育锻炼心理健康效应研究的分析与展望［J］．体育科学，2004，24（6）：37－39.

3. 张磊，殷恒婵，马天天，等．不同课外体育活动干预方案对北京市初中生身心健康影响的实验研究［C］．第九届体育科学大会论文集，2011.

4. 杨国庆，殷恒婵．大学体育［M］．北京：中国社会科学出版社，2002.

5. 张力为，毛志雄．运动心理学［M］．上海：华东师范大学出版社，2003.

6. 董奇．心理健康：快乐人生的基石［M］．北京：北京师范大学出版社，2001.

7. 丛立新．小学心理健康教育［M］．北京：人民教育出版社，1999.

8. 刘淑慧．体育心理学［M］．北京：高等教育出版社，2005.

9. 于振峰，王晨宇．关于将拓展训练融入体育教学的理论研究［J］．首都体育学院学报，2004，16（3）：15－17.

10. 季克异，季浏．拓展高校体育课程促进学生身心健康：高校开展野外生存生活训练实验研究概述［J］．中国学校体育，2003（1）：50－51.

【问题与思考】

1. 学生心理健康的标准、特征和常见问题有哪些？
2. 体育活动的心理健康效应有哪些？
3. 结合自身经历，谈一谈体育活动给自己带来的心理健康效应。
4. 促进心理健康的体育活动原则有哪些？
5. 拓展训练的目的和意义有哪些？
6. 拓展训练的特点有哪些？
7. 根据学生的心理特征和常见心理问题，如何开展拓展训练？

8. 如何创设拓展训练的情境?

9. 利用某几种常用生活物品或常用体育器材设计一个体育游戏，并谈一谈该游戏对于学生心理健康的促进作用。

第十三章　体育比赛心理

【本章提要】

本章主要介绍心理准备的概念、赛前心理准备的重要性、运动场上常见的心理障碍成因及其克服方法、体育比赛程序的制订，以及程序活动对策库和预发事件对策库的制订。

【学习重点】

1. 了解心理准备的概念及其重要性。
2. 认识认知障碍的成因及克服方法。
3. 认识情绪障碍的成因及克服方法。
4. 认识注意障碍的成因与克服方法。
5. 了解程序活动对策库和预发事件对策库的概念及制订。

【重要术语】

比赛心理准备　可控性原则　积极性原则　核心目标原则　双向调节原则　比赛行为活动程序　比赛思维活动程序　程序活动对策库　预发事件对策库

体育比赛是体育运动的基本形式，它是体育教学、运动训练的继续，也是检验教学和训练效果的重要途径。通过体力、技能和心理品质等方面的较量，既能发展学生的身体素质和运动能力，又能使学生在竞争和紧张的氛围中塑造性格、陶冶情操和提高心理健康水平。因此，体育比赛是学校体育的重要环节之一，而比赛的心理准备不仅能够为学生达到最佳的比赛状态、发挥出色的运动水平提供科学的依据和保证，还能帮助学生提升心理素质，获得更多的成功体验。

第一节　如何理解比赛心理准备

一、比赛心理准备概述

（一）比赛心理准备的概念

比赛心理准备是指从心理上对参加比赛的目标、定位、情绪状态、注意指向、思维内容和参赛信心等方面做好准备。其主要目的是增强学生的自信心和心理稳定性，消除可能存在的心理障碍，形成最佳心理状态。只有心理上的充分准备，才能促使学生的身体机能处于积极的比赛状态，更好地发挥人脑对身体运动技术的积极控制与调节功能。

（二）赛前心理准备的重要性

1.“克拉克现象”的启示

激烈的比赛场上胜负局势往往复杂多变而难以预测，因此一些具有很强实力、技能水平很高的学生也会在赛场上出乎意料地失败。这种现象通常被体育教师和教练员称为“关键时刻掉链子”。事实上，在重大的体育赛事中，高水平运动员也同样会出现这种现象。例如，澳大利亚著名长跑运动员克拉克，虽然曾19次打破世界记录，被誉为长跑运动天才，但他在运动生涯巅峰期的两届奥运会比赛中却与冠军无缘，这种出乎意料的失败现象令众人为他惋惜。为了纪念这位优秀的运动员，也为了表示人们渴望克服这一现象的心情，于是把这种在赛场上出乎意料的失败现象以他的名字命名为“克拉克现象”。

从心理学理论分析，“克拉克现象”产生的根本原因是由于比赛中心理状态被破坏而导致行为失常所造成的。因为人是身心高度统一的整体，心理活动往往影响和制约着人的身体（生理）活动，尤其是人的情绪状态和生理机能的变化息息相关。所以，良好的心理状态是参赛者在比赛中至关重要的影响因素。

2. 比赛的特殊情境需要赛前心理准备

体育比赛情境与体育教学和训练情境有很大不同，比赛所创设的竞争环境会使学生承受更大的心理压力，因而教师或教练要针对比赛时学生心理状态的变化提前做好科学的预案。前国家体育总局局长袁伟民曾带领中国女排夺得了从世界杯到世界锦标赛再到奥运会的三项冠军。他在《中国女排“三连冠”用兵、指挥实例分析》一文中谈到他如何调节队员们的比赛心理：“平时训练，教练员和运动员有时需要‘拧’着来，那是为了磨砺他们；大赛时，教练员就要和运动员‘顺’着来，尽量帮他们把各方面理顺……平时，运动员对教练员说话的口气不那么计较，但大赛期间，心理反应却特别敏感。语气重了，队员可能就会感到不愉快；亲切一点，队员可能感到舒心。”另外，他还提到：“大赛期间的训练以及比赛开始前的准备活动，这时不是出难题的时候。例如，给球，不要乱七八糟，让他们感到别扭，而是要先易后难，让她们一开始就练习得顺顺当当，觉得今天自己的竞技状态很好。”从这些实例当中我们可以看出，成功的运动队或运动员不仅要具备赢得比赛的实力，更要针对比赛的特殊情境调整好参赛的心理状态，确保赛场上的良好发挥。

3. 赛前心理准备是比赛准备的重要组成部分

学生参加比赛时的最佳竞技状态应包括身体、心理和技术（含战术）三方面。因此，赛前的准备也应包括身体准备（体能的调节和储备）、心理准备和技术（战术）准备三部分。在赛前，相对稳定的是身体和技战术，而心理的波动最大，所以，赛前心理准备尤为重要。

通过赛前心理准备，可以让学生知道“怎样想是正确的（积极的思维与恰当的归因）、怎样做是适宜的（明确目标的行为）、怎样说话是有益的（肯定式的词语）”，并最终形成最佳的比赛心理状态，为技战术水平的充分发挥创造必要的条件，进而实现最佳的赛场发挥，取得理想的比赛成绩。

知识窗

美国奥委会运动心理学小组的心理服务工作

在2008年北京奥运会期间，美国奥委会运动心理学小组在竞赛期间随时为队员提供心理方面的服务和帮助。他们在竞赛期间安排了专家与队员同行，在队员需要的时候帮助其解决困难、制订计划，让队员在竞赛中能够完美表现。当时，北京师范大学邱季端体育馆作为美国代表团的训练场馆，美国的两位运动心理学专家在训练场馆为运动员提供心理服务和帮助，三位心理学专家在奥运村为运动员提供心理服务和帮助。他们将心理工作渗透到运动员训练的各个环节。美国队的训练场馆里面，四周的墙壁上贴满了激励运动员的提示语。告诉队员应该怎么想、怎么说、怎么做。

二、赛前心理准备的主要内容

（一）确立比赛目标

对于参加比赛的学生来说，操作目标容易形成比赛的动力，而结果目标往往会给学生造成心理压力。因为他们可操作的只是过程，而无法操作结果。在制订操作目标时还要注意以下几点。

1. 简明，即目标一定要简单明确，不可太多，也不能模棱两可。

2. 具体，即不能只是制订笼统抽象的目标（如好好比、努力做等），而要有实际的技术或战术要求，如时间的突破、高度的超越、标准动作的发挥等。

3. 可行，即目标不能过高，因为不切实际的目标不仅没有任何作用，而且还会给学生造成精神压力。可行的目标是通过努力能够达到的，也是实际的。

4. 挑战性，即目标不能太低，因为太低的目标没有意义，也不能充分动员自身的能力创造有价值的成绩。富有挑战性的比赛目标才能促进运动员比赛成绩的提高。

（二）激发比赛动机

赛前要使参加比赛的学生认识到，只有比赛才是他们施展本领的场合，只有比赛成绩才具有真正的价值和意义。适当提高学生的竞争欲望是赛前心理准备的重要内容之一。参加比赛的学生不仅要敢于比赛、善于比赛、乐于比赛，还要使学生迎战比赛就像迎接“节日”一样，并渴望参加比赛，珍惜每次参赛机会。比赛也往往会给他们带来更多的机遇和成长的回忆。

（三）增强比赛信心

参加比赛的学生面临比赛时，强大的自信心是取胜的关键因素之一。因为信心是成功的基石，是敢斗的前提，是拼搏的动力。有许多具有成功条件的人不是不能成功，而是不敢成功。因为怀疑自己比任何强大的对手都可怕。比赛信心应当建立在充分相信自己的实力和对自身有利条件优先认可的基础上。培养学生的成功意识、对自身优势的全面分析以及积极的词语暗示、积极的思维和表象成功是增强比赛信心的有效途径。

（四）鼓舞士气、激发斗志

高昂的比赛士气和斗志是心理优势的集中体现。最佳竞赛状态主要表现为精力充沛、斗志昂扬、身心充分动员、既振奋又镇静以及跃跃欲试等特征。“两军相争，勇者胜”，这是众所周知的道理。因此，比赛前要通过各种热身、战情分析、战前动员以及各种激励措施使参加比赛的学生形成高昂的敢打敢拼的意识和不怕任何困难的战斗意志，首先在心理上压倒对手，才能更充分发挥技战术水平。

（五）调整情绪状态

由于适宜的情绪有利于大脑更好地发挥对机体的调节支配机能，所以参加比赛的学生在比赛前必须调顺情绪、理顺思维，并保持适度的激活水平。实践证明，过高或过低的激活水平都不利于比赛时技战术的正常发挥。因此，当参加比赛的学生在比赛前出现过度兴奋或过度低沉时，应当及时采用心理学手段中的减感法或增感法针对性地进行调节，使他们尽快形成最佳激活状态。

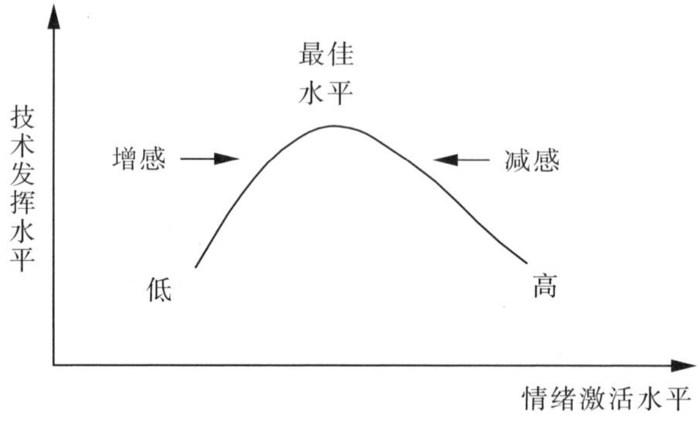

图 13－1　情绪激活水平与技术发挥的关系示意图

（六）保持头脑清醒

由于比赛前大脑兴奋水平容易提高，所以参加比赛的学生在赛前头脑发热的现象经常出现。教练员必须及时对其进行调整，运用放松入静训练或表象程序训练可以有效地清理杂乱的思维，保持清醒的头脑。只有清醒才能保证大脑的优化功能，才能合理地集中或分配注意，才能实现复杂多变的战术配合。尤其是对于开放性运动技术项目来说，只有清醒的头脑才能保证他们以反应快、思维快、抉择快的“三快”特点充分发挥技战术水平。

（七）建立赛前程序

比赛前往往有很多准备工作要做，这时就更需要有计划性。如果能建立一个合理的思维程序，就能有效地控制好心理活动，知道什么时候该“想”什么；如果能建立一个合理的行为模式，就能有效地控制好身体活动，知道什么时候该“做”什么。有了赛前程序就等于对来自内部或外部的各种干扰建立了一道坚固的“防线”，能有效地抵御干扰，从而保持良好的注意状态。

（八）全面分析比赛形势

在比赛前，教练员要对不同的比赛条件、对手等进行分析，要打有准备之仗。这种分析的主要步骤如下。

第一步：要首先看到我方的有利因素和优势所在，这将有利于参加比赛的学生增强自信心和提高士气，以占据心理优势。但是如果只有这一步也容易形成盲目自信状态，所以必须做好下一步的分析。

第二步：分析对方的特长，看到我方的不足，以便扬长避短，为下一步制订战术和策略提出明确的目标。如果只看重这一步而没有其他准备，就会造成“长对方士气，灭自己威风”的情况，因此还要做好下一步分析。

第三步：制订策略并进行整理归纳，形成“对策库”。针对存在的问题和预计可能出现的情况、困难以及对手的特点，我们不仅要逐一地提出对策，还要特别注意对策一定要多于问题，即“办法总比困难多”。

三、运动场上常见心理障碍及其分析

（一）认知障碍的成因及克服方法

认知障碍是指由于参加比赛的学生对某些问题的错误或片面认识或消极的态度所形成的心理障碍。认知障碍形成的原因和表现很多，下面主要对几种常见的认知障碍进行分析。

1. 运动场上的“迷信”现象

运动员有时会蒙上迷信的东西，这种“迷信”现象实际上是一种较巩固的条件反射。条件反射是人出生以后在生活过程中逐渐形成的后天性反射，是在非条件反射的基础上，经过一定的过程，在大脑皮层参与下完成的，是一种高级的神经活动，是高级神经活动的基本方式。根据行为主义的观点，它既可以建立，也可以消退。例如，学生在比赛中穿红色球衣取胜后，今后就总盼着穿红色球衣比赛；又如，开队会坐在哪个队友的身边后取得了胜利，今后开队会就还愿意坐在这名队友的身边。参赛者所迷信的事情往往与比赛的成败没有必然的联系，是其对这种情景多次重复，建立了错误的归因和自我暗示。

值得注意的是，我们要对迷信事物的性质加以区分。如果所迷信的事物或情境不违反比赛规则，比赛条件也具备提供这种事物或情境的可能性，如赛前上趟厕所、与教练员握握手、吃块巧克力、做某种准备活动、喊叫一声等，这样的迷信现象没有必要限制，它或许能成为一种良性的条件刺激，成为运动员比赛成功的信号或象征，从而唤起成功的反应。但如果所迷信的事物或情境是比赛规则和比赛现场所不允许的，如必须用自己的比赛器材（如比赛用球、标枪等）、必须穿某个颜色的运动服、必须在某月某日或某个场地比赛等，在这些情况下，就必须把工作做在前，以免“不顺”时成为学生的心理障碍。

2. 面对曾经赢过自己的对手时的恐惧心理

这种心理障碍主要表现为：看到曾经战胜过自己的对手就害怕，仿佛见到“克星”一样，使自己的技战术难以正常发挥。

面对这种情况可以采取以下积极的观念来改变学生的认知：以发展变化的眼光看待所有对手；要认识到胜负不是一成不变的，努力创造良性转化的条件；充分看到自己的进步和有利因素，学会以己之长克对手之短；吸取教训，扬长避短，以积极的态度抓住每一个成功的机会；只有敢于向强手挑战，自己才能成为真正的强者；成功只“钟情”于不懈的追求者。

3. 对待体育教师严格要求的不良认知

对于体育教师过于严格的要求，有的学生可能会有一些不良认知。例如，觉得老师是有意针对自己的，或对老师产生抵触心理等。对学生的这类不良认知，需要通过认知干预方法进行认知重建。

体育教师要使学生认识到：老师的严格要求是对学生负责的表现，绝不是跟你过不去，或看不起你；老师的严格要求往往是对学生恨铁不成钢，是一种关爱而不是恶意的举措；师生是同一战壕的战友，目标是一致的；心平气和地与老师进行及时沟通，提出自己的意见和看法；以积极的态度和豁达的胸怀接受和对待老师的严格要求。

4. 对过去失败的“心理阴影”

有的学生对待过去的失败，总是难以释怀，如在重要比赛中输球、动作失误等，从而难以集中精力于当前的任务，过去失败的阴影总是挥之不去，致使他们开始自我怀疑，自信心和自我效能感也逐渐降低。

对于这种情况，主要是疏导学生逐渐淡化过去的失败感受，教他们如何从过去失败的阴影中走出来，让他们明白以下几点：任何事物都是发展变化的，胜负也在不断转化；过去的失败不等于现在，更代表不了未来；失利的教训是下次成功的“金钥匙”；吸取失败的教训，把坏事变好事；一切从零开始，树立新的目标，站在新的起点上，面向未来，重新开始，牢牢把握住现在的机会，相信自己的实力是成功的坚实基础；不怕输，不服输，把失败变为动力，以积极的态度去赢得新的胜利。

5. 对训练课后疲劳的认知不当

有的学生认为疲劳是很痛苦的事，因而，当训练后感到疲劳时往往情绪低落，甚至出现担心过度疲劳而不敢接受大运动量训练的想法。这种现象也是由于学生的不合理认知导致的，体育教师和教练要让参加比赛的学生认识到训练后的疲劳既是一种正常的现象，又是一种可喜的现象。因为疲劳能证明你的训练卓有成效，没有疲劳就没有提高。所以教练员应当让他们正确认识到疲劳是一种正常、必要的现象；积极迎接疲劳，因为它是训练效果的证明，以积极的态度欢迎疲劳的出现，享受自己训练的效果；掌握规律，掌握自身疲劳现象的产生和变化规律，避免出现过度疲劳现象；措施得力，采用各种有效的恢复手段和全面的恢复措施；及时消除，及早采取措施，避免疲劳的积累；再创高峰，获取超量恢复，增强身心技能。

6. 目标偏差

这种认知障碍主要表现为：特别想在比赛中胜出，以至于精神紧张焦虑、包袱沉重。这样一来，反而表现不好。这种表现往往是由参加比赛的学生期望水平过高所导致的。对于这类学生，教练员应当帮助他们适当降低期望水平；变结果目标为操作目标；使他们专注于具体的赛前准备工作，并认同自己只要在比赛场上发挥出平时的技战术水平，就是最大的成功。

7. 打不好领先球（或领先局面）

这种心理障碍主要表现为：领先时信不过自己，以至于思维混乱、注意力分散、局势突变，从而很快又处于被动局面。对此教练员应当教育和帮助学生做好充分而全面的赛前准备；增强信心，相信自己只要发挥优势，完全有领先的机会；认识到比赛局势的变化是很正常的现象，要始终摆正自己的位置，即使领先，也不过是暂时的，不能只想着“保”，要立足于“拼”；将注意力集中于当前动作，不能只想已有的得分，还要一球一球地打，一分一分地争；不到比赛结束，绝不松气。

（二）不良情绪的成因与克服方法

情绪是人对客体是否符合自己需要而产生的体验。由于运动场上情况复杂多变，因此人的情绪变化也体现得最为活跃。如果产生不良情绪后不及时调控，就会出现失去观察力、注意力不集中、失去对对手的控制、失去机会、失去比赛的创造性等现象，从而影响自己在比赛中的正常发挥。因此，了解不良情绪产生的原因，掌握调控不良情绪的途径和方法对于在比赛中充分发挥自己的技战术水平也是至关重要的。

1. 可能导致不良情绪的情境

比赛中可能导致不良情绪产生的情境很多，主要包括裁判尺度不一致；受到教练或老师批评；连续失败；自己出错或队友出错；开局落后；受到黄牌处罚；从场上被换下；对手的不良表现（语言、身体）；重大比赛的压力；来自相关重要人物的压力；来自观众的压力；处于损伤康复过程；始终做替补等。以上这些情境都可能是导致参加比赛的学生产生不良情绪的原因，从而对他们在比赛中的表现产生消极影响。

2. 情绪调控的原则

（1）可控性原则。在体育课或比赛中，会有各种各样的因素对学生的情绪和行为效果产生影响。首先，我们应把所有可能影响情绪的因素分为可控和非可控两类，对可控因素（如行为的程序化、技术动作的标准化等），坚持其最佳控制。而对于那些非可控因素（如天气变化、比赛结果），不能去改变，只能去适应。要记住：不能控制的事，担心也没用，因为它已经超出了你的控制范围；能够控制的事也不必去担心，因为它早已在你的控制之中。其次，就是要帮助学生建立正确的心理控制点。心理控制点是指人们对所发生的事件认为是多由外部力量引起（外控）还是多由个人因素所引起（内控）。

表 13－1　参加比赛的学生比赛时的心理控制点

	可控因素	非可控因素
控制的对象	自己（自身的发挥）	别人（对手和裁判）
控制的时间	现在（即将做的动作）	过去和将来（已有的成败或未来的结局）
控制的内容	操作过程（技战术动作）	操作结果（比赛成绩）
控制的条件	主观努力（自己的态度和努力程度）	客观环境（比赛条件：场地、器材、天气等）

根据表 13－1 所示，运动员如果及时调整自己的目标并集中注意于可控因素上，往往能形成良好的情绪状态，并取得最佳的行为效果。

（2）积极性原则。首先，要做好思维的积极转化。人的情绪往往受思维活动的影响和制约，积极的思维会给人带来愉快而振奋的情绪；消极的思维会使人情绪低沉、烦恼丛生。所谓积极的思维也叫理性思维，是指以积极的态度、正面的立场去客观、全面地分析问题和认识问题的过程。其次，可采用肯定式的和应急性的暗示语。思维是以语言为主要工具的，不同的词语暗示也会影响思维活动，进而影响参赛者的情绪状态。学生面临比赛时必然会产生很多想法，这时遵循积极性原则，让积极的思维占据头脑，运用积极的词语暗示，就容易获得良好的情绪控制。再次，运用合理情绪疗法，改变学生的思维指向。最后，应将注意从事件转向技战术操作，将注意指向集中于动作操作，可以起到净化思维的作用。

表 13－2　积极思维和消极思维的不同

事件（举例）	积极		消极	
	思维	暗示	思维	暗示
遇强对手	有利于自己提高	挑战	这下可糟了	真倒霉
暂时失利	从新开始还有机会反败为胜	沉住气	我还行吗？又少一次机会	够呛
感到累时	有疲劳才有提高	坚持住	太艰苦了	真累
天气变冷	积极活动更有利于进入比赛状态	自己发热	这下可难活动开了，怎么办？	好冷
睡眠不好	顺其自然，我有潜力，不会受影响	精神真好	又要影响明天比赛的体力了	没精神

（3）核心目标原则。在学生夺取优异成绩的过程和层层关系中，我们一定要抓住最核心的因素，并努力超脱那些外围因素。个体如果没有一个明确的目标，那就会无所适从，注意力涣散，以至于想做的事都做不好，甚至一事无成。其情绪当然也会大受影响，从而出现烦恼、焦虑、急躁等消极情绪或是自信心受挫。虽然在学习、训练和生活中没有目标是不行的，但目标太多也同样不行。因此，必须抓住核心目标（最关键、最现实的目标）。参加比赛的学生在比赛前要做多方面的准备工作，也会有很多思维活动，情绪同样也最敏感、易波动。这时更需要把注意力集中在合理的目标上。为此，首先，应设置合理的目标。要根据自己的实际情况设置简明、具体、现实和富有挑战性的操作目标；其次，要善于抓住目标的核心，脱去结果的外衣（即由于核心目标变化而变化的因素）。

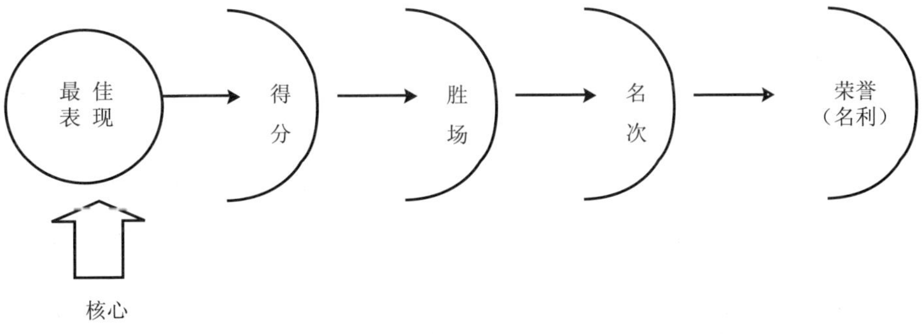

图 13－2　核心目标原则示意图

由图 13－2 我们可以看出，参加比赛的学生必须牢牢抓住最佳动作的操作，才能一步步得到理想的比赛结果。如果过多地去想比赛成绩或急于赢得某一局，反而会影响动作的完成，使比赛结果适得其反。成功者往往能抓住本质做有效劳动，优异成绩的取得也就顺理成章，水到渠成。同时，注意力能够集中于核心目标也有利于情绪的控制。

（4）双向调节原则。人的情绪复杂多变，对情绪的调节也必须因人而异、因情而异、针对性强、灵活运用。调节情绪不应只是放松，有时还要起到情绪唤醒的作用。因此，情绪调节还要掌握双向调节原则。为此，我们将调节情绪的方法分为有利于放松情绪的减感法和有利于兴奋的增感法两种。

表 13－3　情绪的减感法和增感法

减感法	增感法
深而慢地呼吸	快节奏地呼吸
伸展动作练习	快速动作练习
听悠扬的轻音乐	听战斗性的摇滚音乐
闭目静坐	参加挑战性游戏
表象放松情景	表象比赛情景（意象演习）
转移注意	集中注意于比赛
自我疏导性谈话	自我激励性谈话
有利于放松的词语暗示	有利于兴奋的词语暗示
催眠练习法	模拟表象训练法
给人以微笑	睁大眼睛看人
松肩磨面	摩拳擦掌
安静地做放松训练	和队友相互鼓励

3. 情绪控制的条件

情绪控制的条件包括以下几个方面：首先，正确认识世界、客观认识自己。所谓正确地认识世界，就是要客观地、全面地、实事求是地看待我们所生活的世界，不带任何偏见（包括意识形态的偏见）。正确地认识自己也一样，必须客观、冷静、实事求是地看待自己，既要看到成绩又要看到存在的问题，否则就无法继续前进。其次，要有准确的自我定位，在客观认识自己的基础上，能够真正地、理性地自省，给自己一个准确客观的定位。再次，要学会积极地进行自我谈话。有研究表明，参赛者比赛时的思维活动多以自我谈话形式出现。自我谈话有积极与消极之分。积极自我谈话对行为有促进作用，而消极自我谈话阻碍行为。此外，练习成功的表象思维，也就是学会表象成功的动作程序，强化好的动作体验和感觉。最后，心理承受能力增强。心理承受能力是指个体对逆境引起的心理压力和负性情绪的承受与调节的能力，主要是对逆境的适应力、容忍力、耐力、战胜力的强弱。一定的心理承受能力是个体良好的心理素质的重要组成部分，当然也是进行有效情绪控制的基础。

4. 情绪控制的根本途径

情绪控制的根本途径包括：能够及时合理地进行心理调节；在不断的练习中提高自控能力；在老师和教练的指导下进行科学系统的心理训练。在制订心理训练计划的过程中，首先要注重其科学性，选择适宜的心理训练方法和评估手段，确保心理训练科学合理地展开；其次要注重其全面性，能够充分预见运动员在心理过程、个性特征、心理状态、心理技能等方面的发展趋势；再次要针对专项，在具体分析不同项目的特点的基础上进行；最后要做到区别对待，力求做到因人施训。

（三）注意障碍的成因与克服方法

注意障碍是指由于注意目标指向错误或受各种刺激的干扰和影响而形成的心理障碍。注意障碍的典型表现就是“想赢怕输”，因此我们主要对此进行分析。

1. 赛前想赢怕输（注意指向障碍）

想赢怕输的主要矛盾点是怕字在作怪。在比赛中想赢，并不是参赛者的过错，不论学生参加比赛的动机如何，其基本目的都是为了争取比赛的胜利，想赢完全符合体育竞赛的最基本的规律。怕输则不同，这是参赛者心有余悸的表现，是心中有“怕”字在作怪。

事实上，怕不仅是徒劳的担心，还会导致一系列严重的后果。学生的“怕输”会导致：头脑中呈现所怕事物的出现，即以往比赛的心理阴影；行动的欲望会明显降低，成就动机减弱；情绪状态直接遭到破坏，出现紧张情绪；行动的能力明显受抑制，表现出束缚手脚，阻碍发挥。

2. 改变思维定向，克服想赢怕输

参赛者如能将“怕”变为“不怕”，这一“矛盾心理”就可逐步克服。克服“想赢怕输”的注意指向偏差，需要参赛者改变心理定向，将注意力从关注结果的输赢转移到关注过程上来，集中于所做的动作和当前的操作过程。首先，做到想赢不怕输（平衡心理）就克服了“矛盾心理”，就达到了“平衡心理”。接下来，我们应该做到：想怎么赢又不怕输（最佳心理），想怎么赢又不服输（竞争心理）。要达到这种“竞争心理”，需要把注意力放到操作过程之中，也就是将注意集中在比赛的具体操作过程中。

四、赛前常用的心理调控方法

为了防止参加比赛的学生出现消极情绪，或者在消极情绪出现后，减弱其程度，可根据具体情境和个人情况，在赛前、赛中适当采取一些简单易行的心理调节方法。本书第四章详细介绍了适用于学生的几种常用心理调节方法，在此不再赘述。

知识窗

运动员减压有妙招

北京奥运会上有6位冠军都喜欢在闲暇时间刺绣，这是她们休息和减压的好方法。其中，我国女子69公斤级举重冠军、打破三项世界纪录的刘春红就喜欢绣枕头。柔道冠军佟文在赛场上凶猛异常，而赛场下却心灵手巧，曾经绣了一个“福”字送给妈妈。

女子柔道48公斤级的俄罗斯女将波格丹诺娃则喜欢通过梳理头发来“梳理”情绪。比赛中，波格丹诺娃一直与对手打得难分难解，僵持不下。后来她一跺脚一把将头绳拽下，不停地拢来拢去，裁判和对手只好无奈地等待她梳理完毕，继续比赛。也许是头发梳得顺心如意了，波格丹诺娃频频发起攻势，很快就制服了德国选手。

俄罗斯射击队教练拉普金也透露了队员放松减压的秘密——集体钓鱼。他说：“我们会去湖边自由自在地钓鱼。雅典奥运会前，我们曾有一整天都在湖边痛痛快快地钓鱼，之后我们表现得很出色！”

打破24次世界纪录的俄罗斯“撑杆跳女皇”伊辛巴耶娃爱钻进被窝里“碎碎念”，这也不失为一种很好的减压方式。

第二节　如何制订比赛心理准备程序

一、比赛心理净化程序

研究表明，赛前24小时左右是参赛者产生心理变化的敏感阶段，因而在此时段建立最佳的比赛心理净化程序对于参加比赛的学生来说很重要。

（一）比赛前一天

1. 参赛角色定位：把自己摆在困难的低处，由“低”向“高”冲击对手。

2. 列出自己在即将开始的比赛中可能遇到的各种困难和干扰，并提出相应的解决办法。

3. 按照作息时间，安排自己做一些与比赛结果无关的放松和娱乐活动。

4. 比赛当天早晨醒来时，提醒自己回忆自己发挥最佳比赛状态的情境（从视觉、听觉、动觉角度各表象演练一遍）。

5. 积极的自我暗示，如“今天我很有精神，可以马上大干一场”。

（二）准备活动过程中

结合准备活动过程，做神经肌肉放松和腹式呼吸调节，并穿插自己以往最佳比赛状态时的表象演练。

（三）检录等候时间

做神经肌肉快速放松，自我默念并强化自我特长和专项比赛的提示要点。

（四）临赛前

做腹式深呼吸，放松身体，默念专项比赛的提示要点。

（五）比赛中每个轮次的间隔时间

思维转换：无论前一轮比赛发挥好坏，都可主动暗示自己一切从零开始，拼好下一轮，做神经肌肉放松和腹式呼吸调节。

二、比赛行为活动程序

参赛者在比赛前的不同时段，都会进行一些有关或无关的活动，并从行为上表现出来。为了使他们在比赛前的活动更加有目的、有次序、有效果，以达到最大限度的能量节省化，教师或教练需要在比赛前的不同时段预先计划好要做的事，以免到时候手忙脚乱、不知所措。这是比赛心理准备的重要内容之一。比赛行为活动程序可按照以下模式制订，现以某校的某次比赛活动（下午比赛）程序为例（见图 13－3）。

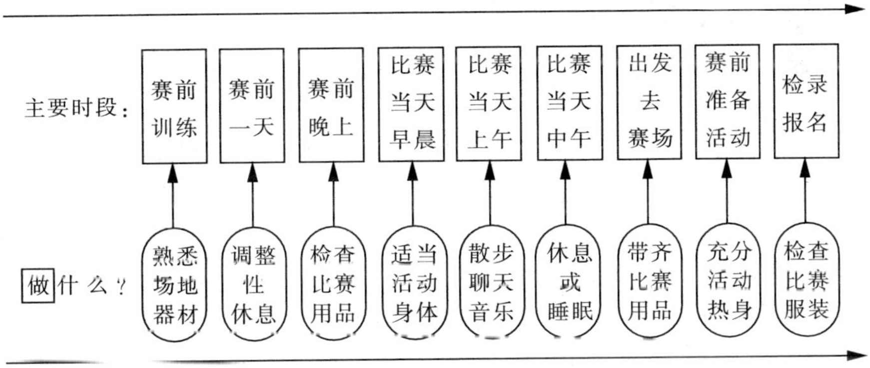

图 13－3　比赛行为活动程序

三、比赛思维活动程序

参赛者在比赛前的不同时段进行的一些有关或无关的心理活动主要从思维上表现出来。为了使参赛者在比赛前的思维活动更加有目的、有次序、有重点和更加积极，需要在比赛前的不同时段预先计划好要想的事，以免到时候胡思乱想或大脑一片空白，甚至让消极思维占据上风而严重影响比赛时的心理状态。可见，赛前思维活动程序和思维的调节是比赛心理准备的重要内容之一。比赛思维活动程序可按照以下模式制订，现以某校田赛运动员的某次比赛活动（下午比赛）程序为例（见图 13－4）。

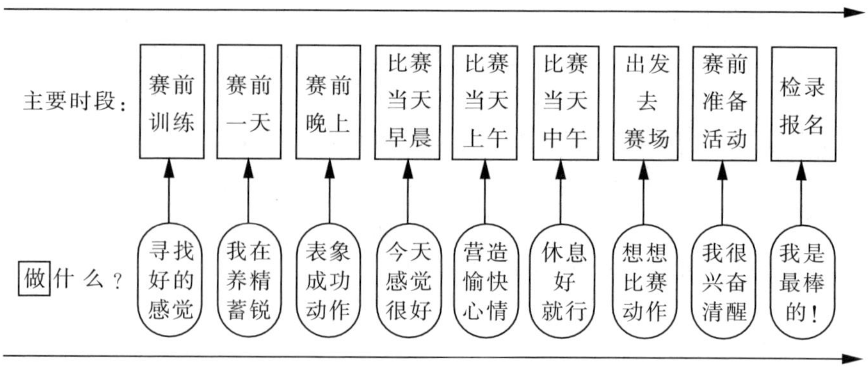

图 13－4　比赛思维活动程序

以上只是举例说明，比赛思维活动程序一定要因人而异，根据每个参赛者的比赛习惯和个性特点来选定思维的内容和方式，其适宜与否的标准就是看是否有利于该学生情绪的积极稳定和最佳竞赛心理状态的达成。

第三节　比赛心理对策库的制订

一、比赛心理对策库概述

（一）比赛心理对策库的概念

所谓“对策库”，就是把所有可运用、可操作的策略和办法按所应对的目标和所要解决的问题分门别类、列成体系，以便比赛运用时马上调出。能够把问题想在前面，把对策握在手中，做到在复杂多变的比赛环境下，胸有成竹、情绪稳定、超脱疑虑、信心百倍地投入比赛，是建立对策库的主要目的。对策库的建立能够使我们在面对比赛可能遇到的任何问题或每个必须的准备环节时，都有相应的措施、对策、有效行为、词语提示和策略，以便有针对性地做好全面而充分的赛前心理准备。

（二）建立比赛心理对策库的必要性

参赛者比赛时取胜的信心除了来自于平时训练的技术实力和适宜的目标之外，全面而充分的赛前准备和积极的心态也是强大自信心的重要来源。为帮助参赛者做好更充分的心理准备，建立比赛心理对策库是赛前心理准备的主要内容和最具操作性的备战工作。

比赛心理对策库的建立和完善不仅可以使参赛者的赛前心理准备更加充分和细化，而且有助于比赛信心的增强，促进整个竞赛心理状态的形成。建立个人化的个人比赛心理对策库有助于思维的净化、比赛情绪的稳定和比赛信心的增强。

（三）建立比赛心理对策库的步骤

比赛心理对策库的建立需要结合运动项目特点和比赛条件，由参赛者、教练和心理老师三方共同配合制订，先把参加本次比赛可能遇到或发生的问题一一罗列出来，再针对每一个问题制订解决和应对的办法及策略，要求每一个问题必须找出三个以上的应对策略，真正体现出“办法总比问题多”。

（四）建立比赛心理对策库的作用

建立比赛心理对策库主要可以让参赛者全面分析和认识比赛形势，增强比赛信心，有利于情绪的稳定，有利于老师或教练员和参赛者的沟通，从而增强凝聚力；程序活动对策库有助于参赛者行为的有条不紊；预发事件对策库有助于参赛者净化思维和集中注意力；模拟训练能提高参赛者处理突发事件的能力。

二、比赛心理对策库的类型

（一）程序活动对策库

程序活动对策库涉及面对比赛必须经历的各个时段和环节、必须遇到的问题和必须进行的活动，以及各人应采取的对策和策略，如赛前一天、赛前晚上、赛前准备活动、检录点名等环节。

操作与应用

一名参加市级比赛初中组跳高的运动员的程序活动对策库

赛前训练：寻找完成成套动作的最好感觉；保持适宜的身心机能状态；发现问题及时解决于正式比赛前；以积极的心态对待赛前练得好与不太好的情况；积极地做训练课后的恢复。

赛前一天：检查比赛用品；放松调节训练、温习对策库；表象成功的动作和流畅的感觉；做些调节心情的活动（看书、散步、聊天等）。

比赛当天：起床后呼吸新鲜空气，舒展全身，迎接新的一天；美美地吃顿早餐，保证热量；带齐所有比赛用品，利用到比赛场地的途中进行成功表象训练，然后闭目休息一会儿；多听听音乐，以便进入状态。

准备活动：满怀信心到达赛场，感受比赛气氛；热身活动，把身体活动开，把情绪调动起来；注意身体的微妙变化，做到万无一失。

操作与应用

一名参加市级足球比赛的运动员的程序活动对策库

赛前训练：与队友一起努力找出比赛的感觉；进行适当的模拟比赛训练；保持适宜的身心机能状态；发现问题及时解决于正式比赛前；以积极的心态对待赛前练得好与不太好的情况；积极地做训练课后的恢复与总结。

赛前一天：收看天气预报，确保各种天气所需要的比赛装备齐全；放松调节训练、温习对策库；表象成功的技战术和流畅的比赛体验；做些调节心情的活动（看书、散步、聊天等）；可以把自己球队以往的精彩视频拿出来重温一遍，提升自己比赛动机。

比赛当天：起床后呼吸新鲜空气，舒展全身，迎接新的一天；美美地吃顿早餐，保证热量；带齐所有比赛用品，利用到比赛场地的途中进行成功表象训练，然后闭目休息一会儿；多听听音乐进入状态。

准备活动：满怀信心到达赛场，感受比赛气氛；时刻暗示自己，我们是最棒的；热身活动，按常规一步一步做，把身体活动开，表象自己成功的高峰体验把情绪调动起来；注意身体的微妙变化，做到万无一失。

比赛期间：根据预发事件对策库来解决。

比赛结束：收拾完所有比赛用品，注意不要丢失物品；回去总结、思考所出现的问题；进行积极性休息，更有效地恢复体能。

（二）预发事件对策库

预发事件对策库是面对可能遇到或发生的事件应采取的对策和策略，如上场时间改变、气候变化、器材损坏、出场顺序改变、同组队员起跑犯规等。通常参赛者应按如下程序制订对策库：

如果……	我会……
如果对手采用强攻战术	我会及早做好防守准备； 破坏他的进攻路线，及时反攻。
如果比赛时气候过冷	我会加强准备活动的节奏，使身体充分发热； 注意保暖（及时加衣）； 多看暖色调（红、橙）的物品。

操作与应用

一名参加市级比赛高中跳高的运动员的预发事件对策库

如果……

我会……

赛前感到特别兴奋时

保持头脑清醒，按教练的计划训练；暗示自己沉着、冷静；做几次放慢的深呼吸；多想动作，要想好的动作。

赛前感到身体特别疲劳时

及时告诉教练，以便掌握情况；在征得教练同意后适当减少赛前训练量；找大夫或队友做恢复性按摩，抓紧时间休息；深信自己的潜力，以积极的态度挑战疲劳、挖掘潜力；心理恢复（放松训练）和身体恢复相结合；疲劳是正常现象，这比起平时的疲劳差远了；根据过去的比赛经验进行调整。

赛前训练看到主要对手时

以礼相待，不卑不亢；越是与强手同场比赛，我们会越兴奋；用毅力、用拼搏精神去战胜所有的人；自己和自己比，坚定比赛信念。

赛前训练特别好时

更加自信，保持状态；及时表象强化成功的成套动作感觉；头脑冷静，执行教练计划，避免不必要的消耗；思想重视，不要松懈，做好一切困难的准备。

赛前训练不太顺利时

问题出现在赛前是良性警示，找准问题所在，认真听取教练的指导，回忆表象平时的成功动作，保持自信心！注意及时调节。

赛前出现一时急躁不安时

先静坐一会儿；有条件时听听音乐或做深呼吸练习；找队友或自己外出散步5—10分钟，散步时多看看周围环境的情况；坚持做几分钟心理训练（放松和表象相结合）；养成表象成功的习惯；多想以往成功的比赛，安定情绪。

前面的队手比赛失利时

看我的，我有能力，我能行；及时回忆表象自己成功的一套动作；暗示自己放开做，想好关键动作要领；坚定信念，集中精力想好自己的动作！

等待比赛时间过久时

养精蓄锐，充分准备；做些轻松的活动，保持身体准备状态；回忆成功、意象演习，保持感觉；沉住气，有备而来；做些简单轻松的活动。

第一轮比赛成功时

更加自信和振奋；保持清醒，将注意力尽快转移到下一个动作上；想想成功的动作感觉；想好下面的动作，思想高度集中。

第一轮比赛失利时

沉住气，保持冷静清醒的头脑；下一轮放开，注意关键动作要领，一定能成功；抽时间表象下一项的成套动作；相信自己，做好困难的准备，坚持完成后面的比赛。

操作与应用

参加市级篮球比赛
某初中校队队员的预发事件对策库

如果……

我会……

赛前感到特别兴奋时

用冷水洗脸，将注意力转向比赛本身；暗示自己沉着、冷静；做深呼吸；多表象技战术动作，要表象好的技战术动作；慢跑一段距离。

赛前感到身体特别疲劳时

及时告诉教练，以便掌握情况；在征得教练同意后适当减少赛前训练量；找大夫或队友做恢复性按摩，抓紧时间休息；深信自己的潜力，以积极的态度挑战疲劳、挖掘潜力；心理恢复（放松训练）和身体恢复相结合；疲劳是正常现象，这比起平时的疲劳差远了，毕竟不是比赛期间产生的疲劳；根据过去的比赛经验进行调整；适时补给功能性饮料。

赛前训练看到主要对手时

以礼相待，不卑不亢；越是与强手同场比赛，我们会越兴奋；用毅力、用拼搏精神去战胜所有的人；自己和自己比，坚定比赛信念，他只是过去强，现在我更厉害。

赛前训练特别好时

更加自信，保持状态；及时表象强化成功的技战术动作感觉；头脑冷静，执行教练计划，避免不必要的消耗，与队友进行积极的交流；思想重视，不要松懈，做好一切困难的准备；更要注重细节。

赛前训练不太顺利时

问题出现在赛前是良性警示，找准问题所在；暗示自己可以克服，这只会是暂时的情况，认真听取教练的指导，回忆表象平时的技战术动作，保持自信心；注意及时进行有针对性的调节。

赛前出现一时急躁不安时

克制自己静坐一会儿；听听音乐或做深呼吸练习；找准参照物进行相对较长时间的关注；与队友一起散步，坚持做几分钟心理训练（放松和表象相结合）；自我心理暗示这种情况马上就会结束；养成表象成功的习惯；多想以往成功的比赛，安定情绪。

比赛中间大比分落后时

告诫自己不要慌，一分一分追，能追上；把注意力转移到比赛当中去，不要过分关注比分的差距；相信队友，相信教练的布置。

比赛中大比分领先时

告诫自己不要过度兴奋，专注于每次进攻与防守。调动队友的积极性，积极参与球队的攻防，按照赛前的部署，不要想太多输赢。

队友比赛失常发挥不佳时

相信大家，我们最好，我们能行；及时帮助队友回忆表象大家比赛成功的画面；暗示队友放开打，想好技战术要领；坚定信念，集中精力完成自己的比赛技战术。

等待比赛时间过久时

养精蓄锐，充分准备；做些轻松的活动，保持身体准备状态；回忆成功、意象演习，保持感觉；沉住气，有备而来；做些简单轻松的活动。

取得第一场比赛胜利时

更加自信和振奋；保持清醒，将注意力尽快转移到下一场比赛中；想想成功的技战术打法；想好下面的比赛，思想高度集中，充分认识到比赛中可能遇到的困难。

第一场比赛失利时

沉住气，保持冷静清醒的头脑；就导致失利的因素作详细的总结，下一场放开，注意关键球的处理，一定能成功；抽时间表象下一场比赛的具体技战术动作；相信自己，相信队友；做好困难的准备，坚持完成后面的比赛。

比赛心理对策库就是参赛者在赛场上战斗的武器库，它的建立可以使参赛者充分分析和认识比赛形势，增强比赛信心。参赛者不断温习和熟悉对策库能起到模拟训练的作用，提高处理突发事件的能力。一个比较完整的对策库还有助于学生减少许多疑虑和担心，提高情绪的稳定性。因此，心理对策库常被喻为参加比赛的锦囊妙计和自信心的重要源泉。

心理对策库的不断完善和确立能促使参赛者在赛前形成最佳竞赛心理状态，其最典型的心理感受是：我已经完全准备好了，现在想的就是，坚定信心、顽强拼搏、沉着清醒、放开发挥、全力以赴、夺取成功！

【本章小结】

1. 心理准备是指从心理上对参加比赛的目标、定位、情绪状态、注意指向、思维内容和参赛信心等方面做好准备，这些工作可以统称为比赛心理准备。

2. 认知障碍是指由于参赛学生对某些问题的错误或片面认识或消极的态度所形成的心理障碍。

3. 情绪调控的原则包括：可控性原则；积极性原则；核心目标原则；双向调节原则。

4. 注意障碍是指由于注意目标指向错误或受各种刺激的干扰和影响而形成的心理障碍。注意障碍的典型表现就是“想赢怕输”。

5. 所谓“对策库”就是把所有可运用、可操作的策略和办法按所应对的目标和所要解决的问题分门别类、列成体系，以便比赛运用时马上调出。

6. 程序活动对策库是面对比赛必须经历的各个时段和环节以及必须遇到的问题和必须进行的活动，各人应采取的对策和策略，涉及赛前一天、赛前晚上、赛前准备活动、检录点名等环节。

7. 预发事件对策库是面对可能遇到或发生的事件应采取的对策和策略。预发事件如上场时间改变、气候变化、器材损坏、出场顺序改变、同组队员起跑犯规等。

【建议参考资料】

1. 丁雪琴，殷恒婵，卢敏，等．中国体操队、举重队备战、参赛北京奥运会的心理训练［J］．天津体育学院学报，2009，24（1）．

2. 哈代，琼斯，古尔德．运动员心理准备的理论和实践［M］．宋湘勤，殷恒婵，马强，译．北京：北京体育大学出版社，2011.

3. 丁雪琴，殷恒婵．运动心理训练与评价［M］．北京：文津出版社，1997.

4. 马启伟．体育心理学［M］．北京：高等教育出版社，1996.

5. 王惠民，任未多，李京诚，等．心理技能训练指南——教练员运动员实用手册［M］．北京：人民体育出版社，1993.

6. 张忠秋．优秀运动员心理训练实用指南［M］．北京：人民体育出版社，2007.

【问题与思考】

1. 简述比赛心理准备的概念、比赛心理准备的重要性。

2. 举例说明运动场上常见的心理障碍及其克服方法。

3. 如何制订比赛心理准备的程序？

4. 比赛心理对策库包括哪几种类型？

5. 比赛心理对策库建立的主要作用是什么？

6. 请结合某一运动项目，说明如何制订赛前活动程序对策库、预发事件对策库。每一个问题（每个“如果”）至少找出三个以上的应对策略（即三个以上的“我会”）。

图书在版编目(CIP)数据

体育心理学 / 殷恒婵主编. -北京：开明出版社，2012.10（2020.11 重印）
（新世纪心理与心理健康教育文库）
ISBN 978-7-5131-0853-9
Ⅰ.①体… Ⅱ.①殷… Ⅲ.①体育心理学 Ⅳ.①G804.8

中国版本图书馆 CIP 数据核字(2012)第 217930 号

责任编辑：范英　于洪　王桢　吴晨紫

书　名：体育心理学
出品人：焦向英
出　版：开明出版社
（北京海淀区西三环北路 25 号 邮编 100089）
经　销：全国新华书店
印　刷：天津行知印刷有限公司
开　本：700×1000 1/16
印　张：19
字　数：255 千字
版　次：2012 年 10 月 北京第 1 版
印　次：2020 年 11 月 第 4 次印刷
定　价：46.00 元

印刷、装订质量问题，出版社负责调换货　联系电话：(010)88817647